**地球の歩き方 トラベル会話**

JN270825

| | | | |
|---|---|---|---|
| **A** エイ | **B** ビー | **C** スィー | **D** ディー |
| **E** イー | **F** エフ | **G** ジー | **H** エイチ |
| **I** アイ | **J** ジェイ | **K** ケイ | **L** エル |
| **M** エム | **N** エヌ | **O** オウ | **P** ピー |
| **Q** キュー | **R** アール | **S** エス | **T** ティー |
| **U** ユー | **V** ヴィー | **W** ダブリュー | **X** エックス |
| **Y** ワイ | **Z** ズィー | | |

地球の歩き方編集室

---

料理図鑑 | 緊急事態 | 基本会話 | 入出国 | 移動 | 観光 | ショッピング | 宿泊 | 飲食 | 通信 | 交流 | ピンチ | 日英辞書 | 英日辞書 | 文法 | 50音順検索

# 見せればOK！ 今すぐ食べたい 料理図鑑

旅先でその国の名物料理を食べるのは旅の楽しみのひとつ。この図鑑の食べたい料理を指さして名物料理を食べ尽くそう！

## UNITED STATES OF AMERICA
アメリカ合衆国

### Prime Rib Steak
プライム・リブ・ステーキ

リブ（あばら肉）でも、数々の条件をクリアした極上部分をローストして切り分けて食べる。ビーフが一般的。

### Southern Style Spareribs
南部風スペアリブ

ポークの骨付き肉をオーブンで焼き、甘辛いケチャップソースで味付けしたもの。

### Hamburger
ハンバーガー

脂身の少ないビーフのミンチを丸め、炭火でじっくりと焼き上げたハンバーガーは絶品。

### Hot Dog
ホット・ドッグ

さまざまな説があるが、ダックスフントに姿形が似ているというのが名前の由来だとか。

### Bagle
ベーグル

モチッとした食感のドーナツ型パン。クリームチーズやサラダなど、好きな具を挟んで食べる。

## Pizza
ピザ

イタリア移民が持ち込み、アメリカ風にアレンジされたディープディッシュピザ。ふんわりした生地が特徴。

## Soft Shell Crab
ソフト・シェル・クラブ

殻ごと食べられる柔らかいブルークラブというカニを、脱皮直後に調理する。フライかソテーで。

## Crab Cake
クラブ・ケーキ

カニの身をクリームチーズやサワークリームと混ぜ、オーブンで焼いた文字どおりのカニケーキ。

## Catfish
キャットフィッシュ

キャットフィッシュ(なまず)をトウモロコシの粉を付けて揚げたもの。おもに南部で食される。

## Lobster
ロブスター料理

ボストンを含むニューイングランド地方ではロブスター料理が有名。甘みがあって身が締まっている。

## Clam Chowder
クラム・チャウダー

クラム(貝)のスープ。ボストン風のクリーミーなタイプと、トマトベースの物がある。

## Chicken Soup
チキン・スープ

アメリカで最もポピュラーなスープ。チキンと野菜のほか、短いヌードルが入った物もある。

## California Cuisine
カリフォルニア・キュイジーヌ

日本食をはじめ、アジアやエスニック料理のテイストを西洋料理に取り込んだヘルシーな創作料理。

## California Roll
カリフォルニア・ロール

生のマグロとアボカドをメインにした巻き寿司。西海岸で発祥の後、日本に逆輸入された。

## Jambalaya
ジャンバラヤ

鶏肉、ソーセージ、米などをトマトソースとチキンスープで炊いた炊き込みご飯。ルイジアナの名物料理。

## Beans Food
ビーンズ料理

南部ではマメ料理が豊富。豚とマメの煮込み料理ポーク＆ビーンズやチリビーンズなどが有名。

## Soft Tacos
ソフト・タコス

メキシコ近くの南西部で食されるタコスは、今やアメリカでも大人気の料理。

## Dip
ディップ

こちらも南西部料理。トマトやアボカドベースのものが有名。トルティーヤチップスに付ける。

## Pancake
パンケーキ

日本でいうホットケーキで、バターとメイプルシロップやジャムを付ける。朝食メニューの定番。

## Fruit Waffle
フルーツ・ワッフル

日本でもおなじみのワッフルに、ベリー系フルーツをこれでもかというくらい載せて食べる。

## Pecan Pie
ピーカン・パイ

クルミに似たピーカンというナッツを水飴と混ぜ、パイに載せたお菓子。とにかく甘い。

## California Wine
カリフォルニア・ワイン

カリフォルニアの土壌と気候の絶妙なバランスが、世界に誇れる質の高いワインを作り出す。

## Poki
ポキ

ハワイの代表料理。生マグロやゆでタコを海藻などと合わせ、しょうゆやごま油でマリネにする。

## Prime Steak
プライム・ステーキ

最高級霜降り肉を使ったハワイのステーキは絶品。照り焼きやガーリックなど味付けもいろいろ。

## Hawaii Regional Cuisine
ハワイ・リージョナル・キュイジーヌ

西洋料理にアジアや太平洋地域のエスニックテイストを加えた料理。地元素材をふんだんに使用。

# THE UNITED KINGDOM
イギリス

## Roast Beef
ロースト・ビーフ

牛肉を塊のまま蒸し焼きにし、薄くスライスした伝統料理。グレービーソースをかけて食べる。

## Fish & Chips
フィッシュ&チップス

白身魚のフライとフライドポテトの定番ファストフード。ビネガーと塩を軽く振って食べる。

## Full Breakfast
フル・ブレックファスト

卵料理、ソーセージ、ハム、ビーンズなどボリューム満点の朝食。卵の調理法は選べる。

## Oyster
カキ料理

カキはイギリスでも人気の食材。一緒に冷えた白ワインもいいが、ビールとの相性も抜群。

## Grilled Salmon
グリルド・サーモン

スコットランド名物のサーモンは、燻製にしてよし、グリルやフライでもおいしい。

## Kippers
キッパーズ(ニシンの燻製)

塩水に漬けてから燻製にしたニシンはキッパーズと呼ばれ、イギリスの朝食には欠かせない。

## Fried Haddock
ハドック(白身魚)のフライ

ハドック(タラの一種)のフライはイギリスの定番料理。ビネガーマヨネーズに付けて食べる。

## Yorkshire Pudding
ヨークシャー・プディング

シュークリームの皮のようなパン。ローストビーフに添えられるほかシチューを詰めて出すことも。

## Cornish Pie
コーニッシュ・パイ

ジャガイモと牛肉の煮込みをパイで包んだコーンウォール地方（イギリス南西部）発祥の料理。

## Haggis
ハギス

羊の胃袋に羊の肉と内臓、オートミール、野菜などを混ぜて詰めたスコットランドの名物料理。

## Shepherds Pie
シェファーズ・パイ

ラム挽肉の煮込みの上にマッシュポテトを敷き、オーブンで焼いた物。北ウェールズ地方の代表的な家庭料理だ。

## Afternoon Tea
アフタヌーン・ティー

遅い午後に紅茶を飲みながら、スコーンやサンドウィッチをつまむ習慣。ハイティーとも呼ばれる。

## Scone
スコーン

紅茶のおともに欠かせないパン菓子。クロテッドクリームとジャムを付けて食べるのが定番。

## Trout
トラウト(マス)料理

トラウト料理はスコットランド地方の名物。取れたてをグリルにしたり、燻製でも食される。

## Smoked Salmon
スモークサーモン

燻製料理が盛んなスコットランド。中でも脂がたっぷりとのったサーモンの燻製は絶品だ。

## Lamb Steak
ラム・ステーキ

羊毛産業が盛んなイギリスでは、ラム・ステーキはポピュラーな料理だ。仔羊ほど臭みが薄い。

## Venison Stew
シカ肉の煮込み料理

野生のシカも多く見られるスコットランドでは、シカ肉もよく食べられる。煮込み料理が主流。

## Beef Guinness Pie
ビーフ・ギネス・パイ

ビーフシチューをギネスビールで味付けし、パイと一緒に食べる。スコットランドのパブ料理。

## Dundee Cake
ダンディ・ケーキ

スコットランドのダンディという町で生まれたバターケーキ。ラムレーズンとアーモンド入り。

## Shortbread
ショートブレッド

バターをたっぷりと使った伝統的ビスケット。ショートは「ぼろぼろ」「もろい」という意味。

## Irish Stew
アイリッシュ・シチュー

ラム肉、ジャガイモ、タマネギを煮込んだシチュー。アイルランドの定番メニューだ。

## Guinness
ギネス・ビール

アイルランドが世界に誇るスタウトビール。黒く、濃厚な味わいが特徴。アルコール度も高い。

## Single Molt Whisky
シングル・モルト・ウィスキー

発芽した大麦のみから作るウィスキー。アイルランドでは水割り（氷なし）で飲むのが主流。

# CANADA
カナダ

## Seafood
シーフード料理

西・東海岸で食べたいのは新鮮なシーフード。活きのいいカニやエビ、ロブスターなどが豊富。

## Meat Pie
ミート・パイ

ケベック州の定番料理。挽肉と野菜を炒めてパイ生地に包みオーブンで焼いた家庭料理。

## BC Roal
ビーシー・ロール（別称サーモン・スキン・ロール）

ブリティッシュ・コロンビア州名物のロール寿司。カリカリに焼いたサーモンの皮を酢めしで包んだもの。

## Salmon Steak
サーモン・ステーキ

キングサーモンはカナダを代表する食材。まずそのおいしさをサーモン・ステーキで試そう。

## kokanee beer
コカニー・ビール

西部で人気の地ビール。味はスッキリ系。カナダ二大ビールメーカー、ラバット・ブルーも有名。

# AUSTRALIA
オーストラリア

## Assorted Australian Various Meats
名物肉の盛り合わせ

カンガルー、ワニ、エミューなどの肉をひと皿に盛った観光客向け料理。

## Kangaroo Foods(Modern Australian Style)
カンガルー肉料理

モダンオーストラリア料理ではカンガルー肉などを斬新な味付けで調理している。

## Seafood Platter
シーフード・プラッター

魚介類の宝庫オーストラリアならではのシーフードの盛り合わせ。

## Yabbie Foods(Modern Australian Style)
ヤビー料理

ザリガニ(ヤビー)もオーストラリアならではの味覚だ。

## Aussie Beers
オーストラリアのビール

オーストラリアでは州ごとに名物ビールがある。

# 緊急事態
# 困ったときのとっさのひと言

ないにこしたことはない緊急事態。
でも起きてしまったら、
会話集を開いている余裕はない。
使うことがないよう願いつつ、覚えておこう！

## 助けて！

**Help!**

ヘルプ

「ヘルプ」は周囲の人に助けを呼ぶ意味と、相手（犯人）に「お願いだからやめてください」という意味においても使える。困った場合にとにかく有用な言葉なので覚えておきたい。

## やめて！
### Stop it! / Stop!
ストップ　イット／ストップ

特に、女性が男につきまとわれたり触られたりした場合には大きな声で叫ぼう。ただし、相手が銃やナイフを持っている場合には、大声を出すことによって犯人の神経を逆なですることにもなりかねないので注意。

## 撃たないで！
### Please don't shoot!
プリーズ　ドウント　シュート

相手が銃ではなくナイフなどで脅してきた場合には「Please don't hurt me!（プリーズ　ドウント　ハート　ミー）」。武術の心得がある人であっても、とにかく抵抗せず事態が収拾するのを待とう。

# 困ったときのとっさのひと言

## 捕まえて！
### Stop him / her!
ストップ　ヒム／ハー

屋外でスリや置き引きの被害に遭ったら、とにかく大声を出して助けを呼ぼう。土地勘のない場所でひとり追いかけるようなことはしないようにしたい。スリ集団に待ち伏せされ、さらなる被害を被ることも。

## 誰か来て！
### Somebody help me!
サムバディ　ヘルプ　ミー

アメリカやイギリスでは大都市であっても、困った人がいると助けようとする人は多い。危険な目にあったら、とにかくこの言葉を叫んでみよう。どこの町にも危険なエリアはあるので、事前によく調べておいて、近づかないようにしたい。

# 警察に電話して！
## Call the police!
コール　ザ　ポリース

日本での「110番して！」と同様に、アメリカなら「call 911（コール　ナインワンワン）」、イギリスでは「call 999（コール　ナインナインナイン）」と警察の緊急番号を言う方法もある。

# 殺さないで！
## Please don't kill me!
プリーズ　ドウント　キル　ミー

1993年の日本人留学生殺害事件で有名になった「Freeze（フリーズ＝動くな）」のほか、「Hold up!（ホールド　アップ）」「Hands up!（ハンズ　アップ）」などと言われたら、どうあれ手を挙げ動かないこと。

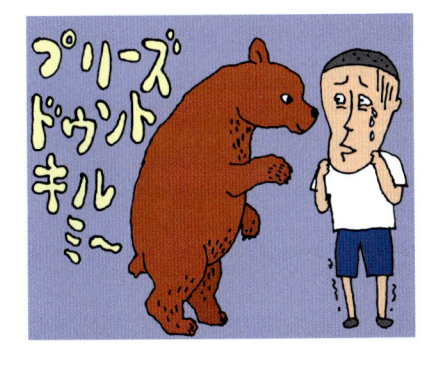

## 困ったときのとっさのひと言

### 緊急事態です！
# Emergency!
イマージェンスィ

この言葉を使うのは、「緊急事態なので来てください」と手招きするような状況が考えられるが、欧米での手招きは手のひらを上に向けてする。日本式にやるとあっちへ行けという意味になるので注意。

### 救急車を呼んで！
# Call an ambulance!
コール アン アンビュランス

救急車が容易に来られないような場所であれば、通りがかりの人や車を呼び止め「病院に連れていってくださいTake me to the hospital（テイク ミー トゥ ザ ホスピタル）」とお願いしよう。

## 危ない！
### Watch out!
ワッチ アウト

「Look out（ルック アウト）」とも言う。店や銀行で誰かがこの言葉を叫んだら、とりあえずその場に伏せるのがいいだろう。なお、「ワッチ アウト」は「どけ！」という意味でも使われる。

## あっちに行け！
### Get away!
ゲット アウェイ

物売りやナンパなどにしつこくつきまとわれたら、「興味がないからI'm not interested（アイム ナット インタリステッド）」と断ろう。それでも退散しない場合には、キツクこのひと言を。

料理図鑑 / 緊急事態 / 基本会話 / 入出国 / 移動 / 観光 / ショッピング / 宿泊 / 飲食 / 通信 / 交流 / ピンチ / 日英辞書 / 英日辞書 / 文法 / 50音順検索

## トラベル会話 米語＋英語
# 本書を活用するために

本書では、旅先での実用性を考え、文法どおりのいわゆる「正しい」文章よりも、「簡潔で確実に伝わる」文章を優先して編集しています。
また、会話の例文だけではなく、指さしで使える「料理図鑑」や、記入して使える「ホテル予約シート」「飛行機／列車／バスチケット購入メモ」なども収録しました。例文と一緒にご活用ください。

インデックス（縦書き）: 料理図鑑／緊急事態／基本会話／入出国／移動／観光／ショッピング／宿泊／飲食／通信／交流／ピンチ／日英辞書／英日辞書／文法／50音順検索

### 🔑 チェックアウト

#### 前日に手続きをする

| 明朝早く発ちます | I'll leave early tomorrow.<br>アイル リーヴ アーリー トゥモロウ |
| --- | --- |
| 今会計してもらえますか？ | Can I pay now?<br>キャナイ ペイ ナウ？ |
| 明日のチェックアウトの時間を遅らせたいのですが | I'd like to delay tomorrow's checkout.<br>アイド ライク トゥ ディレイ トゥモロウズ チェックアウト |
| チェックアウト後、荷物を預かってもらえますか？ | Could you keep my baggage (luggage) after checking out?<br>クッジュー キープ マイ バギッジ（ラギッジ） アフタァ チェッキング アウト？ |
| 16時まで部屋を使えますか？ | Can I use the room till four p.m.?<br>キャナイ ユーズ ザ ルーム ティル フォー ピーエム？<br>時間 ▶P.237 |
| 料金はいくらですか？ | How much is it?<br>ハウ マッチ イズ イット？ |

#### 当日の手続き

| 荷物を部屋まで取りに来てください | Please come to take the baggage (luggage).<br>プリーズ カム トゥ テイク ザ バギッジ（ラギッジ） |
| --- | --- |
| チェックアウトをお願いします | I'd like to check out.<br>アイド ライク トゥ チェック アウト |
| クレジットカード／現金で支払います | I'll pay with a credit card / in cash.<br>アイル ペイ ウィズ ア クレディット カードイン キャッシュ |
| クレジットカード／トラベラーズチェック／日本円は使えますか？ | Do you take credit cards / traveler's checks (cheques) / Japanese yen?<br>ドゥ ユー テイク クレディット カーズ／トラヴェラーズ チェックス／ジャパニーズ イェン？ |
| 昨日／チェックインのときに支払いました | I paid yesterday / when checking in.<br>アイ ペイド イェスタデイ／ウェン チェッキング イン |
| チェックインのときにバウチャーを渡しました | I presented the voucher when checking in.<br>アイ プレゼンテッド ザ ヴァウチァア ホウェン チェッキング イン |
| 領収書をください | Give me a receipt, please.<br>ギヴ ミー ア リスィート プリーズ |

🔑 チェックアウト時には、まず料金の明細書をもらい、内容を確認すること。朝食の回数や電話の通話料などに誤りがないか、チェックするように。

134

---

**旅** 先でのシチュエーション別に色分けし、ひと目でわかる見やすいピクトを付けてあります。

**ど** のページを開いていても、すぐ目的のページへとべるよう、すべてのページの外側にインデックスを付けてあります。

**米** 英で表現が異なる単語では、baggage (luggage) というように、米語（英語）の順に示しています。

**そ** れぞれの旅のシチュエーションで役に立つ、旅のプロからのアドバイスやちょっとしたヒントを各ページの下で紹介しています。

16

| 電話／ミニバーは使っていません | I didn't use the phone / mini-bar. |
|---|---|
| | アイ ディドゥント ユーズ ザ フォウン／ミニバー |

**文** 中に○○○／×××と、青色で示してある場合は、どれかひとつの単語を選んで話す例文です。

| （エレベーターから）降ります | We're getting off. |
|---|---|
| | ウィア ゲッティング オフ |

**例** 文の状況を説明／補足している日本語は（　）で、想定される相手からの質問は［　］で括って示しています。

| 16時まで部屋を使えますか？ | Can I use the room till four p.m.? |
|---|---|
| | キャナイ ユーズ ザ ルーム ティル フォー ピーエム？ |
| | 時間 ▶ P.237 |

**た** とえば文中に「数字」や「月日」などを入れて話す例文には、参照するページを記載してあります。

## 50音順キーワード検索

| い | 表記例 |
|---|---|
| いくらですか／タクシー | 65 |
| いくらですか／劇場 | 86 |
| いくらですか／エステ・マッサージ | 91 |
| いくらですか／現地発着ツアー | 92 |
| いくらですか／支払い（ショッピング） | 112 |
| いくらですか／ホテルの予約（電話） | 125 |

凡例

50音キーワード／使う場面 …ページ数

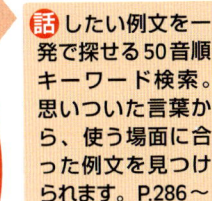

**話** したい例文を一発で探せる50音順キーワード検索。思いついた言葉から、使う場面に合った例文を見つけられます。P.286〜

料理図鑑 | 緊急事態 | 基本会話 | 入出国 | 移動 | 観光 | ショッピング | 宿泊 | 飲食 | 通信 | 交流 | ピンチ | 日英辞書 | 英日辞書 | 文法 | 50音順検索

17

## トラベル会話 米語＋英語 目次

料理図鑑
緊急事態
基本会話
入出国
移動
観光
ショッピング
宿泊
飲食
通信
交流
ピンチ
日英辞書
英日辞書
文法
50音順検索

- 2 見せればOK！ 今すぐ食べたい料理図鑑
- 10 緊急事態 困ったときのとっさのひと言
- 16 本書を活用するために

### 23 基本会話
- 30 使えるジェスチャー
- 31 NGジェスチャー

### 33 入出国
- 34 入出国 使える10フレーズ
- 36 チェックイン（搭乗手続き）
- 38 飛行機（機内）
- 41 トランジット（乗り継ぎ）
- 42 入国審査と両替
- 44 荷物の受け取り
- 45 税関申告
- 46 空港からの移動
  観光案内所で
  空港バス／鉄道
- 47 タクシー
  国内線への乗り換え
- 48 ホテル予約（観光案内所）
- 49 出国（搭乗手続きとタックスリファンド）
  付加価値税の払い戻し（タックスリファンド）

### 51 移動
- 52 移動 使える10フレーズ
- 54 徒歩（道／場所を尋ねる）
- 55 道に迷ったとき
- 56 鉄道／長距離バス／船（切符を買う）
- 58 鉄道／長距離バス／船（乗る）
  プラットホーム／ターミナル
  車中／座席
- 59 長距離バス（乗車時／車中／休憩所）
  下車／荷物の受け取り
- 60 レンタカー
  レンタカー店での手続き
- 61 ドライブ／駐車／ガソリンスタンド／トラブル／緊急連絡
- 62 地下鉄
  観光案内所など、地下鉄駅の構内
- 63 市内バス／トラム
- 64 タクシー
- 66 飛行機
- 68 船
- 69 イレカエ単語「移動」

## CONTENTS

### 71 観　光

- 72 観光　使える10フレーズ
- 74 **場所探しと予約**
  街角で道を尋ねる
  観光案内所
- 75 電話で見学の予約を入れる
- 76 **入場料／切符の購入**
- 78 **施設や敷地内で**
  美術館／博物館で
- 80 **写真やビデオの撮影**
- 82 **記念品やおみやげを買う**
- 83 **観光中の物乞い／しつこい物売り**
  きつく断る
  優しく断る／応対する
- 84 **劇場／映画館の場所探しと予約**
- 86 **劇場／映画館で切符を購入**
  劇場の切符売り場
- 87 映画館の切符売り場
- 88 **劇場／映画館／ナイトスポットで**
  クラブ／ディスコ／ライブハウスなど
- 89 カジノ
- 90 **エステ／マッサージ体験**
  店探しと予約
- 91 店に行く
- 92 **現地発着ツアー**
  ツアーの予約をする
- 93 ツアーに参加して
- 94 **スポーツ観戦**
  チケットショップなど
- 95 スタジアムにて
- 96 **スポーツをする**
  スキーをする
  ダイビングをする
- 97 ゴルフをする
  テニスをする
- 98 **イレカエ単語「観光」**

### 101 ショッピング

- 102 ショッピング　使える10フレーズ
- 104 **店探し**
- 106 **品物を探す**
- 109 食料品を買う
- 110 オーダーメイドをする
- 112 **値切る／支払い**
- 115 **日本に送る／免税手続き**
  免税手続きをする
- 116 **クレーム／交換**
- 118 **イレカエ単語「ショッピング」**

**トラベル会話 米語＋英語 目次**

## 121 宿泊

**122 宿泊 使える10フレーズ**
- 124 **ホテル探しと予約**
  観光案内所で
- 125 自分で予約する（電話）
- 126 **ウォークイン（直接ホテルへ）**
- 128 **チェックイン**
  チェックインが遅くなる場合（電話）
- 129 **ホテル内**
  ルームサービスを頼む
- 130 館内／フロント
- 132 **トラブル**
  予約が指定どおり入っていない
  部屋で
- 134 **チェックアウト**
  前日に手続きをする
  当日の手続き
- 136 **空港行きのリムジン／タクシーの予約**
- 137 **ユースホステル／ドミトリー**
- 140 **イレカエ単語「宿泊」**

## 143 飲食

**144 飲食 使える10フレーズ**
- 146 **レストラン探しと予約**
  現地の人やホテルのコンシェルジュに店を尋ねる
- 148 タクシー運転手やツアーガイドに店を尋ねる
  レストランの予約をする
- 150 **料理の注文／食事中に**
  店に入る
- 151 飲み物を注文する
- 152 料理を注文する
- 154 食事を楽しむ
- 156 **支払い／店を出る**
  支払いをする
- 157 店を出る
- 158 **店への要望とトラブル**
  店への要望
- 159 トラブル
- 160 **ファストフードと
  フードコート（クーポン食堂）**
  注文する
- 161 テーブルで
- 162 **カフェ／ティールーム／コーヒースタンド**
- 164 **ホテル内での朝食／軽食**
  朝食／ビュッフェスタイル
- 165 係りの人との会話
- 166 **屋台**
- 168 **バー／パブとIDチェック**
  バーで店員に尋ねる
- 169 パブで尋ねる
  IDチェック（身分証の確認）
- 170 **イレカエ単語「飲食」**

# CONTENTS

## 173 通信

- **174** 通信 使える10フレーズ
- **176** 国内電話
  ホテルの部屋から
  公衆電話から
- 177 電話での会話
- 178 ファクスを送る
- **179** 国際電話
  ホテルの部屋から
- **180** レンタル携帯電話
- **181** インターネット
  空港や町なかにて
- 182 インターネットカフェにて
- 183 ホテルにて
- **184** ハガキ／手紙／小包
- 185 文房具店などで
- **186** 国際宅配便
- **188** イレカエ単語「通信」

## 193 交流

- **194** 交流 使える10フレーズ
- **196** 友達になる（きっかけ作り）
- **198** 自分を紹介する
- **200** 相手について尋ねる
- **202** 日本の文化を語る
- **204** 相手の国の文化について尋ねる
- **205** 再会を約束する
- **206** 相づち／感情表現
- **207** イレカエ単語「交流」

### コラム
- 32 「こんな時便利、使えるジェスチャー」
- 43 「入国の流れと入国・税関での諸注意」
- 50 「出国に関しての諸注意」
- 187 「海外のホテルでパソコンを使うには」
- 234 イギリス入国時の免税範囲

### 書式／使えるメモ
- 138 「ホテル空室問い合わせシート例」
- 139 「ホテル予約シート例」
- 190 「手紙／eメールを書く」
- 230 「入出国カード／税関／紛失証明書書類記入例」
  アメリカ／入出国カード、税関申告書
- 232 オーストラリア／入出国カード、免税範囲と禁制品
- 234 イギリス／入出国カード
- 235 盗難／紛失届作成依頼書のサンプル
- 314 「飛行機チケット購入メモ」
- 315 「列車チケット購入メモ」
- 316 「バスチケット購入メモ」
- 317 「パーソナルメモ」

---

料理図鑑 ｜ 緊急事態 ｜ 基本会話 ｜ 入出国 ｜ 移動 ｜ 観光 ｜ ショッピング ｜ 宿泊 ｜ 飲食 ｜ **通信** ｜ **交流** ｜ ピンチ ｜ 日英辞書 ｜ 英日辞書 ｜ 文法 ｜ 50音順検索

# トラベル会話 米語+英語 目次 — CONTENTS

## 209 ピンチ

- **210** ピンチ 使える10フレーズ
- **212** 忘れた／盗まれた／なくした
  - 213 警察に被害状況（盗難証明書用）を説明するとっさのひと言
- **214** 病気／ケガで困った
  - 病院に行く前（ホテルなどで）
  - 診察／問診に対して
- **218** 災害／事故
- **220** 物が壊れて困った
- **221** 移動で困った
  - 列車／バス
  - 222 タクシーでボラれないために
  - 223 タクシーの運転手に対して
- **224** 場面ごとに困った
  - 空港で困った
  - 現地ツアー（オプショナル）で困った
  - 225 町／買い物で困った
  - ホテルで困った
- **226** 人間関係で困った
- **227** とにかく困った
- **228** イレカエ単語「ピンチ」

### 便利なページ

- 111 「サイズ比較表」
- 217 図解「体の呼び名」
- 236 「数字」
- 237 「時間／曜日／月／年／季節」
- 238 「色／風合い／柄／素材」
- 239 「計量単位換算表」
- 240 「電話のかけ方」
- 表2 「世界の都市＆時差マップ」
- 表3 警察、消防、救急番号の一覧
- 318 『地球の歩き方』シリーズ一覧

## 241 辞書／文法／50音順検索

- **242** 日英辞書
- **270** 英日辞書
- **282** 英語の文法＆発音ミニ講座
- **285** アメリカ英語とイギリス英語の違い
- **286** 話したいフレーズを一発で探せる！ 50音順キーワード検索

# 基本会話

ちょっと すみません!
イクスキューズ ミー
あれ、行っちゃったよ… やっぱ都会は冷たいなぁ…
あっ 女の人だ!
イクスキューズ ミー
ボクは孤独な異邦人… サビシー…
注
英語はアクセントで意味が変わります。「イクスキューズ ミー」は語尾を上げれば「何ですか?」語尾を下げれば「ごめんなさい」「ちょっとすみません」は「キュ」を強く発音します。

料理図鑑 / 緊急事態 / **基本会話** / 入出国 / 移動 / 観光 / ショッピング / 宿泊 / 飲食 / 通信 / 交流 / ピンチ / 日英辞書 / 英日辞書 / 文法 / 50音順検索

# こんにちは
## Hello.
ハロウ

1. **こんにちは／やあ**
   Hello. / Good afternoon. / Hi.
   ハロウ／グッド アフタヌーン／ハイ

2. **おはようございます**
   Good morning.
   グッド モーニング

3. **こんばんは**
   Good evening.
   グッド イーヴニング

4. **おやすみなさい**
   Good night.
   グッド ナイト

# さようなら
## Good bye.
グッバイ

1. **さようなら／バイバイ**
   Good bye. / Bye.
   グッバイ／バイ

2. **またお会いしましょう**
   See you again.
   スィー ユー アゲイン

3. **よい1日を**
   Have a nice day.
   ハヴ ア ナイス デイ

4. **気を付けて**
   Take care.
   テイク ケア

# ありがとう

## Thank you.
サンキュー

**1** ありがとうございます
**Thank you very much.**
サンキュー ヴェリィ マッチ

**2** どうもありがとう
**Thanks a lot.**
サンクス ア ロット

**3** どういたしまして
**You're welcome. / Not at all.**
ユア ウェルカム／ノット アット オール

**4** こちらこそ
**My pleasure.**
マイ プレジャァ

---

# すみません

## Excuse me.
イクスキューズ ミー

**1** 失礼しました（お詫び）
**Excuse me.**
イクスキューズ ミー

**2** ごめんなさい
**I'm sorry.**
アイム ソリ

**3** ちょっとすみません（呼びかけ）
**Excuse me.**
イクスキューズ ミー

**4** 気にしないで
**Never mind.**
ネヴァー マインド

# はい／いいえ
## Yes. / No.
イエス／ノウ

**①** はい、そう思います
**Yes, I think so.**
イエス アイ スィンク ソウ

**②** いいえ、そうは思いません
**No, I don't think so.**
ノウ アイ ドウント スィンク ソウ

**③** わかりました
**I understand.**
アイ アンダスタンド

**④** わかりません
**I don't understand.**
アイ ドウント アンダスタンド

# はじめまして
## How do you do?
ハウ ドゥ ユー ドゥ？

**①** お会いできてうれしいです
**I'm glad to meet you.**
アイム グラッド トゥ ミート ユー

**②** 私の名前は地球太郎です
**My name is Chikyu Taro.**
マイ ネイム イズ チキュウ タロウ

**③** あなたのお名前は何ですか？
**May I have your name?**
メイ アイ ハヴ ユア ネイム？

**④** どこから来ましたか？
**Where are you from?**
ホウェア アー ユー フラム？

## お願いします

# Please.
プリーズ

**1** コーヒーをください
**Coffee, please.**
コーフィ プリーズ

**2** 会計をお願いします
**Check, please.**
チェック プリーズ

**3** チケットを1枚ください
**One ticket, please.**
ワン ティケット プリーズ

**4** チェックインをお願いします
**Check in, please.**
チェック イン プリーズ

---

## え？

# Pardon?
パードゥン？

**1** え？何ですか
**Pardon? / Excuse me? / Sorry?**
パードゥン？／イクスキューズ ミー？／ソリ？

**2** もう一度言ってもらえますか？
**Could you say it again?**
クッジュー セイ イット アゲイン？

**3** 聞き取れませんでした
**I couldn't catch you.**
アイ クドゥント キャッチ ユー

**4** もう少しゆっくり言ってもらえますか？
**Could you speak more slowly?**
クッジュー スピーク モーァ スロウリィ？

## 何時？
## What time?
ホワット タイム？

**1** 次の電車は何時発ですか？
**What time will the next train leave?**
ホワット タイム ウィル ザ ネクスト トレイン リーヴ？

**2** 何時に始まりますか？
**What time does it start?**
ホワット タイム ダズ イット スタート？

**3** 何時まで開いていますか？
**What time does it close?**
ホワット タイム ダズ イット クロウズ？

**4** 何時までにチェックインしなければなりませんか？
**By what time should I check in?**
バイ ホワット タイム シュダイ チェック イン？

## いくらですか？
## How much is it?
ハウ マッチ イズ イット？

**1** 空港までいくらですか？
**How much is it to the airport?**
ハウ マッチ イズ イット トゥ ズィ エアポート？

**2** 手数料はいくらですか？
**How much is the commission charge?**
ハウ マッチ イズ ザ カミション チャージ？

**3** 全部でいくらですか？
**How much is it altogether?**
ハウ マッチ イズ イット オールトゥゲザァ？

**4** 1泊いくらですか？
**How much is it for a night?**
ハウ マッチ イズ イット フォー ア ナイト？

# どこですか？

## Where?
ホウェア？

**1** ここはどこですか？
**Where am I now?**
ホウェア アム アイ ナウ？

**2** どこで両替できますか？
**Where can I exchange currencies?**
ホウェア キャナイ エクスチェインジ カランスィズ？

**3** トイレはどこですか？
**Where's the restroom?**
ホウェアズ ザ レストルーム？

**4** 最寄りの地下鉄駅はどこですか？
**Where is the nearest subway (underground) station?**
ホウェア イズ ザ ニアレスト サブウェイ（アンダーグラウンド） ステイション？

---

# 何ですか？

## What?
ホワット？

**1** これは何ですか？
**What's this?**
ホワッツ ズィス？

**2** この通りの名前は何ですか？
**What's the name of this street?**
ホワッツ ザ ネイム オヴ ズィス ストリート？

**3** おすすめは何ですか？
**What do you recommend?**
ホワット ドゥ ユー レコメンド？

**4** 趣味は何ですか？
**What's your hobby?**
ホワッツ ユア ホビー？

# 使えるジェスチャー／NGジェスチャー

### オーケー！
親指と人差し指でマルをつくる。「お金」と間違えないように。

### 賛成！グッド！
握った手の親指を立てる。同意、満足、「やったね！」といった意味。

### 反対。いまいち。
握った手の親指を下に向ける。不満、失敗を意味する。

### まあまあ
手のひらをおなかの前でひらひらさせる。

### さあ、行こう！
握った手の親指で外を指し示す。「レッツゴー」の意味。

### 歩きで
人差し指と中指を使って、歩く様子を表現する。

### 幸運を祈ってます！
人差し指と中指を交差させる。「グッドラック！」を意味する。

### 私のこと？
日本では自分の鼻を指すが、欧米豪では胸を指す。

とっさに英語が出てこないとき、ジェスチャーは言葉を補ってくれる。ただし、日本と意味が異なるものもあるので気を付けたい。

### おなかがいっぱい！
手のひらを下にしてのどぼとけへ。イギリスでは胃のあたりをおさえる。

### お勘定お願いします。
ペンを持ってサインするような動作をすると、伝票を持ってきてくれる。

### 誓って！
胸に手を当てる。「そんなつもりで言ったんじゃない」の意味でも使用可。

### 考えが浮かびました！
人差し指を立てて、グッドアイデアが浮かんだことを知らせる。

### わかりません。
両手の手のひらを上に向けて、肩をすくめる。手を挙げなくても同じ意味。

### NG! いらっしゃい
日本式「招く」のジェスチャーは、欧米では反対の追い返す意味になる。

### NG! やるか！
拳を立て、もう片方の手のひらを力こぶに載せる。ケンカを売る意味に。

### NG! くそったれ！
中指を立てて「ファックユー」の捨てゼリフ。使ってはならない罵倒表現だ。

---

料理図鑑 | 緊急事態 | **基本会話** | 入出国 | 移動 | 観光 | ショッピング | 宿泊 | 飲食 | 通信 | 交流 | ピンチ | 日英辞書 | 英日辞書 | 文法 | 50音順検索

31

## Column

## こんな時便利、使えるジェスチャー

　英米の人々は、会話するときに身振りや手真似などのジェスチャーを使うことが多い。日本人にとっては、少しオーバーな印象を受けるときもあるが、使うべき言葉がすぐに出てこなかったときなど、コミュニケーションをはかるのにとても便利だ。また、擬声語も役立つ。P.30〜31以外のジェスチャー以外でも下記のようなものが挙げられる。

### まだあるジェスチャー例

●数の数え方、レストランで人数を伝える場合
　数字を指で数えるとき、アメリカでは日本と異なる。日本では、開いた手から親指を順に閉じていくが、アメリカだと逆。閉じた拳の親指から、順に人差し指〜小指と広げて数える（下図参照）。また、レストランなどで「何名様ですか？」と聞かれた場合は、相手に手のひらを見せて人数分の指を立てる。
●静かにして、という場合
　例えば、劇場やコンサートなどで、「静かにして！」という場合、日本と同じく「シーッ」ということが多い。

閉じた拳から親指、人差し指、中指と順に開いていく

●謝るとき
　日本で謝罪を意味する「合掌」の合図、これは世界共通のようで、英米でもよく見かける。
●わかんないな〜
　欧米の映画などでもよく出てくるが、何かを聞かれて「わからない」と答えるときは、肩をすぼめ（上げて）首を横に傾けて残念そうな顔をする。例えば「どうしてフライトが遅れるのですか？」と聞くと、海外の航空会社のスタッフが、「私に聞かれてもわかんないよ〜」そんな意味を込めてこのジェスチャーが返ってくることもしばしば。

### 絶対タブーの
### ジェスチャーや行為

　日本で普通に使われるジェスチャーでも、英米ではとんでもなく失礼な合図だったりすることもあるので注意しよう。P.31でも紹介しているが、絶対にやってはいけない身振りや行為を挙げてみよう。
●日本で「こっちにおいでよ」と、手を使ってこちらへ招くような手振り。これは、欧米では「こないで、出て行って」と追い返す意味となる。
●しゃがみこむ行為。これは、欧米では「排泄」を意味している。
●ゲップは禁物。「おなら」よりもヒンシュクをかってしまうので注意。特に食後などは気を付けて。どうしても出てしまうようなら、極力出ないように口を押さえるとか工夫しよう。

# 入出国

イギリス到着!!
入国審査終わったら
速攻でミュージカル行きますっ!!

えー?! なにこの長蛇の列はー!!
ヨーロッパの入国審査は
カンタンって聞いていたのにー。!!

数時間後…
やっと終る…
くたびれ果てました…

そしてこの、大枚はたいた
ミュージカルのチケットは
ただの紙キレになりました。
泣くに泣けない
イギリスの初夜…

# 入出国 使える10フレーズ これで完璧！

## 1. 通路側の席をお願いします

**An aisle seat, please.**
アン アイル スィート プリーズ

## 2. 15番搭乗口はどこですか？

**Where's gate fifteen?**
ホウェアズ ゲイト フィフティーン？

## 3. 毛布を貸してください！

**May I have a blanket?**
メイ アイ ハヴ ア ブランキット？

## 4. トランジットの待ち時間はどのくらいですか？

**How long is the connecting time for transit?**
ハウ ロング イズ ザ コネクティング タイム フォー トランズィット？

## 5. ［旅行の目的は？］観光です

［What's the purpose of your visit?］
**Sightseeing.**
サイトスィーイング

もし、到着した空港で自分の荷物が出てこなかったら、何と言って対応したらよいのか？ いざというときのために、トラブルに関する表現はまるごと暗記しておきたいもの。乗り継ぎ便のゲート番号や荷物受け取りのターンテーブル番号など、自分でモニター画面で確認しなければならないことも出てくるので、聞く前によく確認することも大切。

## 荷物が出てきません！

**I can't find my baggage (luggage)!**
アイ キャント ファインド マイ バギッジ（ラギッジ）

## [申告するものは？] ありません

**[ Anything to declare?]**
**I have nothing to declare.**
アイ ハヴ ナスィング トゥ ディクレア

## これを両替してください

**Exchange, please.**
イクスチェインジ プリーズ

## 今晩のホテルの予約をお願いします

**Could you reserve (book) a room for me?**
クッジュー リザーヴ（ブック） ア ルーム フォー ミー？

## 市内へのバス乗り場はどこですか？

**Where can I get a bus for downtown?**
ホウェア キャナイ ゲット ア バス フォー ダウンタウン？

# ✈ チェックイン（搭乗手続き）

|  |  |
|---|---|
| 出発は何階ですか？ | **Which floor is for departures?**<br>フウィッチ　フローァ　イズ　フォー　ディパーチャーズ？ |
| ユナイテッド航空のカウンターはどこですか？ | **Where's the counter for United Airlines?**<br>ホウェアズ　ザ　カウンター　フォー　ユナイティッド　エアラインズ？ |
| これはニューヨーク行き（のカウンター）ですか？ | **Is this the counter for flights to New York?**<br>イズ　ズィス　ザ　カウンター　フォー　フライツ　トゥ　ニューヨーク？ |
| あなたが列の最後ですか？ | **Are you the last in line (queue)?**<br>アー　ユー　ザ　ラスト　イン　ライン（キュー）？ |
| この列に並んでいますか？ | **Are you in this line (queue)?**<br>アー　ユー　イン　ズィス　ライン（キュー）？ |
| ニューヨークまでお願いします | **To New York, please.**<br>トゥ　ニューヨーク　プリーズ |
| 今搭乗手続きはできますか？ | **May I check in now?**<br>メイ　アイ　チェック　イン　ナウ？ |
| （パスポートと航空券は）これです | **Here they are.**<br>ヒア　ゼイ　アー |
| 窓側／通路側の席をお願いします | **A window / An aisle seat, please.**<br>ア　ウィンドウ／アナイル　スィート　プリーズ |
| 禁煙席／喫煙席にしてください | **Non-smoking / Smoking, please.**<br>ノンスモウキング／スモウキング　プリーズ |
| この便は混んでいますか？ | **Is this flight full?**<br>イズ　ズィス　フライト　フル？ |
| 前方／後方の席をお願いします | **A seat toward the front / back of the cabin, please.**<br>ア　スィート　トゥウォード　ザ　フラント／バック　オヴ　ザ　キャビン　プリーズ |
| 私たちを隣合わせの席にしてください | **We'd like to sit together.**<br>ウィード　ライク　トゥ　スィット　トゥゲザァ |
| 荷物はふたつです | **I have two pieces of baggage (luggage).**<br>アイ　ハヴ　トゥー　ピースィズ　オヴ　バギッジ（ラギッジ） |
| 荷物の超過料金はいくらですか？ | **How much is the excess baggage (luggage) charge?**<br>ハウ　マッチ　イズ　ズィ　イクセス　バギッジ（ラギッジ）　チャージ？ |

✈ どの航空会社もセキュリティチェックにかなりの時間を費やしている。特にアメリカ系キャリアは3時間前には空港へ到着するよう心掛けよう。

|  |  |
|---|---|
| ちょっと待ってください、詰め替えます | **Wait a minute. I'll repack.**<br>ウェイト ア ミニット アイル リパック |
| 預ける荷物はありません | **I have no baggage (luggage) to check.**<br>アイ ハヴ ノウ バギッジ（ラギッジ） トゥ チェック |
| これは機内に持ち込めますか？ | **Can I carry this on the plane?**<br>キャナイ キャリ ズィス オン ザ プレイン？ |
| 壊れ物が入っています | **It's fragile.**<br>イッツ フラジャイル |
| 荷物はニューヨークまで行きますか？ | **Does the baggage (luggage) go to New York?**<br>ダズ ザ バギッジ（ラギッジ） ゴウ トゥ ニューヨーク？ |
| ネームタグをください | **May I have a baggage (luggage) tag?**<br>メイ アイ ハヴ ア バギッジ（ラギッジ） タグ？ |
| 搭乗口は何番ですか？ | **What is the gate number?**<br>ホワット イズ ザ ゲイト ナンバァ？ |
| 搭乗開始は何時ですか？ | **What's the boarding time?**<br>ホワッツ ザ ボーディング タイム？ |
| この便は定刻に出発しますか？ | **Is this flight on time?**<br>イズ ズィス フライト オン タイム？ |
| どれくらい遅れていますか？ | **How long is it delayed?**<br>ハウ ロング イズ イット ディレイド？ |
| 出国カードは必要ですか？ | **Do I need a departure card?**<br>ドゥ アイ ニード ア ディパーチャー カード？ |
| 出国後に買い物はできますか？ | **May I do some shopping after departure formalities?**<br>メイ アイ ドゥ サム シャピング アフタァ ディパーチャー フォーマリティズ？ |
| （セキュリティチェックで）これを到着空港で受け取りたい | **I'd like to get this on arrival.**<br>アイド ライク トゥ ゲット ズィス オン アライヴァル |
| ターミナルAへの行き方は？ | **How do I get to terminal A?**<br>ハウ ドゥ アイ ゲット トゥ ターマヌル エイ？ |
| （この搭乗口は）ニューヨーク行きですか？ | **Is this the gate for the flight to New York?**<br>イズ ズィス ザ ゲイト フォー ザ フライト トゥ ニューヨーク？ |

乗り継ぎ便の場合、乗り継ぎ地で荷物を一度ピックアップしてリチェックインするのか、そのまま目的地まで運んでくれるスルーチェックインかを確認しよう。

# ✈ 飛行機 (機内)

|  |  |
|---|---|
| 私の席はどこですか？ | Where's my seat?<br>ホウェアズ マイ スィート？ |
| すみません、ここは私の席です | Excuse me, but I think this is my seat.<br>イクスキューズ ミー バット アイ スィンク ズィス イズ マイ スィート |
| ごめんなさい、間違えました | Sorry, my mistake.<br>ソリ マイ ミステイク |
| 席を替えてもらえますか？ | Can I change my seat?<br>キャナイ チェインジ マイ スィート？ |
| あの席に移ってもいいですか？ | May I move to that seat?<br>メイ アイ ムーヴ トゥ ザット スィート？ |
| すみません、通してください | Excuse me.<br>イクスキューズ ミー |
| （通路に出たいとき）出してください | Let me through, please.<br>レット ミー スルー プリーズ |
| ああ、どうぞ | Sure.<br>シュア |
| ちょっと待ってください | Wait a moment, please.<br>ウェイト ア モウメント プリーズ |
| コートを預かってください | Could you take my coat?<br>クッジュー テイク マイ コウト？ |
| バッグが棚に入りません | I can't put this on the rack.<br>アイ キャント プット ズィス オン ザ ラック |
| バッグをここに置いてもいいですか？ | May I leave my bag here?<br>メイ アイ リーヴ マイ バッグ ヒア？ |
| 毛布をもう1枚ください | May I have another blanket?<br>メイ アイ ハヴ アナザ ブランキット？ |
| 枕をください | May I have a pillow?<br>メイ アイ ハヴ ア ピロウ？ |
| 席を倒してもいいですか？ | May I recline my seat?<br>メイ アイ リクライン マイ スィート？ |

✈ 航空会社によって、睡眠中の食事は「起こしてください」／「そのまま寝かせておいてください」というシールを用意している。寝るときは前方に貼っておこう。

|  |  |  |
|---|---|---|
| 席を立ててください | Please put your seat back up. | プリーズ プット ユア スィート バック アップ |
| 日本語の新聞はありますか？ | Do you have Japanese newspapers? | ドゥ ユー ハヴ ジャパニーズ ニューズペイパァズ？ |
| 空いているトイレはどこですか？ | Which lavatory is vacant? | フウィッチ ラヴァトリィ イズ ヴェイカント？ |
| 飲み物は何がありますか？ | What kind of drinks do you have? | ホワット カインド オヴ ドリンクス ドゥ ユー ハヴ？ |
| ビールをください | Beer, please. | ビア プリーズ |
| ウィスキーはありますか？ | Do you have whiskey? | ドゥ ユー ハヴ ウィスキ？ |
| コーヒーのお代わりをください | More coffee, please. | モーァ コーフィ プリーズ |
| 氷を入れないでください | No ice, thank you. | ノウ アイス サンキュー |
| もう結構です | No, thank you. | ノウ サンキュー |
| まだ済んでいません | I've not finished yet. | アイヴ ノット フィニッシュト イェット |
| 片付けてください | Could you take this away? | クッジュー テイク ズィス アウェイ？ |
| 食事は結構です | No meal, thank you. | ノウ ミール サンキュー |
| 食事の時間に起こしてください | Please wake me up at mealtime. | プリーズ ウェイク ミー アップ アット ミールタイム |
| 軽食をいただけますか？ | May I have some snacks? | メイ アイ ハヴ サム スナックス？ |
| ビデオシステムの使い方を教えてください | Could you tell me how to use the video player? | クッジュー テル ミー ハウ トゥ ユーズ ザ ヴィデオ プレイア？ |

✈ アメリカン航空のエコノミークラスは、機内でのアルコール類はすべて有料となる。ユナイテッド航空、ノースウエスト航空はビール、ワインともに無料。

# ✈ 飛行機 (機内)

|  |  |
|---|---|
| イヤフォン／読書灯が壊れています | The earphones don't / The reading light doesn't work.<br>ズィ イアフォウンズ ドウント／ザ リーディング ライト ダズント ワーク |
| 免税品の販売はありますか？ | Are there duty-free goods?<br>アー ゼア デューティ フリー グッズ？ |
| 具合が悪いです | I feel sick.<br>アイ フィール スィック |
| 酔い止めの薬はありますか？ | Do you have some medicine for airsickness?<br>ドゥ ユー ハヴ サム メディスン フォー エアスィックネス？ |
| 窓のブラインドを下げてください | Pull down the shade(blind), please.<br>プル ダウン ザ シェイド（ブランド） プリーズ |
| 到着までどれくらいかかりますか？ | How long before we land?<br>ハウ ロング ビフォーア ウィー ランド？ |
| 何時に到着しますか？ | What time will we arrive?<br>ホワット タイム ウィル ウィー アライヴ？ |
| 現地時間は何時ですか？ | What is the local time?<br>ホワット イズ ザ ロウカル タイム？ |
| 今アナウンスで何と言いましたか？ | What did the announcement say?<br>ホワット ディド ズィ アナウンスメント セイ？ |
| 現地の天気を教えてください | How's the local weather?<br>ハウズ ザ ロウカル ウェザァ？ |
| 入国カードは必要ですか？ | Do I need a landing card?<br>ドゥ アイ ニード ア ランディング カード？ |
| 記入の仕方を教えてください | Could you show me how to fill in this form?<br>クッジュー ショウ ミー ハウ トゥ フィル イン ズィス フォーム？ |
| 乗り継ぎ便に間に合いますか？ | Can I catch my connecting flight?<br>キャナイ キャッチ マイ コネクティング フライト？ |
| 預けた物を返してください | Please return my checked baggage (luggage).<br>プリーズ リターン マイ チェックト バギッジ（ラギッジ） |
| （食器、コップなどを）片付けてください | Could you take this away?<br>クッジュー テイク ズィス アウェイ？ |

> アメリカを訪問する場合、ビザを持たない一般観光客の入国カードはグリーンのカード。ビザを持っている人は白いカードと覚えておこう。

# ✈ トランジット （乗り継ぎ）

|  |  |
|---|---|
| この空港にどれくらい止まりますか？ | How long do we stay here?<br>ハウ ロング ドゥ ウィー ステイ ヒア？ |
| 機内に残っていてもいいですか？ | May I stay on the plane?<br>メイ アイ ステイ オン ザ プレイン？ |
| 待合室に免税品店はありますか？ | Is there a duty free shop in the transit area?<br>イズ ゼア ア デューティフリー ショップ イン ザ トランズィット エリア？ |
| 乗り継ぎカウンターはどこですか？ | Where's the counter for the connecting flights?<br>ホウェアズ ザ カウンター フォー ザ コネクティング フライツ？ |
| ニューヨークへの乗り継ぎです | I'd like to take a connecting flight to New York.<br>アイド ライク トゥ テイク ア コネクティング フライト トゥ ニューヨーク |
| 搭乗手続きはどこでできますか？ | Where can I check in?<br>ホウェア キャナイ チェック イン？ |
| 予約は日本で確認してあります | I reconfirmed my flight in Japan.<br>アイ リコンファームド マイ フライト イン ジャパン |
| 日本航空214便の搭乗口はどこですか？ | Where's the boarding gate for Japan Airlines 214?<br>ホウェアズ ザ ボーディング ゲイト フォー ジャパン エアラインズ トゥー フォーティーン？ |
| 出発時刻に遅れはありませんか？ | Is it on time?<br>イズ イット オン タイム？ |
| 乗り継ぎ便に間に合いませんでした | I missed my connecting flight.<br>アイ ミスト マイ コネクティング フライト |
| 代わりの便を見つけてもらえますか？ | Could you find me another flight?<br>クッジュー ファインド ミー アナザァ フライト？ |
| 休憩／喫煙できる場所はありますか？ | Is there a place to rest / smoking area?<br>イズ ゼア ア ア プレイス トゥ レスト／スモウキング エリア？ |
| ホテルの予約をお願いします | Could you reserve (book) a room for me?<br>クッジュー リザーヴ（ブック） ア ルーム フォーミー？ |
| トランジットホテルに行くバス乗り場はどこですか？ | Where can I take a bus for the transit hotel?<br>ホウェア キャナイ テイク ア バス フォー ザ トランズィット ホウテル？ |
| 手荷物一時預かり所はどこですか？ | Where's the left baggage(luggage)?<br>ホウェアズ ザ レフト バギッジ（ラギッジ）？ |

> 飛行機の遅れにより、乗り継ぎ地で1泊することになった場合、ホテル代と食費は航空会社に負担してもらえる。洗面用具セットの用意もある。

# 入国審査と両替

|  |  |
|---|---|
| [今回の目的は？] 観光／留学です | [What's the purpose of your visit?] Sightseeing. / Study. サイトスィーイング／スタディ |
| [滞在する期間は？] 3日間／1週間／1ヵ月です | [How long are you going to stay?] For three days. / one week. / one month. フォー スリー デイズ／ワン ウィーク／ワン マンス |
| [滞在先は？] マリオットホテル／友人宅です | [Where are you going to stay?] At the Marriott Hotel. / my friend's. アット ザ マリオット ホテル／マイ フレンズ |
| [帰りの航空券は？] はい、これです | [Do you have a return ticket?] Here it is. ヒア イット イズ  数字 ▶P.236 |
| [所持金は？] 現金が1000ドルです | [How much money do you have with you?] One thousand dollars in cash. ワン サウザンド ダラズ イン キャッシュ |
| [あなたの職業は？] エンジニア／プログラマーです | [What's your occupation?] I'm an engineer. / a programmer. アイム アン エンジニア／ア プログラマァ |
| どこで両替できますか？ | Where can I exchange currencies? ホウェア キャナイ エクスチェインジ カランスィズ？ |
| トラベラーズチェックを扱っていますか？ | Do you cash traveler's checks (cheques)? ドゥ ユー キャッシュ トラヴェラーズ チェックス？ |
| 手数料はいくらですか？ | How much is the commission charge? ハウ マッチ イズ ザ コミション チャージ？ |
| これをUSドルに両替してください | Please change these into US dollars. プリーズ チェインジ ズィーズ イントゥ ユーエス ダラズ |
| 小銭を交ぜてください | I'd like some small change. アイド ライク サム スモール チェインジ |
| これを細かくしてください | Can you make change for this? キャン ユー メイク チェインジ フォー ズィス？ |
| これを全部1USドル札にしてください | All in one-dollar bills, please. オール イン ワン ダラ ビルズ プリーズ |
| 計算が違います | The amount is wrong. ズィ アマウント イズ ローング |
| レシートをください | May I have a receipt? メイ アイ ハヴ ア リスィート？ |

入国審査は、日本人に対してほとんどノーチェックの国が多いなか、アメリカやイギリスではほぼ確実に何か質問される。答えられるよう予習しておこう。

# Column

## 入国の流れと入国・税関での諸注意

### 入国の手順

❶ 入国審査　Immigration

現地へ到着し機内から出てきたら、まずは入国審査を受ける。空港内の「Immigration」のサインに従って進もう。入国審査場の窓口は、イギリスの場合「United Kingdom（英国人）」、「European Union EC（EU加盟国人）」、「Others（その他の外国人）」に分かれている。アメリカでは、「U.S. Citizen（アメリカ人）」と「Foreigner／Non U.S. Citizen（外国人）」に分かれる。審査では、パスポート、入国カード、税関申告書（米）、帰りの航空券またはそれに準じるものを用意しておこう。

❷ 荷物のピックアップ

入国審査を無事終えたら、機内に預けた荷物を受け取る。「Baggage(Luggage) Claim」のサインを目指そう。荷物が出てこない場合は、まず航空会社の係員に連絡しよう。各航空会社の荷物取り扱い窓口（Baggage Service Officeなどと表示されている）で苦情を申し立てる。

❸ 税関申告

申告しなければならない人は「Declare（申告）」の窓口に、申告の必要がない人は「Nothing to declare（申告なし）」の窓口へ。申告がない場合は、パスポートと税関申告書（米）だけ見せてそのまま素通りの場合が多い。申告がある場合は、「How much is it worth?（これの値段はいくらですか？）」と聞かれることもある。「It was about a $○○」などと答えよう。

❹ 到着ロビーへ

市内へ出るため、エアポートバス、シャトルバス、地下鉄、タクシーなど希望の交通機関の乗り場を目指す。分からない場合はインフォメーション（空港案内所）で聞こう。レンタカーを借りる場合は、ほとんどは空港内の敷地内に各レンタカー会社のオフィスや車庫があり、そこで手続きする。無料のシャトルバスが出ている場合もあるので、それを利用しよう。また現地通貨を持っていない人は、両替所で最低限の現金の両替を。

### 入国審査、税関での注意

アメリカ、ニュージーランド、オーストラリア、ハワイ、グアム、サイパンなどでの日本人の入国審査は、2、3の質問くらいで比較的スムーズに終えられる。問題はイギリスやカナダだ。年に5回以上頻繁に海外旅行をしている人、あるいは前回の旅行から1ヵ月も経たないうちに旅行している場合は、かなりしつこい質問を受けることもあるので覚悟しよう。それとあまり薄汚れた格好だと不審人物と怪しまれることがあるので、こぎれいな服装が好ましい。

税関では、申告がない場合でも、ときどき抜き打ちで荷物検査が入ったりする。また入国審査でしつこく質問攻めにあった人は、必ずといっていいほど、荷物検査を受ける場合が多い。

2001年の米国同時多発テロ事件以降、各国での入国審査がかなり厳しくなっていることを心しておこう。

# 荷物の受け取り

|  |  |
|---|---|
| 荷物の受け取り場所は、どこですか？ | Where can I get my baggage (luggage)?<br>ホウェア キャナイ ゲット マイ バギッジ（ラギッジ）？ |
| （搭乗券の半券を見せながら）どのターンテーブルですか？ | Which turnstile?<br>フウィッチ ターンスタイル？ |
| スーツケースが壊されました | My suitcase was damaged.<br>マイ スートゥケイス ワズ ダミッジド |
| 荷物紛失（ロストバゲージ）の窓口はどこですか？ | Where is the 'Lost and Found' office (lost property office)?<br>ホウェア イズ ザ ロスト アンド ファウンド オフィス（ロスト プロパティ オフィス）？ |
| 私の荷物が見つかりません | I can't find my baggage(luggage).<br>アイ キャント ファインド マイ バギッジ（ラギッジ） |
| キャスター付きのボストンバッグです | A Boston bag with casters.<br>ア ボストゥン バッグ ウィズ キャスターズ |
| 布製の中型のバッグです | A medium size fabric bag.<br>ア ミディアム サイズ ファブリック バッグ |
| 手荷物引換証（クレームタグ）はこれです | Here's my claim tag.<br>ヒアズ マイ クレイム タグ |
| 調べてもらえますか？ | Could you check it?<br>クッジュー チェック イット？ |
| 弁償してください | Will you pay for the damage?<br>ウィル ユー ペイ フォー ザ ダミッジ？ |
| 紛失証明書を作成してください | Could you make a report of the loss?<br>クッジュー メイク ア リポート オヴ ザ ロス？ |
| 見つかったらホテルに連絡してください | Please call the hotel when you find it.<br>プリーズ コール ザ ホウテル ホウェン ユー ファインド イット |
| 見つからなかったときは補償してください | I expect to be redressed if you can't find it.<br>アイ イクスペクト トゥ ビー リドレスト イフ ユー キャント ファインド イット |
| （日用品など）必要なものを購入したいのですが | I'd like to buy some personal effects.<br>アイド ライク トゥ バイ サム パーソナル イフェクツ |
| その代金をいただけますか？ | Please pay for that.<br>プリーズ ペイ フォー ザット |

スーツケースはカラフルなバンドを巻いておくと見つけやすいが、一方でこれがあると日本人の荷物だと知れ渡っていて、狙われやすいという意見もある。

# ✈ 税関申告

|  |  |
|---|---|
| カートはどこにありますか？ | Where's a cart?<br>ホウェアズ ア カート？ |
| [何か申告するものは？]<br>ありません | [Anything to declare?]<br>I have nothing to declare.<br>アイ ハヴ ナスィング トゥ ディクレア |
| [バッグの中身は何ですか？]<br>身の回り品です | [What's in your bag?]<br>Personal effects.<br>パーソナル イフェクツ |
| 友人へのみやげです | It's a gift for my friend.<br>イッツ ア ギフト フォー マイ フレンド |
| それは自分で使うものです | It's for my personal use.<br>イッツ フォー マイ パーソナル ユース |
| 日本円で1万円くらいです | It's about ten thousand yen.<br>イッツ アバウト テン サウザンド イェン<br>数字 ▶P.236 |
| これは胃薬／風邪薬です | This is stomach / cold medicine.<br>ズィス イズ ストマック／コウルド メディスン |
| これは海苔／梅干しです | This is seaweed / pickled plum.<br>ズィス イズ スィーウィード／ピクルド プラム |
| お酒を3本持っています | I have three bottles of liquor.<br>アイ ハヴ スリー ボトルズ オヴ リカー<br>数字 ▶P.236 |
| これは申告の必要はありますか？ | Do I need to declare this?<br>ドゥ アイ ニード トゥ ディクレア ズィス？ |
| [持ち込み制限を超えています]<br>どうすればいいですか？ | [You have brought more than is allowed.]<br>What should I do?<br>ホワット シュダイ ドゥ？ |
| いくら課税されますか？ | How much should I pay?<br>ハウ マッチ シュダイ ペイ？ |
| [これは持ち込み禁止品です]<br>没収されるのですか？ | [This item is prohibited.]<br>Will you take this away?<br>ウィル ユー テイク ズィス アウェイ？ |
| [ほかにありますか？]<br>これだけです | [Anything else?]<br>That's all.<br>ザッツ オール |
| これは私の物ではありません | It's not mine.<br>イッツ ノット マイン |

✈ カートは空港により有料。例えばラスベガスのマッカラン空港のように、カート1台200円程度の料金がかかる場合がある。同じアメリカでもロスアンゼルス空港では無料。

# 空港からの移動

## 観光案内所で

| | |
|---|---|
| パークホテルへの行き方を教えてください | **How do I get to the Park Hotel?** <br> ハウ ドゥ アイ ゲット トゥ ザ パーク ホウテル？ |
| 空港バスと地下鉄ではどちらが速いですか？ | **Which is faster, the airport limousine or subway (underground)?** <br> フウィッチ イズ ファースタァ ズィ エアポート リマズィーン オア サブウェイ（アンダーグラウンド）？ |
| 空港バスと地下鉄ではどちらが便利ですか？ | **Which is more convenient, the airport limousine or subway (underground)?** <br> フウィッチ イズ モーァ コンヴィーニァント ズィ エアポート リマズィーン オア サブウェイ（アンダーグラウンド）？ |
| タクシー乗り場はどこですか？ | **Where's the taxi stand?** <br> ホウェアズ ザ タクスィ スタンド？ |
| タクシーを呼んでください | **Could you get me a taxi?** <br> クッジュー ゲット ミー ア タクスィ？ |
| 電話はどこにありますか？ | **Where's a payphone?** <br> ホウェアズ ア ペイフォウン？ |

## 空港バス／鉄道

| | |
|---|---|
| ダウンタウンへ行くのはどのバス／電車ですか？ | **Which bus / train goes downtown?** <br> フウィッチ バス／トレイン ゴウズ ダウンタウン？ |
| どこで待てばいいのですか？ | **Where should I wait?** <br> ホウェア シュダイ ウェイト？ |
| これはキングズ・クロス駅に行きますか？ | **Does this stop at King's Cross Station?** <br> ダズ ズィス ストップ アット キングズ クロス ステイション？ |
| 出発は何時ですか？ | **What time does this leave?** <br> ホワット タイム ダズ ズィス リーヴ？ |
| 時間はどれくらいかかりますか？ | **How long does it take?** <br> ハウ ロング ダズ イット テイク？ |
| 切符はどこで買うのですか？ | **Where can I get a ticket?** <br> ホウェア キャナイ ゲット ア ティケット？ |
| ダウンタウンに着いたら教えてください | **Please let me know when we arrive downtown.** <br> プリーズ レット ミー ノウ ホウェン ウィー アライヴ ダウンタウン |

送迎無料シャトルでホテルまで行く場合、運転手にはチップを払う必要はない。ただ重い荷物を持ってもらったときはUS$1〜2ほど渡そう。空港バスでも同様。

## タクシー

|  |  |
|---|---|
| パークホテルまでお願いします | To the Park Hotel, please.<br>トゥ ザ パーク ホウテル プリーズ |
| ホテルまでいくらくらいかかりますか？ | How much will it be to the hotel?<br>ハウ マッチ ウィル イット ビー トゥ ザ ホウテル？ |
| 荷物をトランクに入れてください | Could you put my baggage (luggage) in the trunk (boot)?<br>クッジュー プット マイ バギッジ（ラギッジ） イン ザ トランク（ブート）？ |
| 最初にプラザホテル、次にパークホテルに行ってください | To the Plaza Hotel first, then the Park Hotel, please.<br>トゥ ザ プラザ ホウテル ファースト ゼン ザ パーク ホウテル プリーズ |
| メーターを倒してください | Will you start the meter?<br>ウィル ユー スタート ザ ミータァ？ |
| ここで停めてください | Stop here, please.<br>ストップ ヒア プリーズ |
| いくらですか？ | How much is it?<br>ハウ マッチ イズ イット？ |
| おつりは結構です | Keep the change.<br>キープ ザ チェインジ |

## 国内線への乗り換え

|  |  |
|---|---|
| 国内線ターミナルに行くバスはどれですか？ | Which bus is for the domestic terminal?<br>フウィッチ バス イズ フォー ザ ドメスティック ターマヌル？ |
| このバスはデルタ航空の国内線ターミナルに行きますか？ | Is this bus for the domestic terminal of Delta Air Lines?<br>イズ ズィス バス フォー ザ ドメスティック ターマヌル オヴ デルタ エア ラインズ？ |
| （搭乗券を見せながら）この便は何番ゲートから出ますか？ | What's the gate number?<br>ホワッツ ザ ゲイト ナンバァ？ |
| （搭乗券を見せながら）搭乗は何時から始まりますか？ | What is the boarding time?<br>ホワット イズ ザ ボーディング タイム？ |
| オーランド行き、便名はDL061です | To Orlando, flight number DL061.<br>トゥ オーランド フライト ナンバァ ディー エル ズィロウ スィックス ワン |

タクシーのトランクに荷物を入れると、追加料金がかかることもある。追加料金がかからない場合には、その分チップを多めに支払おう。

## ホテル予約 (観光案内所)

|  |  |
|---|---|
| 観光案内所はどこですか？ | Where's the tourist information center (centre)? |
| ホテルの予約はできますか？ | May I reserve (book) a room? |
| 中心街のホテルに泊まりたいのですが | I'd like a hotel downtown. |
| できれば駅の近くのホテルがいいのですが | I'd like a hotel near the station. |
| 予算は50USドルくらいです | I'd like to pay about fifty dollars. |
| 一番安いホテルはいくらですか？ | How much is the cheapest room? |
| もっと安いホテルはありますか？ | Are there cheaper rooms? |
| そのホテルにします | I'll take it. |
| シングル／ツインルームをお願いします | A single / twin room, please. |
| 1泊します | For one night, please. 数字 ▶ P.236 |
| 支払いはどうすればいいですか？ | How shall I pay? |
| ホテルへはどうやって行けばいいですか？ | How can I get to the hotel? |
| ここからどれくらい時間がかかりますか？ | How long does it take from here? |
| 市内の地図をください | May I have a city map? |
| 場所を地図で教えてください | Where's it on the map? |

日本から旅先のホテルの予約をしていないとき、空港などにあるホテル予約センターを通して予約したほうが、個人で予約するよりも安く泊まれることが多い。

# ✈ 出国（搭乗手続きとタックスリファンド）

| 荷物は自分で詰めました | I packed the baggage (luggage) myself.<br>アイ パックト ザ バギッジ（ラギッジ） マイセルフ |
|---|---|
| 私以外の誰も触っていません | No one else touched them.<br>ノウ ワン エルス タッチト ゼム |
| ユナイテッド航空のカウンターはどこですか？ | Where's the counter for United Airlines?<br>ホウェアズ ザ カウンター フォー ユナイティッド エアラインズ？ |
| チェックインをお願いします | I'd like to check in.<br>アイド ライク トゥ チェック イン |
| 荷物はこれひとつです | I have one piece of baggage (luggage).<br>アイ ハヴ ワン ピース オヴ バギッジ（ラギッジ） |
| マイレージのカウントをお願いします | Please check my mileage point.<br>プリーズ チェック マイ マイリッジ ポイント |
| キャンセル待ちはできますか？ | Can I get on the waiting list?<br>キャナイ ゲット オン ザ ウェイティング リスト？ |
| この便は定刻どおりですか？ | Is this flight on time?<br>イズ ズィス フライト オン タイム？ |

## 付加価値税の払い戻し（タックスリファンド）

| これが引換券です（DFSで商品を買って空港で受け取る場合） | Here's my claim check.<br>ヒアズ マイ クレイム チェック |
|---|---|
| タックスリファンドの窓口はどこですか？ | Where is the tax refund counter?<br>ホウェア イズ ザ タックス リファンド カウンター？ |
| （免税手続き窓口で）免税手続きをお願いします | Tax refund, please.<br>タックス リファンド プリーズ |
| 書類と商品はこれです | Here are the forms and items.<br>ヒア アー ザ フォームズ アンド アイテムズ |
| （返金は）クレジットカードの口座にお願いします | Please refund the money to my credit card account.<br>プリーズ リファンド ザ マニ トゥ マイ クレディット カード アカウント |
| 書類はどこに投函すればいいですか？ | Where do I post the form?<br>ホウェア ドゥ アイ ポウスト ザ フォーム？ |

✈ 付加価値税の払い戻しを空港で行なう場合、買った商品をタックスリファンドの窓口で見せなくてはならないので、必ず手荷物にすること。

## Column

## 出国に関しての諸注意

楽しい旅も終わり、いよいよ帰国。まずは空港で帰国便のチェックインを済ませよう。大都市の空港では旅行者も多く、搭乗手続きのために長蛇の列となる。アメリカ系航空会社ならば、3時間前くらいを目安に、空港へ到着することをおすすめする。

出国は入国審査に比べるとかなりスムーズだが、このところ機内へ入るためのセキュリティチェックがかなり厳しくなっている。

### 出国の手順

❶ 空港でチェックイン
❷ 出国審査
　パスポートを提示する。航空会社によっては、チェックインの際に一緒に出国手続きを済ませられることがある。
❸ セキュリティチェック
　航空チケットとパスポートを提示し、手荷物やジャケットなどを預ける。X線検査を受けるので、X線が感知しそうなものは、手荷物には決して入れないようにしよう。また、本人のチェックは、先に係員から靴やベルトなどを脱いだり外すよう、求められることもある。
❹ 搭乗口へ
　セキュリティチェックを無事終えたら、指定の搭乗口を目指す。

### 手荷物に入れてはいけないもの

英米やカナダなどでは、セキュリティチェックはだんだんと厳しさを増している。うっかり手荷物に入れて没収なんていうことがないように注意しよう。基本的に先の尖ったものは入れないようにしよう。
・カッターナイフやカミソリ、ハサミなどの刃物
・爆発物
・ライターなど発火性のあるもの
・ソーイングセットなどの糸切りバサミ、針など
・めがねなどに使うスクリュードライバー

### 出発ロビーでできること

●現地通貨の再両替
　使い残した現地通貨は、空港内の両替所で日本円に再両替できる。帰国してからよりも比較的レートがいい。
● VAT（免税）の払い戻し
　空港の免税払い戻しカウンターで、購入した商品と手続きフォームを係員に見せ、スタンプを押してもらう。現地空港で現金を受け取る場合と、戻ってきてから銀行に振り込まれる場合とふたとおりある。詳細は『地球の歩き方』の各国編を参照に。
●買い物や食事
　出発ロビーには、免税店やおみやげ店、レストランやカフェ、バーがあるので、買い忘れたものを買い揃えたり、食事をしたりと思い思いの時間を過ごそう。お酒好きならば、カウンターバーで、ローカルビールを飲んだり……と旅の締めくくりをするのもいい。
　また、空港内の免税店やショップでクレジットカードを使って買い物をする場合、まず余った現地通貨を払い、足りない分をクレジットカードで払うこともできる。

# 移動

料理図鑑 / 緊急事態 / 基本会話 / 入出国 / **移動** / 観光 / ショッピング / 宿泊 / 飲食 / 通信 / 交流 / ピンチ / 日英辞書 / 英日辞書 / 文法 / 50音順検索

## 移動 使える10フレーズ これで完璧!

### 駅への行き方を教えてください

**How do I get to the station?**
ハウ ドゥ アイ ゲット トゥ ザ ステイション?

### バス停への行き方を教えてください

**How do I get to the bus station?**
ハウ ドゥ アイ ゲット トゥ ザ バス ステイション?

### 切符はどこで買うのですか？

**Where can I get a ticket?**
ホウェア キャナイ ゲット ア ティケット?

### バーミンガム行きの片道切符を1枚ください

**One-way (Single) to Birmingham, please.**
ワンウェイ (スィングル) トゥ バーミンガム プリーズ

### 次の電車は何時発ですか？

**What time will the next train leave?**
ホワット タイム ウィル ザ ネクスト トレイン リーヴ?

旅に移動はつきものだ。できるだけ地元の人が使っている地下鉄やバスに乗って移動したほうが安上がりだし、断然楽しい旅ができるはず。わからないことがあれば、恥ずかしがらずにどんどん英語で尋ねてみよう。運転手や周りの現地の人々も、困った人に対してはとても親切だ。ただ混雑している車内ではスリなどに注意して。

## ここからどれくらい時間がかかりますか？

**How long does it take from here?**

ハウ ロング ダズ イット テイク フラム ヒア？

## これはサンフランシスコ行きですか？

**Is this bound for San Francisco?**

イズ ズィス バウンド フォー サン フランスィスコウ？

## この席は空いていますか？

**May I sit here?**

メイ アイ スィット ヒア？

## ダウンタウンに着いたら教えてください

**Please tell me when we arrive downtown.**

プリーズ テル ミー ホウェン ウィー アライヴ ダウンタウン

## タクシーを呼んでください

**Could you get me a taxi?**

クッジュー ゲット ミー ア タクスィ？

## 徒歩（道／場所を尋ねる）

|  |  |
|---|---|
| すみません、駅への行き方を教えてください | Excuse me, but could you tell me the way to the station?<br>イクスキューズ ミー バット クッジュー テル ミー ザ ウェイ トゥ ザ ステイション？ |
| この住所へはどう行ったらいいでしょう？ | How can I get to this address?<br>ハウ キャナイ ゲット トゥ ズィス アドレス？ |
| タワーブリッジに行くにはこの道でいいですか？ | Is this the right way to the Tower Bridge?<br>イズ ズィス ザ ライト ウェイ トゥ ザ タウア ブリッジ？ |
| これはリージェント通りですか？ | Is this Regent Street?<br>イズ ズィス リージェント ストリート？ |
| この通りの名前は何ですか？ | What's the name of this street?<br>ホワッツ ザ ネイム オヴ ズィス ストリート？ |
| この通りはどこに出ますか？ | Where does this road take me?<br>ホウェア ダズ ズィス ロウド テイク ミー？ |
| この道は通り抜けられますか？ | May I pass through this road?<br>メイ アイ パス スルー ズィス ロウド？ |
| メトロポリタン美術館は何ブロック先ですか？ | How many blocks are there to the Metropolitan Museum of Art?<br>ハウ メニィ ブロックス アー ゼア トゥ ザ メトラポリタン ミューズィアム オヴ アート？ |
| 何か目印になるものはありますか？ | Are there any landmarks?<br>アー ゼア エニィ ランドマークス？ |
| 歩いてシティまで行けますか？ | Can I walk to the City?<br>キャナイ ウォーク トゥ ザ スィティ？ |
| ここからビッグベンまで徒歩／タクシーでどれくらいかかりますか？ | How long does it take from here to Big Ben on foot / by taxi?<br>ハウ ロング ダズ イット テイク フラム ヒア トゥ ビッグ ベン オン フット／バイ タクスィ？ |
| ビッグベンまでの近道はありますか？ | Are there any shortcuts to Big Ben?<br>アー ゼア エニィ ショートカッツ トゥ ビッグ ベン？ |
| 北はどの方向になりますか？ | Which way is north?<br>フウィッチ ウェイ イズ ノース？ |
| 真っすぐですか？ | Straight?<br>ストレイト？ |
| 右ですか、左ですか？ | Right or left?<br>ライト オア レフト？ |

欧米の通りは、狭い路地にいたるまでほとんどに名前が付いている。住所も番地と通り名で構成されているのでわかりやすい。

|  |  |
|---|---|
| 次の信号のあたりですか？ | **Near the next signal?**<br>ニア ザ ネクスト スィグナル？ |
| 2番目の角を曲がるのですね？ | **Turn at the second corner?**<br>ターン アット ザ セカンド コーナー？ |
| この坂／階段を上がれば／下りればいいですか？ | **Go up the slope? / Go up the stairs? / Go down the stairs?**<br>ゴウ アップ ザ スロウプ？／ゴウ アップ ザ ステアーズ？／ゴウ ダウン ザ ステアーズ？ |
| 大きな／小さな建物ですか？ | **Is it big / small?**<br>イズ イット ビッグ／スモール？ |
| シティホールのそばですか？ | **Is it near the City Hall?**<br>イズ イット ニア ザ スィティ ホール？ |
| この近くにトイレはありますか？ | **Is there a lavatory near here?**<br>イズ ゼア ア ラヴァトリィ ニア ヒア？ |

## 道に迷ったとき

|  |  |
|---|---|
| 道に迷ってしまいました | **I think I'm lost.**<br>アイ スィンク アイム ロスト |
| （地図を見せて）ここはどこですか？ | **Where am I on this map?**<br>ホウェア アム アイ オン ズィス マップ？ |
| この地図に印を付けてください | **Please mark it on this map.**<br>プリーズ マーク イット オン ズィス マップ |
| この地図で道を教えてください | **Could you show me the way on this map?**<br>クッジュー ショウ ミー ザ ウェイ オン ズィス マップ？ |
| シティホールはこの地図でどこですか？ | **Where's the City Hall on this map?**<br>ホウェアズ ザ スィティ ホール オン ズィス マップ？ |
| 地図を書いてもらえますか？ | **Could you draw a map?**<br>クッジュー ドロー ア マップ？ |
| ここでタクシーは拾えますか？ | **Can I get a taxi here?**<br>キャナイ ゲット ア タクスィ ヒア？ |
| 歩いていける一番近い地下鉄駅はどこですか？ | **Where's the nearest subway (underground) station within walking distance?**<br>ホウェアズ ザ ニアレスト サブウェイ（アンダーグラウンド）ステイション ウィズィン ウォーキング ディスタンス？ |

> トイレ探しに困ったら、ファストフード店、あるいはデパートかショッピングセンターを目指そう。稀にショッピングセンターのトイレは有料の場合もある。

# 鉄道／長距離バス／船 (切符を買う)

|  |  |
|---|---|
| 鉄道駅／バスターミナル／船乗り場はどこですか？ | Where's the station / bus terminal / boarding gate?<br>ホウェアズ ザ ステイション／バス ターマヌル／ボーディング ゲイト？ |
| エジンバラ行きの列車が出ている駅はどこですか？ | Where can I catch a train to Edinburgh?<br>ホウェア キャナイ キャッチ ア トレイン トゥ エディンバラ？ |
| エジンバラ行き列車の切符売り場を教えてください | Where can I get a ticket to Edinburgh?<br>ホウェア キャナイ ゲット ア ティケット トゥ エディンバラ？ |
| エジンバラまでの片道／往復切符をください | One-way (Single) / Round-trip (Return) to Edinburgh, please.<br>ワンウェイ (スィングル) ／ラウンドトリップ (リターン) トゥ エディンバラ プリーズ |
| パリまでユーロスター1等車、片道切符をください | One-way (Single) to Paris, first class on the Eurostar, please.<br>ワンウェイ (スィングル) トゥ パリス ファースト クラス オン ザ ユーロスタァ プリーズ |
| 割引切符はありますか？ | Do you have discount tickets?<br>ドゥ ユー ハヴ ディスカウント ティケッツ？ |
| エジンバラまで安く行く方法はありますか？ | How can I go to Edinburgh cheaper?<br>ハウ キャナイ ゴウ トゥ エディンバラ チーパァ？ |
| 券売機はどこですか？ | Where's a ticket vender?<br>ホウェアズ ア ティケット ヴェンダァ？ |
| 時刻表はありますか？ | Is there a timetable?<br>イズ ゼア ア タイムテイブル？ |
| 予約の窓口はどこですか？ | Where's the ticket office (travel center)?<br>ホウェアズ ザ ティケット オフィス (トラヴェル センター) ？ |
| ロンドン行きを予約できますか？ | May I reserve (book) a seat on a train leaving for London?<br>メイ アイ リザーヴ (ブック) ア スィート オン ア トレイン リーヴィング フォー ランダン？ |
| 明日10時10分発の電車の予約をお願いします | I'd like to reserve (book) a seat on the train leaving at ten past ten tomorrow.<br>アイド ライク トゥ リザーヴ (ブック) ア スィート オン ザ トレイン リーヴィング アット テン パスト テン トゥモロウ |
| インターネットで予約済みです | I made a reservation (booking) via the Internet.<br>アイ メイド ア レザヴェイション (ブッキング) ヴィア ズィ インターネット |
| 予約番号とクレジットカードはこれです | Here are my reservation (booking) number and my credit card.<br>ヒア アー マイ レザヴェイション (ブッキング) ナンバァ アンド マイ クレディット カード |
| もっと遅い／早い列車はありますか？ | Are there any later / earlier trains?<br>アー ゼア エニィ レイタァ／アーリア トレインズ？ |

イギリスの鉄道チケットは往復で買ったほうが断然安い。駅員は皆とても親切で、相談すれば一番安くて効率のいい回り方を教えてくれる。座席指定は出発2時間前まで可能。

|  |  |
|---|---|
| それはロンドンまで直行ですか？ | Is it direct to London?<br>イズ イット ダイレクト トゥ ランダン？ |
| バースまでの接続列車はありますか？ | Is there a connecting train to Bath?<br>イズ ゼア ア コネクティング トレイン トゥ バース？ |
| 乗り換えは必要ですか？ | Do I need to change trains?<br>ドゥ アイ ニード トゥ チェインジ トレインズ？ |
| どこで乗り換えればいいですか？ | Where should I transfer?<br>ホウェア シュダイ トランスファー？ |
| 途中下車はできますか？ | Can I stopover?<br>キャナイ ストップオウヴァ？ |
| 終電は何時ですか？ | What time does the last train leave?<br>ホワット タイム ダズ ザ ラスト トレイン リーヴ？ |
| 帰りの切符は何日間有効ですか？ | How long is the return ticket good for?<br>ハウ ロング イズ ザ リターン ティケット グッド フォー？ |
| 1等／2等をお願いします | First / Standard class, please.<br>ファースト／スタンダード クラス プリーズ |
| 予約を変更できますか？ | Can I change my reservation (booking)?<br>キャナイ チェインジ マイ レザヴェイション（ブッキング）？ |
| 13時発に変更してもらえますか？ | Could you change the reservation (booking) to one o'clock?<br>クッジュー チェインジ ザ レザヴェイション（ブッキング）トゥ ワン オクロック？ |
| 取消料はかかりますか？ | Is there a cancellation charge?<br>イズ ゼア ア キャンサレイション チャージ？ |
| 乗り遅れてしまいました。払い戻しはできますか？ | I missed the train. Can I get a refund?<br>アイ ミスト ザ トレイン キャナイ ゲット ア リファンド？ |
| ブリットレイル・パスで乗車できますか？ | Can I use the BritRail Pass?<br>キャナイ ユーズ ザ ブリットレイル パス？ |
| 日付／スタンプ（ヴァリデーション）をお願いします | Could you date / validate my ticket?<br>クッジュー デイト／ヴァリデイト マイ ティケット？ |
| あさってから21日間使いたいのですが | I'd like to use this for three weeks from the day after tomorrow.<br>アイド ライク トゥ ユーズ ズィス フォー スリー ウィークス フラム ザ デイ アフタ トゥモロウ |

イギリスの「スタンダード・デイ・リターン」は目的地までの往復チケット。「セイヴァー・リターン」は記載された期日から1ヵ月有効な往復チケット。駅の窓口で直接購入する。

# 鉄道／長距離バス／船（乗る）

## プラットホーム／ターミナル

|  |  |
|---|---|
| 刻印機はどこにありますか？ | Where can I stamp my ticket?<br>ホウェア キャナイ スタンプ マイ ティケット？ |
| リヴァプール行きは何番線ですか？ | Which line is for Liverpool?<br>フウィッチ ライン イズ フォー リヴァプール？ |
| これはリヴァプール行きですか？ | Does this stop at Liverpool?<br>ダズ ズィス ストップ アット リヴァプール？ |
| この車両はリヴァプールに行きますか？ | Does this car (coach) stop at Liverpool?<br>ダズ ズィス カー（コウチ）ストップ アット リヴァプール？ |
| グラスゴーへ行くにはどこで乗り換えるのですか？ | Where should I change trains to Glasgow?<br>ホウェア シュダイ チェインジ トレインズ トゥ グラスゴウ？ |
| 定時に発車しますか？ | Does this leave on time?<br>ダズ ズィス リーヴ オン タイム？ |
| 乗り越してしまいました | I missed my station.<br>アイ ミスト マイ ステイション |

## 車中／座席

|  |  |
|---|---|
| ここに座ってもいいですか？ | May I sit here?<br>メイ アイ スィット ヒア？ |
| ここは私の席です | Excuse me, but this is my seat.<br>イクスキューズ ミー バット ズィス イズ マイ スィート |
| 窓を開けてもいいですか？ | May I open the window?<br>メイ アイ オウプン ザ ウィンドウ？ |
| タバコを吸ってもいいですか？ | May I smoke?<br>メイ アイ スモウク？ |
| 荷物を網棚に上げてください | Could you put the baggage (luggage) on the rack?<br>クッジュー プット ザ バギッジ（ラギッジ）オン ザ ラック？ |
| 席を倒してもいいですか？ | May I recline my seat?<br>メイ アイ リクライン マイ スィート？ |

イギリスの駅構内には、各町へのタイムテーブルがわかりやすく表示されている。ただ平日、土曜、日曜・祝日では運行便数がかなり違ってくるので、よく確認しよう。

## 長距離バス（乗車時／車中／休憩所）

|  |  |
|---|---|
| グラスゴーに着いたら教えてください | Please tell me when we arrive in Glasgow. |
| グラスゴーで降りたいのですが | I'd like to get off at Glasgow. |
| ここ／次で降ります | I'm getting off here / at the next station. |
| 荷物をトランクに入れてください | Could you put my baggage (luggage) in the trunk (boot)? |
| ここに何分間止まりますか？ | How long is the stop here? |
| どれがグラスゴー行きのバスですか？ | Which bus goes to Glasgow? |
| トイレに行きたいので停めてください | I need to go to the lavatory. |
| バス酔いしたので袋をください | I feel ill. Please give me a barf bag. |
| 暖房／冷房を弱めて／強めてください | Please turn down / up the heating / cooling. |

## 下車／荷物の受け取り

|  |  |
|---|---|
| 車内に忘れ物をしました | I left something on the train. |
| 荷物を（トランクから）出してください | Would you take out my baggage (luggage)? |
| 遺失物拾得所はどこですか？ | Where's the 'Lost and Found' (lost-property) office? |
| 次のバスは何時発ですか？ | What time will the next bus leave? |

日本からウエブでイギリス鉄道の予約をすることも可能。目的地までの時刻表や料金、乗り継ぎのある場合は、乗り換え時間も詳細に調べられて便利。旅立つ前に要チェック。

# レンタカー

## レンタカー店での手続き

|  |  |
|---|---|
| こんにちは。車を貸してください | Hello. I'd like to rent (hire) a car.<br>ハロウ アイド ライク トゥ レント（ハイアァ）ア カー |
| 日本で予約してあります。これがクーポンです | I made reservations (bookings) from Japan. Here's my coupon.<br>アイ メイド レザヴェイションズ（ブッキングズ）フラム ジャパン ヒアズ マイ クーポン |
| 国際運転免許証を持っています | I have an international driver's license.<br>アイ ハヴ アン インターナショナル ドライヴァーズ ライセンス |
| 車種はどんなものがありますか？ | What kind of cars do you have?<br>ホワット カインド オヴ カーズ ドゥ ユー ハヴ？ |
| 料金表を見せてください | May I have a price list?<br>メイ アイ ハヴ ア プライス リスト？ |
| 経済的な車／小型車／中型車をお願いします | I'd like an economy / a compact / a midsize car.<br>アイド ライク アン エコノミィ／ア コンパクト／ア ミッドサイズ カー |
| マニュアル車／オートマティック車／スポーツカーをお願いします | I'd like a manual / an automatic / a sports car.<br>アイド ライク ア マニュアル／アン オートマティック／ア スポーツ カー |
| 運転者はふたりです | Two of us will be driving.<br>トゥー オヴ アス ウィル ビー ドライヴィング |
| すべての保険に入ります | I'd like full insurance coverage.<br>アイド ライク フル インシュランス カヴァリッジ |
| 借りる前に車を見られますか？ | May I check the car before driving?<br>メイ アイ チェック ザ カー ビフォーア ドライヴィング？ |
| ここにキズが付いています | Here's a scratch.<br>ヒアズ ア スクラッチ |
| ライトが壊れているようです | I think the light is broken.<br>アイ スィンク ザ ライト イズ ブロウクン |
| クレジットカードでないと、借りられませんか？ | Do I need a credit card to rent (hire) a car?<br>ドゥ アイ ニード ア クレジット カード トゥ レント（ハイアァ）ア カー？ |
| デンヴァーで乗り捨てできますか？ | Can I drop the car off in Denver?<br>キャナイ ドロップ ザ カー オフ イン デンヴァー？ |

アメリカでレンタカーを借りる場合は、国際免許証のほかに、日本の免許証も必要になるので忘れずに持って行こう。

|  |  |
|---|---|
| 乗り捨ての料金はいくらですか？ | How much is the drop off charge?<br>ハウ マッチ イズ ザ ドロップ オフ チャージ？ |
| ガソリンを満タンにして返すのですか？ | Do I need to fill up before returning it?<br>ドゥ アイ ニード トゥ フィル アップ ビフォーア リターニング イット？ |
| 道路地図をください | May I have a road map?<br>メイ アイ ハヴ ア ロウド マップ？ |

## ドライブ／駐車／ガソリンスタンド

|  |  |
|---|---|
| 高速道路にはどこから乗ればいいですか？ | Where can I get on the expressway (the motorway)?<br>ホウェア キャナイ ゲット オン ズィ イクスプレスウェイ（ザ モータァウェイ）？ |
| ここに駐車してもいいですか？ | May I park the car here?<br>メイ アイ パーク ザ カー ヒア？ |
| 駐車場／ガソリンスタンドは近くにありますか？ | Is there a parking lot(car park)/ gas(petrol)station near here?<br>イズ ゼア ア パーキング ロット（カー パーク）／ギャス（ペトロル）ステイション ニア ヒア？ |
| レギュラー満タンにしてください | Fill it up with regular, please.<br>フィル イット アップ ウィズ レギュラー プリーズ<br>計量単位換算表 ▶P.239 |
| 20USドル分入れてください | Twenty dollars' worth, please.<br>トウェンティ ダラズ ワース プリーズ<br>数字 ▶P.236 |
| （セルフサービスでの）給油方法を教えてください | How do I use the pump?<br>ハウ ドゥ アイ ユーズ ザ パンプ？ |
| 車で市街地に入れますか？ | May I drive into downtown?<br>メイ アイ ドライヴ イントゥ ダウンタウン？ |

## トラブル／緊急連絡

|  |  |
|---|---|
| 事故を起こしてしまいました | I had an accident.<br>アイ ハッド アン アクスィデント |
| パンクしてしまいました | I have a flat tire.<br>アイ ハヴ ア フラット タイアァ |
| 故障してしまいました | The car broke down.<br>ザ カー ブロウク ダウン |

アメリカのガソリンスタンドは、最近はセルフサービスのクレジットカード払いがほとんど。「Please squeeze the handle.」と表示が出たら給油ノズルをはずして給油を。

# 🚇 地下鉄

## 観光案内所など

|  |  |
|---|---|
| 最寄りの地下鉄駅はどこですか？ | Where is the nearest subway (underground) station?<br>ホウェア イズ ザ ニアレスト サブウェイ（アンダーグラウンド） ステイション？ |
| 地下鉄の路線図をください | May I have a subway(an underground) map?<br>メイ アイ ハヴ ア サブウェイ（アン アンダーグラウンド）マップ？ |
| メトロポリタン美術館の最寄り駅はどこですか？ | Which station is the nearest to the Metropolitan Museum?<br>フウィッチ ステイション イズ ザ ニアレスト トゥ ザ メトラポリタン ミューズィアム？ |
| ウオール街に行くのは何号線ですか？ | Which line is for Wall Street?<br>フウィッチ ライン イズ フォー ウォール ストリート？ |
| ピカデリーへ行くにはどこで乗り換えればいいですか？ | Where should I change trains to get to Piccadilly?<br>ホウェア シュダイ チェインジ トレインズ トゥ ゲット トゥ ピカディリ？ |

## 地下鉄駅の構内

|  |  |
|---|---|
| 切符はどこで買えますか？ | Where can I get a ticket?<br>ホウェア キャナイ ゲット ア ティケット？ |
| フィフスアベニューまで1枚ください | One for fifth avenue, please.<br>ワン フォー フィフス アヴェニュー プリーズ |
| 回数券をください | I'd like multiple ride tickets.<br>アイド ライク マルティプル ライド ティケッツ |
| ワンデイチケットはありますか？ | Are there one-day passes?<br>アー ゼア ワンデイ パスィズ？ |
| 終電は何時ですか？ | What time is the last train?<br>ホワット タイム イズ ザ ラスト トレイン？ |
| これはウエストミンスター駅へ行きますか？ | Does this stop at Westminster?<br>ダズ ズィス ストップ アット ウエストミンスタァ？ |
| アップタウン／ダウンタウンはどちらですか？ | Which way is uptown / downtown?<br>フウィッチ ウェイ イズ アップタウン／ダウンタウン？ |
| いくつ目の駅ですか？ | How many stations to my stop?<br>ハウ メニィ ステイションズ トゥ マイ ストップ？ |

> L.A.の地下鉄には改札がないが、車掌が検札にくるので乗車券は購入しよう。NYで深夜利用するときは「off hour waiting area」と書かれたエリアで電車を待つ。

# 市内バス／トラム

|  |  |  |
|---|---|---|
| （KIOSKなどで）路線図をください | May I have a route map? | メイ アイ ハヴ ア ルート マップ？ |
| バスの中で切符は買えますか？ | Can I buy a ticket on the bus? | キャナイ バイ ア ティケット オン ザ バス？ |
| ブロードウエイ行きは、何番のバスですか？ | Which bus goes to Broadway? | フウィッチ バス ゴウズ トゥ ブロードウェイ？ |
| ブロードウエイ行きのバス乗り場はどこですか？ | Where can I catch a bus for Broadway? | ホウェア キャナイ キャッチ ア バス フォー ブロードウェイ？ |
| ロックフェラー・センターに行くバスはありますか？ | Are there any buses bound for Rockefeller Center? | アー ゼア エニィ バスィズ バウンド フォー ロカフェラァ センター？ |
| 5番街はあちら／こちらですか？ | Fifth avenue is that / this way? | フィフス アヴェニュー イズ ザット／ズィス ウェイ？ |
| このバスは、ロングビーチに停まりますか？ | Does this bus stop at Long Beach? | ダズ ズィス バス ストップ アット ロング ビーチ？ |
| タイムズスクエアまでいくらですか？ | How much is it to Times Square? | ハウ マッチ イズ イット トゥ タイムズ スクウェア？ |
| 降りるときの合図はどうすればいいですか？ | How do I get the driver to stop? | ハウ ドゥ アイ ゲット ザ ドライヴァー トゥ ストップ？ |
| 荷物を置かせてください | May I put my baggage (luggage) here? | メイ アイ プット マイ バギッジ（ラギッジ）ヒア？ |
| ロンドン塔に着いたら教えてください | Please tell me when we get to the Tower of London. | プリーズ テル ミー ホウェン ウィー ゲット トゥ ザ タウア オヴ ランダン |
| このバスは、今何通りを走っていますか？ | Where are we now? | ホウェア アー ウィー ナウ？ |
| 降ります！ | I'm getting off! | アイム ゲッティング オフ |
| すみません、通してください！（降りるとき） | Let me through, please. | レット ミー スルー プリーズ |
| ウエストミンスター寺院への出口はどれですか？ | Which exit leads to Westminster Abbey? | フウィッチ イグズィット リーズ トゥ ウエストミンスタァ アビ？ |

アメリカやカナダの都市部では、ある一定の時間内なら地下鉄と市バス間、またはバスとバスの乗り継ぎが可能。最初に乗るときにトランスファーチケットをもらおう。

## 🚕 タクシー

|  |  |
|---|---|
| タクシー乗り場はどこですか？ | **Where's the taxi stand?**<br>ホウェアズ ザ タクスィ スタンド？ |
| タクシーはどこで拾えますか？ | **Where can I get a taxi?**<br>ホウェア キャナイ ゲット ア タクスィ？ |
| 30分後にタクシーを呼んでください | **Please call a taxi in thirty minutes.**<br>プリーズ コール ア タクスィ イン サーティ ミニッツ |
| 30分後にお願いします | **In thirty minutes, please.**<br>イン サーティ ミニッツ プリーズ |
| 10時にお願いします | **At ten, please.**<br>アット テン プリーズ<br>時間／日 ▶P.237 |
| タイムズスクエアまでお願いします | **To Times Square, please.**<br>トゥ タイムズ スクウェア プリーズ |
| （地図などを指して）この住所／ここに行ってください | **To this address / here, please.**<br>トゥ ズィス アドレス／ヒア プリーズ |
| 空港までいくらかかりますか？ | **How much is it to the airport?**<br>ハウ マッチ イズ イット トゥ ズィ エアポート？ |
| シティまで何分かかりますか？ | **How long does it take to the City?**<br>ハウ ロング ダズ イット テイク トゥ ザ スィティ？ |
| メーターを倒してください | **Will you start the meter?**<br>ウィル ユー スタート ザ ミータァ？ |
| 車を1日チャーターしたいのですが | **I'd like to charter a car for one day.**<br>アイド ライク トゥ チャータァ ア カー フォー ワン デイ |
| 荷物をトランクに入れてください | **Could you put my baggage (luggage) in the trunk (boot)?**<br>クッジュー プット マイ バギッジ（ラギッジ）イン ザ トランク（ブート）？ |
| できるだけ早くお願いします | **Hurry, please.**<br>ハーリ プリーズ |
| 12時までに行ってください | **By twelve, please.**<br>バイ トウェルヴ プリーズ<br>時間／日 ▶P.237 |
| 2ヵ所に停まっていただけますか？ | **Could you stop at two places?**<br>クッジュー ストップ アット トゥー プレイスィズ？ |

🚕 タクシーを電話で呼んだとき、相手から「How do you spell? ハウ ドゥ ユー スペル（綴りを教えてください）」と聞かれたら、自分の名前の綴りをアルファベットで伝えよう。

|  |  |
|---|---|
| 郵便局経由でお願いします | Via the post office, please. ヴィア ザ ポウスト オフィス プリーズ |
| ちょっと停まってください | Stop here, please. ストップ ヒア プリーズ |
| すぐに戻ります | I'll be right back. アイル ビー ライト バック |
| 次の角を右／左に曲がってください | Turn right / left at the next corner. ターン ライト／レフト アット ザ ネクスト コーナー |
| ゆっくり走ってください | Could you drive slowly? クッジュー ドライヴ スロウリィ？ |
| ここで停めてください | Stop here, please. ストップ ヒア プリーズ |
| いくらですか？ | How much is it? ハウ マッチ イズ イット？ |
| おつりは取っておいてください | Keep the change. キープ ザ チェインジ |
| おつりが違います | You gave me the wrong change. ユー ゲイヴ ミー ザ ローング チェインジ |
| 場所が違います | You took me to the wrong place. ユー トゥック ミー ザ ローング プレイス |
| 料金がメーターと違います | The fare is different from the meter. ザ フェアー イズ ディファレント フラム ザ ミータァ |
| 渋滞を回避してください | Avoid the traffic jams, please. アヴォイド ザ トラフィック ジャムズ プリーズ |
| 違う方向に向かっていませんか？ | Aren't you going in the wrong direction? アーンチュー ゴウイング イン ザ ローング ディレクション？ |
| 降りるから停めろ！ | Stop! Let me out! ストップ レット ミー アウト |
| お金は払いません！ | I won't pay! アイ ウォウント ペイ |

チップのスマートな渡し方は、料金の15～20％を含めた金額を計算して、「Give me ○○dollars. ギヴミー ○○ダラーズ」と言って差額分のおつりを受け取ろう。

# 飛行機

|  |  |
|---|---|
| 3月25日ニューヨーク発ロスアンゼルス行きをお願いします | From New York to Los Angels, on March twenty-fifth, please. |
| 空席のある一番早い便をお願いします | I'd like the earliest available flight. |
| 午前便／午後便をお願いします | Morning / Afternoon flight, please. |
| どの空港から出発ですか？ | From which airport does the flight leave? |
| 出発／到着は何時ですか？ | What's the departure / the arrival time? |
| 料金はいくらですか？ | How much is it? |
| 空席待ちします | Can I get on the waiting list? |
| 何人くらい空席待ちしていますか？ | How many people are on the waiting list? |
| 予約を変更したいのですが | I'd like to change my reservation (booking). |
| もう少し早い／遅い便はありますか？ | Are there any earlier / later flights? |
| 出発の何時間前に空港に行けばいいですか？ | How early should I get to the airport? |
| 予約の再確認（リコンファーム）は必要ですか？ | Do I need to reconfirm my flight? |
| 学生ですが、割引はないのですか？ | Is there a student discount? |
| 週末割引はありますか？ | Are there weekend discounts? |
| （旅行会社などで）格安航空券を扱っていますか？ | Are there any discount air tickets? |

航空会社は何人ぐらい空席待ちをしているか教えてくれないことも多い。どれぐらい乗れる可能性（possibility＝ポッシビリティ）があるかだけでも聞いておこう。

|  |  |
|---|---|
| （フライト前日の連絡先は）○○ホテルです | I'll stay at ○○ hotel. |
| 3番ゲートはどこですか？ | Where is gate three? |
| 預ける荷物はふたつです | I'd like to check two pieces of baggage (luggage). |
| この荷物は預けます | I'd like to check this baggage (luggage). |
| 超過料金は取られますか？ | Must I pay excess baggage (luggage) charges? |
| これは機内に持ち込めますか？ | Can I carry this on the plane? |
| これは壊れ物です | This is fragile. |
| 窓側／通路側の席をお願いします | A window / An aisle seat, please. |
| （機内食は）ベジタリアンでお願いします | Vegetarian meal, please. |
| 予約の再確認（リコンファーム）をお願いします | I'd like to reconfirm my flight. |
| （出発日を聞かれて）3月25日です | March twenty-fifth.  時間／日 ▶P.237 |
| （フライトを聞かれて）ロンドン発ニューヨーク行きBA100便です | BA100, from London to New York. |
| （名前を聞かれて）地球太郎です | My name is Taro Chikyu. |
| （予約が入っていないと言われて）もう一度確認してください | Please check it again. |
| 予約を入れ直してください | Please make a new reservation (booking). |

機内食にはベジタリアン、宗教食、乳児用、子供用など各種用意されているが、希望するなら予約時にリクエストを入れよう。搭乗時にお願いしても無理。

# 船

|  |  |
|---|---|
| リバティ島行き1枚お願いします | One-way (Single) to Liberty Island, please. |
| 往復で何時間かかりますか？ | How long does it take round trip? |
| 次の船は何時ですか？ | When is the next ship? |
| カレーまで片道いくらですか？ | How much is a one-way (single) trip to Calais? |
| カレーまで、ブリットレイル・パスは使えますか？ | Can I use a BritRail pass to Calais? |
| マン島までフェリーで行けますか？ | Can I get to the Isle of Man by ferry? |
| アウトサイド／インサイドキャビンにしてください | Outside / Inside the cabin, please. |
| ひとり部屋はいくらですか？ | How much is a single room? |
| ふたり部屋に替えてください | Please change it to a room for two. |
| 窓のある船室にしてください | I'd like a cabin with a window. |
| 食事は付いていますか？ | Meals included? |
| 船乗り場はどこですか？ | Where's the boarding gate? |
| 出港は何時ですか？ | What's the departure time? |
| 乗船時間は何時ですか？ | What is the boarding time? |
| 船に酔いました。薬をもらえますか？ | I feel seasick. May I have some medicine? |

船に乗る前は軽く食事を済ませておくほうがいい。気持ち悪くなるのでは、と食事をしないでいるのは逆効果。食べ過ぎもよくない。

# 移動の イレカエ単語

## 道を尋ねる

|  |  |  |
|---|---|---|
| 右 | right | ライト |
| 右側 | on the right | オン ザ ライト |
| 左 | left | レフト |
| 左側 | on the left | オン ザ レフト |
| 前方 | front | フラント |
| 後方 | rear | リア |
| 横 | side | サイド |
| こちら側 | this side | ズィス サイド |
| 向こう側 | opposite side | オポズィット サイド |
| 街の区画 | block | ブロック |
| 通り | avenue / street / boulevard | アヴェニュー／ストリート／ブールヴァード |
| 路地 | alley | アリ |
| 歩道 | sidewalk | サイドウォーク |
| 交差点 | intersection | インターセクション |
| 十字路 | crossroads | クロスロウズ |
| 踏切 | railway crossing | レイルウェイ クロッスィング |
| 橋 | bridge | ブリッジ |
| 信号 | traffic lights | トラフィック ライツ |
| 警察署 | police station | ポリース ステイション |
| 回教寺院 | mosque | モスク |
| 大学 | college / university | カリッジ／ユニヴァースィティ |
| 商店街 | shopping street / shopping center | シャピング ストリート／シャピング センタァ |
| 広場 | square | スクウェア |
| 噴水 | fountain | ファウンティン |
| 競技場 | stadium | ステイディアム |
| 運河 | canal | カナル |
| 市庁舎 | city hall | スィティ ホール |
| 市場 | market place | マーケット プレイス |
| 海岸 | beach / seacoast / seashore | ビーチ／スィーコウスト／スィーショーア |

|  |  |
|---|---|
| 繁華街 | downtown / ダウンタウン |

## 乗り物/駅

|  |  |
|---|---|
| タクシー乗り場 | taxi stand / タクスィ スタンド |
| バス停 | bus stop / バス ストップ |
| 地下鉄駅 | subway station / サブウェイ ステイション |
| 鉄道駅 | railway station / レイルウェイ ステイション |
| トラム（路面電車） | tram / street car / トラム／ストリート カー |
| トロリーバス | trolley car / trolley bus / トロリィ カー／トロリィ バス |
| トークン（代用貨幣） | token coin / トウクン コイン |
| チケット売り場 | ticket office / ティケット オフィス |
| 改札口 | gate / ゲイト |
| 精算所 | excess fare window / イクセス フェアー ウィンドウ |
| 料金不足 | short paid / ショート ペイド |
| 始発電車 | first train / ファースト トレイン |
| 終電 | last train / ラスト トレイン |
| 寝台車 | sleeper / スリーパァ |
| 寝台券 | berth ticket / バース ティケット |
| ～経由 | via / ヴィア |
| 手荷物一時預かり所 | checkroom / チェックルーム |
| 回送車 | out-of-service car / アウトオヴサーヴィス カー |
| 空車 | vacant / ヴィカント |
| ひとり／ふたり船室 | one-berth / two-berth cabin / ワンバース／トゥーバース キャビン |

## レンタカー

|  |  |
|---|---|
| 走行距離課金 | mileage / マイリッジ |
| 走行距離無制限 | free mileage / フリー マイリッジ |
| 乗り捨て料金 | drop-off charge / ドロップオフ チャージ |
| ガス欠 | out of gas / アウト オブ ガス |
| タイヤ交換 | repair the tire / リペア ザ タイアァ |
| 徐行 | slow down / スロウ ダウン |
| 四輪駆動車 | four-wheel-drive car / フォーウィールドライブ カー |
| ワゴン車 | station wagon / ステイション ワゴン |
| （高速道路などの）料金所 | tollgate / トウルゲイト |

# 観光

# 観光 使える 10フレーズ これで完璧!

### 1. ここは何という通りですか？

**What's this street?**

ホワッツ ズィス ストリート？

### 2. セントラルパークへはこの道であってますか？

**Is this the right way to Central Park?**

イズ ズィス ザ ライト ウェイ トゥ セントラル パーク？

### 3. 観光案内所はどこですか？

**Where is the tourist information center (centre)?**

ホウェア イズ トゥアリスト インフォメイション センター？

### 4. 無料の市街図をください

**Please give me a free city map.**

プリーズ ギヴ ミー ア フリー スィティ マップ

### 5. 国立博物館に行きたいのですが

**I'd like to visit the National Museums.**

アイド ライク トゥ ヴィズィット ザ ナショナル ミューズィアムズ

限られた旅程のなかで、時間を有効に使って町を歩くには、まず観光案内所に行って地図をもらうこと。自分がどこにいるのか、行きたい場所がどこにあり、どうやって行けばいいのか、その場で確認しよう。人に道を尋ねるときも、地図を見せて、位置を示してもらうのが一番だ。道を教えてもらったら、「ありがとうThank you.」のひとことを忘れずに。

## 地図で場所を教えてください

**Please show me on this map.**
プリーズ　ショウ　ミー　オン　ズィス　マップ

## 開館／閉館は何時ですか？

**What time does it open / close?**
ホワット　タイム　ダズ　イット　オウプン／クロウズ？

## 写真を撮っていただけますか？

**Could you take a picture of us?**
クッジュー　テイク　ア　ピクチャー　オヴ　アス？

## この服装で入れますか？

**Can I enter dressed like this?**
キャナイ　エンタァ　ドレスト　ライク　ズィス？

## チケット1枚ください

**One ticket, please.**
ワン　ティケット　プリーズ

# 場所探しと予約

## 街角で道を尋ねる

|  |  |
|---|---|
| ここは何という通りですか？ | What's this street?<br>ホワッツ ズィス ストリート？ |
| ○○へはこの道であってますか？ | Is this the right way to ○○?<br>イズ ズィス ザ ライト ウェイ トゥ ○○？ |
| 国立博物館にはどうやって行けばいいですか？ | How can I get to the National Museum?<br>ハウ キャナイ ゲット トゥ ザ ナショナル ミューズィアム？ |
| 最寄りの地下鉄駅はどこですか？ | Where is the nearest subway (underground) station?<br>ホウェア イズ ザ ニアレスト サブウェイ（アンダァグラウンド）ステイション？ |
| この住所に行きたいのですが | I'd like to go to this address.<br>アイド ライク トゥ ゴウ トゥ ズィス アドレス |
| 近くに郵便局／銀行／公衆トイレ／公衆電話はありますか？ | Is there a post office / bank / public lavatory / pay phone near here?<br>イズ ゼア ア ポウスト オフィス／バンク／パブリック ラヴァトゥリィ／ペイ フォウン ニア ヒア？ |
| （地図を見せながら）現在位置を教えてください | Where am I on this map?<br>ホウェア アム アイ オン ズィス マップ？ |
| 歩いてどれくらいかかりますか？ | How long does it take on foot?<br>ハウ ロング ダズ イット テイク オン フット？ |

## 観光案内所

|  |  |
|---|---|
| 観光案内所はどこですか？ | Where is the tourist information center (centre)?<br>ホウェア イズ ザ トゥアリスト インフォメイション センター？ |
| すみません、無料の市街図をもらえますか？ | Excuse me. May I have a free city map?<br>イクスキューズ ミー メイ アイ ハヴ ア フリー スィティ マップ？ |
| この町の観光パンフレットはありますか？ | Do you have sightseeing brochures of this town?<br>ドゥ ユー ハヴ サイトスィーイング ブロシュアズ オヴ ズィス タウン？ |
| 地下鉄／バス／トラムの路線図はありますか？ | Do you have subway (underground) / bus / tram maps?<br>ドゥ ユー ハヴ サブウェイ（アンダーグラウンド）／バス／トラム マップス？ |
| この町／郊外の見どころを教えてください | Please tell me the best places to visit in this town / suburb.<br>プリーズ テル ミー ザ ベスト プレイスィズ トゥ ヴィズィット イン ズィス タウン／サバーブ |

路上で地図を見ながら迷っている素振りは犯罪者の格好のターゲット。とりあえず近くにカフェやファストフード店があれば入ってみて地図確認しよう。

|  |  |
|---|---|
| おすすめの場所はどこですか？ | Which places do you recommend? |
| 地図で場所を教えてください | Please draw it on this map. |
| ここから歩いて行けますか？ | Can I walk from here? |
| 開館と閉館は何時ですか？ | What time does it open and close? |
| 休館日はいつですか？ | What day are they closed? |
| 日帰りで行けるところを教えてください | Where can I go for a day trip? |
| 自転車／車はどこで借りられますか？ | Where can I rent (hire) a cycle / car? |
| 遊覧船の乗り場はどこですか？ | Where can I take the pleasure boat? |
| 半日／1日ツアーはありますか？ | Are there any half day / one day tours? |

### 電話で見学の予約を入れる

|  |  |
|---|---|
| もしもし、見学の予約をしたいのですが | Hello, I'd like to make a reservation (booking) for a tour. |
| 7月30日にお願いします | I'd like to book for July thirtieth. 時間／日 ▶ P.237 |
| （満員の場合）いつなら空きがありますか？ | When is the next available reservation (booking)? |
| 予約番号をもう一度言ってください | Please repeat the reservation (booking) number again. |
| 何時に行けばいいですか？ | What time should I be there? |

電話でツアー予約をした場合、最後に必ず日時などを復唱してもらおう。13（サーティーン）や30（サーティ）など紛らわしいものは随時確認を。

## 入場料／切符の購入

|  |  |
|---|---|
| 切符売り場はどこですか？ | **Where can I get a ticket?**<br>ホウェア キャナイ ゲット ア ティケット？ |
| あなたが列の最後ですか？ | **Is this the end of the line?**<br>イズ ズィス ズィ エンド オヴ ザ ライン？ |
| この列に並んでいますか？ | **Are you in line?**<br>アー ユー イン ライン？ |
| 入場料はいくらですか？ | **How much is the admission fee?**<br>ハウ マッチ イズ ズィ アドミション フィー？ |
| 学生割引はありますか？ | **Are there any student discounts?**<br>アー ゼア エニィ ステューデント ディスカウンツ？ |
| 国際学生証を持っています | **I have an international student identification card.**<br>アイ ハヴ アン インターナショナル ステューデント アイデンティフィケイション カード |
| 学生／大人1枚お願いします | **One student / adult, please.**<br>ワン ステューデント／アダルト プリーズ |
| 特別展は別料金ですか？ | **Does the special exhibition cost extra?**<br>ダズ ザ スペシャル エクスビシャン コスト エクストラ？ |
| 今日は何時まで開いていますか？ | **What time does it close today?**<br>ホワット タイム ダズ イット クロウズ トゥデイ？ |
| 最終入場時間は何時ですか？ | **When is the last entrance time?**<br>ホウェン イズ ザ ラスト エントランス タイム？ |
| 無料のパンフレットはありますか？ | **Do you have free brochures?**<br>ドゥ ユー ハヴ フリー ブロシュアズ？ |
| 1枚いただけますか？ | **May I have one?**<br>メイ アイ ハヴ ワン？ |
| 館内の案内図はありますか？ | **Do you have maps for the inside of the building?**<br>ドゥ ユー ハヴ マップス フォー ズィ インサイド オヴ ザ ビルディング？ |
| これは有料ですか？ | **Is there a charge?**<br>イズ ゼア ア チャージ？ |
| オーディオガイドを貸してください | **Please lend me an audio guide.**<br>プリーズ レンド ミー アン オーディオゥ ガイド |

数字 ▶P.236

> ホテルのコンシェルジュには通常チップは必要ないが、無理を言って劇場などのいい席を取ってもらった場合はチップを渡したい。

|  |  |
|---|---|
| 日本語のものをお願いします | Japanese-language version, please. |
| 使い方を教えてください | How do I use this? |
| ガイドブックはありますか？ | Do you have guidebooks? |
| 館内ツアーはありますか？ | Do you have indoor tours? |
| 日本語／英語ガイドツアーはありますか？ | Are there any tours with Japanese-speaking / English-speaking guides? |
| それはいくらですか？ | How much is it? |
| スケジュールを教えてください | Please tell me the schedule. |
| 次回は何時からですか？ | What time does the next one start? |
| 時間はどれくらいかかりますか？ | How long does it take? |
| どこから出発ですか？ | Where does it start? |
| パレード／ショーは何時からですか？ | What time does the parade / show start? |
| 今日は演奏会がありますか？ | Are there any concerts today? |
| どこで見られますか？ | Where can I see it? |
| 荷物を預けたいのですが | May I leave my bag here? |
| 入口はどこですか？ | Where's the entrance? |

入場無料の施設では、寄付金箱が設置されていることが多い。運営費を寄付金でまかなうこともあるので、施設の展示内容などに満足したら心付けを入れよう。

## 施設や敷地内で

### 美術館／博物館で

|  |  |
|---|---|
| マティスの『ダンス』はどこにありますか？ | Where's the "Dance" by Matisse? |
| （ガイドブックなどを指して）これはどこにありますか？ | Where's this? |
| これは誰の作品ですか？ | Whose work is this? |
| あれは何ですか？ | What's that? |
| この作品は何という名前ですか？ | What is this called? |
| （宮殿・城などで）この部屋は何といいますか？ | What is this room called? |
| 何年に造られましたか？ | When was it built? |
| いつ頃の時代のものですか？ | How old is this? |
| これは何世紀のものですか？ | What century is this from? |
| 何様式ですか？ | What style is this? |
| 誰が建てたのですか？ | Who built this? |
| これはどれくらいの高さ／広さですか？ | How tall / large is this? |
| 一番の見どころはどこですか？ | What is the single most important point? |
| 順路はこちらですか？ | Is this the usual route? |

日本と違い、海外の美術館では歴史的に貴重な物品が手に触れられるような場所に置いてあったりする。触れるからこそ、万一の場合は自分の責任になるので慎重に。

|  |  |
|---|---|
| 階段はどこにありますか？ | **Where are the stairs?**<br>ホウェア アー ザ ステアズ？ |
| （教会の尖塔などで）登ることはできますか？ | **May I go up?**<br>メイ アイ ゴウ アップ？ |
| （遺跡などで）ここは入れますか？ | **May I go in?**<br>メイ アイ ゴウ イン？ |
| （展示品に）触ってもいいですか？ | **May I touch it?**<br>メイ アイ タッチ イット？ |
| ミュージアムショップはどこですか？ | **Where is the museum shop?**<br>ホウェア イズ ザ ミューズィアム ショップ？ |
| カフェテリアはありますか？ | **Where's the cafeteria?**<br>ホウェアズ ザ カフェテリア？ |
| 休憩できる場所はありますか？ | **Is there a place to rest?**<br>イズ ゼア ア プレイス トゥ レスト？ |
| 喫煙所はありますか？ | **Is there a smoking area?**<br>イズ ゼア ア スモウキング エリア？ |
| トイレはどこですか？ | **Where's the restroom?**<br>ホウェアズ ザ レストルーム？ |
| どなたか（トイレに）入ってますか？ | **Anybody?**<br>エニバディ？ |
| （トイレの中から）入ってます！ | **Yes!**<br>イエス！ |
| 出口はどこですか？ | **Where's the exit?**<br>ホウェアズ ズィ イグズィット？ |
| 再入場できますか？ | **Can I reenter?**<br>キャナイ リエンタァ？ |
| 荷物を返してもらえますか？ | **May I have my bag?**<br>メイ アイ ハヴ マイ バッグ？ |
| オーディオガイドはどこで返せばいいですか？ | **Where should I return the audio guide?**<br>ホウェア シュダイ リターン ズィ オーディオウ ガイド？ |

> 📷 イギリスの有名な大聖堂では、週に1回くらいでミサのための合唱団によるコンサートが行なわれることもある。曜日と時間が合えばぜひ行ってみよう。

## 📷 写真やビデオの撮影

|  |  |
|---|---|
| ここで写真を撮ってもいいですか？ | May I take pictures here?<br>メイ アイ テイク ピクチャーズ ヒア？ |
| ビデオ撮影してもいいですか？ | May I use a video camera?<br>メイ アイ ユーズ ア ヴィデオ キャムラ？ |
| 写真撮影のポイントはどこですか？ | Which spot is good for pictures?<br>フウィッチ スポット イズ グッド フォー ピクチャーズ？ |
| フラッシュをたいてもいいですか？ | Can I use a flash?<br>キャナイ ユーズ ア フラッシュ？ |
| すみません、私たちの写真を撮ってもらえませんか？ | Excuse me, can you take our picture?<br>イクスキューズ ミー キャン ユー テイク アウァ ピクチャー？ |
| （カメラを手渡しながら）ここを押すだけです | Just press this.<br>ジャスト プレス ズィス |
| あの建物を入れてください | With that building, please.<br>ウィズ ザット ビルディング プリーズ |
| もう1枚お願いします | Please take one more.<br>プリーズ テイク ワン モーァ |
| 一緒に写りませんか？ | Let's take a picture together.<br>レッツ テイク ア ピクチャー トゥゲザァ |
| あなたを撮ってもいいですか？ | May I take your picture?<br>メイ アイ テイク ユア ピクチャー？ |
| 写真をお撮りしましょうか？ | Shall I take your picture?<br>シャル アイ テイク ユア ピクチャー？ |
| じゃ、撮りま〜す！ | Say cheese!<br>セイ チーズ |
| 笑って！ | Smile!<br>スマイル |
| 写真ができたら送ります | I'll send you a copy later.<br>アイル センド ユー ア コピ レイタァ |
| 住所を教えてください | Please tell me your address.<br>プリーズ テル ミー ユア アドレス |

📷 博物館内ではストロボ撮影を禁止していることが多い。全自動カメラでオフにすることができない場合は、撮影をしないようにしよう。

|  |  |
|---|---|
| メールアドレスはありますか？ | Do you have an e-mail address?<br>ドゥ ユー ハヴ アン イーメイル アドレス？ |
| どうもありがとう | Thanks a lot.<br>サンクス ア ロット |
| 写真の現像所はどこですか？ | Where is a photo shop?<br>ホウェア イズ ア フォウトウ ショップ？ |
| 現像をお願いします | Can you develop pictures?<br>キャン ユー ディヴェラップ ピクチャーズ？ |
| いつできあがりますか？ | When will it be ready?<br>ホウェア ウィル イット ビー レディ？ |
| 焼き増しをお願いします | I'd like some additional copies.<br>アイド ライク サム アディショナル コピィズ |
| フィルムはどこで売っていますか？ | Where can I get films?<br>ホウェア キャナイ ゲット フィルムズ？ |
| 36枚撮りのフィルムを1本ください | A thirty-six-exposure roll, please.<br>ア サーティスィックスイクスポウジャァ ロウル プリーズ |
| 電池をください | I'd like some batteries.<br>アイド ライク サム バッテリィズ |
| これと同じものをください | I'd like another one just like this.<br>アイド ライク アナザァ ワン ジャスト ライク ズィス |
| これと同じもの（コンパクトフラッシュなど）はありますか？ | Do you have the same thing as this?<br>ドゥ ユー ハヴ ザ セイム スィング アズ ズィス？ |
| カメラが壊れました | My camera has broken.<br>マイ キャムラ ハズ ブロウクン |
| カメラ店はどこにありますか？ | Where is a camera store?<br>ホウェア イズ ア キャムラ ストーァ？ |
| カメラを落としてしまいました | I dropped my camera.<br>アイ ドロップト マイ キャムラ |
| カメラを修理してもらえますか？ | Can I have this camera repaired?<br>キャナイ ハヴ ズィス キャムラ リペアド？ |

欧米人の手書き文字は、日本人には読み取れないことが多い。メールアドレスを書いてもらったら、その場でスペルを確認しよう。

# 記念品やみやげを買う

|  |  |
|---|---|
| 絵ハガキはありますか？ | Do you have postcards?<br>ドゥ ユー ハヴ ポウストカーズ？ |
| この美術館のオリジナルグッズはありますか？ | Are there any original goods from this museum?<br>アー ゼア エニィ オリジャヌル グッズ フラム ズィス ミューズィアム？ |
| この美術館の展示作品集はありますか？ | Are there gallery catalogs?<br>アー ゼア ギャラリ カタログズ？ |
| クリムトの画集はありますか？ | Are there any books of Klimt's paintings?<br>アー ゼア エニィ ブックス オヴ クリムツ ペインティングズ？ |
| ロゼッタストーンのレプリカはありますか？ | Are there any replicas of the Rosetta stone?<br>アー ゼア エニィ レプリカズ オヴ ザ ロウゼッタ ストウン？ |
| この土地の名産品は何ですか？ | What is the specialty of this region?<br>ホワット イズ ザ スペシャリティ オヴ ズィス リージョン？ |
| おすすめは何ですか？ | What do you recommend?<br>ホワット ドゥ ユー レコメンド？ |
| 人気のみやげは何ですか？ | What's a popular souvenir?<br>ホワッツ ア ポピュラァ スーヴェニア？ |
| 何でできていますか？ | What is this made of?<br>ホワット イズ ズィス メイド オヴ？ |
| どうやって使うのですか？ | Please tell me how to use this.<br>プリーズ テル ミー ハウ トゥ ユーズ ズィス |
| 手に取ってもいいですか？ | May I hold it?<br>メイ アイ ホウルド イット？ |
| これは日本に持ち帰れますか？ | Can I take this back to Japan?<br>キャナイ テイク ズィス バック トゥ ジャパン？ |
| いくらですか？ | How much?<br>ハウ マッチ？ |
| これにします | I'll take this.<br>アイル テイク ズィス |

詳しくはP.102〜117「ショッピング」を参照ください

憧れの美術館へ行ってみると、思わぬ大特別展をやっていることがある。幸運ととるか不運ととるかはその人次第だが、事前にウェブで確認しておくのも一考。

## 観光中の物乞い／しつこい物売り

### きつく断る

|  |  |  |
|---|---|---|
| あっちに行ってください！ | Go away! | ゴウ アウェイ |
| ついて来ないで！ | Stay away! | ステイ アウェイ |
| いりません！ | I don't need it. | アイ ドウント ニード イット |
| やめてください！ | Stop it! | ストップ イット |
| ほかをあたってください！ | Ask somebody else! | アスク サムバディ エルス |

### 優しく断る／応対する

|  |  |  |
|---|---|---|
| お金を持っていません | I don't have money. | アイ ドウント ハヴ マニ |
| 英語がわかりません（と言いながら逃げる） | I don't understand English. | アイ ドウント アンダスタンド イングリッシュ |
| それさっき買いました | I just bought one. | アイ ジャスト ボート ワン |
| もう持ってます | I already have one. | アイ オールレディ ハヴ ワン |
| 明日買うつもりです | Maybe tomorrow. | メイビー トゥモロウ |
| ごめんなさい、さようなら | You'll have to excuse me. Goodbye. | ユール ハフトゥ イクスキューズ ミー グッバイ |
| これをあげるからもう来ないで | Take this. And leave me alone. | テイク ズィス アンド リーヴ ミー アロウン |
| 仕方ないなあ | You win. | ユー ウィン |

欲しくないものは、はじめからはっきり断ること。あまりにしつこい場合には、日本語で怒鳴りつけるのも結構効果がある。

## 劇場／映画館の場所探しと予約

|  |  |
|---|---|
| この町の催し物の情報誌はありますか？ | Are there any informational magazines of the events in this town?<br>アー ゼア エニィ インフォメイシャヌル マガズィンズ オヴ ズィ イヴェンツ イン ズィス タウン？ |
| 無料の情報紙（フリーペーパー）はありますか？ | Are there any free papers?<br>アー ゼア エニィ フリー ペイパァズ？ |
| この近くに『タイムアウト』を売っている店はありますか？ | Which store can I get "timeout"?<br>フウィッチ ストーァ キャナイ ゲット タイムアウト？ |
| 今人気がある芝居は何ですか？ | What play is popular now?<br>ホワット プレイ イズ ポピュラァ ナウ？ |
| 主演は誰ですか？／演出は誰ですか？ | Who's starring in that? / Who directed (produced) that?<br>フーズ スターリング イン ザット？／フー ディレクティッド（プロデュースト）ザット？ |
| クラシックコンサートに行きたいのですが何かありますか？ | I'd like to go to a classical concert. Do you know of any?<br>アイド ライク トゥ ゴウ トゥ ア クラスィカル コンサート ドゥ ユー ノウ オヴ エニィ？ |
| 今晩／明日、オペラ鑑賞できるところはありますか？ | Where can I enjoy an opera tonight / tomorrow?<br>ホウェア キャナイ インジョイ アン オペラ トゥナイト／トゥモロウ？ |
| 野外コンサートはありますか？ | Are there any outdoor concerts?<br>アー ゼア エニィ アウトドーァ コンサーツ？ |
| 演目は何ですか？ | What is the program?<br>ホワット イズ ザ プログラム？ |
| 劇場の場所はどこですか？ | Where's the theater (theatre)?<br>ホウェアズ ザ スィアタァ？ |
| ロイヤル・オペラ・ハウスでは今何を上演していますか？ | What's playing at the Royal Opera House?<br>ホワッツ プレイング アット ザ ロイアル オペラ ハウス？ |
| どの劇場が比較的空いていますか？ | Which theater (theatre) is less crowded?<br>フウィッチ スィアタァ イズ レス クラウディッド？ |
| 今一番人気の映画は何ですか？ | What is the most popular movie now?<br>ホワット イズ ザ モウスト ポピュラァ ムーヴィ ナウ？ |
| どの映画館で見られますか？ | Which movie theater (cinema) can I see that?<br>フウィッチ ムーヴィ スィアタァ（スィネマ）キャナイ スィー ザット？ |
| チケットはどこで買えますか？ | Where can I get a ticket?<br>ホウェア キャナイ ゲット ア ティケット？ |

ニューヨークのミュージカル劇場は、1階がオーケストラ席 Orchestra、2階がメザニーン席 Mezzanine、3階席がバルコニー席 Balcony と呼ばれている。

|  |  |
|---|---|
| チケットを安く買える店はありますか？ | Where can I get a ticket cheaper? |
| 今晩のチケットを取れるでしょうか？ | Are there any seats for tonight? |
| シャンソン／ジャズのライブが聴ける店はありますか？ | Where can I enjoy chanson / jazz live? |
| おすすめの店を教えてください | Would you recommend a jazz bar with live music? |
| 本格的なフラメンコが観られる店を教えてください | Where can I enjoy an authentic flamenco performance? |
| 何時頃店に行くのがいいですか？ | What time shall I go? |
| 食事もそこでできますか？ | Can I also have a meal there? |
| ショー／ミュージカル鑑賞ツアーはありますか？ | Are there any show / musical tours? |
| （鑑賞ツアーでは）どんなショーが見られますか？ | What kind of shows can I see? |
| 何時開始ですか？ | What time does it start? |
| 食事付きですか？ | Is it with a meal? |
| この服装でも大丈夫ですか？ | Can I go dressed like this? |
| 劇場のバックステージ・ツアーはありますか？ | Are there any backstage tours of the theater (theatre)? |
| そのツアーは毎日ありますか？ | Are the tours daily? |
| 1日何回ありますか？ | How many tours a day? |

ロンドンの劇場では、1階がストールStalls、2階がドレスサークルDress Circle、3階席はアッパーサークルUpper Circle、4階はバルコニーBalcony。

## 劇場／映画館で切符を購入

### 劇場の切符売り場

|  |  |
|---|---|
| 『オペラ座の怪人』を観たいのですが今晩の席は取れますか？ | I'd like to see "Phantom of the Opera". Are there any seats for tonight? |
| 当日券はありますか？ | Are there any day tickets? |
| いつの席ならありますか？ | When is the next available booking? |
| もっと安い席はありますか？ | Any cheaper seats? |
| それにします | I'll take it. |
| （コンシェルジュなどに）予約をお願いします | Could you make a reservation (book a seat) for me? |
| ほかのミュージカルで今日観られるものはありますか？ | Are there any other musicals I can see today? |
| 一番安い／高い席はいくらですか？ | How much is the cheapest / most expensive seat? |
| スタンバイシステム／立ち見席はありますか？ | Are there any last minute tickets available at the door / standing room tickets? |
| なるべく前の席をお願いします | Preferably near the front row, please. |
| 端の席は避けてください | I'd like a middle seat. |
| バルコニー席／ギャラリー席はありますか？ | Are there balcony / gallery seats? |
| どちらの席が観やすいでしょうか？ | Which seat is better? |
| 開場時間は何時ですか？ 開演／終演時間は何時ですか？ | What time do the doors open? What time does the show start / end? |

人気ミュージカルも、劇場で並べば当日キャンセルのリターンチケットが買える可能性あり。ロンドンには売れ残ったチケットを半額で売る「チケッツtkts」もある。

## 映画館の切符売り場

|  |  |
|---|---|
| チケットはここで買えますか？ | Can I get a ticket here? |
| 今すぐ入れますか？ | Can I enter now? |
| 上演何分前から入れますか？ | How early can I enter? |
| 次回は何時からですか？ | What time is the next show? |
| 何時の回がありますか？ | Please tell me the time schedule. |
| 最終回は何時ですか？ | When is the last show? |
| この映画は何語ですか？ | What language is this movie in? |
| 英語の字幕はありますか？ | Are there any English subtitles? |
| 上映時間は何時間ですか？ | How long is this movie? |
| 自由席はありますか？ | Are there any non-reserved seats? |
| 指定席はありますか？ | Are there any reserved seats? |
| 立ち見はできますか？ | Is there any standing room? |
| いくらですか？ | How much? |
| 大人2枚、子供1枚お願いします | Two adults and one child, please. |

アメリカでは郊外のショッピングモール内の映画館へ行くと、平日の昼などにちょっと前に封切られた映画が格安料金で見られたりして結構お得（もちろん字幕なし）。

## 劇場／映画館／ナイトスポットで

|  |  |
|---|---|
| クロークはどこですか？ | Where is the cloakroom?<br>ホウェア イズ ザ クロークルーム？ |
| （コートを）お願いします | Would you check my coat?<br>ウッジュー チェック マイ コウト？ |
| イヤフォンガイド／オペラグラスを借りられますか？ | May I borrow an earphone guide / opera glasses?<br>メイ アイ ボロウ アン イアフォウン ガイド／オペラ グラスィズ？ |
| 日本語／英語のイヤフォンガイドはありますか？ | Are there any Japanese / English earphone guides?<br>アー ゼア エニィ ジャパニーズ／イングリッシュ イアフォウン ガイズ？ |
| この席はどこですか？ | Where's this seat?<br>ホウェアズ ズィス スィート？ |
| すみません、今から入れますか？（開演に遅れた場合） | Sorry, I'm late. May I enter now?<br>ソリ アイム レイト メイ アイ エンタァ ナウ？ |
| この席は空いていますか？ | Is this seat vacant?<br>イズ ズィス スィート ヴェイカント？ |
| プログラムはどこで売っていますか？ | Where can I get a program?<br>ホウェア キャナイ ゲット ア プログラム？ |
| 休憩は何分間ですか？ | How long is the break?<br>ハウ ロング イズ ザ ブレイク？ |
| 売店はありますか？ | Is there a snack bar?<br>イズ ゼア ア スナック バー？ |
| （映画館の）観客席で食べてもいいですか？ | May I bring food to the theater?<br>メイ アイ ブリング フード トゥ ザ スィアタァ？ |
| トイレ／喫煙所はどこですか？ | Where's the lavatory / smoking area?<br>ホウェアズ ザ ラヴァトリィ／スモウキング エリア？ |

## クラブ／ディスコ／ライブハウスなど

|  |  |
|---|---|
| この近くにクラブはありますか？ | Is there a club near here?<br>イズ ゼア ア クラブ ニア ヒア？ |
| どんなジャンルの音楽の店ですか？ | What kind of music do they play?<br>ホワット カインド オヴ ミューズィック ドゥ ゼイ プレイ？ |

ディスコなどで誘われて、誘いにのるときは「Sure, why not.（もちろんOKよ）」、断るときは「I have a company（友人と一緒なの）」などと。

|  |  |
|---|---|
| 周辺は危ないエリアではないですか？ | Is it a safe area? |
| 何時から／何時まで開いていますか？ | What time does it open / close? |
| 入場料はいくらですか？ | How much is the admission fee? |
| ステージは何時に始まりますか？ | When does the stage start? |
| どこで飲み物を買えばいいですか？ | Where can I get a drink? |
| 飲み物代は別ですか？ | Are drinks extra? |
| ソフトドリンクはありますか？ | Are there any soft drinks? |
| テーブルチャージはいくらですか？ | How much is the cover charge? |
| これは何という曲ですか？ | What is this tune? |

## カジノ

|  |  |
|---|---|
| 年齢制限はありますか？ | Is there any age limit? |
| US$50分のチップをください | Fifty dollars worth of chips, please. |
| ルーレットをやってみたいのですがやり方を教えてください | I'd like to play roulette. Please show me how to play. |
| 賭けます／続けます／降ります | I'll bet. / I'll continue. / I'm out. |
| チップを換金してください | Please change these chips. |

ブラックジャックやポーカーは、テーブルによって最低掛け金が異なる。一番安いところから「Can I get in?（加わってもいいですか）」と挑戦してみては。

# エステ／マッサージ体験

## 店探しと予約

| | | |
|---|---|---|
| エステ／マッサージに行きたいのですがおすすめの店を教えてください | **I'd like to go to an esthetic salon / get a massage. Which place do you recommend?** アイド ライク トゥ ゴウ トゥ アン エスセティック サロン／ゲット ア マサージ フウィッチ プレイス ドゥ ユー レコメンド？ |
| 日本語／英語が通じる店がいいです | **I'd like a place understands Japanese / English.** アイド ライク ア プレイス アンダスタンド ジャパニーズ／イングリッシュ |
| 地元の人が行く店がいいです | **I'd like to go where the locals go.** アイド ライク トゥ ゴウ ホウェア ザ ロウカルズ ゴウ |
| この近くの店がいいです | **I'd like a place that's near here.** アイド ライク ア プレイス ザッツ ニア ヒア |
| フェイシャルエステ／ネイルケアができるお店を探しています | **Where can I have a facial beauty treatment / nail care?** ホウェア キャナイ ハヴ ア フェイシャル ビューティ トリートメント／ネイル ケア？ |
| この土地の伝統的なマッサージを試してみたいです | **I'd like to try the traditional massage of this region.** アイド ライク トゥ トライ ザ トラディシャヌル マサージ オヴ ズィス リージョン |
| アロマテラピーの店はありませんか？ | **Is there an aromatherapy shop?** イズ ゼア アン アロマセラピ ショップ？ |
| 何時から何時まで営業していますか？ | **What are their business hours?** ホワット アー ゼア ビズィネス アウァズ？ |
| 予約は必要ですか？ | **Do I need a reservation (booking)?** ドゥ アイ ニード ア レザヴェイション （ブッキング）？ |
| 2名で予約をお願いします | **I'd like to make a reservation (booking) for two.** アイド ライク トゥ メイク ア レザヴェイション （ブッキング） フォー トゥー |
| 午後7時にお願いします | **For seven p.m.** フォー セヴン ピーエム |
| 明日の夜は空きがありますか？ | **Is a reservation (booking) available for tomorrow night?** イズ ア レザヴェイション （ブッキング） アヴェイラブル フォー トゥモロウ ナイト？ |
| 行き方を教えてください | **How do I get there?** ハウ ドゥ アイ ゲット ゼア？ |
| タクシーを呼んでください | **Please get me a taxi.** プリーズ ゲット ミー ア タクスィ |

最近のエステやマッサージのメニューはかなりの充実度。フェイシャルから指圧、パワーストーン、アロマ、タイ式ほか代謝を促すボディラップなど、バラエティ豊か。

## 店に行く

|  |  |
|---|---|
| 予約した○○（名前）です | This is ○○. |
| どんなコースがありますか？ | What kind of courses do you have? |
| コース表を見せてください | May I see a menu? |
| おすすめのコースはどれですか？ | Which course do you recommend? |
| 全身／肩／足裏マッサージをお願いします | I'll take the whole body / shoulder / sole massage. |
| 30分／1時間コースをお願いします | I'd like a thirty minutes / one hour course. |
| 料金はいくらですか？ | How much is it? |
| どこで着替えればいいですか？ | Where can I change my clothes? |
| ロッカー（更衣室）はありますか？ | Is there a dressing room? |
| 仰向け／うつぶせですか？ | Face up / downward? |
| 肩／首／足／腕が凝っています | The shoulders / neck / legs / arms is stiff. |
| 気持ちいいです（ちょうどいいです）／痛いです | It's good. / It hurts. |
| もっと強く／弱くお願いします | Stronger / Softer, please. |
| （水が）冷たすぎます／（お湯が）熱すぎます | It's too cold / hot. |

どの店も熟練のプロばかりを揃えているわけではない。力を入れてほしい、抜いてほしいなどのリクエストは遠慮なく伝えよう。

# 現地発着ツアー

## ツアーの予約をする

|  |  |
|---|---|
| 観光ツアーに参加したい | I'd like to take a sightseeing tour.<br>アイド ライク トゥ テイク ア サイトスィーイング トゥア |
| 「自由の女神」に行くツアーはありますか？ | Are there any tours to the Statue of Liberty?<br>アー ゼア エニィ トゥアーズ トゥ ザ スタチュー オヴ リバティ？ |
| ツアーのパンフレットをください | May I have a brochure of the tour?<br>メイ アイ ハヴ ア ブロシュア オヴ ザ トゥア？ |
| 申し込みはここでできますか？ | Can I make a reservation (booking) here?<br>キャナイ メイク ア レザヴェイション（ブッキング）ヒア？ |
| 人気が高いツアーはどれですか？ | Which tour is popular?<br>フウィッチ トゥア イズ ポピュラァ？ |
| それはどこを回りますか？ | What places do we visit?<br>ホワット プレイスィズ ドゥ ウィー ヴィズィット？ |
| （ツアーに）考古学博物館は含まれていますか？ | Is the archaeology museum included?<br>イズ ザ アーキオラジ ミューズィアム インクルーディッド？ |
| 日本語／英語のガイド付きですか？ | Is it with a Japanese-speaking / an English-speaking guide?<br>イズ イット ウィズ ア ジャパニーズスピーキング／アン イングリッシュスピーキング ガイド？ |
| 今日参加できるものはどれですか？ | Which tour can I join today?<br>フウィッチ トゥア キャナイ ジョイン トゥデイ？ |
| 何時に出発ですか？／何時に帰着ですか？ | When does it start? / When will it be over?<br>ホウェン ダズ イット スタート／ホウェン ウィル イット ビー オウヴァ？ |
| 出発はどこですか？／帰着はどこですか？ | Where does the tour start? / Where will it be over?<br>ホウェア ダズ ザ トゥア スタート？／ホウェア ウィル イット ビー オウヴァ？ |
| 半日／日帰り／午前中の／午後のツアーはありますか？ | Are there any half a day / one day / morning / afternoon tours?<br>アー ゼア エニィ ハーフ ア デイ／ワン デイ／モーニング／アフタヌーン トゥアーズ？ |
| 料金はいくらですか？ | How much is it?<br>ハウ マッチ イズ イット？ |
| 朝食／昼食／夕食付きですか？ | Is breakfast / lunch / dinner included?<br>イズ ブレックファスト／ランチ／ディナー インクルーディッド？ |

ツアーの満足度はガイドによりけり。満足のいくものであれば、ガイドにそれなりのチップを渡そう。満足できなければ払わなくてよいだろう。

|  |  |
|---|---|
| もっと安いツアーはありますか？ | Are there any cheaper tours? |
| ナイトツアーはありますか？ | Do you have a night tour? |
| ランチ／ディナークルーズはありますか？ | Are there any lunch / dinner cruises? |
| このツアーに申し込みをお願いします | I'd like to take this tour. |
| 料金は前払いですか？ | Should I pay in advance? |
| ツアーをキャンセルしたいのですが | I'd like to cancel the reservation (booking). |
| ツアーの出発時刻に遅れてしまいました | I'm late for the tour. |

## ツアーに参加して

|  |  |
|---|---|
| あれは何ですか？ | What's that? |
| ここにどれくらい止まりますか？ | How long do we stay here? |
| バスに何時に戻ればいいですか？ | When should I return to the bus? |
| この席の人がまだ戻ってきていません | The man in this seat isn't back yet. |
| トイレに行く時間はありますか？ | Is there any time to go to a restroom? |
| 次はどこへ行くのですか？ | Where are we going next? |
| （ガイドに）ありがとう、楽しかったです | Thank you. I had a good time. |

ひとりでバスツアーに参加する場合、トイレなどで席を離れるときにはガイドにひとこと告げよう。点呼をせずに発車してしまうケースもある。

# 📷 スポーツ観戦

## チケットショップなどで

|  |  |
|---|---|
| サッカー／野球の試合が見たいのですが | I'd like to watch a soccer (football)/baseball game.<br>アイド ライク トゥ ワッチ ア サカァ（フットボール）／ベイスボール ゲイム |
| チケットはここで買えますか？ | Can I get a ticket here?<br>キャナイ ゲット ア ティケット ヒア？ |
| 今日試合はありますか？ | Are there any games today?<br>アー ゼア エニィ ゲイムズ トゥデイ？ |
| 2、3日中に好ゲームはありますか？ | Are there any good games in the next few days?<br>アー ゼア エニィ グッド ゲイムズ イン ザ ネクスト ヒュー デイズ？ |
| それはどこのチームの試合ですか？ | What teams are playing?<br>ホワット ティームズ アー プレイイング？ |
| アーセナルの試合はいつありますか？ | When are there any Arsenal's games?<br>ホウェン アー ゼア エニィ アーセナルズ ゲイムズ？ |
| チケットはまだ手に入りますか？ | Can I get a ticket?<br>キャナイ ゲット ア ティケット？ |
| どのスタジアムですか？ | Which stadium?<br>フウィッチ ステイディアム？ |
| 行き方を教えてください | How do I get there?<br>ハウ ドゥ アイ ゲット ゼア？ |
| 何時から始まりますか？ | What time will it start?<br>ホワット タイム ウィル イット スタート？ |
| チケットを2枚ください | Two tickets, please.<br>トゥー ティケッツ プリーズ |
| メインスタンド／バックスタンドの席をお願いします | I'd like a seat in the grandstand / behind the back stop.<br>アイド ライク ア スィート イン ザ グランドスタンド／ビハインド ザ バック ストップ |
| NBAのチケットは手に入りますか？ | Can I get an NBA ticket?<br>キャナイ ゲット アン エヌビーエイ ティケット？ |
| チケットはどこで買えますか？ | Where can I get a ticket?<br>ホウェア キャナイ ゲット ア ティケット？ |

📷 野球のバックネット裏のことを〈behind〉the back stop（〈ビハインド〉ザ バックストップ）、またはbehind the plate（ビハインド ザ プレート）という。

|  |  |
|---|---|
| NBAに関する情報が欲しいのですが | I'd like information on the NBA.<br>アイド ライク インフォメイション オン ズィ エヌビーエイ |
| NBAグッズはどこで売っていますか？ | Where can I get NBA goods?<br>ホウェア キャナイ ゲット エヌビーエイ グッズ？ |
| チケットの払い戻しはできますか？ | Do you refund tickets?<br>ドゥ ユー リファンド ティケッツ？ |

## スタジアムにて

|  |  |
|---|---|
| 当日券はどこで買えますか？ | Where can I get a day ticket?<br>ホウェア キャナイ ゲット ア デイ ティケット？ |
| この番号の席はどこですか？ | Where's this seat?<br>ホウェアズ ズィス スィート？ |
| 稲本はスターティングメンバーに入っていますか？ | Inamoto is in the starting lineup?<br>イナモト イズ イン ザ スターティング ライナップ？ |
| どのチームが好きですか？ | Which team do you like?<br>フウィッチ ティーム ドゥ ユー ライク？ |
| どの選手のファンですか？ | Which player do you like?<br>フウィッチ プレイアー ドゥ ユー ライク？ |
| 私はロナウドのファンです | I'm a big fan of Ronaldo.<br>アイム ア ビッグ ファン オヴ ロナウド |
| 今どのチームがリーグのトップですか？ | Which team is at the top of its league now?<br>フウィッチ ティーム イズ アット ザ トップ オヴ イッツ リーグ ナウ？ |
| 今日はどちらが勝つと思いますか？ | Who do you think will win today?<br>フー ドゥ ユー スィンク ウィル ウィン トゥデイ？ |
| いいぞー！ | Yeah! / All right!<br>イェア！／オーライト！ |
| 頼んだぞー！ | Come on! / You can do it! / You're the man!<br>カモーン！／ユー キャン ドゥ イット！／ユァ ザ マン！ |
| ブー（ブーイング） | That's sucks! / No way!<br>ザッツ サックス！／ノー ウェイ！ |

ヨーロッパサッカーやメジャーリーグ観戦時は、応援チームのユニフォームを着るのがベストだが、なければ同じ色のTシャツなどを身につけると盛り上がれる。

# 📷 スポーツをする

## スキーをする

|  |  |
|---|---|
| 初心者用のゲレンデはありますか？ | Are there any ski runs for beginners?<br>アー ゼア エニィ スキー ランズ フォー ビギナーズ？ |
| 景色のよいスキー場はありますか？ | Are there any good ski areas with a nice view?<br>アー ゼア エニィ グッド スキー エリアズ ウィズ ア ナイス ヴュー？ |
| ゲレンデマップをください | May I have a ski run map?<br>メイ アイ ハヴ ア スキー ラン マップ？ |
| リフトはどこですか？ | Where's the ski lift?<br>ホウェアズ ザ スキー リフト？ |
| リフトの1日券／回数券はどこで買えますか？ | Where can I get a one-day pass / coupon for the lift?<br>ホウェア キャナイ ゲット ア ワンデイ パス／クーポン フォー ザ リフト？ |
| リフト券を大人2枚ください | I'd like lift tickets for two adults.<br>アイド ライク リフト ティケッツ フォー トゥー アダルツ |
| リフトは何時に止まりますか？ | What time does the ski lift stop?<br>ホワット タイム ダズ ザ スキー リフト ストップ？ |
| スキー板を間違えられました | Somebody took my ski.<br>サムバディ トゥック マイ スキー |
| ケガをしました。パトロールを呼んでください | I was injured. Please call the patrol.<br>アイ ワズ インジャード プリーズ コール ザ パトロウル |

## ダイビングをする

|  |  |
|---|---|
| ダイビングは初めてです | This is my first time.<br>ズィス イズ マイ ファースト タイム |
| 体験ダイビングコースに参加したいのですが | I'd like to take a trial diving lesson.<br>アイド ライク トゥ テイク ア トライアル ダイヴィング レスン |
| 1ダイブいくらですか？ | How much is one dive?<br>ハウ マッチ イズ ワン ダイヴ？ |
| おすすめのダイビングスポットはどこですか？ | What diving spot do you recommend?<br>ホワット ダイヴィング スポット ドゥ ユー レコメンド？ |

📷 欧米のスキー場のリフトは、日本のものに比べ膝下が高く、乗降時のスピードも速い。乗り降りが難しいので気をつけよう。

## ゴルフをする

|  |  |
|---|---|
| 近くによいゴルフコースはありますか？ | Is there a good golf course near here? |
| 予約をお願いします | I'd like to make a reservation (booking). |
| 用具を借りられますか？ | Can I rent golf gear? |
| 靴／クラブを持っていません | I don't have golf shoes / clubs. |
| クラブを借りたいのですが | I'd like to rent some clubs. |
| 私のベストスコアは98です | My best score is ninety-eight. |

数字 ▶ P.236

## テニスをする

|  |  |
|---|---|
| テニスをしたいのですが | I'd like to play tennis. |
| コートの予約はどこでできますか？ | Where can I reserve (book) a tennis court? |
| 1時間いくらですか？ | How much is it for one hour? |
| ラケットは借りられますか？ | Can I rent a racket? |
| コーチしてもらえますか？ | Would you coach me? |
| 靴はこれでもいいですか？ | Can I play with these shoes? |
| ボールは買い取りですか？ | Should I buy balls? |

海沿いのゴルフコースのことを特にlinks（リンクス）と呼ぶ。イギリスの名門リンクスはぜひプレーしてみたいもの。

# 観光の イレカエ単語

## 観光ポイント

|  |  |  |
|---|---|---|
| 美術館 | art gallery / museum | アート ギャラリィ／ミューズィアム |
| 博物館 | museum | ミューズィアム |
| 城 | castle | キャスル |
| 宮殿 | palace | パレス |
| 教会 | church | チャーチ |
| 大聖堂 | cathedral | カスィードラル |
| 旧跡／史跡 | historic spot | ヒストリック スポット |
| 遺跡 | ruins | ルーインズ |
| 景勝地 | scenic spot | スィーニック スポット |
| 動物園 | zoo | ズー |
| 植物園 | botanical garden | ボタニカル ガードゥン |
| 水族館 | aquarium | アクウェアリアム |
| 墓地 | cemetery | セメトリ |
| 記念碑 | monument | モニュメント |
| 行事 | event | イヴェント |
| 祭 | festival | フェスティヴァル |
| ケーブルカー | cable car | ケイブル カー |
| ロープウェイ | ropeway | ロウプウェイ |
| 海 | sea | スィー |
| 湾 | bay | ベイ |
| 半島 | peninsula | ペニンスラ |
| 岬 | cape | ケイプ |
| 島 | island | アイランド |
| 山 | mountain | マウンティン |
| 川 | river | リヴァ |
| 火山 | volcano | ヴォルケイノウ |
| 滝 | waterfall | ウォータァフォール |
| 湖 | lake | レイク |
| 森 | forest | フォレスト |

|  |  |
|---|---|
| 海岸 | seacoast / beach / seashore スィーコウスト／ビーチ／スィーショーア |
| 高原 | highland ハイランド |
| 日帰り旅行 | day excursion デイ エクスカーション |
| 予約 | reservation / booking * レザヴェイション／ブッキング |
| 旅行代理店 | travel agency トラヴェル エイジェンスィ |
| 手数料 | commission コミッション |
| 通訳 | interpreter インタァプリタァ |
| 入場料 | admission fee アドミッション フィー |
| 大人 | adult アダルト |
| 子供 | child チャイルド |
| 撮影禁止 | No Photographs ノウ フォウトゥグラーフス |
| フラッシュ禁止 | No Flashbulbs ノウ フラッシュバルブス |
| 現像 | development デヴェロプメント |
| 電池 | battery バッテリィ |

## 劇場／映画館で

| 指定席 | reserved seat リザーヴド スィート |
|---|---|

| 音楽堂 | concert hall コンサート ホール |
|---|---|
| 劇場 | theater スィアタァ |
| 演劇 | play プレイ |
| 映画館 | movie theater ムーヴィ スィアタァ |
| クラシック音楽 | classical music クラスィカル ミューズィック |
| 民俗音楽 | folk music フォウク ミューズィック |
| 民俗舞踊 | folk dance フォウク ダンス |
| サーカス | circus サーカス |
| ミュージカル | musical ミューズィカル |
| バレエ | ballet バレイ |
| 切符売り場 | ticket office ティケット オフィス |
| キャンセル待ち | standby スタンドバイ |
| 上演／公演 | performance パフォーマンス |
| 舞台 | stage ステイジ |
| 前売券 | advance ticket アドヴァンス ティケット |
| マチネ（昼興行） | matinee マティネイ |

＊印の単語はおもにイギリスで使われる

|  |  |
|---|---|
| ソワレ（夜興行） | soiree スワーレイ |
| 桟敷席 | balcony バルコニィ |
| 立見席 | standing room スタンディング ルーム |
| 天井桟敷 | gallery ギャラリィ |
| 特別席 | loge ロウジ |
| 平土間（1階正面） | parquet / pit パーケイ／ピット |
| 2階正面席 | dress circle ドレス サークル |
| 指揮者 | conductor コンダクタァ |
| ジャズ | jazz ジャズ |
| 題名 | title タイトル |
| キャバレー | cabaret キャバレイ |
| ナイトクラブ | night club ナイト クラブ |
| 席料 | cover charge カヴァ チャージ |
| 入場料 | entrance fee / admission fee エントランス フィー／アドミッション フィー |
| カジノ | casino カスィーノ |
| 親（カードを配る人） | dealer ディーラー |

## スポーツ

|  |  |
|---|---|
| ゴルフ場 | golf course ゴルフ コース |
| プール | swimming pool スウィミング プール |
| テニスコート | tennis court テニス コート |
| 釣り | fishing フィッシング |
| サイクリング | cycling サイクリング |
| サーフィン | surfing サーフィング |
| 乗馬 | horseback riding ホースバック ライディング |
| スキー | skiing スキーイング |
| スケート | skating スケイティング |
| フットボール | football フットボール |
| サッカー | soccer / football * サカァ／フットボール |
| 野球 | baseball ベイスボール |
| バスケットボール | basketball バスキットボール |
| ラグビー | rugby football / rugger* ラグビ フットボール／ラガァ |
| ウインドサーフィン | windsurfing ウィンドサーフィング |

＊印の単語はおもにイギリスで使われる

# ショッピング

## ショッピング 使える 10フレーズ これで完璧！

### 1. （店に入ってから聞くという前提で）どれがここの特産品ですか？
**What are the specialty products of this region?**
ホワット アー ザ スペシャリティ プロダクツ オヴ ズィス リージョン？

### 2. ○○を探しています
**I'm looking for ○○.**
アイム ルッキング フォー ○○

### 3. それを見せてください
**Please show me that one.**
プリーズ ショウ ミー ザット ワン

### 4. 見ているだけです
**I'm just looking.**
アイム ジャスト ルッキング

### 5. これはいくらですか？
**How much is this?**
ハウ マッチ イズ ズィス？

簡単そうで難しいのがショッピング。色、デザインから材質まで、どれだけ自分の希望を相手に伝えられるかで、ほしい物が手に入るかどうかが決まる。品物に損傷がないか、確認することも大切だ。慣れてきたら、アンティークショップやノミの市などで「値切る」ことにも挑戦しよう！

## まけてもらえませんか？

**Can you lower the price?**

キャン ユー ロウァ ザ プライス？

## これにします

**I'll take this one.**

アイル テイク ズィス ワン

## このクレジットカードは使えますか？

**Is this credit card OK?**

イズ ズィス クレディット カード オウケイ？

## 免税の手続きをお願いできますか？

**Could you fill out the duty-free form for me?**

クッジュー フィル アウト ザ デューティ フリー フォーム フォー ミー？

## 返品します

**I'd like to return this.**

アイド ライク トゥ リターン ズィス

# 店探し

|  |  |
|---|---|
| このあたりにデパート／スーパーマーケットはありますか？ | Is there a department store / supermarket around here?<br>イズ ゼア ア デパートメント ストーァ／スーパァマーケット アラウンド ヒア？ |
| この近くでデジタルビデオカメラ（DV）のテープを売っているところはどこですか？ | Where can I get tapes for a digital video camera near here?<br>ホウェア キャナイ ゲット テイプス フォー ア ディジタル ヴィデオ キャムラ ニア ヒア？ |
| このカメラ用の電池を買いたいのですが | I'd like to get batteries for this camera.<br>アイド ライク トゥ ゲット バッテリィズ フォー ズィス キャムラ |
| 日本語の通じるお店はありますか？ | Which store understands Japanese?<br>フウィッチ ストーァ アンダスタンズ ジャパニーズ？ |
| 同じものなら、どこの店で買うのがお得ですか？ | Which store sells this cheaper?<br>フウィッチ ストーァ セルズ ズィス チーパァ？ |
| 店の名前をここに書いてください | Please write the store's name here.<br>プリーズ ライト ザ ストーァズ ネイム ヒア |
| この土地の特産品は何ですか？ | What are the specialty products of this region?<br>ホワット アー ザ スペシャリティ プロダクツ オヴ ズィス リージョン？ |
| 人気のみやげは何ですか？ | What's the popular souvenir for this area?<br>ホワッツ ザ ポピュラァ スーヴェニア フォー ズィス エリア？ |
| ボーイフレンド／母／家族／友達へのみやげを探しています | I'm looking for a gift for my boyfriend / mother / friend.<br>アイム ルッキング フォー ア ギフト フォー マイ ボイフレンド／マザァ／フレンド |
| 予算はひとつ／全部で30USドルくらいです | I wish to spend about 30 dollars or less each / altogether.<br>アイ ウィッシュ トゥ スペンド アバウト サーティ ダラズ オア レス イーチ／オールトゥゲザァ<br>数字 ▶P.236 |
| それはどこで買えますか？ | Where can I get that?<br>ホウェア キャナイ ゲット ザット？ |
| ここでお酒／タバコを売っていますか？ | Do you have alcohol / cigarettes?<br>ドゥ ユー ハヴ アルカホール／スィガレッツ？ |
| 地元の人に人気の店を教えてください | Which store is popular with the locals?<br>フウィッチ ストーァ イズ ポピュラァ ウィズ ザ ロウカルズ？ |
| 陶磁器の工房を訪ねたいのですが | I'd like to visit a pottery studio.<br>アイド ライク トゥ ヴィズィット ア パタリ ステューディオ |
| 服／靴のオーダーメイドをしたいのですが | I'd like a custom made dress/shoes.<br>アイド ライク ア カスタム メイド ドレス／シューズ<br>サイズ比較表 ▶P.111 柄 ▶P.238 |

ビデオの規格は日本とアメリカは同じだがイギリスは違う。一方DVDは日本とイギリスは同じだが、アメリカのものは異なる。規格が違うと見られないので注意。

|  |  |  |
|---|---|---|
| おすすめの店を教えてください | Which store do you recommend? | フウィッチ ストーァ ドゥ ユー レコメンド？ |
| 何時から／何時まで開いていますか？ | What time does it open / close? | ホワット タイム ダズ イット オウプン／クロウズ？ |
| 休業日はいつですか？ | What day is the store closed? | ホワット デイ イズ ザ ストーァ クロウズド？ |
| 今日／明日は開いていますか？ | Is it open today / tomorrow? | イズ イット オウプン トゥデイ／トゥモロゥ？ |
| 夜遅くまで開いている店はありますか？ | Which store is open till late at night? | フウィッチ ストーァ イズ オウプン ティル レイト アット ナイト？ |
| （ガイドブックなどを見せて）この店はどこですか？ | Where's this store? | ホウェアズ ズィス ストーァ？ |
| どうやって行くのですか？ | How can I get there? | ハウ キャナイ ゲット ゼア？ |
| ここからどれくらいかかりますか？ | How long does it take from here? | ハウ ロング ダズ イット テイク フラム ヒア？ |
| 地図で場所を教えてください | Where's it on this map? | ホウェアズ イット オン ズィス マップ？ |
| アウトレットの店はありますか？ | Is there an outlet store? | イズ ゼア アン アウトレット ストーァ？ |
| 店に行くシャトルバスはどこから出ていますか？ | Where can I take a shuttle bus to the store? | ホウエア キャナイ テイク ア シャトル バス トゥ ザ ストーァ？ |
| （日用品や生鮮食品などの）のマーケットは開かれていますか？ | Is the shopping market open? | イズ ザ シャピング マーケット オウプン？ |
| 何曜日に開催されていますか？ | What day are they open? | ホワット デイ アー ゼイ オウプン？ |
| 何時に行くといいですか？ | What time should I go? | ホワット タイム シュダイ ゴウ？ |
| 今、バーゲンをしているところはどこですか？ | Where are they having a sale now? | ホウェア アー ゼイ ハヴィング ア セイル ナウ？ |

アウトレットやショッピングモールで何店か回る場合、「Can I keep this?（キャナイ キープ ズィス？）」とお願いすれば買った品物を快く預かってくれる。

# 品物を探す

|  |  |
|---|---|
| アクセサリー売り場はどこですか？ | Where's the accessories department?<br>ホウェアズ ズィ アクセサリィズ デパートメント？ |
| エスカレーター／エレベーターはありますか？ | Is there an escalator / elevator(lift)?<br>イズ ゼア アン エスカレイタァ／エレヴェイタァ（リフト）？ |
| 日本語を話せる人はいますか？ | Does anyone here speak Japanese?<br>ダズ エニワン ヒア スピーク ジャパニーズ？ |
| ちょっと見ているだけです | I'm just looking.<br>アイム ジャスト ルッキング |
| 自分で見て回ります | I'd like to look around by myself.<br>アイド ライク トゥ ルック アラウンド バイ マイセルフ |
| スカーフを探しています | I'm looking for scarf.<br>アイム ルッキング フォー スカーフ |
| それを見せてもらえますか？ | Show me that, please.<br>ショウ ミー ザット プリーズ |
| ショーウィンドウにある青いスカーフを見せてもらえますか？ | Can you show me that blue scarf in the window?<br>キャン ユー ショウ ミー ザット ブルー スカーフ イン ザ ウィンドウ？ |
| 棚の上にあるカバンを見せてもらえますか？ | Can I see the bag on the shelf?<br>キャナイ スィー ザ バッグ オン ザ シェルフ？ |
| 手に取ってみてもいいですか？ | May I hold it?<br>メイ アイ ホウルド イット？ |
| このウクレレを試し弾きしてもいいですか？ | May I try this ukulele?<br>メイ アイ トライ ズィス ウクレレ？ |
| 試聴できますか？ | Can I listen to this?<br>キャナイ リスン トゥ ズィス？ |
| 中身は見られますか？ | May I look inside?<br>メイ アイ ルック インサイド？ |
| キズがないかどうか、確認させてもらえますか？ | May I check if there are any defects?<br>メイ アイ チェック イフ ゼア アー エニィ ディフェクツ？ |
| これと同じ物はありますか？ | Do you have another one like this?<br>ドゥ ユー ハヴ アナザァ ワン ライク ズィス？ |

elevator（エレベーター）はアメリカ英語。イギリスではlift（リフト）という。エスカレーターはどちらも同じ。

|  |  |
|---|---|
| ほかのデザインはありますか？ | **Do you have other styles?** <br> ドゥ ユー ハヴ アザァ スタイルズ？ <br> 柄 ▶P.238 |
| ほかに何色がありますか？ | **Are there other colors?** <br> アー ゼア アザァ カラァズ？ <br> 色 ▶P.238 |
| 茶色系はありますか？ | **Do you have a brown one?** <br> ドゥ ユー ハヴ ア ブラウン ワン？ |
| 最新モデルはどれですか？ | **Which is the newest one?** <br> フウィッチ イズ ザ ニューエスト ワン？ |
| 今こちらで流行しているのはどれですか？ | **Which is now in fashion here?** <br> フウィッチ イズ ナウ イン ファッション ヒア？ |
| もう少し大きい／小さいものはありますか？ | **Do you have a little larger / smaller one?** <br> ドゥ ユー ハヴ ア リトル ラージャァ／スモーラァ ワン？ |
| さっきの物をもう1回見せてください | **Can I see that again?** <br> キャナイ スィー ザット アゲイン？ |
| バーゲン品はありますか？ | **Do you have sale items?** <br> ドゥ ユー ハヴ セイル アイテムズ？ |
| これはイギリス製ですか？ | **Is this made in England?** <br> イズ ズィス メイド イン イングランド？ |
| 素材は何ですか？ | **What is this made of?** <br> ホワット イズ ズィス メイド オヴ？ <br> 素材 ▶P.238 |
| これはプラチナ／18金／銀ムクですか？ | **Is this platinum / 18 carats / pure silver?** <br> イズ ズィス プラティナム／エイティーン キャラッツ／ピュア シルヴァァ？ |
| 水洗いできますか？ | **Can I wash this in water?** <br> キャナイ ワッシュ ズィス イン ウォータァ？ |
| 私に合うサイズはありますか？ | **Do you have this in my size?** <br> ドゥ ユー ハヴ ズィス イン マイ サイズ？ <br> サイズ ▶P.111 |
| サイズを測ってもらえますか？ | **Could you measure me?** <br> クッジュー メジャー ミー？ |
| 試着できますか？ | **May I try this on?** <br> メイ アイ トライ ズィス オン？ |

> 「最新の」はnewest以外にlatest（レイテスト）が使われることも多い。Latestは「遅い」「遅れる」の意味をもつlateの最上級だが、間違えないようにしよう。

# 品物を探す

|  |  |
|---|---|
| 大きすぎ／小さすぎ／長すぎ／短すぎます | It's too large / small / long / short.<br>イッツ トゥー ラージ／スモール／ロング／ショート |
| これと同じサイズで幅広の靴はありますか？ | Do you have a wider one in this size?<br>ドゥ ユー ハヴ ア ワイダァ ワン イン ズィス サイズ？　　　　サイズ比較表 ▶P.111 |
| もっとヒールの高い／低い靴はありますか？ | Do you have any shoes with a higher / lower heels?<br>ドゥ ユー ハヴ エニィ シューズ ウィズ ア ハイァ／ロウァ ヒールズ？ |
| ぴったりです | This is just my size.<br>ズィス イズ ジャスト マイ サイズ |
| 丈を詰めてもらえますか？ | Do you make alterations?<br>ドゥ ユー メイク オルタレイションズ？ |
| 時間はどれくらいかかりますか？ | How long does it take?<br>ハウ ロング ダズ イット テイク？ |
| デザイン／色が気に入りません | It's not my style / color.<br>イッツ ノット マイ スタイル／カラァ　　柄／素材 ▶P.238 |
| 私の好みに合いません | It's not my taste.<br>イッツ ノット マイ テイスト |
| これは私に似合わないと思います | This doesn't fit me.<br>ズィス ダズント フィット ミー |
| ちょっと考えてみます | Let me think it over.<br>レット ミー スィンク イット オウヴァ |
| ほかも見てみます | I'd like to look around some more.<br>アイド ライク トゥ ルック アラウンド サム モーァ |
| ごめんなさい、出直します | Excuse me. I'll come back later.<br>イクスキューズ ミー アイル カム バック レイタァ |
| これにします | I'll take this one.<br>アイル テイク ズィス ワン |
| すみません、やっぱりこれにします | Excuse me, but I'll take this.<br>イクスキューズ ミー バット アイル テイク ズィス |
| 店頭見本でいいので、売ってくれませんか？ | Is this display item for sale?<br>イズ ズィス ディスプレイ アイテム フォー セイル？ |

試着した服が気に入らなかったとき、「May be next time.（また今度にします）」と断る言い方もある。とにかく海外では、臆することなくどんどん試着しよう。

|  |  |
|---|---|
| 新しいのを出してください | Could you bring me a new one? |
| これと同じ物をあとふたつください | I'll take two more of these. |
| これを取り置きしておいてもらえますか？ | Could you put this on hold? |

## 食料品を買う

|  |  |
|---|---|
| これは量り売りですか | Is this sold by volume? |
| 100グラムいくらですか？ | How much is a 100 grams?　数字▶P.236 |
| 500グラムください | Five hundred grams, please.　数字▶P.236 |
| この秤の使い方を教えてください | How do I use this scale? |
| この地方のワイン／チーズはどれですか？ | Which is the local wine / cheese? |
| これは1箱何個入りですか？ | How many in one box? |
| ばら売りはできますか？ | Can you sell them separately? |
| このまま食べられますか？ | Can I eat as it is? |
| ふたつください | I'll take two. |
| どれくらい日持ちしますか？ | How long will it stay fresh? |
| 賞味期限はいつまでですか？ | When is it best-eaten by? |

アメリカ、イギリスとも、重さの単位はオンス（oz）とポンド（lb）が主流。1オンスは約28グラム、1ポンドは約454グラム。

# 品物を探す

## オーダーメイドをする

|  |  |
|---|---|
| 服／靴のオーダーメイドをお願いします | I'd like a custom made dress / shoes. |
| 見本はありますか？ | Do you have any samples? |
| （見本を示して）これと同じデザインでお願いします | I'd like the same as this. |
| 仕上がりまでどれくらいかかりますか？ | How long will it take? |
| ○○日までにできあがりますか？ | Will it be ready by ○○?　時間／日 ▶P.237 |
| ホテルに届けていただけますか？ | Can I have it delivered to the hotel? |
| 配達代はいくらですか？ | How much is the delivery charge? |
| （素材など）どれがいいと思いますか？ | Which do you think is better?　素材 ▶P.238 |
| この素材がいいですね | I'd like this material. |
| 素材はこれ、色はこれにします | I'd like this material and this color. |
| 仮縫いは必要ですか？ | Do I need a fitting? |
| ここが少し緩い／きついです | It's a little loose / tight here. |
| もう少し長く／短くしてください | I'd like this a little longer / shorter. |
| ちょうどいいです／希望どおりです！ | This is my size. / Perfect! |

「オーダーメイド」は和製英語。英語ではCustom madeがそれに該当する。ゼロからデザインするとは限らず、基本パターンを選んでアレンジを施すシステムもある。

## サイズ比較表

### レディスウェア

| 日本 | S | M | M～L | L | XL | — | — | — |
|---|---|---|---|---|---|---|---|---|
|  | 7 | 9 | 11 | 13 | 15 | 17 | 19 | 20 |
| アメリカ | — | 6 | 8 | 10 | 12 | 14 | 16 | 18 |
| イギリス | — | 8 | 10 | 12 | 14 | 16 | 18 | 20 |
| オーストラリア | — | 8 | 10 | 12 | 14 | 16 | 18 | 20 |
| ヨーロッパ大陸 | — | 36 | 38 | 40 | 42 | 44 | 46 | 48 |

### メンズシャツ

| 日本 | 36 | 37 | 38 | 39 | 40 | 41 | 42 | 43 | — |
|---|---|---|---|---|---|---|---|---|---|
| アメリカ | 14 | 14.5 | 15 | 15.5 | 16 | 16.5 | 17 | 17.5 | 18 |
| イギリス | 14 | 14.5 | 15 | 15.5 | 16 | 16.5 | 17 | 17.5 | 18 |
| オーストラリア | 36 | 37 | 38 | 39 | 40 | 41 | 42 | 43 | 44 |
| ヨーロッパ大陸 | 36 | 37 | 38 | 39 | 40 | 41 | 42 | 43 | 44 |

### メンズウェア

| 日本 | S | | M | L | XL |
|---|---|---|---|---|---|
| アメリカ | S / 36 | S / 38 | M / 42 | L / 46 | XL / 50 |
| イギリス | S / 36 | S / 38 | M / 42 | L / 46 | XL / 50 |
| オーストラリア | S / 92 | S / 97 | M / 107 | L / 117 | — |
| ヨーロッパ大陸 | S / 36 | S / 38 | M / 42 | L / 46 | XL / 50 |

### レディスシューズ

| 日本 | 22 | 22.5 | 23 | 23.5 | 24 | 24.5 | 25 | 26 | 26.5 |
|---|---|---|---|---|---|---|---|---|---|
| アメリカ | 5 | 5 1/2 | 6 | 6 1/2 | 7 | 7 1/2 | 8 | 8 1/2 | 9 |
| イギリス | 3 1/2 | 4 | 4 1/2 | 5 | 5 1/2 | 6 | 6 1/2 | 7 | 7 1/2 |
| オーストラリア | 5 | 5 1/2 | 6 | 6 1/2 | 7 | 7 1/2 | 8 | 8 1/2 | 9 |
| ヨーロッパ大陸 | 35 | 36 | 36 | 37 | 37 | 38 | 38 | 39 | 39 |

### メンズシューズ

| 日本 | 24 | 24.5 | 25 | 25.5 | 26 | 26.5 | 27 | 27.5 | 28 |
|---|---|---|---|---|---|---|---|---|---|
| アメリカ | 6 | 6 1/2 | 7 | 7 1/2 | 8 | 8 1/2 | 9 | 9 1/2 | 10 |
| イギリス | 4 | 4 1/2 | 5 | 5 1/2 | 6 | 6 1/2 | 7 | 7 1/2 | 8 |
| オーストラリア | — | — | 6 | 6 1/2 | 7 | 7 1/2 | 8 | 8 1/2 | 9 |
| ヨーロッパ大陸 | 39 | — | 40 | — | 41 | — | 42 | — | 43 |

各ブランドや店によってサイズ表示が異なるが、アメリカ、ヨーロッパなどと表示されていることが多い。購入する前に、必ず試着しよう。

## 値切る／支払い

|  |  |
|---|---|
| 会計はどこですか？ | Where's the cashier?<br>ホウェアズ ザ キャシア？ |
| これをください | I'll take this.<br>アイル テイク ズィス |
| 取り寄せてもらえますか？ | Could you order this for me?<br>クッジュー オーダァ ズィス フォー ミー？ |
| 何日かかりますか？ | How long will it take?<br>ハウ ロング ウィル イット テイク？ |
| 全部でいくらですか？ | How much is it altogether?<br>ハウ マッチ イズ イット オールトゥゲザァ？ |
| 少し安くしてもらえませんか？ | Can you reduce the price a little?<br>キャン ユー リデュース ザ プライス アリトル？ |
| お願いします！ | Please!<br>プリーズ |
| もうひとつ買ったら安くしてもらえますか？ | Will you make it cheaper if I take one more?<br>ウィル ユー メイク イット チーパァ イフ アイ テイク ワン モーァ？ |
| 3つ買うから安くしてください | Will you make it cheaper if I take three?<br>ウィル ユー メイク イット チーパァ イフ アイ テイク スリー？ |
| では、5つ買うから安くしてください | Then, I'll take five at a discount, please.<br>ゼン アイル テイク ファイヴ アット ア ディスカウント プリーズ |
| ここがほつれているので、安くしてください | It's frayed here. Please make it cheaper.<br>イッツ フレイド ヒア プリーズ メイク イット チーパァ |
| よそではもっと安かったです | It was cheaper elsewhere.<br>イット ワズ チーパァ エルスウェア |
| 50USドルにしてもらえませんか？ | Could you make it fifty dollars?<br>クッジュー メイク イット フィフティ ダラズ？ |
| よそでは○○USドルでした | It was ○○ dollars elsewhere.<br>イット ワズ ○○ ダラズ エルスウェア<br>数字 ▶P.236 |
| わかりました、もういりません | Then, no thank you.<br>ゼン ノゥ サンキュー |

100ドルで35ドルの商品を買ったとすると、店の人は35と5で40、40と10で50、50と50で100と、加算式におつりを渡すことが多い。

|  |  |
|---|---|
| じゃあ、安くしますか？ | Then, will you lower the price?<br>ゼン ウィル ユー ロウァ ザ プライス？ |
| お話になりません | No deal.<br>ノゥ ディール |
| 買うつもりでしたが、その値段では | I was going to buy it, but not at that price.<br>アイ ワズ ゴウイング トゥ バイ イット バット ノット アット ザット プライス |
| おまけを付けてください | Please include a token gift.<br>プリーズ インクルード ア トウクン ギフト |
| その半額でどうですか？ | How about half the sum?<br>ハウ アバウト ハーフ ザ サム？ |
| 端数をまけてもらえますか？ | Please round off the price.<br>プリーズ ラウンド オフ ザ プライス |
| では、○○USドルでいいですね？ | Then, ○○ dollars OK?<br>ゼン ○○ ダラズ オウケイ？<br>数字 ▶ P.236 |
| ありがとう！ いい人だ！ | Thanks! How nice of you!<br>サンクス ハウ ナイス オヴ ユー |
| 現金／クレジットカードで支払います | I'll pay in cash / by credit card.<br>アイル ペイ イン キャッシュ／バイ クレディット カード |
| このカード／日本円は使えますか？ | Do you accept this card / Japanese yen?<br>ドゥ ユー アクセプト ズィス カード／ジャパニーズ イェン？ |
| トラベラーズチェックで支払えますか？ | Do you take traveler's checks (cheques)?<br>ドゥ ユー テイク トラヴェラーズ チェックス？ |
| 30USドルと、残りを日本円で払えますか？ | Can I pay thirty dollars and the rest in Japanese yen?<br>キャナイ ペイ サーティ ダラズ アンド ザ レスト イン ジャパニーズ イェン？ |
| 2回払いにしてもらえますか？ | Could you make it for two instalments on my credit card?<br>クッジュー メイク イット フォー トゥー インストールメンツ オン マイ クレディット カード？ |
| このクーポンは使えますか？ | Can I use this coupon?<br>キャナイ ユーズ ズィス クーポン？ |
| 計算が間違っていませんか？ | Isn't this amount right?<br>イズント ズィス アマウント ライト？ |

たとえばニューヨークのフリーマーケットなどで値切る場合、「2つ5ドルでどう？」は「two for five（トゥー フォー ファイブ）？」と簡単に略してもOK。

# 値切る／支払い

|  |  |
|---|---|
| 割引クーポンのぶんは計算してもらっていますか？ | Is the coupon included in the total?<br>イズ ザ クーポン インクルード イン ザ トータル？ |
| もう一度計算してみてください | Please calculate it again.<br>プリーズ カルキュレイト イット アゲイン |
| おつりが違います | You gave me the wrong change.<br>ユー ゲイヴ ミー ザ ローング チェインジ |
| 私は100USドル渡しました | I gave you one hundred dollars.<br>アイ ゲイヴ ユー ワン ハンドレッド ダラズ |
| おつりをまだもらっていません | I've not got the change yet.<br>アイヴ ノット ガット ザ チェインジ イェット |
| よく見てください。本物（のお金）です | Please look closely. It's real.<br>プリーズ ルック クロウスリィ イッツ リーアル |
| 領収書をください | Please give me a receipt.<br>プリーズ ギヴ ミー ア リスィート |
| もう支払いました | I've already paid.<br>アイヴ オールレディ ペイド |
| プレゼント用にしてください | Please giftwrap it.<br>プリーズ ギフトラップ イット |
| 別々に包んでください | Please wrap them separately.<br>プリーズ ラップ ゼム セパラトリィ |
| 自分用なので簡単に包んでください | It's for me. So please wrap it simply.<br>イッツ フォー ミー ソウ プリーズ ラップ イット スィンプリィ |
| 機内預け荷物に入れるので、梱包を丈夫にしてください | I want to check this on the plane. So please make packing strong.<br>アイ ウォント トゥ チェック ズィス オン ザ プレイン ソウ プリーズ メイク パッキング ストロング |
| 紙／ビニール袋をもらえますか？ | Paper / Plastic bags, please.<br>ペイパァ／プラスティック バッグズ プリーズ |
| 品物の数だけ袋をもらえますか？ | Please give me a bag for each item.<br>プリーズ ギヴ ミー ア バッグ フォー イーチ アイテム |
| 袋をふたつにしてもらえますか | Can I have them in two bags?<br>キャナイ ハヴ ゼム イン トゥー バッグズ？ |

少額の買い物に高額紙幣を出すと、受け取ってもらえないことすらある。20USドルまたは20ポンド紙幣程度の小額紙幣を常に用意しておこう。

# 日本に送る／免税手続き

|  |  |
|---|---|
| これを日本に送ってください | Please send this to Japan.<br>プリーズ　センド　ズィス　トゥー　ジャパン |
| この住所に送ってください | Here's the address.<br>ヒアズ　ズィ　アドレス |
| DHL／FedEx／国際郵便小包／SAL／船便で、日本までいくらですか？ | How much is it to Japan by DHL / FedEx / an international parcel / SAL / surface?<br>ハウ　マッチ　イズ　イット　トゥー　ジャパン　バイ　ディーエイチエル／フェデックス／アン　インタァナショナル　パースル／サル／サーフィス？ |
| 何日くらいかかりますか？ | How long will it take?<br>ハウ　ロング　ウィル　イット　テイク？ |
| 保険をかけてください | Please insure this.<br>プリーズ　インシュア　ズィス |
| 荷物の集荷をお願いします | Please come to collect the cargo.<br>プリーズ　カム　トゥー　コレクト　ザ　カーゴ |
| 日本に送る小包が1点です | One package(parcel) to Japan.<br>ワン　パッキッジ（パースル）　トゥー　ジャパン |
| こちらは○○ホテルの××号室で、名前は△△です | This is △△. Room number ×× at ○○ hotel.<br>ズィス　イズ　△△　ルーム　ナンバァ　××　アット　○○　ホテル |

## 免税手続きをする

|  |  |
|---|---|
| これは免税になりますか？ | Is this tax-free?<br>イズ　ズィス　タックス　フリー？ |
| 免税はいくらからですか？ | What's the limit for tax exemption?<br>ホワッツ　ザ　リミット　フォー　タックス　イグゼンプション？ |
| 免税の手続きをお願いします | Please fill out the duty-free form for me.<br>プリーズ　フィル　アウト　ザ　デューティ　フリー　フォーム　フォー　ミー |
| VATフォームを作ってください | Please fill out the VAT form.<br>プリーズ　フィル　アウト　ザ　ヴィーエイティー　フォーム |
| パスポートは必要ですか？ | Do I need a passport?<br>ドゥ　アイ　ニード　ア　パスポート？ |
| （出国時に空港で）タックスリファンドのカウンターはどこですか？ | Where is the tax refund counter?<br>フウェア　イズ　ザ　タックス　リファンド　カウンター？ |

アメリカの消費税率は州によって異なる。ロスアンゼルスは8.25％、ラスベガスは7.25％、ニューヨークは8.625％、ボストンは5％など。

# クレーム／交換

|  |  |
|---|---|
| これは不良品です | These are defective items. <br> ゼア アー ディフェクティヴ アイテムズ |
| すぐに壊れてしまいました | It broke almost immediately. <br> イット ブロウク オールモウスト イミーディエトリィ |
| ファスナーが壊れました | The zipper has broken. <br> ザ ズィッパー ハズ ブロウクン |
| ここが壊れています | It's damaged here. <br> イッツ ダミッジド ヒア |
| ここにひびが入っています | It has a crack here. <br> イット ハズ ア クラック ヒア |
| ここに汚れがあります | It has a stain here. <br> イット ハズ ア ステイン ヒア |
| まったく動きません | It doesn't work at all. <br> イット ダズント ワーク アット オール |
| 全然音が出ません | Sound does not come out at all. <br> サウンド ダズ ノット カム アウト オール |
| 破れています | It's torn. <br> イッツ トーン |
| 角が折れています | The corner is damaged. <br> ザ コーナー イズ ダミッジド |
| パッケージと中身が違います | It's in the wrong package. <br> イッツ イン ザ ローング パキッジ |
| 昨日／3日前にここで買いました | I got it yesterday / three days ago. <br> アイ ゴット イット イェスタデイ／スリー デイズ アゴウ |
| これがレシートです | This is the receipt. <br> ズィス イズ ザ リスィート |
| 新しい物に取り替えてください | Can you change it for a new one? <br> キャン ユー チェインジ イット フォー ア ニュー ワン？ |
| 返品します | Can I have a refund? <br> キャナイ ハヴ ア リファンド？ |

アメリカの大手スーパーでは、開封してしまった商品でも買ったレシートとちゃんとした交換理由さえあれば、比較的簡単に返品を受け付けてくれる。

|  |  |
|---|---|
| お金を返してください | **Give me back the money, please.** ギヴ ミー バック ザ マニ プリーズ |
| ほかの商品と交換してください | **Can I exchange it for something else?** キャナイ エクスチェインジ イット フォー サムスィング エルス？ |
| 差額は支払います | **I'll pay the difference.** アイル ペイ ザ ディファレンス |
| 差額はいくらですか？ | **How much is the difference?** ハウ マッチ イズ ザ ディファレンス？ |
| ほかのサイズ／色に替えてください | **Please change it to other size / color.** プリーズ チェインジ イット トゥ アザァ サイズ／カラァ |
| サイズが合いませんでした | **It didn't fit me.** イット デイドゥント フィット ミー |
| 修理をお願いします | **Can I have this repaired?** キャナイ ハヴ ズィス リペアド？ |
| 取り寄せはできますか？ | **Would you order this for me?** ウッジュー オーダァ ズィス フォー ミー？ |
| どれくらいかかりますか？ | **How long will it take?** ハウ ロング ウィル イット テイク？ |
| 待ちます | **I'll wait.** アイル ウェイト |
| 待てません | **I can't wait.** アイ キャント ウェイト |
| (商品が)入荷したらここに連絡をください | **If it arrives, notify me here.** イフ イット アライヴス ノウティファイ ミー ヒア |
| ホテルに届けてもらえますか？ | **Can I have it delivered to the hotel?** キャナイ ハヴ イット ディリヴァード トゥ ザ ホウテル？ |
| じゃあ、結構です | **Then, no thank you.** ゼン ノゥ サンキュー |
| よろしくお願いします | **I'm looking forward to your call.** アイム ルッキング フォーワード トゥ ユア コール |

> クレームは帰国してからでは手遅れ。右の靴だけ2足入っていたなんて笑えないケースも実際にあるので、レジに並ぶ前に品物をよくチェックしよう。

## ショッピングのイレカエ単語

|  |  |  |
|---|---|---|
| 化粧品 | cosmetics | コスメティクス |
| 香水 | perfume | パフューム |
| オーデコロン | eau de cologne | オウ デ カロウン |
| 口紅 | lipstick | リップスティック |
| ほお紅 | cheek rouge | チーク ルージ |
| ファンデーション | foundation | ファウンデイション |
| アイシャドー | eye shadow | アイ シャドウ |
| 派手な | showy / colorful | ショウイ／カラフル |
| 地味な | quiet | クァイエット |
| 明るい | bright | ブライト |
| ブラウス | blouse | ブラウス |
| スカート | skirt | スカート |
| ワンピース | dress | ドレス |
| 靴下 | socks | ソックス |
| ストッキング | stockings / panty hose | ストッキングス／パンティ ホウズ |
| セーター | sweater | スウェタァ |
| ポロシャツ | polo shirt | ポウロウ シャート |
| Tシャツ | T-shirt | ティーシャート |
| ジーンズ | blue jeans | ブルー ジーンズ |
| 古着 | secondhand clothing | セカンドハンド クロウズィング |
| スカーフ | scarf | スカーフ |
| ベルト | belt | ベルト |
| (縁ありの/縁なしの)帽子 | hat / cap | ハット／キャップ |
| 下着 | underwear | アンダァウェア |
| パンツ | briefs / panties | ブリーフス／パンティズ |
| ニット(毛糸) | knit | ニット |
| 麻 | linen | リネン |
| 絹 | silk | スィルク |
| 綿 | cotton | コットゥン |
| ウール | wool | ウール |

118

|  |  |  |
|---|---|---|
| 伸縮性のある生地 | elastic fiber | エラスティック ファイバー |
| Vネック | V-necked | ヴィネック |
| 丸首 | round-necked | ラウンドネックト |
| 半そで | half-length sleeves | ハーフレンクス スリーヴズ |
| 長そで | long sleeves | ロング スリーヴズ |
| 注文の | made to order | メイド トゥ オーダァ |
| 手製の | hand made | ハンド メイド |
| 皮革製品 | leather goods | レザァ グッズ |
| ハンドバッグ | handbag | ハンドバッグ |
| ショルダーバッグ | shoulder bag | ショウルダァ バッグ |
| 財布 | wallet / purse | ウォリット／パース |
| 牛革 | cowhide | カウハイド |
| ワニ革 | alligator | アリゲイター |
| シカ皮 | buckskin | バックスキン |
| ダチョウの革 | ostrich leather | オーストゥリッチ レザァ |
| スウェード皮 | suede | スウェイド |
| 靴底 | sole | ソウル |
| かかと | heel | ヒール |
| 靴ひも | shoelace | シューレイス |
| 指輪 | ring | リング |
| ネックレス | necklace | ネックレス |
| ブレスレット | bracelet | ブレイスレット |
| ブローチ | brooch | ブロウチ |
| イヤリング | earrings | イアリングズ |
| ピアス | pierced earrings | ピヤスト イアリングズ |
| 宝石 | jewel | ジューアル |
| 真珠 | pearl | パール |
| 誕生石 | birthstone | バースストウン |
| プラチナ | platinum | プラティナム |
| 金 | gold | ゴウルド |
| 銀 | silver | スィルヴァ |
| 腕時計 | wristwatch | リストワッチ |

|  |  | |  |  |
|---|---|---|---|---|
| アクセサリー | accessories / アクセサリィズ | | 壁掛け | tapestry / タピストリ |
| 石けん | soap / ソウプ | | 陶磁器 | ceramic ware / セラミック ウェア |
| ヘアトニック | hair tonic / ヘア タニック | | 鉛筆 | pencil / ペンスル |
| ヘアリキッド | brilliantine / ブリリヤンティーン | | ボールペン | ball-point pen / ボールポイント ペン |
| 歯ブラシ | toothbrush / トゥースブラッシュ | | 手帳 | memo book / メモ ブック |
| 歯みがき粉 | toothpaste / トゥースペイスト | | 封筒 | envelope / エンヴェロウプ |
| 日焼け止めクリーム | suntan lotion / サンタン ロウション | | 便せん | letter pad / stationery / レタァ パッド／ステイショネリ |
| 日用品 | daily necessaries / デイリー ネセサリーズ | | ハサミ | scissors / スィザーズ |
| 雨傘 | umbrella / アンブレラ | | 消しゴム | eraser / イレイサァ |
| カミソリ | razor / レイザー | | セロテープ | scotch tape / スカッチ テイプ |
| くし | comb / コウム | | 地図 | map / マップ |
| ヘアートリートメント | hair treatment / ヘア トリートメント | | 音楽CD | music CD / ミューズィック スィーディー |
| 食器類 | tableware / テイブルウェア | | 雑誌 | magazine / マガズィン |
| 缶切り | can opener / キャン オウプナァ | | 新聞 | newspaper / ニューズペイパァ |
| ティッシュ | tissue / ティシュー | | トランプ | playing cards / プレイング カーズ |
| ブラシ | brush / ブラッシュ | | 人形 | doll / ドール |

# 宿　泊

ここだ！！こぢんまりとしたかわいいB&Bだなぁ！！

わーい…

ひゃっ〜！激ぬるっ！！

シャワーも完全に水です…

注：小さなB&Bなどでは熱いお湯が出るのは最初のうちだけ。くれぐれもバスタブにお湯をためないようにしましょう。

# 宿泊 使える10フレーズ これで完璧！

## 1. 今晩泊まれますか？
**Do you have a room (bed) for tonight?**
ドゥ ユー ハヴ ア ルーム (ベッド) フォー トゥナイト？

## 2. バス・トイレ付きのツインルームをお願いします
**A twin room with bath and lavatory, please.**
ア トゥイン ルーム ウィズ バス アンド ラヴァトリィ プリーズ

## 3. 1泊いくらですか？
**How much is it for a night?**
ハウ マッチ イズ イット フォー ア ナイト？

## 4. 朝食付きですか？
**Is breakfast included?**
イズ ブレックファスト インクルーディッド？

## 5. 部屋を見せてください
**Let me see the room.**
レット ミー スィー ザ ルーム

日本から予約を入れるか、あるいは現地に着いてから飛び込みで宿を取るか。旅のスタイルでホテル予約の仕方も変わってくるだろう。もし到着するのが夜ならば、最低1泊目の宿くらいは予約を入れておきたいもの。インターネットを通じて予約する場合、予約確認書（バウチャー）と予約番号は忘れずに必ず持っていこう。

## ルームサービスをお願いします

**Room service, please.**
ルーム　サーヴィス　プリーズ

## 鍵を部屋に置き忘れました（閉め出されました）

**I'm locked out.**
アイム　ロックト　アウト

## チェックアウトをお願いします

**Check out, please.**
チェック　アウト　プリーズ

## 領収書をください

**Give me a receipt, please.**
ギヴ　ミー　ア　リスィート　プリーズ

## 荷物を預かってもらえますか？

**Could you keep my baggage (luggage)?**
クッジュー　キープ　マイ　バギッジ
（ラギッジ）？

# ホテル探しと予約

## 観光案内所で

|  |  |
|---|---|
| ホテルの予約をお願いします | Could you reserve (book) a room for me?<br>クッジュー リザーヴ（ブック）ア ルーム フォー ミー？ |
| 予約はどこでできますか？ | Where can I make a reservation?<br>ホウェア キャナイ メイク ア レザヴェイション？ |
| ホテルリスト／料金表はありますか？ | Do you have a hotel / price list?<br>ドゥ ユー ハヴ ア ホウテル／プライス リスト？ |
| 予算は1泊○○です | I wish to pay about ○○ per night.<br>アイ ウィッシュ トゥ ペイ アバウト ○○ パー ナイト<br>数字 ▶P.236 |
| 駅に近いホテルを希望します | I'd like a hotel near the station.<br>アイド ライク ア ホウテル ニア ザ ステイション |
| ユースホステルはどこにありますか？ | Where's the youth hostel?<br>ホウェアズ ザ ユース ホストゥル？ |
| ここからの行き方を教えてください | How can I get there?<br>ハウ キャナイ ゲット ゼア？ |
| ここから歩いて／タクシーで／バスで何分ですか？ | How long does it take on foot / by taxi / by bus?<br>ハウ ロング ダズ イット テイク オン フット／バイ タクスィ／バイ バス？ |
| もう少し安いホテルを希望します | I'd like a little cheaper hotel.<br>アイド ライク ア リトル チーパァ ホウテル |
| 朝食は付いていますか？ | Is breakfast included?<br>イズ ブレックファスト インクルーディッド |
| それにします、予約をお願いします | OK. Will you make a reservation for me?<br>オウケイ ウィル ユー メイク ア レザヴェイション フォー ミー？ |
| 今晩から2泊します | I'll stay for two nights from this evening.<br>アイル ステイ フォー トゥー ナイツ フラム ズィス イーヴニング |
| シングル／ツインルームをお願いします | A single / twin room, please.<br>ア スィングル／トゥイン ルーム プリーズ |
| バス・トイレ付き／共同の部屋を希望します | A room with / without bath and lavatory, please.<br>ア ルーム ウィズ／ウィザウト バス アンド ラヴァトゥリィ プリーズ |

観光案内所でホテルを予約すると、通常は手数料を10％ほど取られる。個人旅行の場合、ホテル予約はインターネットを通すと特別レートで予約できてお得。

## 自分で予約する（電話）

|  |  |
|---|---|
| 今晩から泊まれますか？ | Can I stay from tonight?<br>キャナイ ステイ フラム トゥナイト？ |
| 予約をお願いします | I'd like to make a reservation.<br>アイド ライク トゥ メイク ア レザヴェイション |
| 7月30日にチェックイン、8月3日にチェックアウトします | I'd like to check in on July thirtieth, and check out on August third.<br>アイド ライク トゥ チェック イン オン ジュライ サーティイス アンド チェック アウト オン オーガスト サード |
| 私たちはふたりです | A room for two, please.<br>ア ルーム フォー トゥー プリーズ |
| 1泊いくらですか？ | How much is it for a night?<br>ハウ マッチ イズ イット フォー ア ナイト？ |
| 私の名前は田中太郎です | This is Taro Tanaka.<br>ズィス イズ タロウ タナカ |
| 何か割引はありますか？ | Is there any discount?<br>イズ ゼア エニィ ディスカウント？ |
| 予約確認書はファクス／メールしてください | Please send my room confirmation by fax / e-mail.<br>プリーズ センド マイ ルーム コンファメイション バイ ファクス／イーメイル |
| 私のファクス番号／メールアドレスは○○○○○○○ | My fax number / e-mail address is ○○○○○○○.<br>マイ ファクス ナンバァ／イーメイル アドレス イズ ○○○○○○○ |
| クレジットカードは○○カードで番号は○○○○○○○です | My credit card is ○○. The number is ○○○○○○○.<br>マイ クレジット カード イズ ○○ ザ ナンバァ イズ ○○○○○○○ |
| 有効期限は2007年2月です | It's valid till February two thousand seven.<br>イッツ ヴァリッド ティル フェブルエリ トゥーサウザンド セヴン　月／年 ▶P.237 |
| もう一度言ってください | Say it again, please.<br>セイ イット アゲイン プリーズ |
| 予約番号は○○○○○○○ですね？ | The reservation (booking) number is ○○○○○○○?<br>ザ レザヴェイション（ブッキング）ナンバァ イズ ○○○○○○○？ |
| あなたのお名前を伺えますか？ | May I ask your name?<br>メイ アイ アスク ユア ネイム？ |

空港周辺のトランジットホテルは、空港に専用の予約電話を設置しているところが多い。無料送迎バスのサービスなどがあり、深夜に到着する場合は大変便利。

# ウォークイン (直接ホテルへ)

|  |  |
|---|---|
| 今晩泊まれますか？ | Can I stay here tonight?<br>キャナイ ステイ ヒア トゥナイト？ |
| シングル／ツインルームを希望します | I'd like a single / twin room.<br>アイド ライク ア スィングル／トゥイン ルーム |
| シャワー・トイレ付き／共同の部屋を希望します。 | A room with / without shower and lavatory, please.<br>ア ルーム ウィズ／ウィザウト シャウア アンド ラヴァトリィ プリーズ |
| 1泊いくらですか？ | How much is it for a night?<br>ハウ マッチ イズ イット フォー ア ナイト？ |
| 朝食は付いていますか？ | Is breakfast included?<br>イズ ブレックファスト インクルーディッド？ |
| もっと安い部屋／ドミトリーを希望します | I'd like a cheaper room / dormitory.<br>アイド ライク ア チーパァ ルーム／ドーミトーリィ |
| 3泊するのでまけてください | I'll stay three nights. Please give me a discount.<br>アイル ステイ スリー ナイツ プリーズ ギヴ ミー ア ディスカウント |
| 静かな／眺めのよい部屋を希望します | I'd like a quiet room / room with a nice view.<br>アイド ライク ア クァイエット ルーム／ルーム ウィズ ア ナイス ヴュー |
| 海側／山側の部屋を希望します | I'd like a room by the side of the sea / mountain.<br>アイド ライク ア ルーム バイ ザ サイド オヴ ザ スィー／マウンティン |
| 角部屋を希望します | I'd like a corner room.<br>アイド ライク ア コーナー ルーム |
| 禁煙室／喫煙室を希望します | Non-smoking / Smoking room, please.<br>ノンスモウキング／スモウキング ルーム プリーズ |
| その／ほかの部屋を見せてください | Let me see the / another room.<br>レット ミー スィー ザ／アナザァ ルーム |
| シャワー・トイレ共同の部屋を見せてください | May I see a room without shower and lavatory?<br>メイ アイ スィー ア ルーム ウィザウト アンド ラヴァトリィ？ |
| バスルームを見せてください | Let me see the bathroom.<br>レット ミー スィー ザ バスルーム |
| 共同のシャワールームはいくつありますか？ | How many communal showers are there?<br>ハウ メニィ コミュヌル シャウアズ アー ゼア？ |

ニューヨークの中級ホテルなどは、寒さの厳しい時期、暖房の効きが悪い部屋もあるので最初によく確認しよう。1〜2月は氷点下10度以下という日もしばしば。

|  |  |
|---|---|
| シャワーは1日中お湯が出ますか？ | Does hot water come out of the shower twenty-four hours?<br>ダズ ホット ウォータァ カム アウト オヴ ザ シャウア トゥエンティフォー アウワズ？ |
| この／さっきの部屋にします | I'd like this room / the room I saw earlier.<br>アイド ライク ズィス ルーム／ザ ルーム アイ ソー アーリア |
| ほかも見てから考えてみます | I'd like to see some other hotels before deciding.<br>アイド ライク トゥ スィー サム アザァ ホテルズ ビフォーア ディサイディング |
| チェックイン／チェックアウトは何時ですか？ | When is your checkin / checkout time?<br>ホウェン イズ ユア チェックイン／チェックアウト タイム？ |
| 支払いはいつすればいいですか？ | When should I pay?<br>ホウェン シュダイ ペイ？ |
| 前金は必要ですか？ | Is payment in advance required?<br>イズ ペイメント イン アドヴァンス リクワイアード？ |
| 今支払います | I'll pay now.<br>アイル ペイ ナウ |
| 領収書をください | Give me a receipt, please.<br>ギヴ ミー ア リスィート プリーズ |
| 領収書にあなたのサインを書いてください | Please sign this receipt.<br>プリーズ サイン ズィス リスィート |
| 現金で支払います | I'll pay in cash.<br>アイル ペイ イン キャッシュ |
| クレジットカード／パスポートはこれです | Here's my credit card / passport.<br>ヒアズ マイ クレディット カード／パスポート |
| クレジットカード／パスポートを返してください | Give me back my credit card / passport, please.<br>ギヴ ミー バック マイ クレディット カード／パスポート プリーズ |
| 何故預かる必要があるのですか？ | Why do you need to keep it?<br>ホワイ ドゥ ユー ニード トゥ キープ イット？ |
| やっぱり、キャンセルします | I'd like to cancel.<br>アイド ライク トゥ キャンセル |
| ほかを探すのでお金を返してください | I'll stay somewhere else. Give me back the money, please.<br>アイル ステイ サムウェア エルス ギヴ ミー バック ザ マニ プリーズ |

🔑 ホテルにより、宿泊時に保証金（デポジット）としてクレジットカードの提示を求められることがある。予約時にも番号を求められることがある。

# チェックイン

|  |  |
|---|---|
| チェックインをお願いします | I'd like to check in. |
| 電話／メールで予約した田中です | This is Tanaka. I made a reservation on the phone / by e-mail. |
| 予約確認書を忘れました | I forgot my confirmation card. |
| 予約番号は○○番です | Reservation (Booking) number is ○○. |
| 貴重品を預かってもらえますか？ | Could you secure my valuables? |
| 朝食は何時から何時までですか？ | What time is breakfast? |
| 朝食のレストランはどこにありますか？ | Where's the dining room? |
| 荷物を部屋まで運んでもらえますか？ | Could you carry this to my room? |
| 荷物は自分で運びます | I'll carry it myself. |
| エレベーター／エスカレーターはどこですか？ | Where's the elevator(lift)/ escalator? |

## チェックインが遅くなる場合（電話）

|  |  |
|---|---|
| 朝／今日／昨日予約した田中です | This is Tanaka. I made a reservation this morning / today / yesterday. |
| チェックインは17時になります | I'll come at five p.m. 時間 ▶ P.237 |
| 部屋は確保しておいてください | Please hold the room. |
| 何時になるかわかりませんが、必ず行きます | I can't tell when, but I will definitely come. |

チェックインは通常18時までと決まっていて、それを過ぎるとキャンセル扱いになる場合もある。到着が遅くなる場合はできるだけ連絡を入れておこう。

# 🗝 ホテル内

|  |  |
|---|---|
| どなたですか？ | **Who is it?**<br>フー イズ イット？ |
| 何の用件ですか？ | **What do you want?**<br>ホワット ドゥ ユー ウォント？ |
| しつこいです。帰ってください | **Stop pestering me. Go away.**<br>ストップ ペスタリング ミー ゴウ アウェイ |
| ちょっと待ってください | **Wait a minute.**<br>ウェイト ア ミニット |
| どうぞ、入ってください | **Please come in.**<br>プリーズ カム イン |
| すみませんが、あとで来てください | **Excuse me. Could you come back later?**<br>イクスキューズ ミー クッジュー カム バック レイタァ？ |
| 荷物はそこに置いてください | **Please put it there.**<br>プリーズ プット イット ゼア |
| 非常口はどこですか？ | **Where's the emergency exit?**<br>ホウェアズ ズィ イマージェンスィ イグズィット？ |

## ■ ルームサービスを頼む

|  |  |
|---|---|
| 日本語を話せる人をお願いします | **Does anyone speak Japanese?**<br>ダズ エニワン スピーク ジャパニーズ？ |
| ゆっくり話してください | **Could you speak more slowly?**<br>クッジュー スピーク モーァ スロウリィ？ |
| 明朝6時にモーニングコールをお願いします | **Wake up call, please. Tomorrow at six.**<br>ウェイク アップ コール プリーズ トゥモロウ アット スィックス |
| ルームサービスをお願いします | **Room service, please.**<br>ルーム サーヴィス プリーズ |
| 代金を部屋につけてください | **Please charge it to my room.**<br>プリーズ チャージ イット トゥ マイ ルーム |
| 氷／お湯が欲しいです | **I'd like some ice / hot water.**<br>アイド ライク サム アイス／ホット ウォータァ |

🗝 モーニングコールの番号にダイヤルすると、音声テープが流れ、それに従って自分で起きたい時間を入力するものもある。

# 🔑 ホテル内

| 洗濯物を頼みます | **Laundry service, please.**<br>ロードリィ　サーヴィス　プリーズ |
|---|---|
| できるだけ早くお願いします | **As soon as you can, please.**<br>アズ　スーン　アズ　ユー　キャン　プリーズ |
| 明日の朝までにお願いします | **By tomorrow morning, please.**<br>バイ　トゥモロウ　モーニング　プリーズ |
| 洗濯物が戻ってきません | **My laundry isn't back yet.**<br>マイ　ロードリィ　イズント　バック　イェット |
| シミが落ちていません | **The stain is still here.**<br>ザ　ステイン　イズ　スティル　ヒア |
| やり直してください | **Please do it again.**<br>プリーズ　ドゥ　イット　アゲイン |
| ドライヤー／アイロンを貸してください | **May I use a hair dryer / an iron?**<br>メイ　アイ　ユーズ　ア　ヘア　ドライア／アナイアーン？ |
| (あとで) ベッドメイク／部屋の掃除をお願いします | **Please prepare the bed / clean the room later.**<br>プリーズ　プリペア　ザ　ベッド／クリーン　ザ　ルーム　レイタァ |
| スーツケースの鍵をなくしました | **I've lost the key for my suitcase.**<br>アイヴ　ロスト　ザ　キー　フォー　マイ　スートゥケイス |

## 館内／フロント

| ホテル内で両替できますか？ | **Can I exchange money here?**<br>キャナイ　イクスチェインジ　マニ　ヒア？ |
|---|---|
| お先にどうぞ（エレベーターを降りるとき） | **After you. / Go ahead.**<br>アフタァ　ユー／ゴウ　アヘッド |
| (このエレベーターは) 上／下に行きますか？ | **It's going up / down?**<br>イッツ　ゴウイング　アップ／ダウン？ |
| すみません、グランドフロア／5階を押してください | **Excuse me. Ground floor / Fifth floor, please.**<br>イクスキューズ　ミー　グラウンド　フローァ／フィフス　フローァ　プリーズ |
| (エレベーターから) 降ります | **We're getting off.**<br>ウィア　ゲッティング　オフ |

🔑 イギリスの朝食は、ベーコンやハム、オムレツ、ビーンズとボリュームたっぷり。最初にフル・ブレックファストかコンチネンタルかの好みを聞かれる。

|  |  |
|---|---|
| ○○まで歩いて行けますか？ | Can we walk to ○○?<br>キャン ウィー ウォーク トゥ ○○? |
| ○○までタクシーでいくらですか？ | How much is it to ○○ by taxi?<br>ハウ マッチ イズ イット トゥ ○○ バイ タクシィ? |
| ここから何分ですか？ | How long does it take?<br>ハウ ロング ダズ イット テイク? |
| ホテルのカード／住所をください | Please give me a card of / an address for the hotel.<br>プリーズ ギヴ ミー ア カード オヴ／アン アドレス フォー ザ ホウテル |
| 1025号室の鍵をください | Key, please. Room number is ten two five.<br>キー プリーズ ルーム ナンバァ イズ テン トゥ ファイヴ |
| 1泊延長したいです | I'd like to stay one more night.<br>アイド ライク トゥ ステイ ワン モーァ ナイト |
| 1日早く出発します | I'll leave one day earlier.<br>アイル リーヴ ワン デイ アーリア |
| 私あての手紙／ファクスが届いていませんか？ | Are there any letters / faxes for me?<br>アー ゼア エニィ レタァズ／ファクスィズ フォー ミー? |
| 私あてにメッセージはありませんか？ | Are there any messages for me?<br>アー ゼア エニィ メスィジズ フォー ミー? |
| この番号にファクスを送ってください | Could you send a fax to this number?<br>クッジュー センド ア ファクス トゥ ズィス ナンバァ? |
| 利用料金はいくらですか？ | How much is the charge?<br>ハウ マッチ イズ ザ チャージ? |
| 部屋でインターネットは使えますか？ | Can I log on the Internet from my room?<br>キャナイ ログ オン ズィ インターネット フラム マイ ルーム? |
| パソコンは借りられますか？ | Can I borrow a personal computer?<br>キャナイ ボロウ ア パーソナル コンピュータ? |
| プール／スポーツジム／マッサージは何時から何時までですか？ | What are the business hours for the swimming pool / gym / massage?<br>ホワット アー ザ ビズィネス アウァズ フォー ザ スウィミング プール／ジム／マサージ? |
| マッサージの予約はどこでできますか？ | Where can I reserve (book) a massage?<br>ホウェア キャナイ リザーヴ (ブック) ア マサージ? |

> それほど知名度のないホテルに宿泊する場合、ホテルのカードをもらっておくと、タクシーで帰ってくるときなどには便利。

# トラブル

## 予約が指定どおり入っていない

|  |  |
|---|---|
| 私は確かに予約しました | I definitely made a reservation. |
| これが確認書と予約番号です | This is the confirmation card and reservation (booking) number. |
| もう一度確認してください | Please check it again. |
| 明らかにそちらの責任です | It's obviously your fault. |
| (満室のとき) 同クラスのほかのホテルを探してください | Please look for other hotels of this class. |
| 今晩の宿泊代と交通費を負担してください | Please pay the room charge and transportation expenses for tonight. |
| ダブルルームをお願いしたはずです | I reserved (booked) a double room. |

## 部屋で

|  |  |
|---|---|
| 鍵が開けられません | I can't unlock the door. |
| 鍵をなくしました | I lost the key. |
| 鍵が壊れています | The key doesn't work. / The lock is broken. |
| 部屋に鍵を忘れました | I've left my key in the room. |
| 電源／スイッチはどこですか？ | Where's the breaker / switch? |
| 部屋／トイレの電気がつきません | The light in the room / lavatory doesn't work. |

ホテルでもオーバーブッキングのトラブルはある。完全にホテル側の責任なので、予約確認書を忘れず、それなりの保証をしてもらうよう交渉しよう。

|  |  |
|---|---|
| 電球が切れました | The light bulb burned out. |
| テレビ／冷蔵庫／エアコンが使えません | TV / The refrigerator / The air conditioner doesn't work. |
| 温度を上げて／下げてください | Please raise / lower the temperature. |
| 金庫の使い方を教えてください | How do I use the safety box? |
| トイレが詰まっています | The lavatory is blocked up. |
| お水／お湯が出ません | The water / hot water isn't running. |
| バスの栓がうまく閉まりません | The stopper in the bathtub doesn't work. |
| お湯があふれてしまいました | Hot water has run over the bathtub. |
| 指輪を流してしまいました | I dropped my ring down the drain. |
| 隣の部屋がとてもうるさいです | The room next door is too noisy. |
| 部屋を替えてください | Please change the room. |
| 石けん／シャンプーをください | Bring me some soap / shampoo, please. |
| 新しいタオル／シーツに替えてください | Please change the towels / sheets. |
| 毛布をもう1枚ください | Can I have one more blanket? |
| （急に非常ベルが鳴ったときなど）何かあったのですか？ | What's going on? |

> イギリスの小さなB&Bに泊まると、シャワーのお湯がぬるいこともしばしば。基本的に安宿はシャワーの温度は低めと覚悟しておいたほうがいい。

# チェックアウト

## 前日に手続きをする

|  |  |
|---|---|
| 明朝早く発ちます | I'll leave early tomorrow.<br>アイル リーヴ アーリィ トゥモロウ |
| 今会計してもらえますか？ | Can I pay now?<br>キャナイ ペイ ナウ？ |
| 明日のチェックアウトの時間を遅らせたいのですが | I'd like to delay tomorrow's checkout.<br>アイド ライク トゥ ディレイ トゥモロウズ チェックアウト |
| チェックアウト後、荷物を預かってもらえますか？ | Could you keep my baggage (luggage) after checking out?<br>クッジュー キープ マイ バギッジ（ラギッジ） アフタァ チェッキング アウト？ |
| 16時まで部屋を使えますか？ | Can I use the room till four p.m.?<br>キャナイ ユーズ ザ ルーム ティル フォー ピーエム？<br>時間 ▶P.237 |
| 料金はいくらですか？ | How much is it?<br>ハウ マッチ イズ イット？ |

## 当日の手続き

|  |  |
|---|---|
| 荷物を部屋まで取りに来てください | Please come to take the baggage (luggage).<br>プリーズ カム トゥ テイク ザ バギッジ（ラギッジ） |
| チェックアウトをお願いします | I'd like to check out.<br>アイド ライク トゥ チェック アウト |
| クレジットカード／現金で支払います | I'll pay with a credit card / in cash.<br>アイル ペイ ウィズ ア クレディット カード／イン キャシュ |
| クレジットカード／トラベラーズチェック／日本円は使えますか？ | Do you take credit cards / traveler's checks (cheques) / Japanese yen?<br>ドゥ ユー テイク クレディット カーズ／トラヴェラーズ チェックス／ジャパニーズ イェン？ |
| 昨日／チェックインのときに支払いました | I paid yesterday / when checking in.<br>アイ ペイド イェスタデイ／ホウェン チェッキング イン |
| チェックインのときにバウチャーを渡しました | I presented the voucher when checking in.<br>アイ プレゼンティド ザ ヴァウチャア ホウェン チェッキング イン |
| 領収書をください | Give me a receipt, please.<br>ギヴ ミー ア リスィート プリーズ |

> チェックアウト時には、まず料金の明細書をもらい、内容を確認すること。朝食の回数や電話の通話料などに誤りがないか、チェックするように。

|  |  |
|---|---|
| 計算が間違っています | This amount is wrong.<br>ズィス アマウント イズ ローング |
| これは何の料金ですか？ | What's this charge for?<br>ホワッツ ズィス チャージ フォー？ |
| 電話／ミニバーは使っていません | I didn't use the phone / mini-bar.<br>アイ ディドゥント ユーズ ザ フォウン／ミニバー |
| 私は支払いません | I won't pay.<br>アイ ウォウント ペイ |
| ビールを2本飲みました | I had two beers.<br>アイ ハッド トゥー ビアズ |
| （○○は）もともと壊れていました | ○○ was already broken.<br>○○ ワズ オールレディ ブロウクン |
| 私の責任ではありません | It's not my fault.<br>イッツ ノット マイ フォールト |
| 預けた貴重品をください | Please return my valuables.<br>プリーズ リターン マイ ヴァリュアブルズ |
| 荷物を預かっていただけますか？ | Could you keep my baggage (luggage)?<br>クッジュー キープ マイ バギッジ（ラギッジ）？ |
| 午後5時頃に戻ります | I'll be back around five p.m.<br>アイル ビー バック アラウンド ファイヴ ピーエム |
| 預けた荷物はどこですか？ | Where's my baggage (luggage)?<br>ホウェアズ マイ バギッジ（ラギッジ）？ |
| カバンが開けられています | Someone's opened my bag.<br>サムワンズ オウプンド マイ バッグ |
| 物が盗まれています | Somebody stole my things.<br>サムバディ ストウル マイ スィングズ |
| 部屋に忘れ物をしました | I left something in my room.<br>アイ レフト サムスィング イン マイ ルーム |
| お世話になりました | Thank you for your hospitality.<br>サンキュー フォー ユア ホスピタリティ |

チェックイン時にクレジットカードを保証金として使用した場合、その際に印字された明細書をキャッシャーが破棄するのを確認するようにしよう。

## 空港行きのリムジン／タクシーの予約

|  |  |
|---|---|
| リムジンバス／タクシーの予約をお願いします | Could you reserve (book) an airport limousine / a taxi for me? |
| 何時から何時まで利用できますか？ | What are their business hours? |
| 空港まで料金はいくらですか？ | How much is it to the airport? |
| ここから空港までどれくらいかかりますか？ | How long does it take to the airport? |
| 次のバスは何時ですか？ | When will the next bus come? |
| 何分間隔で運行していますか？ | How often does the bus come? |
| 空港行きのバスターミナルはどこですか？ | Where is the bus terminal for the airport? |
| ワゴンタクシーの手配をお願いします | Please arrange for a wagon taxi. |
| タクシーを30分後に呼んでください | Please call a taxi in thirty minutes. |
| タクシーが着いたら呼んでください | Please call me when the taxi comes. |
| この荷物をタクシーまで運んでください | Please carry this to the taxi. |
| 11時までに空港に行ってください | To the airport by eleven, please. |
| 時間がないので急いでください | Hurry, please. |
| 国内線のターミナルへ行ってください | To the terminal for domestic flights, please. |
| JALに乗るのですが、どのターミナルかわかりますか？ | I'll take Japan Air Lines. Which terminal does it depart from? |

大都市にある空港の多くは複数のターミナルをもち、航空会社によって、また国内線か国際線かでも利用ターミナルが異なる。事前に確認しておこう。

# 🔑 ユースホステル／ドミトリー

|  |  |
|---|---|
| 会員証を持っていませんが、泊まれますか？ | Can I stay here without a membership card?<br>キャナイ ステイ ヒア ウィザウト ア メンバーシップ カード？ |
| 1泊いくらですか？ | How much is it for a night?<br>ハウ マッチ イズ イット フォー ア ナイト？ |
| シャワーは1日中お湯が出ますか？ | Does hot water come out of the shower twenty-four hours?<br>ダズ ホット ウォータァ カム アウト オヴ ザ シャウア トゥエンティフォー アウァズ？ |
| 男女別の部屋ですか？ | Is it separate rooms for men and women?<br>イズ イット セパラト ルームズ フォー メン アンド ウィミン？ |
| 部屋を見せてください | Let me see the room.<br>レット ミー スィー ザ ルーム |
| 1部屋何人ですか？ | How many persons in one room?<br>ハウ メニィ パースンズ イン ワン ルーム？ |
| ひとり／ふたり部屋はありますか？ | Are there any single / twin rooms?<br>アー ゼア エニィ スィングル／トゥイン ルームズ？ |
| 朝食は何時から何時までですか？ | What time is breakfast?<br>ホワット タイム イズ ブレックファスト？ |
| 門限は何時ですか？ | What time is curfew?<br>ホワット タイム イズ カーフュー？ |
| 喫煙所はどこですか？ | Where can I smoke?<br>ホウェア キャナイ スモウク？ |
| ロッカールームはどこですか？ | Where is the locker room?<br>ホウェア イズ ザ ロッカァ ルーム？ |
| 🔑 貴重品を預かってもらえますか？ | Can you secure my valuables?<br>キャン ユー スィキュア マイ ヴァリュアブルズ？ |
| アルコール類の持ち込みはできますか？ | May I bring alcoholic drinks here?<br>メイ アイ ブリング アルカホリック ドリンクス ヒア？ |
| シーツを貸してください | I'd like to borrow a sheet.<br>アイド ライク トゥ ボロウ ア シート |
| 眠れないので静かにしてください | I can't sleep. Please be quiet.<br>アイ キャント スリープ プリーズ ビー クァイエット |

🔑 戻りが遅くなりそうな場合、門限の時間を尋ねるとともに、周辺の治安状況についての確認も忘れずに。

# ホテル空室問い合わせシート例

**from JAPAN**

Date ／ ／
送信日（日／月／年）

**ホテル名**
_____

ホテルの空き状況と、客室の料金を教えてください。
Please let me know your room availability and prices for rooms, thank you.

**名前**
Name _____

**住所**
Address _____

**電話番号**
（市外局番から0を取ったものを記載）
Phone +81- _____

**ファクス番号**
（市外局番から0を取ったものを記載）
Fax. +81- _____

**Eメールアドレス**
E-mail _____

**到着日**
Check in date _____

**チェックアウト（日／月／年）**
Check out date _____

**宿泊数**
Number of nights _____

**宿泊人数**
Number of people _____

希望する部屋のタイプ「シングル／ダブル／ツイン／トリプル／スイート」「喫煙／禁煙」
Type of room 「□single ／ □double ／ □twin ／ □triple ／ □suite」
「□smoking ／ □no smoking」

空き状況と料金をできる限り早くファクスまたはEメールにて送ってください。
Please let me know your room availability and prices for rooms by fax or e-mail as soon as possible. Thank you.

---

**Your response** 返事
□ full occupancy 満室です
□ rooms vacant (rate) 空室あります
→ （料金） _____ □ US $ ／ □ £ ／ □ A $

使用可能なクレジットカード「アメリカン・エキスプレス／JCB／マスター／ビザ」
Credit card 「□AMEX ／ □JCB ／ □MasterCard ／ □VISA」

---

※このページを拡大コピーして希望を書き、ホテル宛てに送付してください。

# ホテル予約シート例

**from JAPAN**

ホテル名 _____

Date ___/___/___
送信日（日／月／年）

下記の内容で予約をお願いいたします。

Dear Madam / Sir.
I would like to make a reservation as follows :

名前
Name _____

住所
Address _____

電話番号（市外局番から0を取ったものを記載）
Phone +81-_____

ファクス番号（市外局番から0を取ったものを記載）
Fax. +81-_____

Eメールアドレス
E-mail _____

到着日
Check in date _____

到着時間
Arrival time _____

チェックアウト（日／月／年）
Check out date _____

宿泊数
Number of nights _____

宿泊人数
Number of people _____

希望する部屋のタイプ「シングル／ダブル／ツイン／トリプル／スイート」「喫煙／禁煙」
Type of room 「☐ single / ☐ double / ☐ twin / ☐ triple / ☐ suite」
「☐ smoking / ☐ no smoking」

クレジットカード名「アメリカン・エキスプレス／JCB／マスター／ビザ」
Credit card 「☐ AMEX / ☐ JCB / ☐ MasterCard / ☐ VISA」

カード番号
Card number _____

有効期限（月／年）
Expiration date _____

サイン
Signature _____

予約ができましたら、できる限り早く確認書をお送りください。
Please send me written confirmation as soon as possible. Thank you.

---

Your response 返事
☐ We had your reservation 予約しました
☐ full occupancy 満室です

使用可能なクレジットカード「アメリカン・エキスプレス／JCB／マスター／ビザ」
Credit card 「☐ AMEX / ☐ JCB / ☐ MasterCard / ☐ VISA」

---

※このページを拡大コピーして希望を書き、ホテル宛てに送付してください。

# 宿泊のイレカエ単語

|  |  |
|---|---|
| 宿泊施設 | accommodation　アコモデイション |
| ホテル | hotel　ホウテル |
| モーテル | motel　モウテル |
| ホステル（旅館） | hostel　ホストゥル |
| 宿屋 | inn　イン |
| イギリスの朝食付き民宿 | Bed & Breakfast　ベッド　アンド　ブレックファスト |
| 民宿 | private rental room　プライヴィト　レンタル　ルーム |
| 台所付きアパートホテル | condominium　コンドミニアム |
| メイド | maid　メイド |
| コンシェルジュ | concierge　カンスィエアジ |
| 支配人 | manager　マニジャァ |
| 呼び出し | page　ペイジ |
| フロント | front desk / reception desk　フラント　デスク／レセプション　デスク |
| 食堂 | grill　グリル |
| スナックバー | snack bar　スナック　バー |
| 喫茶室 | coffee shop / tea room　コーフィ　ショップ／ティー　ルーム |
| 宴会場 | banquet hall　バンケット　ホール |
| ジム | exercise room / fitness center　エクササイズ　ルーム／フィットニス　センタァ |
| ビジネスセンター | business center　ビズィネス　センタァ |
| 診療室 | clinic　クリニック |
| 非常口 | emergency exit　イマージェンスィ　イグズィット |
| 製氷機 | ice machine　アイス　マシーン |
| 貴重品 | valuables　ヴァリュアボーズ |
| 貴重品預かり | safety box　セイフティ　ボクス |
| 地下 | basement　ベイスメント |
| 日本の1階 | first floor / ground floor *　ファースト　フローァ／グラウンド　フローァ |
| 日本の2階 | second floor / first floor *　セカンド　フローァ／ファースト　フローァ |
| エレベーター | elevator / lift *　エレヴェイタァ／リフト |
| 階段 | stairs　ステアーズ |
| ひとり部屋 | single　スィングル |

＊印の単語はおもにイギリスで使われる

|  |  |  |
|---|---|---|
| ふたり部屋（ダブルベッドがひとつ） | double | ダブル |
| ふたり部屋（シングルベッドがふたつ） | twin | トゥイン |
| シャワー | shower | シャウァ |
| 浴室 | bathroom | バスルーム |
| 洗面台 | washstand | ワッシュスタンド |
| 蛇口 | faucet | フォースィット |
| ビデ | bidet | ビーディ |
| 冷暖房 | air-conditioning | エアコンディショニング |
| 暖房 | heating | ヒーティング |
| 会員証 | membership card | メンバーシップ カード |
| ラジオ | radio | レイディオウ |
| 館内電話 | house phone | ハウス フォウン |
| 扇風機 | fan | ファン |
| トイレットペーパー | toilet paper | トイリット ペイパァ |
| ロッカー | locker | ロッカー |
| ハンガー | hangers | ハンガァズ |
| 洋服ダンス | wardrobe | ワードロウブ |
| 鏡 | mirror | ミラー |
| 押し入れ | closet | クローゼット |
| 絨毯 | carpet | カーペット |
| 灰皿 | ashtray | アシュトレイ |
| バスタオル（大、湯上りタオル） | bath towel | バス タウアル |
| フェイスタオル（中、顔拭きタオル） | face towel | フェイス タウアル |
| ウォッシュタオル（小、体洗い用） | wash towel | ワッシュ タウアル |
| 電灯 | light / lamp | ライト／ランプ |
| 卓上ライト | table lamp | テイボー ランプ |
| スタンド | floor lamp | フローァ ランプ |
| ベッドサイドランプ | bedside lamp | ベッドサイド ランプ |
| 常夜灯 | night light | ナイト ライト |
| 電球 | light bulb | ライト バルブ |
| 静かな部屋 | a quiet room | ア クァイエット ルーム |
| 眺めのよい部屋 | a room with a view | ア ルーム ウィズ ア ヴュー |

| 日本語 | 英語 | 日本語 | 英語 |
|---|---|---|---|
| 海に面した部屋 | a room facing the sea / ア ルーム フェイスィング ザ スィー | 鍵をかける | lock / ロック |
| シャワー付きの部屋 | a room with a shower / ア ルーム ウィズ ア シャウァ | コンセント | outlet / アウトレット |
| 風呂付きの部屋 | a room with a bath / ア ルーム ウィズ ア バス | プラグ | plug / プラグ |
| シャワーなしの部屋 | a room without a shower / ア ルーム ウィザウト ア シャウァ | 毛布 | blanket / ブランキット |
| 喫煙のできる部屋 | smoking room / スモウキング ルーム | 枕 | pillow / ピロウ |
| 禁煙の部屋 | non-smoking room / ノンスモウキング ルーム | 枕カバー | pillowcase / ピロウケイス |
| 高層階 | high level floor / ハイ レヴェル フローァ | サイン | signature / スィグニチュア |
| 予約確認書 | confirmation slip / コンファメイション スリップ | 請求書 | bill / ビル |
| 室料 | room charge / ルーム チャージ | 別料金 | extra charge / エクストラ チャージ |
| サービス料 | service charge / サーヴィス チャージ | 領収書 | receipt / リスィート |
| 飲食代 | dining and beverage / ダイニング アンド ベヴァリッジ | シーツ | sheet / シート |
| 電話代 | telephone calls / テレフォウン コールズ | 宿泊カード | check-in form / register / チェックイン フォーム／レジスタァ |
| クリーニング代 | laundry charge / ローンドリィ チャージ | 荷物 | baggage / バギッジ |
| 合計金額 | total amount / トータル アマウント | モーニングコール | wake up call / ウェイク アップ コール |
| 前金 | deposit / ディポズィット | フリーダイヤル | toll free / トウル フリー |
| 予約 | reservation / booking* / レザヴェイション／ブッキング | 非常ベル | fire alarm / ファイア アラーム |

*印の単語はおもにイギリスで使われる

# 飲 食

# 飲食 使える10フレーズ これで完璧！

## 1. 今晩7時に、ふたりの予約をお願いします
**I'd like to reserve a table for two tonight at seven.**
アイド ライク トゥ リザーヴ ア テイブル フォー トゥー トゥナイト アット セヴン

## 2. 今の時間、食事できますか？
**Can I have a meal now?**
キャナイ ハヴ ア ミール ナウ？

## 3. メニューを見せてください
**May I have a menu?**
メイ アイ ハヴ ア メニュー？

## 4. 注文をお願いします
**Order, please.**
オーダァ プリーズ

## 5. おすすめ料理は何ですか？
**What do you recommend?**
ホワット ドゥ ユー レコメンド？

世界各国の味覚を味わうことは、旅の醍醐味のひとつ。おいしい料理と出合うには、的確な情報収集、そして上手に注文することが大事。ホテルのコンシェルジュにおすすめの店を聞く、あるいはガイドブックで探して自ら電話予約を、レストランで自分の好みの焼き加減を伝える……。食事に満足したら「おいしかった」のひと言を。

## 6. それ／これ にします

I'll have that / this.

アイル　ハヴ　ザット／ズィス

## 7. 取り分けて食べたいので皿をください

Can we have some small plates for sharing?

キャン　ウィー　ハヴ　サム　スモール　プレイツ　フォー　シェアリング？

## 8. すみません、まだ料理が来ていません

My order hasn't come yet.

マイ　オーダァ　ハズント　カム　イェット

## 9. とてもおいしかったです

It was very nice.

イット　ワズ　ヴェリィ　ナイス

## 10. 会計をお願いします

Check, please.

チェック　プリーズ

# 🍴 レストラン探しと予約

## 現地の人やホテルのコンシェルジュに店を尋ねる

|  |  |
|---|---|
| 地元料理を食べられる店を教えてください | Where can we have local specialties?<br>ホウェア キャン ウィー ハヴ ロウカル スペシャリティズ？ |
| この／駅の近くでおすすめの店を教えてください | Which restaurant do you recommend near here / the station?<br>フウィッチ レストラント ドゥ ユー レコメンド ニア ヒア／ザ ステイション |
| 地元の人に人気の店を教えてください | Which restaurants are popular with locals?<br>フウィッチ レストランツ アー ポピュラァ ウィズ ロウカルズ？ |
| 家庭的な／にぎやかな／静かな雰囲気の店がいいです | I'd like a homely / lively / quiet restaurant.<br>アイド ライク ア ホウムリィ／ライヴリィ／クァイエット レストラント |
| あまり高くない店がいいです | I hope it's not too expensive.<br>アイ ホウプ イッツ ノット ソウ イクスペンスィヴ |
| この近くの店がいいです | I hope it's near here.<br>アイ ホウプ イッツ ニア ヒア |
| モダンブリティッシュ／中華／インド料理のおいしい店を教えてください | Where is a nice Modern British / Chinese / Indian restaurant?<br>ホウェア イズ ア ナイス モダン ブリティッシュ／チャイニーズ／インディアン レストラント？ |
| 日本語／英語が通じる店がいいです | I'd like a restaurant understands Japanese / English.<br>アイド ライク ア レストラント アンダスタンズ ジャパニーズ／イングリッシュ |
| 和食の店を教えてください | Is there a Japanese restaurant?<br>イズ ゼア ア ジャパニーズ レストラント？ |
| 食べ放題の店はありますか？ | Is there a buffet?<br>イズ ゼア ア ブッフェ？ |
| 予算は、ひとりあたり○○ USドルくらいです | I wish to pay about US$○○ per person.<br>アイ ウィッシュ トゥ ペイ アバウト ○○ダラズ パー パースン　　　　数字▶P.236 |
| 子供連れでも大丈夫な店がいいです | I hope they accept children.<br>アイ ホウプ ゼイ アクセプト チルドレン |
| 夜遅くても開いている店を教えてください | Which restaurant is open till late?<br>フウィッチ レストラント イズ オウプン ティル レイト？ |
| （深夜などに）今、開いているレストランを教えてください | Please tell me which restaurants are open now?<br>プリーズ テル ミー フウィッチ レストランツ アー オウプン ナウ？ |

🍴 欧米では小さな子供連れお断りのレストランも少なくない。子供連れなら、予約時にその点についても確認しておこう。

|  |  |
|---|---|
| （深夜などに）今、軽食が食べられるバーやパブを教えてください | Which bar or pub can I have a light meal at now?<br>フウィッチ バー オァ パブ キャナイ ハヴ ア ライト ミール アット ナウ？ |
| 古くて雰囲気のよいパブを教えてください | Where is a nice old pub?<br>ホウェア イズ ア ナイス オウルド パブ？ |
| （地図やガイドを見せて）どのあたりにレストランが集まっていますか？ | Where is the restaurant district?<br>ホウェア イズ ザ レスタラント ディストリクト？ |
| その店への行き方を教えてください | How can I get to the restaurant?<br>ハウ キャナイ ゲット トゥ ザ レスタラント？ |
| その店の名前（スペル）を、この紙に書いてください | Could you write the name here?<br>クッジュー ライト ザ ネイム ヒア？ |
| その店の場所を、この地図で指してください | Where's it on this map?<br>ホウェアズ イット オン ズィス マップ？ |
| そのレストランのカードやパンフレットはありますか？ | Are there any cards or brochures of the restaurant?<br>アー ゼア エニィ カーズ オア ブロシュアズ オヴ ザ レスタラント？ |
| その店へは、歩いて行くことはできますか？ | Can we walk there from here?<br>キャン ウィー ウォーク ゼア フラム ヒア？ |
| その店まで、ここからどれくらい時間がかかりますか？ | How long does it take from here?<br>ハウ ロング ダズ イット テイク フラム ヒア？ |
| そこは予約が必要ですか？ | Do I need a reservation?<br>ドゥ アイ ニード ア レザヴェイション？ |
| 正装しなければいけませんか？ | Do I have to dress up?<br>ドゥ アイ ハフトゥ ドレス アップ？ |
| ネクタイは必要ですか？ | Do I need a tie?<br>ドゥ アイ ニード ア タイ？ |
| ジーンズでも入れますか？ | Is it OK if I'm in jeans?<br>イズ イット オウケイ イフ アイム イン ジーンズ？ |
| ひとりでも入れますか？ | Can I go there alone?<br>キャナイ ゴウ ゼア アロウン？ |
| その店の周辺は夜でも安全ですか？ | Is it safe after dark around there?<br>イズ イット セイフ アフタァ ダーク アラウンド ゼア？ |

🍴 ファストフード店以外では、お店の入口にいる給仕が席を案内してくれるので、勝手に店内に進まないようにしよう。

## タクシー運転手やツアーガイドに店を尋ねる

|  |  |
|---|---|
| (運転手に) ホテル近くの、おすすめの店を教えてください | Can you recommend any restaurants near the hotel?<br>キャン ユー レコメンド エニィ レストランツ ニア ザ ホウテル? |
| (運転手に) そのおすすめの店に行くことにします | To the restaurant you recommended, please.<br>トゥ ザ レスタラント ユー レコメンデッド プリーズ |
| (運転手に) その店の真ん前まで乗せて行ってください | Take us right in front of the restaurant, please.<br>テイク アス ライト イン フラント オヴ ザ レスタラント プリーズ |
| (運転手に) 帰りは、どこに行けばタクシーに乗りやすいですか? | Where can I get a taxi easily when I leave?<br>ホウェア キャナイ ゲット ア タクスィ イーズィリィ ホウェン アイ リーヴ? |
| (運転手に) レストランが多いあたりで降ります | To the restaurant district, please.<br>トゥ ザ レスタラント ディストリクト プリーズ |
| (運転手に) ○○時間後に/○○時に店に迎えに来てもらえますか? | Would you pick us up ○○ hours later / at ○○?<br>ウッジュー ピック アス アップ ○○アワァズ レイタァ/アット○○? 時間▶P.237 |
| (ガイドに) 日本人客が少ない/に人気のおすすめレストランを教えてください | Please recommend a restaurant with few / many Japanese visitors.<br>プリーズ レコメンド ア レスタラント ウィズ フュー/メニィ ジャパニーズ ヴィジターズ |
| (ガイドに) この近くの安くておいしいレストランを教えてください | Can you recommend a cheep and good restaurant near here?<br>キャン ユー レコメンド ア チープ アンド グッド レスタラント ニア ヒア? |
| (ガイドに本を見せて) このレストランの評判はどうですか? | How is the reputation of this restaurant?<br>ハウ イズ ザ レピュテイシャン オヴ ズィス レスタラント? |
| (ガイドに) 日本語スタッフのいるレストランを教えてください | Which restaurant understands Japanese?<br>フウィッチ レスタラント アンダスタンズ ジャパニーズ? |
| (ガイドに) そのレストランの近くまで連れて行ってくれませんか? | Please take us near the restaurant.<br>プリーズ テイク アス ニア ザ レスタラント |

### レストランの予約をする

|  |  |
|---|---|
| (ホテルのコンシェルジュに) レストラン予約の電話をお願いします | Would you make a reservation for us?<br>ウッジュー メイク ア レザヴェイション フォー アス? |
| 今晩/明晩の7時に予約をしたいのですが | I'd like to reserve a table tonight / tomorrow at seven.<br>アイド ライク トゥ リザーヴ ア テイブル トゥナイト/トゥモロウ アット セヴン |
| 私たちは4人です | Table for four, please.<br>テイブル フォー フォー プリーズ |

予約したい店が、夜景や海が見えるなど景色をウリにしていれば、予約時にそういう景色が見られる席が取れるかどうか確認してみよう。

|  |  |
|---|---|
| 喫煙席／禁煙席 を希望します | **Smoking / Non-smoking** table, please.<br>スモウキング／ノンスモウキング　テイブル　プリーズ |
| 眺めのよい席／窓際の席／海の見える席／ステージ近くの席にしてください | I'd like a table with a nice view / by the window / by the sea / near the stage.<br>アイド　ライク　ア　テイブル　ウィズ　ア　ナイス　ヴュー／バイ　ザ　ウィンドウ／バイ　ザ　スィー／ニア　ザ　ステイジ |
| 何時なら予約が可能ですか？ | When is a table available?<br>ホウェン　イズ　ア　テイブル　アヴェイラブル？ |
| 私の名前は○○○○です | This is ○○○○.<br>ズィス　イズ　○○○○ |
| ショーは何時に始まりますか？ | What time does the show begin?<br>ホワット　タイム　ダズ　ザ　ショウ　ビギン？ |
| 料理の注文は、そちらに到着してからでいいですか？ | Can we order after arriving there?<br>キャン　ウィー　オーダァ　アフタァ　アライヴィング　ゼア？ |
| （コースではなく）アラカルトで注文することはできますか？ | Can we order a la carte dishes?<br>キャン　ウィー　オーダァ　ア　ラ　カート　ディッシズ？ |
| コース料理はいくらのものがありますか？ | What are the prices of the dinner courses there?<br>ホワット　アー　ザ　プライスィズ　オヴ　ザ　ディナー　コースィズ　ゼア？ |
| （名物の）○○料理は、到着してからの注文でも食べられますか？ | May I order ○○ dish after arriving there?<br>メイ　アイ　オーダー　○○ディッシュ　アフタァ　アライヴィング　ゼア？ |
| それにします（予約します） | I'll take it.<br>アイル　テイク　イット |
| クレジットカードでの支払いは可能ですか？ | Can you accept credit card?<br>キャン　ユー　アクセプト　クレディット　カード？ |
| ペット連れでもよいですか？ | Can I enter there with my pet?<br>キャナイ　エンタァ　ゼア　ウィズ　マイ　ペット？ |
| 予約時間を30分遅らせてください | Please extend the reservation time by 30 minutes.<br>プリーズ　イクステンド　ザ　レザヴェイション　タイム　バイ　サーティ　ミニッツ |
| 店までの詳しい行き方を教えてください | Please tell me exactly how to get there.<br>プリーズ　テル　ミー　イグザクトリィ　ハウ　トゥ　ゲット　ゼア |
| （ホテル前の）タクシーに、この店への行き方を説明してください | Please tell the driver how to get there.<br>プリーズ　テル　ザ　ドライヴァー　ハウ　トゥ　ゲット　ゼア |

要予約の店でなくても行きたい店なら必ず予約を。アメリカの大都市なら書店で販売しているアメリカ版ミシュラン、「ザガット・サヴェイ」を利用するのもいい。

# 料理の注文／食事中に

## 店に入る

|  |  |
|---|---|
| 今の時間、食事できますか？ | Can I have a meal now?<br>キャナイ ハヴ ア ミール ナウ？ |
| 予約は入れていません | I don't have a reservation.<br>アイ ドウント ハヴ ア レザヴェイション |
| ラストオーダーは何時ですか？ | What time is the last order?<br>ホワット タイム イズ ザ ラスト オーダァ？ |
| ふたりですが、すぐに入れますか？ | Can we get a table for two straight away?<br>キャン ウィー ゲット ア テイブル フォー トゥ ストレイト アウェイ？ |
| どれくらい待ちそうですか？ | How long is the wait?<br>ハウ ロング イズ ザ ウェイト？ |
| それでは、待ちます | We'll wait, then.<br>ウィール ウェイト ゼン |
| 20分待ちましたが、まだ時間がかかりそうですか？ | We've been waiting for twenty minutes. Will it take more time?<br>ウィーヴ ビーン ウェイティング フォー トウェンティ ミニッツ ウィル イット テイク モーァ タイム？ |
| すみません、私たちのほうが先に待っていました | Excuse me. We were here first.<br>イクスキューズ ミー ウィー ワー ヒア ファースト |
| できれば窓際の席をお願いします | I'd like a table by the window.<br>アイド ライク ア テイブル バイ ザ ウィンドウ |
| 禁煙席／喫煙席をお願いします | Smoking / No-smoking table, please.<br>スモウキング／ノウスモウキング テイブル プリーズ |
| コートを預かってください | Please check my coat.<br>プリーズ チェック マイ コウト |
| このクレジットカード／割引クーポンは使えますか？ | Is this credit card / coupon OK?<br>イズ ズィス クレディット カード／クーポン オウケイ？ |
| こんばんは、7時に予約した佐藤です（予約の場合） | Hello, I have a reservation at seven. The name is Sato.<br>ハロウ アイ ハヴ ア レザヴェイション アット セヴン ザ ネイム イズ サトウ |
| 昨日電話で予約しました（予約の場合） | I made a reservation on the phone yesterday.<br>アイ メイド ア レザヴェイション オン ザ フォウン イェスタデイ |

「すぐに入れますか？」の「すぐに」はアメリカでは「right away ライタウェイ」、イギリスでは「straight away ストレイタウェイ」となる。

|  |  |
|---|---|
| 人数がひとり増えました／減りました（予約の場合） | There will be one more / less person. ゼア ウィル ビー ワン モーァ／レス パースン |
| ひとり遅れてきます（予約の場合） | One person will come later. ワン パースン ウィル カム レイタァ |
| 子供用のイスはありますか？ | Do you have chairs for children? ドゥ ユー ハヴ チェアズ フォー チルドレン？ |

## 飲み物を注文する

|  |  |
|---|---|
| メニューをください | Could I have a menu? クッダイ ハヴ ア メニュー？ |
| 日本語／英語のメニューはありますか？ | Do you have a menu in Japanese / English? ドゥ ユー ハヴ ア メニュー イン ジャパニーズ／イングリッシュ？ |
| 食前酒は何がありますか？ | What do you have for aperitif? ホワット ドゥ ユー ハヴ フォー アペリティーフ？ |
| 最初に、キール／シェリー／ビールをください | I'll begin with a keel / sherry / beer. アイル ビギン ウィズ ア キール／シェリ／ビア |
| 食前酒はいりません | I don't need aperitif. アイ ドゥント ニード アペリティーフ |
| 炭酸の入っている／入っていない水をください | Carbonated / Uncarbonated water, please. カーボネイティッド／アンカーボネイティッド ウォータァ プリーズ |
| 軽い／重い／辛口／甘口の、赤／白／ロゼ ワインをください | Light / Full-bodied / Dry / Sweet red / white / rose wine, please. ライト／フルボディド／ドライ／スウィートレッド／ホワイト／ロゼ ワイン プリーズ |
| （予算は）○○USドルくらいのものがいいです | Something for about US$○○. サムスィング フォー アバウト ○○ダラズ  数字▶P.236 |
| グラス／デキャンタで注文できるワインはありますか？ | Can I order wine by the glass / decanter? キャナイ オーダァ ワイン バイ ザ グラス／デキャンタ？ |
| ハウスワインをください | House wine, please. ハウス ワイン プリーズ |
| 乾杯！ | Cheers! チアーズ |

ワインリストを見てもわからない場合は、赤か白、赤ワインならフルボディかライトボディなど、給仕に伝えよう。また、予算を告げれば適切なものを選んでくれるだろう。

# 料理の注文／食事中に

## 料理を注文する

|  |  |
|---|---|
| 料理のメニューをください | May I have a meal menu? |
| 注文をお願いします | We're ready to order. |
| 注文はもう少し待ってください | We'll order later. |
| （遅れてくる人が）みんな揃ってから料理を頼みます | We'll order when everyone arrives. |
| この土地の名物料理はありますか？ | Do you have any local specialties? |
| 本日のおすすめ料理はありますか？ | What's today's special? |
| その料理の食材は何ですか？ | What is it made of? |
| その料理は何の肉を使うのですか？ | What meat is in it? |
| その料理は辛いですか？ | Is it spicy? |
| 鶏肉／レバー が苦手なので、入っていない料理にしてください | I don't like chicken / liver. I'd like dishes without it. |
| コースメニューはありますか？ | May I have a course menu? |
| 時間はかかりますか？ | Does it take time? |
| 早くできるものはありますか？ | Can you prepare something quickly? |
| 肉料理でおすすめはどれですか？ | Which meat dish do you recommend? |

まだ注文が決まっていないときは「まだ決まっていません。I haven't decided to order yet. アイ ハヴント ディサイディド トゥ オーダー イェット」という言い方もある。

|  |  |
|---|---|
| 焼き方は、ウェルダン／ミディアム／レア にしてください | Well-done / Medium / Rare, please.<br>ウェルダン／ミディアム／レア プリーズ |
| 魚料理をお願いします | I'd like a fish dish.<br>アイド ライク ア フィッシュ ディッシュ |
| さっぱり／こってりしているのはどれですか？ | Which one is light / rich?<br>フウィッチ ワン イズ ライト／リッチ？ |
| 低カロリーの料理はありますか？ | Is there any low calorie dish?<br>イズ ゼア エニィ ロウ カラリ ディッシュ？ |
| 子供向きのメニューを教えてください | Do you have any dishes for children?<br>ドゥ ユー ハヴ エニィ ディッシズ フォー チルドレン？ |
| 付け合わせはフライドポテト／温野菜をお願いします | With French fries / boiled vegetables, please.<br>ウィズ フレンチ フライズ／ボイルド ヴェジタブルズ プリーズ |
| 生野菜のサラダをください | Fresh vegetable salad, please.<br>フレッシュ ヴェジタブル サラッド プリーズ |
| この料理はボリュームがありますか？ | Is the portion large?<br>イズ ザ ポーション ラージ？ |
| これは○○人で食べるのに向いていますか？ | Is this enough for ○○?<br>イズ ズィス イナフ フォー ○○？<br>数字▶P.236 |
| ふたりに充分な量ですか？ | Is this enough for two?<br>イズ ズィス イナフ フォー トゥー？ |
| その料理は、ひと皿にいくつ入っていますか？ | How many pieces does one dish have?<br>ハウ メニィ ピースィズ ダズ ワン ディッシュ ハヴ？ |
| メイン料理なしでもよいですか？ | May I skip the main course?<br>メイ アイ スキップ ザ メイン コース？ |
| 1名だけコースで、あとはアラカルトの注文でもよいですか？ | Can we order one dinner course, and a la carte for everyone else?<br>キャン ウィー オーダ ワン ディナー コース アンド ア ラ カート フォー エヴリワン エルス？ |
| あの人が食べている料理は何ですか？ | What is he /she having?<br>ホワット イズ ヒー／シー ハヴィング？ |
| あれと同じ料理をください | I'll have the same as that.<br>アイル ハヴ ザ セイム アズ ザット |

自分でワインをグラスに注ぐのは厳禁。給仕が注いでくれるのを待とう。またアメリカでは特に食卓で手を伸ばして何かを取るのはマナー違反。近い人に取ってもらおう。

## 料理の注文／食事中に

|  |  |
|---|---|
| 別の物にします | I'd like something else.<br>アイド ライク サムスィング エルス |
| （メニューを指さして）これにします | I'll have this.<br>アイル ハヴ ズィス |
| それをもらいます | That one, please.<br>ザット ワン プリーズ |
| 注文は以上です | That's all.<br>ザッツ オール |
| 注文を変更します | I'd like to change the order.<br>アイド ライク トゥ チェインジ ズィ オーダァ |
| やっぱり、牛肉ではなく魚にします | I'll have fish, not beef.<br>アイル ハヴ フィッシュ ノット ビーフ |
| （メニューを指さして）これをやめて、こっちにしていいですか？ | May I cancel this, and take this?<br>メイ アイ キャンセル ズィス アンド テイク ズィス？ |

### 食事を楽しむ

|  |  |
|---|---|
| 食べ方を教えてください | How do I eat this?<br>ハウ ドゥ アイ イート ズィス？ |
| スプーン／フォーク／ナイフをください | Spoon / Fork / Knife, please.<br>スプーン／フォーク／ナイフ プリーズ |
| 取り分けて食べたいので皿をください | Can we have some small plates for sharing?<br>キャン ウィー ハヴ サム スモール プレイツ フォー シェアリング？ |
| これは注文していません | I didn't order this.<br>アイ ディドゥント オーダァ ズィス |
| もう、飲めません／食べられません | I can't drink / eat any more.<br>アイ キャント ドリンク／イート エニィ モーァ |
| もう、おなかいっぱいです | I'm enough, Thank you.<br>アイム イナフ サンキュー |
| 塩／コショウをください | Pass me the salt / pepper, please.<br>パス ミー ザ ソールト／ペパァ プリーズ |

食事中に「Is everything OK?」など担当のスタッフに料理の感想を聞かれたら、おいしければ「Everything is great, thank you.」または「Wonderful」などと答えるとよい。

|  |  |
|---|---|
| パンをもう少しください | **Some more bread, please.**<br>サム モーァ ブレッド プリーズ |
| もう一度、食べ物／飲み物／ワイン／デザートのメニューを見せてください | **May I have a meal / drink / wine / dessert menu again?**<br>メイ アイ ハヴ ア ミール／ドリンク／ワイン／デザート メニュー アゲイン？ |
| 注文の追加をお願いします | **May I reorder?**<br>メイ アイ リオーダァ？ |
| 料理は、あと何品出ますか？ | **How many more dishes are coming?**<br>ハウ メニィ モーァ ディッシズ アー カミング？ |
| もう食べられないので、このあとの料理は結構です | **I'm full. I'll cancel the rest.**<br>アイム フル アイル キャンセル ザ レスト |
| このあとは、デザートと飲み物で終わりにします | **I'll finish with a dessert and a drink.**<br>アイル フィニッシュ ウィズ ア デザート アンド ア ドリンク |
| これは、もう片付けてください | **Please tidy this up.**<br>プリーズ タイディ ズィス アップ |
| ［お味はいかがでしたか？］おいしかったです | ［How was it?］<br>**It was delicious.**<br>イット ワズ ディリシャス |
| デザートは何がありますか？ | **What kind of desserts do you have?**<br>ホワット カインド オヴ デザーツ ドゥ ユー ハヴ？ |
| デザートは結構です | **I'll skip dessert.**<br>アイル スキップ デザート |
| コースに飲み物は含まれていますか？ | **Is the drink included in the course?**<br>イズ ザ ドリンク インクルーディッド イン ザ コース？ |
| コーヒー／紅茶をください | **Coffee / Tea, please.**<br>コーフィ／ティー プリーズ |
| ミルク／砂糖はいりません | **No milk / sugar, thanks.**<br>ノウ ミルク／シュガァ サンクス |
| 灰皿をください | **Ashtray, please.**<br>アシュトレイ プリーズ |
| トイレはどこですか？ | **Where's the lavatory?**<br>ホウェアズ ザ ラヴァトリィ？ |

アメリカでは入店時に喫煙か禁煙か聞かれないレストランは、基本的には全席禁煙。喫煙席でも、デザートが出るまでは喫煙を我慢しよう。

# 支払い／店を出る

## 支払いをする

|  |  |
|---|---|
| お勘定をお願いします | Check, please.<br>チェック プリーズ |
| 勘定書きが見当たりません | I can't find the bill.<br>アイ キャント ファインド ザ ビル |
| 席で支払いできますか？ | Can I pay here at the table?<br>キャナイ ペイ ヒア アット ザ テイブル？ |
| この料金は サービス料／税金込みですか？ | Does this include the service charge / tax?<br>ダズ ズィス インクルード ザ サーヴィス チャージ／タックス？ |
| ここは私のおごりです | It's on me.<br>イッツ オン ミー |
| 私がまとめて払います | I'll pay for everything.<br>アイル ペイ フォー エヴリスィング |
| お勘定は別々にしてもらえますか？ | Separate checks, please.<br>セパラト チェックス プリーズ |
| このクレジットカードは使えますか？ | Do you accept this credit card?<br>ドゥ ユー アクセプト ズィス クレディット カード？ |
| トラベラーズチェックで支払えますか？ | Do you take traveler's checks?<br>ドゥ ユー テイク トラヴェラーズ チェックス？ |
| 計算／数量が間違っています | The amount / quantity is wrong.<br>ズィ アマウント／クワンティティ イズ ローング |
| この料理は頼んでいません | I didn't order this.<br>アイ ディドゥント オーダァ ズィス |
| おつりが違っています | You gave me the wrong change.<br>ユー ゲイヴ ミー ザ ローング チェインジ |
| この料金は何ですか？ | What's this charge?<br>ホワッツ ズィス チャージ？ |
| 普通のメニューと日本語メニューで料金が違うのですが？ | Is the charge different with an ordinary menu and a Japanese menu?<br>イズ ザ チャージ ディファレント ウィズ アン オーディナリ メニュー アンド ア ジャパニーズ メニュー？ |

> トラベラーズチェックでの支払いを考えている場合、必ず入店時に使えるかどうかを確認しよう。受け付けていない店も少なくない。

|  |  |
|---|---|
| 注文の内容を確かめてください | Please check the contents of our order.<br>プリーズ チェック ザ コンテンツ オヴ アウァ オーダァ |
| 値段が高すぎます | It's too expensive.<br>イッツ トゥー イクスペンスィヴ |
| 領収書をください | Give me the receipt, please.<br>ギヴ ミー ザ リスィート プリーズ |
| 代金は私の部屋につけてください（ホテル内の場合） | Please charge it to my room.<br>プリーズ チャージ イット トゥ マイ ルーム |
| おつりは取っておいてください | Keep the change.<br>キープ ザ チェインジ |
| テーブルにチップを置きました | I put the tip on the table.<br>アイ プット ザ ティップ オン ザ テイブル |
| （カードを指して）チップは入れてあります | It includes the tip.<br>イット インクルーズ ザ チップ |

## 店を出る

|  |  |
|---|---|
| とてもおいしかったです | It was very nice.<br>イット ワズ ヴェリィ ナイス |
| どうもありがとう、さようなら | Thank you so much. Goodbye.<br>サンキュー ソウ マッチ グッバイ |
| （帰りの）タクシーを呼んでください | Could you get me a taxi?<br>クッジュー ゲット ミー ア タクスィ？ |
| どこに行けばタクシーに乗りやすいですか？ | Where can I get a taxi easily?<br>ホウェア キャナイ ゲット ア タクスィ イーズィリィ？ |
| ホテル／駅／タクシー乗り場へは、この道で正しいですか？ | Is this the right way to the hotel / station / taxi stand?<br>イズ ズィス ザ ライト ウェイ トゥ ザ ホウテル／ステイション／タクスィ スタンド？ |
| （記念として）この店のカードやマッチをください | Please give me a card or matchbox of house.<br>プリーズ ギヴ ミー ア カード オア マッチボクス オヴ ハウス |
| 店の前で、私たちの記念写真を撮ってください | Could you take a picture of us in front of the store?<br>クッジュー テイク ア ピクチャー オヴ アス イン フラント オヴ ザ ストーァ？ |

おいしかったりサービスがよかったときは素直に賛辞をかけるのが欧米流。店のカードをもらって、ほかの旅行者にもすすめてあげよう。地球の歩き方にもぜひ投稿を！

## 店への要望とトラブル

### 店への要望

|  |  |
|---|---|
| 少し寒いので、エアコンを弱くしてください | It's a little cold here. Please turn down the air-conditioner. |
| お代わりは無料ですか？ | Is another helping free? |
| 大盛りにしてください | Please make it a large helping. |
| 持ち帰りはできますか？ | Is takeout (takeaway) / doggie bag possible? |
| 少し火が通っていないようです | It seems to be half-done. |
| もう少し焼いてください | Please cook this a little more. |
| 新しいものと交換してください | Please change it for a new one. |
| その料理は、キャンセルします！ | I cancel the order! |
| スプーン／ナイフ／フォークを落としてしまいました | I dropped my spoon / knife / fork. |
| 取り替えてください | Please exchange it for a new one. |
| 水をこぼしたので、ナプキンをください | I've spilt water. Give me a napkin, please. |
| これを片付けてください | Please tidy this up. |
| ここを拭いてください | Please wipe this (spot). |
| 荷物は自分で持っていますので（結構です） | No thank you. I'll keep it myself. |

高級レストランで予約をしていない場合、少しドレスアップをして行くといい席に通してもらえることが多い。特にイギリスでは服装で判断されるので注意しよう。

|  |  |
|---|---|
| 私の荷物／上着を持ってきてください | Please bring my bag / coat. |

## トラブル

|  |  |
|---|---|
| グラスが割れているので、替えてください | This glass has a crack. Please change it for a new one. |
| 頼んだ物がまだ来ません | My order hasn't come yet. |
| これは何という料理ですか？ | What do you call this? |
| これは私たちが注文したものですか？ | Is this what we ordered? |
| この料理は注文していません | We didn't order this. |
| 蝿／虫を何とかしてください | Please do something with the fly / bug. |
| 料理の中に何か／虫が入っていました | There's something / a bug in the dish. |
| すぐに取り替えてください | Please change the plate right away. |
| 席を替えてもらえますか？ | Can we change tables? |
| 予約した席と違います | This table is not what I reserved. |
| 落ち着いて食事ができません | I'm too annoyed to enjoy dinner. |
| 隣のグループがうるさいのですが | The next table is too noisy. |
| 隣の人のタバコの煙が流れてきます | The smoke from the next table flows over here. |

チップの目安は料金の15～20％となっているが、ウエートレスのサービスが良くなかったり、不快な体験をしたときは必ずしも払う必要はない。

# ファストフードとフードコート (クーポン食堂)

## 注文する

|  |  |
|---|---|
| (お金を出しながら)○○円分のクーポンをください | ○○ worth of coupons, please.<br>○○ ワース オヴ クーポンズ プリーズ<br>数字▶P.236 |
| 残ったクーポンを換金してください | Please give me cash for the remaining coupons.<br>プリーズ ギヴ ミー キャッシュ フォー ザ リメイニングクーポンズ |
| こんにちは、ここで注文していいですか？ | Hello, can I order here?<br>ハロウ キャナイ オーダァ ヒア？ |
| セットメニューはありますか？ | Is there any combination meal?<br>イズ ゼア エニィ コンバネイション ミール？ |
| 3番のコンボをください | Combo No. 3, please.<br>コンボウ ナンバァ スリー プリーズ |
| チーズバーガーとフライドポテトをお願いします | Cheese burger and French fries, please.<br>チーズ バーガァ アンド フレンチ フライズ プリーズ |
| ターキーサンドをください | Turkey sandwich, please.<br>ターキ サンドウィッチ プリーズ |
| [パンの種類は何にしますか？] 小麦入りパンにします | [Which bread would you like?]<br>Wheat, please.<br>フィート プリーズ |
| マスタードを、多め／少なめにしてください | More / Less mustard, please.<br>モーァ／レス マスタード プリーズ |
| ピクルスを、入れないでください | No pickles, please.<br>ノウ ピクルズ プリーズ |
| (指して)これと、これだけ入れてください | Just this and this, please.<br>ジャスト ズィス アンド ズィス プリーズ |
| 全部入れてください | Everything, please.<br>エヴリスィング プリーズ |
| ピザを1切れください | A slice of pizza, please.<br>ア スライス オヴ ピーツァ プリーズ |
| 飲み物は何がありますか？ | What kind of drinks do you have?<br>ホワット カインド オヴ ドリンクス ドゥ ユー ハヴ？ |

ファストフード店やセルフサービス店では基本的にチップは不要。ちなみにアメリカではソフトドリンクは何杯でもお代わりOKというところもある。

|  |  |
|---|---|
| 飲み物はコカ・コーラにします | Coke, please.<br>コーク プリーズ |
| サイズはS／M／Lサイズをお願いします | Small / Medium / Large, please.<br>スモール／ミディアム／ラージ プリーズ |
| ここで食べます | For here, please.<br>フォー ヒア プリーズ |
| 持ち帰ります | To go, please.<br>トゥ ゴウ プリーズ |
| ストローをください | Please give me a straw.<br>プリーズ ギヴ ミー ア ストロー |
| ケチャップをください | Ketchup, please.<br>ケチャプ プリーズ |

## テーブルで

|  |  |
|---|---|
| この席は空いていますか？ | Is this seat vacant?<br>イズ ズィス シート ヴェイカント |
| ここに座ってもいいですか？ | May I sit here?<br>メイ アイ スィット ヒア？ |
| ええ、どうぞ | Yes, please.<br>イエス プリーズ |
| （席が空いているか尋ねられたとき）ここは連れが来ます | Sorry, it's taken.<br>ソリ イッツ テイクン |
| そこは私の席です | It's my seat.<br>イッツ マイ スィート |
| （ほかのテーブルの人に）このイスを使ってもいいですか？ | Can I take this chair?<br>キャナイ テイク ズィス チェア？ |
| どこに片付ければいいですか？ | Where should I take this?<br>ホウェア シュダイ テイク ズィス？ |
| ここに置いていってもいいですか？ | May I leave it here?<br>メイ アイ リーヴ イット ヒア？ |

ニューヨークでは「店内でお召し上がりですか、お持ち帰りですか？」は Stay or to go? ステイ オァ トゥーゴー」。店内で、と答えるときは、To stay. でもOK。

# カフェ／ティールーム／コーヒースタンド

|  |  |
|---|---|
| ここに座ってもいいですか？ | May I sit here?<br>メイ アイ スィット ヒア？ |
| すみません！<br>（ウエーターを呼ぶ） | Excuse me!<br>イクスキューズ ミー |
| メニューを見せてください | May I have a menu?<br>メイ アイ ハヴ ア メニュー？ |
| 注文をお願いします | Order, please.<br>オーダァ プリーズ |
| カプチーノをください | Cappuccino, please.<br>カプチーノ プリーズ |
| カフェイン抜きのコーヒーはありますか？ | Do you have decafe?<br>ドゥ ユー ハヴ ディカフェ？ |
| 水を付けてください | With water, please.<br>ウィズ ウォータァ プリーズ |
| どんなケーキがありますか？ | What kind of cakes do you have?<br>ホワット カインド オヴ ケイクス ドゥ ユー ハヴ？ |
| 軽い食事はできますか？ | Can I have a light meal?<br>キャナイ ハヴ ア ライト ミール？ |
| 朝食／昼食メニューはありますか？ | Do you have a breakfast / lunch menu?<br>ドゥ ユー ハヴ ア ブレックファスト／ランチ メニュー？ |
| コーヒーは先／食後にお願いします | Please bring my coffee before / after the meal.<br>プリーズ ブリング マイ コーフィ ビフォーァ／アフタァ ザ ミール |
| コーヒーは料理と一緒に持ってきてください | Please bring the coffee together with the dish.<br>プリーズ ブリング ザ コーフィ トゥゲザァ ウィズ ザ ディッシュ |
| ナイフ／フォークをください | Knife / Fork, please.<br>ナイフ／フォーク プリーズ |
| 塩／コショウをください | Salt / Pepper, please.<br>ソールト／ペパァ プリーズ |
| アルコール類はありますか？ | Do you have alcoholic drinks?<br>ドゥ ユー ハヴ アルカホリック ドリンクス？ |

ファストフード店ではもちろん、どんな高級なホテル内にあるレストランでも、すりや置き引きがないわけではない。荷物を置いたまま席を立たないように注意しよう。

|  |  |
|---|---|
| お酒のメニューを見せてください | May I have a drink menu?<br>メイ アイ ハヴ ア ドリンク メニュー？ |
| ハイネケンビールを1つください | One Heineken, please.<br>ワン ハイネケン プリーズ |
| 会計をお願いします | Check, please.<br>チェック プリーズ |
| どのクレジットカードが使えますか？ | Which credit card do you accept?<br>フウィッチ クレディット カード ドゥ ユー アクセプト？ |
| トイレはどこですか？ | Where's the lavatory?<br>ホウェアズ ザ ラヴァトリィ？ |
| 公衆電話はありますか？ | Is there a pay phone?<br>イズ ゼア ア ペイ フォウン？ |
| テレフォンカードはここで買えますか？ | Can I get a telephone card here?<br>キャナイ ゲット ア テレフォウン カード ヒア？ |
| タバコは売っていますか？ | Do you have cigarettes?<br>ドゥ ユー ハヴ スィガレッツ？ |
| アフタヌーンティーのセットをお願いします | I'd like an afternoon tea set.<br>アイド ライク アン アフタヌーン ティー セット |
| ふたり以上じゃないとだめですか？ | Is this for two or more persons?<br>イズ ズィス フォー トゥー オア モーア パースンズ？ |
| 紅茶とスコーンのセットにします | I'll have a tea and scone set.<br>アイル ハヴ ア ティー アンド スコウン セット |
| 紅茶はダージリンをお願いします | Darjeeling, please.<br>ダージーリン プリーズ |
| カフェラテのトール／ショートをお願いします | Tall / Short cafe latte, please.<br>トール／ショート カフェ ラテ プリーズ |
| それとマフィンも一緒にください | And a muffin, please.<br>アンド ア マフィン プリーズ |
| テラス席と内側の席で料金はどう違いますか？ | How do the charges differ between a terrace seat and an indoor one?<br>ハウ ドゥ ザ チャージズ ディファー ビトウィーン ア テラス スィート アンド アン インドーア ワン？ |

アメリカやカナダでは気軽に入れるファミレス風カフェ「ダイナー」が便利。お得な朝食セットメニューもあるので、ホテルで朝食が付かない人はぜひ行ってみよう。

# 🍴 ホテル内での朝食／軽食

## 朝食／ビュッフェスタイル

|  |  |
|---|---|
| おはようございます | Good morning.<br>グッド モーニング |
| 部屋番号は1125です | My room number is 1125.<br>マイ ルーム ナンバァ イズ イレヴン トウェンティファイヴ |
| 連れを探しています | I'm looking for my friend.<br>アイム ルッキング フォー マイ フレンド |
| 好きなところに座っていいですか？ | May I sit anywhere?<br>メイ アイ スィット エニィウェア？ |
| ここに座ってもいいですか？ | May I sit here?<br>メイ アイ スィット ヒア？ |
| コンチネンタル／アメリカンブレックファスト／ビュッフェにします | I'd like the continental breakfast / American breakfast / buffet.<br>アイド ライク ザ コンティネンタル ブレックファスト／アメリカン ブレックファスト／ブッフェ |
| パンケーキを注文できますか？ | Can I have pancakes?<br>キャナイ ハヴ パンケイクス？ |
| これは別料金ですか？ | Is there an extra charge?<br>イズ ゼア アン エクストラ チャージ？ |
| コーヒー／紅茶をください | Coffee / Tea, please.<br>コフィー／ティー プリーズ |
| 別の飲み物を注文できますか？ | May I order other drinks?<br>メイ アイ オーダァ アザァ ドリンクス？ |
| ビュッフェに取りに行っていいですか？ | May I go to the buffet?<br>メイ アイ ゴウ トゥ ザ ブッフェ？ |
| お皿はどこですか？ | Where are the plates?<br>ホウェア アー ザ プレイツ？ |
| 卵2個を目玉焼き（片面焼き）／（両面焼き）にしてください | Sunny-side up / over-easy with two eggs, please.<br>サニーサイド アップ／オウヴァイーズィ ウィズ トゥー エッグズ プリーズ |
| オムレツにはトマトとタマネギを入れてください | Can you put some tomato and onion in the omelet?<br>キャン ユー プット サム トメイトウ アンド アニヤン イン ズィ オムレット？ |

中級クラス以下のホテルのビュッフェ朝食は早めに行くべし。終了時間間際に行くと、種類は少なくなっているし、料理は煮詰まっていたりと魅力も半減する。

|  |  |
|---|---|
| （オムレツには）全部入れてください | Everything, please.<br>エヴリスィング プリーズ |
| 半熟卵／茹で卵／固茹で卵／をお願いします | Soft-boiled / Boiled / Hard-boiled eggs, please.<br>ソフトボイルド／ボイルド／ハードボイルド エッグズ プリーズ |
| ミルク入りコーンフレークをください | Cereal with milk, please.<br>スィァリアル ウィズ ミルク プリーズ |
| （ビュッフェの給仕の人に）それをください | I'll take that.<br>アイル テイク ザット |
| 少なめ／多めにお願いします | More / Less, please.<br>モーァ／レス プリーズ |
| これは何を付けて食べるのですか？ | What do I dip this in?<br>ホワット ドゥ アイ ディップ ズィス イン？ |
| コーヒーのお代わりをお願いします | Can I have more coffee?<br>キャナイ ハヴ モーァ コフィー？ |
| （相席した人に対して）お先に | Take your time.<br>テイク ユア タイム |

## 係りの人との会話

|  |  |
|---|---|
| 今からでも昼食を食べられますか？ | May I have lunch now?<br>メイ アイ ハヴ ランチ ナウ？ |
| 夕食は何時からですか？ | What time does dinner start?<br>ホワット タイム ダズ ディナー スタート？ |
| 単品のメニューはありますか？ | Do you have an a la carte menu?<br>ドゥ ユー ハヴ アナ ラ カート メニュー？ |
| 軽い食事はできますか？ | Can I have a light meal?<br>キャナイ ハヴ ア ライト ミール？ |
| 今日の天気予報はどうですか？ | How is today's weather forecast?<br>ハウ イズ トゥデイズ ウェザァ フォーキャスト？ |
| 今日は寒く／暑くなりそうですか？ | Will it be cold / hot today?<br>ウィル イット ビー コウルド／ホット トゥデイ？ |

ビュッフェスタイルの朝食で「テンコ盛り」は赤恥もの。種類別、またはお皿に盛れるほどにして、何度か通うのがスマート。これはビュッフェディナーでも同様。

# 🍴 屋台

|  |  |
|---|---|
| ここに座ってもいいですか？ | **May I sit here?** メイ アイ スィット ヒア？ |
| 席を詰めていただけませんか？ | **May I squeeze in here?** メイ アイ スクウィーズ イン ヒア？ |
| 人気メニューは何ですか？ | **What is popular?** ホワット イズ ポピュラァ？ |
| 珍しい料理はありますか？ | **Do you have something novel?** ドゥ ユー ハヴ サムスィング ノヴル？ |
| それはどんな料理ですか？ | **What's it like?** ホワッツ イット ライク？ |
| 辛い／甘いですか？ | **Is it spicy / sweet?** イズ イット スパイスィ／スウィート？ |
| 1皿はどれくらいのボリュームですか？ | **How large is one portion?** ハウ ラージ イズ ワン ポーション？ |
| ふたり分には少ないですか？ | **Isn't it enough for two?** イズント イット イナフ フォー トゥー？ |
| それにします | **I'll take it.** アイル テイク イット |
| 大盛り／軽めにしてください | **Please make it a large / small portion.** プリーズ メイク イット ア ラージ／スモール ポーション |
| あまり辛くしないでください | **Don't make it too hot.** ドント メイク イット トゥー ホット |
| ニンニクを多め／少なめにしてください | **More / Less garlic, please.** モァ／レス ガーリック プリーズ |
| 失礼ですが、あなたが食べているのは何ですか？ | **Excuse me, but what are you having?** イクスキューズ ミー バット アー ユー ハヴィング？ |
| おいしそうですね | **It looks delicious.** イット ルックス ディリシャス |
| 私も同じ物をください | **I'll have the same thing.** アイル ハヴ ザ セイム スィング |

🍴 ニューヨークでは、ホットドッグやタコス、ギロピタ、スープ（クラッカー付き）などの屋台をよく見かける。安くて味も結構イケるので、朝食や軽めのランチにおすすめ。

|  |  |
|---|---|
| とりあえず、これだけで結構です | I'm all set for now. <br> アイム オール セット フォー ナウ |
| これをひとつだけください | Just one, please. <br> ジャスト ワン プリーズ |
| 飲み物は何がありますか？ | What kind of drinks do you have? <br> ホワット カインド オヴ ドリンクス ドゥ ユー ハヴ |
| グラスをもうひとつください | One more glass, please. <br> ワン モーァ グラス プリーズ |
| 皿を取り替えてください | Please bring a new plate. <br> プリーズ ブリング ア ニュー プレイト |
| これを持ち帰ることはできますか？ | Can I take this out (away)? <br> キャナイ テイク ズィス アウト（アウェイ）？ |
| 支払いはいつすればいいですか？ | When should I pay? <br> ホウェン シュダイ ペイ？ |
| あとからまとめて支払えますか？ | Can I pay altogether later? <br> キャナイ ペイ オールトゥゲザァ レイタァ？ |
| お勘定をお願いします | Check, please. <br> チェック プリーズ |
| おなかいっぱいです | I'm full / enough. <br> アイム フル／イナフ |
| ごちそうさまでした | It was delicious. <br> イット ワズ ディリシャス |
| また来ます | I'll come again. <br> アイル カム アゲイン |
| それは違います、これです | Not that but this. <br> ノット ザット バット ズィス |
| それは強いお酒ですか？ | Is that a strong drink? <br> イズ ザット ア ストロング ドリンク？ |
| 何か辛さを和らげるものをください | Do you have something that would make this less spicy? <br> ドゥ ユー ハヴ サムスィング ザット ウッド メイク ズィス レス スパイスィ？ |

イギリスでは、精肉店のデリ（総菜）も要チェック。イギリスのハムは最高に美味だし、ミートパイなど本格的な味に出会える。一緒にパンも売られている。

# バー、パブとIDチェック

## バーで店員に尋ねる

|  |  |
|---|---|
| カウンター／テーブル席にします | I'd like the counter / a table.<br>アイド ライク ザ カウンタァ／ア テイブル |
| 今日のおすすめのカクテルは何ですか？ | Which cocktail is today's special?<br>フウィッチ カクテイル イズ トゥデイズ スペシャル？ |
| この店のオリジナルカクテルはありますか？ | Is there a special house cocktail?<br>イズ ゼア ア スペシャル ハウス カクテイル？ |
| それはどんなカクテルですか？ | What's it like?<br>ホワッツ イット ライク？ |
| アルコールを弱めに作ってください | Don't make it too strong.<br>ドゥント メイク イット トゥー ストロング |
| ワイルドターキーの水割りをください | Wild Turkey and water, please.<br>ワイルド ターキ アンド ウォータァ プリーズ |
| 同じ物をもう1杯ください | Another one, please.<br>アナザァ ワン プリーズ |
| これをボトルでください | I'll have the whole bottle.<br>アイル ハヴ ザ ホウル ボトル |
| グラスは3つお願いします | Three glasses, please.<br>スリー グラスィズ プリーズ |
| 氷をもう少しください | Some more ice, please.<br>サム モーァ アイス プリーズ |
| ノンアルコールの飲み物は何がありますか？ | What kind of soft drinks do you have?<br>ホワット カインド オヴ ソフト ドリンクス ドゥ ユー ハヴ？ |
| おつまみは何がありますか？ | What kind of snacks do you have?<br>ホワット カインド オヴ スナックス ドゥ ユー ハヴ？ |
| 今日、生演奏はありますか？ | Is there a live music today?<br>イズ ゼア ア ライヴ ミューズィック トゥデイ？ |
| この店は何時に閉店ですか？ | When is the closing time?<br>ホウェン イズ ザ クロウズィング タイム？ |

> ウイスキーを注文すると「Single or Double?」と聞かれる。これは日本と意味は同じ。ロックの場合は「whiskey on the rocks」、水割りは「whiskey and water」。

## パブで尋ねる

|  |  |
|---|---|
| ギネスを2分の1／1パイントお願いします | Half a pint / A pint of Guinness, please.<br>ハーフ ア パイント／ア パイント オヴ ギニス プリーズ |
| 今日のおすすめのエールは何ですか？ | Which ale is today's recommendation?<br>フウィッチ エイル イズ トゥデイズ レコメンデイション？ |
| 支払いはいつすればいいですか？ | When should I pay?<br>ホウェン シュダイ ペイ？ |
| ここは私のおごりです | This is on me.<br>ズィス イズ オン ミー |
| 今度は私が払います | It's my turn to pay.<br>イッツ マイ ターン トゥ ペイ |
| （混んだ店などで）注文お願いしま〜す！ | Order, please!<br>オーダァ プリーズ |
| ここは、代金引き換えですか？ | Is it cash-on delivery here?<br>イズ イット キャッシュオン ディリヴァリ ヒア？ |
| この時間は、食事メニューはありますか？ | Can I have a meal now?<br>キャナイ ハヴ ア ミール ナウ？ |
| この店は、BYOですか？／持ち込み可能ですか？ | Is it BYO here? / May I bring a drink in here?<br>イズ イット ビーワイオウ ヒア？／メイ アイ ブリング ア ドリンク イン ヒア？ |
| チェイサー（水）がほしいのですが、別料金ですか？ | Extra charge for a chaser?<br>エクストラ チャージ フォー ア チェイサァ？ |

## IDチェック（身分証の確認）

|  |  |
|---|---|
| ［何歳ですか？］<br>24歳です | [How old are you?]<br>I'm twenty-four.<br>アイム トウェンティフォー |
| ［IDカードを見せてください］<br>これです | [Please show me your ID?]<br>Here's my ID.<br>ヒアズ マイ アイディー |
| 運転免許証を持っています | I have a driver's license.<br>アイ ハヴ ア ドライヴァーズ ライセンス |

IDカードは、顔写真入りのパスポートや国際学生証など。西暦の生年月日が入ったものを用意しよう。コピーでもOKだ。日本の運転免許証には西暦表示はない。

## 飲食の イレカエ単語

| 前菜 | → | **Appetizer** アピタイザァ |
|---|---|---|
| 冷たいフルーツジュース | → | **Chilled Fruits Juice** チルド フルーツ ジュース |
| 卵のマヨネーズ和え | → | **Egg Mayonnaise** エッグ メイアネイズ |
| ニシンのサラダ | → | **Herring Salad** ヘリング サラッド |
| 小エビのカクテル | → | **Prawn Cocktail** プローン カクテイル |
| 生ガキ | → | **Oyster** オイスタァ |
| スモークサーモン | → | **Smoked Salmon** スモウクト サーモン |
| 鳥獣肉のテリーヌ | → | **Game Terrine** ゲイム テリーヌ |
| スコットランド風羊肉と野菜と大麦のスープ | → | **Scotch Broth** スコッチ ブロース |
| 牛の尾のスープ | → | **Oxtail Soup** オックステイル スープ |
| バイ貝のスープ | → | **Mussel Broth** マッスル ブロース |
| 軽食 | → | **Snacks** スナックス |
| 白身魚とポテトのフライ | → | **Fish & Chips** フィッシュ アンド チップス |
| ウナギのパイ | → | **Eel Pie** イール パイ |
| 魚のパイ | → | **Fish Pie** フィッシュ パイ |

| 主菜 | → | **Main Dishes** メイン ディッシズ |
|---|---|---|
| ドーバー産舌平目のグリル | → | **Dover Sole** ドウヴァ ソウル |
| ヒラメの姿焼き | → | **Grilled Whole Plaice** グリルド ホウル プレイス |
| ローストポーク | → | **Roast Pork** ロウスト ポーク |
| ニジマスのフライ | → | **Pan Fried Rainbow Trout** パン フライド レインボウ トゥラウト |
| オヒョウのグリル焼き | → | **Grilled Halibut** グリルド ハリバット |
| シラスの油揚げ | → | **Fried Whitebait** フライド ホワイトベイト |
| ローストビーフ | → | **Roast Beef** ロウスト ビーフ |
| ヨークシャープディング | → | **Yorkshire Pudding** ヨークシャー プディング |
| 洋わさび | → | **Horseradish** ホースラディッシュ |
| 牛ランプ肉のステーキ | → | **Rump Steak** ランプ ステイク |
| 牛肉とキャベツのかき揚げ | → | **Bubble & Squeak** バブル アンド スクウィーク |
| 羊の胃袋煮 | → | **Haggis** ハギス |
| 牛肉と腎臓のパイ | → | **Steak & Kidney Pie** ステイク アンド キドニ パイ |
| マッシュポテトのパイ | → | **Cottage Pie** コティッジ パイ |

|  |  | |  |  |
|---|---|---|---|---|
| ラズベリーのプディング | ➡ Summer Pudding<br>サマァ プディング | | タラ | ➡ codfish<br>コッドフィッシュ |
| 菓子のワゴンサービス | ➡ Sweet Trolley<br>スウィート トロリ | | カツオ | ➡ bonito<br>ボニートウ |
| チェダーチーズ | ➡ Cheddar<br>チェダー | | ホタテ貝 | ➡ scallop<br>スカラップ |
| ブルーチーズ | ➡ Stilton<br>スティルトン | | ハマグリ | ➡ clam<br>クラム |
| ミネラルウォーター | ➡ mineral water<br>ミネラル ウォータァ | | ムール貝 | ➡ mussel<br>マッスル |
| 食前酒 | ➡ aperitif<br>アペリティーフ | | 肉 | ➡ meat<br>ミート |
| 魚介類 | ➡ seafood<br>スィーフード | | 仔牛肉 | ➡ veal<br>ヴィール |
| エビ | ➡ shrimp<br>シュリンプ | | 仔羊肉 | ➡ lamb<br>ラム |
| 車エビ | ➡ prawn<br>プローン | | シカ肉 | ➡ venison<br>ヴェニソン |
| タコ | ➡ octopus<br>オクトパス | | カモ／アヒル | ➡ duck<br>ダック |
| イカ | ➡ squid / cuttlefish<br>スクィッド／カトルフィッシュ | | 七面鳥 | ➡ turkey<br>ターキ |
| タイ | ➡ sea bream<br>スィー ブリーム | | かたつむり | ➡ snail<br>スネイル |
| 舌平目／カレイ | ➡ sole<br>ソウル | | 付け合わせ | ➡ garnish<br>ガーニッシュ |
| マス | ➡ trout<br>トゥラウト | | 飲み物 | ➡ beverages / drinks<br>ベヴァリッジズ／ドリンクス |
| マグロ | ➡ tuna<br>トゥナ | | アルコール類 | ➡ alcoholic beverages / spirits<br>アルカホリック ベヴァリッジズ／スピリッツ |
| イワシ | ➡ sardine<br>サーディーン | | 定食 | ➡ fixed price menu<br>フィックスト プライス メニュー |

|  |  |  | |  |  |  |
|---|---|---|---|---|---|---|
| 冷肉盛り合わせ | cold cuts | コウルド カッツ | | 盛り合わせた | assorted | アソーテッド |
| 一品料理 | a la carte | ア ラ カート | | つまようじ | toothpick | トゥースピック |
| 食事 | meal | ミール | | マッチ | matches | マッチズ |
| 夕食 | dinner / supper | ディナァ / サパァ | | 皿 | plate | プレイト |
| ソテーした（油で軽く炒めた） | sauteed | ソウテイド | | 味 | flavor | フレイヴァー |
| フライパンで焼いた | fried | フライド | | 柔らかい | soft | ソフト |
| オーブンで焼いた | roast | ロウスト | | 固い | hard | ハード |
| 網焼きした | grilled | グリルド | | 甘い | sweet | スウィート |
| 炭火焼きにした | charcoal grilled | チャコウル グリルド | | 塩辛い | salty | ソルティ |
| 揚げた | deep fried | ディープ フライド | | 苦い | bitter | ビタァ |
| グツグツ煮た | simmered | スィマード | | すっぱい | sour | サワー |
| 詰め物をした | stuffed | スタッフド | | 辛い | hot | ホット |
| 蒸した | steamed | スティームド | | ぴりっとした／香ばしい | spicy | スパイスィ |
| 燻製にした | smoked | スモウクト | | 勘定書 | check / bill * | チェック / ビル |
| つぶした | mashed | マッシュト | | 席料 | cover charge | カヴァ チャージ |
| 串焼き | brochette | ブロシェット | | チップ | tip | ティップ |

＊印の単語はおもにイギリスで使われる

# 通信

料理図鑑
緊急事態
基本会話
入出国
移動
観光
ショッピング
宿泊
飲食
通信
交流
ピンチ
日英辞書
英日辞書
文法
50音順検索

# 通信 使える 10フレーズ これで完璧！

## 1. もしもし、私は鈴木です

**Hello. This is Suzuki speaking.**
ハロウ ズィス イズ スズキ スピーキング

## 2. 橋本さんはいらっしゃいますか？

**May I talk to Mr.Hashimoto?**
メイ アイ トーク トゥ ミスタァ ハシモト？

## 3. もう少しゆっくり話してください

**Could you (Would you) speak more slowly?**
クッジュー（ウッジュー） スピーク モーァ スロウリィ？

## 4. 伝言をお願いできますか？

**Can I leave a message?**
キャナイ リーヴ ア メスィッジ？

## 5. 近くの公衆電話はどこですか？

**Is there a pay phone near here?**
イズ ゼア ア ペイ フォウン ニア ヒア？

海外でパソコンを使う人が増えてきている。ケーブルやモジュラーアダプターなど、荷物が増えるのが難点だが、ホテルから電話やファクスを利用するより格段と安くなるのが魅力だ。データ通信用モジュラージャック付き公衆電話は一般的でないので、ホテルを予約する際、インターネット接続が可能かどうかも確認しておこう。

## 部屋でインターネットはできますか？

Can I log on the Internet from the room?

キャナイ ログ オン ズィ インタァネット フラム ザ ルーム？

## インターネットカフェはどこにありますか？

Where is an Internet cafe?

ホウェア イズ アン インタァネット カフェ？

## 日本までの切手代はいくらですか？

How much is the postage to Japan?

ハウ マッチ イズ ザ ポスティッジ トゥ ジャパン？

## 切手をください

Stamps, please.

スタンプス プリーズ

## 国際宅配便をお願いします

I'd like to send this by international courier service.

アイド ライク トゥ センド ズィス バイ インタァナショナル クリアァ サーヴィス

# 📞 国内電話

## ホテルの部屋から

|  |  |
|---|---|
| もしもし、オペレーターですか？ | Hello, operator?<br>ハロウ オペレイタ？ |
| 外線電話をかけたいのですが | I'd like to call outside.<br>アイド ライク トゥ コール アウトサイド |
| 外線の使い方を教えてください | How do I get an outside line?<br>ハウ ドゥ アイ ゲット アナウトサイド ライン？ |
| 電話がつながりません | The line is not connected.<br>ザ ライン イズ ノット コネクティッド |
| 英国航空の予約電話番号を調べてください | I'd like to know the reservation telephone number of British Airways.<br>アイド ライク トゥ ノウ ザ レザヴェイション テレフォウン ナンバァ オヴ ブリティシュ エアウェイズ |

## 公衆電話から

|  |  |
|---|---|
| 公衆電話はどこですか？ | Where's a pay phone?<br>ホウェアズ ア ペイ フォウン？ |
| この電話の使い方を教えてください | How do I use this phone?<br>ハウ ドゥ アイ ユーズ ズィス フォウン？ |
| （カフェなどで）電話を貸してもらえますか？ | Can I use the phone?<br>キャナイ ユーズ ザ フォウン？ |
| どのコインが使えますか？ | Which coins can I use?<br>フウィッチ コインズ キャナイ ユーズ？ |
| テレフォンカードはどこで売っていますか？ | Where can I get a telephone card?<br>ホウェア キャナイ ゲット ア テレフォウン カード？ |
| テレフォンカードをください | I'd like a telephone card.<br>アイド ライク ア テレフォウン カード |
| このカードの使い方を教えてください | How do I use this card?<br>ハウ ドゥ アイ ユーズ ズィス カード？ |
| このアナウンスは何と言っていますか？（近くにいる人に） | What is this voice saying?<br>ホワット イズ ズィス ヴォイス セイイング？ |

📞 最近はテレフォンカードより、裏面に書かれたアクセス番号を入力して使うプリペイドカードやフォンカードが主流になってきている。日本にかける場合など便利。

|  |  |
|---|---|
| この電話は壊れているのですか？ | Is this phone out of order? |

## 電話での会話

|  |  |
|---|---|
| もしもし、スミスさんのお宅ですか？ | Hello, is this the Smith's? |
| 橋本と申します | This is Hashimoto speaking. |
| カレンさんはいらっしゃいますか？ | Is Karen there? |
| すみません、間違えました | Sorry, I called the wrong number. |
| もっとゆっくり話してください | Could you (Would you) speak more slowly? |
| すみません、よく聞こえません | Excuse me? / Pardon? |
| もう一度言ってください | Pardon? / Say it again, please. |
| 日本語の話せる人はいますか？ | Does anyone speak Japanese? |
| 何時頃お戻りですか？ | When is he / she coming back? |
| わかりました、また電話します | I see. I'll call him / her back later. |
| 伝言をお願いできますか？ | Can I leave a message? |
| 私に何か伝言は残っていませんか？ | Do you have any messages for me? |
| そちらに橋本さんは宿泊していますか？ | Is Mr. Hashimoto staying there? |

☎ 「すみません、もう一度言ってください」をさらに丁寧に言うと「I beg your pardon? アイ ベッグ ユア パードゥン」。

## 📞 国内電話

|  |  |
|---|---|
| 1025号室の橋本さんをお願いします | Room ten two five, Mr. Hashimoto, please.<br>ルーム テン トゥー ファイヴ ミスタァ ハシモト プリーズ |
| 橋本から電話があったことを伝えてください | Please tell him that Hashimoto called.<br>プリーズ テル ヒム ザット ハシモト コールド |
| 私に電話するように伝えてください | Please ask him to call me.<br>プリーズ アスク ヒム トゥ コール ミー |
| 私は今パークホテルにいます | I'm at the Park Hotel.<br>アイム アット ザ パーク ホウテル |
| 電話番号は1234-5678、部屋番号は1025号室です | The phone number is 1234-5678, room number is ten two five.<br>ザ フォウン ナンバァ イズ ワン トゥー スリー フォー ファイヴ スィックス ゼヴン エイト ルーム ナンバァ イズ テン トゥー ファイヴ |
| 急ぎの用件です | It's an emergency.<br>イッツ アン イマージェンスィ |
| 携帯電話の番号を教えてください | Please tell me his mobile phone number.<br>プリーズ テル ミー ヒズ モウバイル フォウン ナンバァ |

### ファクスを送る

|  |  |
|---|---|
| ファクスはどこで送れますか？ | Where can I send a fax?<br>ホウェア キャナイ センド ア ファクス？ |
| これをファクスで送ってください | Please send this by fax.<br>プリーズ センド ズィス バイ ファクス |
| 全部で3枚です | They are three sheets altogether.<br>ゼイ アー スリー シーツ オールトゥゲザァ |
| 送付先の番号はこれです | This is the receiver's number.<br>ズィス イズ ザ リスィーヴァーズ ナンバァ |
| いくらになりますか？ | How much is it?<br>ハウ マッチ イズ イット？ |
| 私あてのファクスは届いていますか？ | Any faxes for me?<br>エニィ ファクスィズ フォー ミー？ |
| もう一度調べていただけませんか？ | Please check again.<br>プリーズ チェック アゲイン |

📞 アメリカで携帯電話はcellular phone（セルラーフォウン）というが、cell phone（セルフォウン）と略されることが多い。cellular、cellとも細胞の意味。

# ☎ 国際電話

## ホテルの部屋から

|  |  |
|---|---|
| もしもし、オペレーターですか？ | Hello, operator?<br>ハロウ オペレイタ？ |
| 日本に国際電話をかけたいのですが | I'd like to make an overseas call to Japan.<br>アイド ライク トゥ メイク アン オウヴァスィーズ コール トゥ ジャパン |
| 日本語のできるオペレーターはいますか？ | Does anyone speak Japanese?<br>ダズ エニワン スピーク ジャパニーズ？ |
| 部屋から直接電話できますか？ | Can I make a call directly from the room?<br>キャナイ メイク ア コール ダイレクトリィ フロム ザ ルーム？ |
| 国際電話のかけ方を教えてください | How do I make an overseas call?<br>ハウ ドゥ アイ メイク アン オウヴァスィーズ コール？ |
| 国際電話識別番号は何番ですか？ | What numbers do I need to dial first for international calls?<br>ホワット ナンバァズ ドゥ アイ ニード トゥ ダイアル ファースト フォー インタァナショナル コールズ？ |
| 料金先方払い（コレクトコール）でお願いします | Please make it a collect call.<br>プリーズ メイク イット ア コレクト コール |
| 料金は私が払います | I'll pay the charges.<br>アイル ペイ ザ チャージズ |
| クレジットカードで支払います | I'll pay with a credit card.<br>アイル ペイ ウィズ ア クレディット カード |
| 指名通話をお願いします | I'd like to make a person to person call.<br>アイド ライク トゥ メイク ア パースン トゥ パースン コール |
| 電話番号は1234-5678、名前は橋本です | 1234-5678, Mr. Hashimoto.<br>ワン トゥー スリー フォー ファイヴ スィックス セヴン エイト ミスタァ ハシモト |
| あとで、もう一度かけてもらえますか？（つながらないとき） | Could you call the number again later?<br>クッジュー コール ザ ナンバァ アゲイン レイタァ？ |
| 話の途中で切れてしまいました | I was cut off.<br>アイ ワズ カット オフ |
| 通話後に料金を教えてください | Let me know the charges later, please.<br>レット ミー ノウ ザ チャージズ レイタァ プリーズ |

☎ 現地オペレーターを通しての通話には、相手を指名する指名通話、かけた先の誰が出てもいいステーションコールStation call、コレクトコールの3種がある。

# 📞 レンタル携帯電話

|  |  |
|---|---|
| 携帯電話はどこで借りられますか？ | Where can I rent a mobile phone?<br>ホウェア キャナイ レント ア モウバイル フォウン？ |
| 携帯電話をレンタルしたいのですが | I'd like to rent a mobile phone.<br>アイド ライク トゥ レント ア モウバイル フォウン |
| レンタル料はいくらですか？ | How much are the charges?<br>ハウ マッチ アー ザ チャージズ？ |
| クレジットカードで支払えますか？ | Do you take credit card?<br>ドゥ ユー テイク クレディット カード？ |
| レンタル期間は何日までですか？ | How many days can I use it?<br>ハウ メニィ デイズ キャナイ ユーズ イット？ |
| 追加料金は1日いくらかかりますか？ | How much is the charge for an additional day?<br>ハウ マッチ イズ ザ チャージ フォー アン アディショナル デイ？ |
| これはプリペイドカード式ですか？ | Is this a prepaid card system?<br>イズ ズィス ア プリペイド カード スィステム？ |
| プリペイドカードはいくらですか？ | How much is a prepaid card?<br>ハウ マッチ イズ ア プリペイド カード？ |
| 日本までの通話料は1分いくらですか？ | How much are the call charges to Japan for 1 minute?<br>ハウ マッチ アー ザ コール チャージズ トゥ ジャパン フォー ワン ミニット？ |
| この携帯電話の番号を教えてください | Please tell me the number of this mobile phone.<br>プリーズ テル ミー ザ ナンバァ オヴ ズィス モウバイル フォウン |
| この携帯電話のかけ方を教えてください | How do I use this mobile phone?<br>ハウ ドゥ アイ ユーズ ズィス モウバイル フォウン？ |
| 電話番号のあとに、ここを押せばいいのですね？ | Just push this after the telephone number?<br>ジャスト プッシュ ズィス アフタァ ザ テレフォウン ナンバァ？ |
| 充電はどうすればいいですか？ | How can I recharge it?<br>ハウ キャナイ リチャージ イット？ |
| どこに返却すればいいですか？ | Where should I return it?<br>ホウェア シュダイ リターン イット？ |
| 料金の明細書をください | Please give me an itemized bill for my calls.<br>プリーズ ギヴ ミー アン アイテマイズド ビル フォー マイ コールズ |

📞 レンタル携帯電話の料金は、各社料金設定が異なる。現地で借りれば、レンタル日数を節約できるし、市内通話の場合は日本で借りるより料金が安い。

# ☎ インターネット

## 空港や町なかにて

|  |  |
|---|---|
| コンセントを使ってもいいですか？ | May I use a wall socket?<br>メイ アイ ユーズ ア ウォール ソキット？ |
| ここでコンピュータを使ってもいいですか？ | May I use a computer here?<br>メイ アイ ユーズ ア コンピュータ ヒア？ |
| （航空会社のラウンジで）インターネットに接続することは可能ですか？ | Can I log on the Internet here?<br>キャナイ ログ オン ズィ インタァネット ヒア？ |
| 電話代はかかりますか？ | Is there a telephone charge?<br>イズ ゼア ア テレフォウン チャージ？ |
| ビジネスセンターはありますか？ | Is there a business center(centre)?<br>イズ ゼア ア ビズィネス センター？ |
| メールを送れるパソコンはありますか？ | Which machine can send e-mails?<br>フウィッチ マシーン キャン センド イーメイルズ？ |
| 使い方を教えてください | How do I use this?<br>ハウ ドゥ アイ ユーズ ズィス？ |
| 通話用カード（テレフォンカード）をください | Please give me a telephone card.<br>プリーズ ギヴ ミー ア テレフォウン カード |
| 施設内にホットスポット（無線LANが使えるエリア）はありますか？ | Is there an access zone here?<br>イズ ゼア アン アクセス ゾウン ヒア？ |
| ここで無線LANは使えますか？ | Can I use wireless LAN here?<br>キャナイ ユーズ ワイアレス ラン ヒア？ |
| セットアップ（設定）の方法を教えてください | Please tell me how to set it up.<br>プリーズ テル ミー ハウ トゥ セット イット アップ |
| 近くにコンピュータショップはありますか？ | Is there a computer shop near here?<br>イズ ゼア ア コンピュータ ショップ ニア ヒア？ |
| この国で使えるモジュラープラグ変換アダプタを買いたいのですが | I'd like a plug conversion adapter that can be used in this country.<br>アイド ライク ア プラグ カンヴァージョン アダプタ ザット キャン ビー ユーズド イン ズィス カントリ |
| （飛行機内で）私のパソコンは電波を出しません、使っていいですか？ | My laptop doesn't send out electric waves. May I use it here?<br>マイ ラップトップ ダズント センド アウト イレクトゥリック ウェイヴズ メイ アイ ユーズ イット ヒア？ |

☎ インターネットカフェでウェブメールを利用した場合、メールアドレスなどの個人データがパソコンに残ってしまう。履歴の消し方を調べておこう。

# 📞 インターネット

## インターネットカフェにて

|  |  |
|---|---|
| 日本語がわかるスタッフのいるインターネットカフェをご存じですか？ | At which Internet cafe do they speak Japanese?<br>アット フウィッチ インタァネット カフェ ドゥ ゼイ スピーク ジャパニーズ？ |
| 日本語対応のパソコンのあるインターネットカフェをご存じですか？ | Which Internet cafe has a computer handling Japanese script?<br>フウィッチ インタァネット カフェ ハズ ア コンピュータ ハンドリング ジャパニーズ スクリプト？ |
| 利用料金には何が含まれますか？ | What is included in the charge?<br>ホワット イズ インクルーディッド イン ザ チャージ？ |
| 私はWindows／Macを使っています | I'm a Windows / Mac user.<br>アイム ア ウィンドウズ／マック ユーザー |
| 自分のパソコンを使って、ネット接続することはできますか？ | Can I log on the Net with my own computer?<br>キャナイ ログ オン ザ ネット ウィズ マイ オウン コンピュータ？ |
| 日本語が入力できるコンピュータはありますか？ | Which computer can I input Japanese?<br>フウィッチ コンピュータ キャナイ インプット ジャパニーズ？ |
| Global IMEをインストールしてもいいですか？ | May I install Global IME?<br>メイ アイ インストール グロウブル アイエムイー？ |
| CD-ROM／FD／USBメモリ／CF／SDカードを使ってもいいですか？ | May I use a CD-ROM / FD / USB memory / CF / SD card?<br>メイ アイ ユーズ ア スィーディー ロム／エフディー／ユーエスビー メモリ／スィーエフ／エスディー カード？ |
| 利用コードをうまく入力できません | I can't input the user code.<br>アイ キャント インプット ザ ユーザー コウド |
| ［○］の文字はどのキーですか？ | Which key is for character O?<br>フウィッチ キー イズ フォー キャラクター ○？ |
| 利用履歴を消したいのですが | I want to clear my site traffic history.<br>アイ ウォント トゥ クリア マイ サイト トラフィック ヒスタリ |
| プリントアウトしたいのですが | I'd like a print out.<br>アイド ライク ア プリント アウト |
| パソコンで作業したデータを保存したいのですが | I'd like to back up the data.<br>アイド ライク トゥ バック アップ ザ デイタ |
| パソコンがフリーズしました | The computer froze.<br>ザ コンピュータ フロウズ |

📞 海外のパソコンで、マルチ言語対応のWindows XPまたはMac OS Xが入ったパソコンであれば、日本語にも対応している。

## ホテルにて

| | |
|---|---|
| (自分のパソコンを持っているので、自分の部屋で) インターネット接続したいのですが | I'd like to log on the Internet with my computer in my room.<br>アイド ライク トゥ ログ オン ズィ インタァネット ウィズ マイ コンピュータ イン マイ ルーム |
| インターネットが使える部屋をお願いします | I'd like a room where I can use the Internet.<br>アイド ライク ア ルーム ホウェア アイ キャン ユーズ ズィ インタァネット |
| 市内通話の料金はいくらですか？ | How much is a local call?<br>ハウ マッチ イズ ア ロウカル コール？ |
| これまでの通話料金を教えてください | How much are the phone charges so far?<br>ハウ マッチ アー ザ フォウン チャージズ ソウ ファー？ |
| 二股ソケットを貸してください | Please lend me a two-way socket.<br>プリーズ レンド ミー ア トゥーウェイ ソキット |
| LANカードを貸してください | Please lend me a LAN card.<br>プリーズ レンド ミー ア ラン カード |
| USB／電話ケーブルを貸してください | Please lend me a USB / telephone cable.<br>プリーズ レンド ミー ア ユーエスビー／テレフォウン ケイブル |
| 延長コードを貸してください | Please lend me an extension cord.<br>プリーズ レンド ミー アン イクステンション コード |
| 変圧器を貸してください | Please lend me a transformer.<br>プリーズ レンド ミー ア トランスフォーマー |
| この電話回線はデジタル式／アナログ式ですか？ | Is this telephone line digital / analog?<br>イズ ズィス テレフォウン ライン ディジタル／アナログ？ |
| 通話方法を教えてください | How do I make a call?<br>ハウ ドゥ アイ メイク ア コール？ |
| 外線につながりません | It's not connected to an outside line.<br>イッツ ノット コネクティッド トゥ アン アウトサイド ライン |
| データポートが使えません | The data port doesn't work.<br>ザ デイタ ポート ダズント ワーク |
| (部屋にモジュラージャックがないので) 電話回線を貸してください | May I borrow a telephone input jack?<br>メイ アイ ボロウ ア テレフォウン インプット ジャック？ |

☎ モジュラージャックは、日本とアメリカは同じタイプだが、イギリスとは異なる。接続にはアダプタが必要となる。出発前に用意しておきたい。

# ☎ ハガキ／手紙／小包

|  |  |
|---|---|
| ハガキを出してもらえますか？ | Could you post this card?<br>クッジュー ポウスト ズィス カード？ |
| 切手はありますか？ | Do you have any stamps?<br>ドゥ ユー ハヴ エニィ スタンプス？ |
| 日本までの切手代はいくらですか？ | How much is the postage to Japan?<br>ハウ マッチ イズ ザ ポスティッジ トゥ ジャパン？ |
| 郵便局はどこですか？ | Where's is the post office?<br>ホウェアズ ザ ポウスト オフィス？ |
| 郵便局の営業時間を教えてください | What are the business hours for the post office?<br>ホワット アー ザ ビズィネス アウァズ フォー ザ ポウスト オフィス？ |
| この近くにポストはありますか？ | Is there a post near here?<br>イズ ゼア ア ポウスト ニア ヒア？ |
| 切手／ハガキはどこで買えますか？ | Where can I get stamps / postcards?<br>ホウェア キャナイ ゲット スタンプス／ポウストカーズ？ |
| 切手を売っている窓口はどこですか？ | Which counter is for stamps?<br>フウィッチ カウンター イズ フォー スタンプス？ |
| 日本まで航空便でお願いします | To Japan by airmail, please.<br>トゥ ジャパン バイ エアメイル プリーズ |
| 郵送料はいくらですか？ | How much is the postage?<br>ハウ マッチ イズ ザ ポスティッジ？ |
| その切手を5枚ください | Please give me five of those stamps.<br>プリーズ ギヴ ミー ファイヴ オヴ ゾウズ スタンプス |
| 記念切手はありますか？ | Is there any commemorative stamps?<br>イズ ゼア エニィ カメモレイティヴ スタンプス？ |
| 封書を日本に送りたいのですが | I'd like to send a letter to Japan.<br>アイド ライク トゥ センド ア レタァ トゥ ジャパン |
| 速達にしてください | Express, please.<br>イクスプレス プリーズ |
| 書留にしてください | Registered mail, please.<br>レジスタード メイル プリーズ |

☎ 日本へ郵便を出す場合、国名のJapanと航空便のBy Airmailだけ英語で書けば、あとの住所は日本語で書いても構わない。

|  |  |
|---|---|
| 追加料金はいくらですか？ | How much is the additional charge?<br>ハウ マッチ イズ ズィ アディショナル チャージ？ |
| 税関申告書は必要ですか？ | Is a customs declaration required?<br>イズ ア カスタムズ デクラレイション リクワイアード？ |
| 小包を送りたいのですが | I'd like to send this package (parcel).<br>アイド ライク トゥ センド ズィス パキッジ（パースル） |
| 重量制限はありますか？ | Is there any weight limit?<br>イズ ゼア エニィ ウェイト リミット？ |
| 船便／航空便だと日本まで何日かかりますか？ | How long does it take to Japan by surface / air?<br>ハウ ロング ダズ イット テイク トゥ ジャパン バイ サーフィス／エア？ |
| 小包用の箱／封筒はありますか？ | Are there any boxes / envelopes for package (parcel) here?<br>アー ゼア エニィ ボクスィズ／エンヴェロウプス フォー パキッジ（パースル） ヒア？ |
| 梱包の仕方を教えてください | Please tell me how to pack it.<br>プリーズ テル ミー ハウ トゥ パック イット |
| ガムテープ／マジックペンを貸してください | May I borrow some tape / a marker?<br>メイ アイ ボロウ サム テイプ／ア マーカー？ |
| 中身は印刷物／私物です | Printed paper is / Personal belongings are in it.<br>プリンティッド ペイパァ イズ／パースナル ビロンギングズ アー イン イット |
| 割れ物が入っています | It's fragile.<br>イッツ フラジャイル |

## 文房具店などで

|  |  |
|---|---|
| 絵ハガキをください | I'd like postcards.<br>アイド ライク ポウストカーズ |
| 封筒はありますか？ | Do you have any envelopes?<br>ドゥ ユー ハヴ エニィ エンヴェロウプス？ |
| クッション入りの封筒はありますか？ | Do you have any jet packs?<br>ドゥ ユー ハヴ エニィ ジェット パックス？ |
| （国名○○）らしい絵ハガキを見せてください | Please show me some postcards with ○○ motif.<br>プリーズ ショウ ミー サム ポウストカーズ ウィズ ○○ モウティーフ |

イギリスやアメリカの郵便局では、ガムテープやひもなどパッケージに必要な備品は局内で購入しなくてはならない。日本のように借りられないので注意。

## 国際宅配便

|  |  |
|---|---|
| この近くに国際宅配便会社はありますか？ | Is there an international courier service company near here? |
| （国際宅配便会社の）電話番号はわかりますか？ | Do you know the number? |
| 日本まで国際宅配便をお願いします | I'd like to send this by international courier service. |
| 大きさはA4サイズくらいです | It's about A4 size. |
| 小包です | It's a package (parcel). |
| 専用の封筒／箱はありますか？ | Is there a special envelope / box for this? |
| 中身は書類／CD-ROMです | Documents are / CD-ROM is in it. |
| "取扱注意" "折曲厳禁" "水濡れ厳禁" でお願いします | Please make it "Handle With Care", "Do Not Bend or Fold" and "Keep Dry". |
| 日本までどのくらい日数がかかりますか？ | How long will it take to Japan? |
| 料金はいくらですか？ | How much will it be? |
| いつ支払えばいいですか？ | When should I pay? |
| 保険はかけられますか？ | Can I insure this? |
| 取りに来ていただけますか？ | Could you come for it? |
| 何時ぐらいになりますか？ | What time will that be? |
| では、お願いします | Thanks, I'll be expecting you. |

配達料金は若干高くなるが、大切な物を送るとき、また至急届けたい荷物は、FedexやDHLなど国際宅配便会社の利用が安心。

## Column

### 海外のホテルでパソコンを使うには

電子メールを使って家族や友人と連絡をとったり、旅行中に必要な情報をチェックしたり、昨今の海外旅行ではインターネットはもう手離せない存在となっている。もちろん、インターネットカフェやホテルのビジネスセンターでパソコンを使用することもできるが、日本語が使える状態になっていないことも多い。もしビジネスなどで、あるいは長期の旅に出て、もっとパソコンを活用したいという人は、ノートパソコンを持参してみてはどうだろう。

中級クラス以上のホテルでは、部屋からインターネット接続がほぼ可能

#### 初めて携帯用パソコンを買うなら

旅先に頻繁にノートパソコンを持って行くつもりなら、B5サイズ以下のものがいい。CD ROMドライブなしのモデルなら1kg以下の重量のものも出ている。また内蔵バッテリーでの稼動時間も要チェック。少なくとも4時間以上は欲しいところだ。最後に、海外対応のモデムと電話回線の状態をチェックするモデムセーバーがあれば万全だ。

#### パソコンを持っていくために必要な準備

パソコンを持っていく場合の

インターネットカフェから旅の感動をリアルタイムで伝えよう

出発前の準備は以下のとおり。

❶ まずは訪問国の電気プラグと電話プラグの形状を確認しよう。アメリカは日本と同じタイプの電話プラグだが、イギリスは日本とは異なる。タイプが異なる場合は、アダプタが必要となる。大手電気店や空港などにある海外旅行グッズ店で売られているので用意しておこう。

❷ 契約しているプロバイダーのローミングサービスに登録する。ローミングサービスとは、自分の契約プロバイダーが提携している海外のプロバイダーのアクセスポイントが使えるようになるサービスのこと。訪問国に提携プロバイダーのアクセスポイントがあれば、国内通話料金でインターネットにアクセスできるようになるのだ。登録を済ませたら、訪問国内のアクセスポイント番号を控えておこう。

❸ 到着後、ホテルの内線番号（0が主流）と、回線がトーン（プッシュ回線）かパルス（ダイヤル回線）かを確認し（ボタンを押してピポパと聞こえるのがトーン）、ダイヤルのルールを設定。これでめでたくインターネットに接続できるようになるはずだ。

# 通信の イレカエ単語

## 電話

|  |  |
|---|---|
| 電話帳 | telephone directory テレフォウン ディレクトリィ |
| 電話ボックス | phone booth フォウン ブース |
| 公衆電話 | pay phone / public phone ペイ フォウン／パブリック フォウン |
| 硬貨投入口 | slot スロット |
| 通話料金 | telephone charge テレフォウン チャージ |
| コレクトコール | collect call コレクト コール |
| 指名電話 | person to person call パースン トゥ パースン コール |
| 普通電話 | station call ステイション コール |
| 緊急電話 | emergency call イマージェンスィ コール |
| 交換手 | operator オペレイタァ |
| 国際電話 | international call インターナショナル コール |
| 市外局番 | area code エリア コウド |
| 市内通話 | local call ロウカル コール |
| 内線 | extension イクステンション |
| 外線番号 | the number for an outside call ザ ナンバァ フォー アン アウトサイド コール |
| 番号案内 | information インファメイション |
| 番号違い | wrong number ローング ナンバァ |
| 話し中 | busy ビズィ |
| 故障 | out of order アウト オヴ オーダァ |
| 基本料金 | basic charges ベイスィック チャージズ |
| 保証金 | deposit デポジット |
| 再ダイヤル | redial リダイアル |
| 留守番電話機能 | answering device アンサリング ディヴァイス |
| 充電器 | battery charger バッテリィ チャージャァ |
| 音量 | volume ヴォリューム |

## 郵便

|  |  |
|---|---|
| 郵便局 | post office ポウスト オフィス |
| 郵便料金 | postage ポスティッジ |
| 絵ハガキ | picture postcard ピクチャー ポウストカード |

|  |  |  |
|---|---|---|
| 切手 | stamp | スタンプ |
| 記念切手 | commemorative stamp | カメモレイティヴ スタンプ |
| 封筒 | envelope | エンヴェロウプ |
| 便せん | letter pad | レタァ パッド |
| 航空書簡 | aerogram | エアログラム |
| 航空便 | airmail | エアメイル |
| 船便 | sea mail | スィーメイル |
| 印刷物 | printed matter | プリンティッド マタァ |
| 速達 | express delivery / special delivery | イクスプレス ディリヴァリ/スペシャル ディリヴァリ |
| 書留 | registered mail | レジスタード メイル |
| 小包 | parcel | パースル |
| あて先 | address | アドレス |
| 差出人 | sender | センダァ |
| 受取人 | addressee | アドレスィ |
| 郵便番号 | zip code | ズィップ コウド |
| 気付 | c/o | ケア オヴ |
| 取り扱い注意 | handle with care | ハンドル ウィズ ケア |
| 壊れ物 | fragile | フラジャイル |
| ポスト | mail box | メイル ボックス |
| 送付内容の記載 | contents | コンテンツ |
| 連絡 | contact | コンタクト |

## インターネット

|  |  |  |
|---|---|---|
| 通信速度 | transmission rate | トランスミッション レイト |
| 低速通信／高速通信 | narrow band / broad band | ナロウバンド／ブロードバンド |
| 保存 | save | セイヴ |
| ダウンロード | download | ダウンロウド |
| (FDなどの)初期化 | format | フォーマット |
| (文字などの)切り取り／貼り付け | cut / paste | カット／ペイスト |
| 検索 | search | サーチ |
| 添付ファイル | attachment | アタッチメント |
| カラー印刷／モノクロ印刷 | color printing / monochrome printing | カラァ プリンティング／モノクロウム プリンティング |
| 再起動 | reboot / restart | リブート／リスタート |

# 手紙／eメールを書く

「旅先で出会った人と撮った写真を送ってあげたい」「お世話になった人にお礼を伝えたい」「手紙をもらったけど返事の書き方がわからない」……。そんなときには、このフォーマットと例文を役立ててください。さあ、便せんと封筒を用意して、またはパソコンを立ち上げて、さっそく手紙やメールを書いてみよう！

## 手紙

### 便せん記入例

❶ Aug. 20, 2005

❷ Dear George,

❸ Hello. How are you? I'm doing fine.

❹ I've just got back to Japan from United States.

I really enjoyed myself during this trip.

I enclosed some pictures, and I hope you like them.

❺ I'm looking forward to hearing from you.

Please take care of your health.

❻ Sincerely,

Taro Tanaka

## ❶ 日 付
2005年8月20日　Aug. 20, 2005

## ❷ 宛 名
ジョージへ　Dear George,（名前の後に「,」または「:」を付ける）

## ❸ はじめのあいさつ
| | |
|---|---|
| こんにちは。お元気ですか？ | Hello. How are you? |
| 私は元気にやっています。 | I'm doing fine. |
| お手紙ありがとう。 | Thank you for your letter. |
| お返事が遅くなってしまってごめんなさい。 | I'm sorry for this late replay. |

## ❹ 本 文
アメリカから戻ってきたところです。
　I've just got back to Japan from United States.
今回の旅はとても楽しかったです。
　I really enjoyed myself during this trip.
写真を何枚か同封しました。気に入ってもらえるといいのですが。
　I enclosed some pictures, and I hope you like them.
日本に帰ってからはや2週間です。
　It's been two weeks since I returned to Japan.
ロンドンのユースホステルでお会いしましたね。
　We've met in Youth hostel in London.
私のことを覚えていますか？
　Do you remember me?
滞在中は親切にしてもらい、ありがとうございました。
　I'm grateful for your kindness during my stay.
ロンドンへの旅行中、お会いできて本当によかったです。
　It was nice meeting you during my trip to London.
最近は、毎日忙しく働いています。
　Recently, I've been working busy everyday.
毎日、一生懸命学校で勉強しています。
　I'm studying hard at school everyday.

## ❺ おわりのあいさつ
| | |
|---|---|
| お体に気を付けてください。 | Please take care of your health. |
| お返事お待ちしています。 | I'm looking forward to hearing from you. |
| | I'm looking forward to your replay. |
| あなたの幸せと健康をお祈りしています。 | I wish your happy healthy life. |
| またね。 | See you. |

## ❻ 手紙の結び
| | |
|---|---|
| （とてもていねいな表現） | Sincerely yours, |
| | Best regards, |
| （ていねいな表現） | Sincerely, |
| （カジュアルな表現） | Your friend, |
| | Best wishes, |
| （親しい人に書く表現） | Love, |

## 封筒の書き方

```
Taro Tanaka
3-5-2 Akasaka Minato-ku
Tokyo107-0052
Japan

                    切手

            Mr. George Smith
            420 Apple Drive
            Los Angeles
            CA 94621
AIR MAIL    U.S.A.
```

❶ 差出人氏名と住所
❷ 受取人氏名と住所
❸ 郵便注記　　航空便　AIR MAIL（手書き、または郵便局でスタンプを押してもらったりシールをもらったりする）

## e メールの書き方

```
━━━━━━━━━━━━━ 名称未設定 ━━━━━━━━━━━━━
     To: abc@def.es
Subject: Taro, from Japan

Dear George,

Hello, I'm Taro. We've met in Youth hostel in London.

It's been two weeks since I returned to Japan.
It was nice meeting you during my trip to London.

I'm looking forward to your replay.

Sincerely,

Taro Tanaka
```

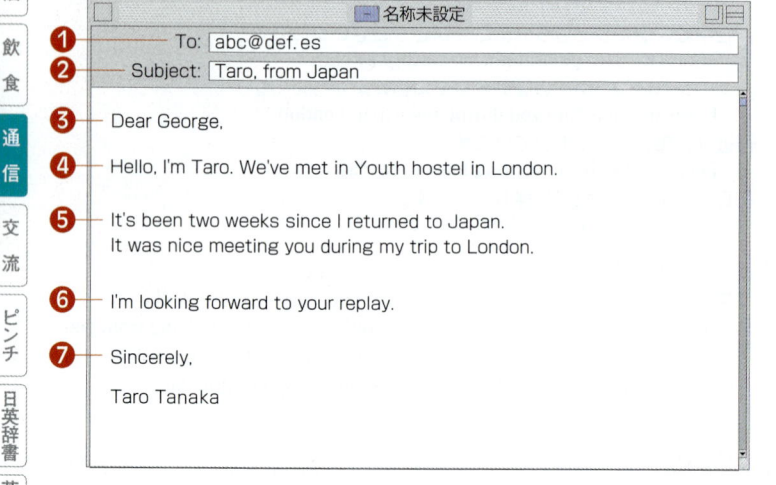

❶ 宛先アドレス
❷ 件　名
❸ 宛　名　　（名前の後に「,」または「:」を付ける）
❹ はじめのあいさつ　※P.191便せん記入例❸を参照ください
❺ 本　文　　　　　　※P.191便せん記入例❹を参照ください
❻ おわりのあいさつ　※P.191便せん記入例❺を参照ください
❼ 手紙の結び　　　　※P.191便せん記入例❻を参照ください

# 交　流

お、あのへんたしか
昨日もここで見かけた
ツーリストだ。
ハロー!! えっと ナイス トゥ ミーチュー
グ ダァアイ マァアイッ!!
え?! 今なんて言った??
?
グ、グッデイ トゥデイ…
イエース グダァイ トゥダァイ!!
これって通じてるの…??
注
オーストラリアの英語は
特に「A」の発音が
英・米とは異なります。

# 交流 使える これで完璧！ 10フレーズ

## 1. お話ししてもいいですか？

**May I talk to you?**
メイ アイ トーク トゥ ユー？

## 2. どちらからですか？

**Where are you from?**
ホウェア アー ユー フラム？

## 3. 旅行の予定は何日ですか？

**How long are you planning to travel?**
ハウ ロング アー ユー プラニング トゥ トラヴェル？

## 4. ○○にはもう行きましたか？

**Have you ever been to ○○?**
ハヴ ユー エヴァー ビーン トゥ ○○？

## 5. よかった場所はどこですか？

**Which place was good?**
フウィッチ プレイス ワズ グッド？

列車で隣合わせになった人と会話する、ユースホステルで同室になった仲間と一緒に食事に行くことになったなど、個人旅行をしていると現地の人や世界各国からやってきた旅行者と会話する機会も多くなる。いろんな国の人と友達になる、これこそ海外旅行の大きな収穫だ。失敗をおそれず、英語を使って文化交流を楽しもう。

## 安くておいしい店を知りませんか？

**Are there any nice and cheap restaurants?**
アー ゼア エニィ ナイス アンド チープ レスタランツ？

## 一緒に夕食を食べませんか？

**How about dinner together?**
ハウ アバウト ディナー トゥゲザァ？

## お話しできて楽しかったです

**It was nice to meet you.**
イット ワズ ナイス トゥ ミート ユー

## メールアドレス／住所を教えてください

**May I have your e-mail address / address?**
メイ アイ ハヴ ユア イーメイル アドレス／アドレス？

## またお会いできるといいですね

**I hope to see you again.**
アイ ホゥプ トゥ スィー ユー アゲイン

## 友達になる（きっかけ作り）

|  |  |
|---|---|
| おはようございます／こんにちは | Good morning. / Hello. (Good afternoon.) / Hi.<br>グッド モーニング／ハロウ（グッド アフタヌーン）／ハイ |
| こんばんは | Good evening.<br>グッド イーヴニング |
| すみません | Excuse me.<br>イクスキューズ ミー |
| （エレベーターなどで）お先にどうぞ | After you. / Go ahead.<br>アフタァ ユー／ゴウ アヘッド |
| ありがとう | Thank you. / Thanks.<br>サンキュー／サンクス |
| お元気ですか？ | How are you?<br>ハウ アー ユー？ |
| ありがとう、元気です | Fine, thanks.<br>ファイン サンクス |
| 今日はちょっと疲れています | I'm a little tired today.<br>アイム ア リトル タイアード トゥデイ |
| いい天気ですね | It's a wonderful day.<br>イッツ ア ワンダフル デイ |
| すごい雨／雪／雷／霧ですね | It's pouring / snowing hard / terrible thunder / a heavy fog.<br>イッツ ポーリング／スノウイング ハード／テリブル サンダァ／ア ヘヴィ フォグ |
| 早く晴れるといいですね | I hope it will clear up soon.<br>アイ ホウプ イット ウィル クリア アップ スーン |
| ここに座っていいですか？ | May I sit here?<br>メイ アイ スィット ヒア？ |
| どちらからですか？ | Where are you from?<br>ホウェア アー ユー フラム？ |
| おひとりで旅行しているのですか？ | Are you traveling alone?<br>アー ユー トラヴェリング アロウン？ |
| （売り場などの行列で）長い列ですね | What a long line (queue)!<br>ホワット ア ロング ライン（キュー） |

列は、アメリカでは「line ライン」、イギリスでは「queue キュー」が一般的。queue はフランス語でも使う表現だ。

|  |  |
|---|---|
| バス／列車がなかなか来ませんね | Not many buses / trains come by here.<br>ノット メニィ バスィズ／トレインズ カム バイ ヒア |
| (列車の中で) 今、どの辺を走っていますか？ | Where are we?<br>ホウェア アー ウィー？ |
| どこで降りるのですか？ | Where will you get off?<br>ホウェア ウィル ユー ゲット オフ？ |
| (乗り物の中で荷物を上げるとき) 手伝いましょうか？ | Can I help you?<br>キャナイ ヘルプ ユー？ |
| 火を貸してもらえませんか？ | Do you have a light?<br>ドゥ ユー ハヴ ア ライト？ |
| タバコを吸っていいですか？ | May I smoke here?<br>メイ アイ スモウク ヒア？ |
| ここは素敵なところですね | This is a wonderful place.<br>ズィス イズ ア ワンダフル プレイス |
| これ、食べませんか？ | Like to try this?<br>ライク トゥ トライ ズィス？ |
| 何を食べているのですか？ | What are you having?<br>ホワット アー ユー ハヴィング？ |
| それはどこで買ったのですか？ | Where did you get it?<br>ホウェア ディジュー ゲット イット？ |
| すみませんが、シャッターを押してもらえますか？ | Excuse me, could you press the shutter?<br>イクスキューズ ミー クッジュー プレス ザ シャタァ？ |
| 一緒に写りませんか？ | Let's take a picture together.<br>レッツ テイク ア ピクチャー トゥゲザァ |
| 一緒にカフェへ行きませんか？ | How about going to a café together?<br>ハウ アバウト ゴウイング トゥ ア カフェ トゥゲザァ？ |
| 一緒にお酒を飲みに行きませんか？ | Why don't we have some drinks?<br>ホワイ ドウント ウィー ハヴ サム ドリンクス？ |
| 一緒に食事に行きませんか？ | Why don't we have dinner?<br>ホワイ ドウント ウィー ハヴ ディナー？ |

「お久しぶりです」にあたる英語は「Long time no see. ロング タイム ノー スィー」や「How have you been? ハウ ハヴ ユー ビーン」など。

## 自分を紹介する

|  |  |
|---|---|
| はじめまして | How do you do? |
| お会いできてうれしいです | I'm glad to meet you. |
| 私の名前は○○○○です | My name is ○○○○. |
| ○○と呼んでください | Please call me ○○. |
| 私は日本から来ました | I'm from Japan. |
| 休暇で旅行をしています | I'm here on vacation. |
| 仕事で来ました | I'm here on business. |
| 8日間滞在します | I'll stay eight days. |
| ニューヨークは初めてです | This is my first time in New York. |
| ロンドンは今日で3日目です | This is my third day in London. |
| このあとボストンに行く予定です | I'm going to Boston after this. |
| ヨーロッパを旅行することが好きです | I like traveling around Europe. |
| 学生です／働いています | I'm a student / an office worker. |
| 商社に勤めています | I'm working for a trading company. |
| 自営業です | I have my own business. |

初対面の相手とは、宗教や政治についての話題、既婚か未婚かなどプライベートな質問は避けたほうが無難。

|  |  |
|---|---|
| 大学で◯◯を専攻しています | **I study ◯◯ at college.**<br>アイ スタディ ◯◯ アット カリッジ |
| 私は25歳です | **I'm twenty-five.**<br>アイム トウェンティファイヴ |
| 東京に住んでいます | **I live in Tokyo.**<br>アイ リヴ イン トウキョウ |
| ◯◯でアルバイトをしています | **I work part-time at ◯◯.**<br>アイ ワーク パート タイム アット ◯◯ |
| 5年前まで勤めていました | **I was an office worker five years ago.**<br>アイ ワズ アン オフィス ワーカー ファイヴ イヤァズ アゴウ |
| 4人家族です | **There are four in my family.**<br>ゼア アー フォー イン マイ ファミリィ |
| 2歳年下の妹／弟がいます | **I have a sister / brother who is two years younger.**<br>アイ ハヴ ア スィスタァ／ブラザァ フー イズ トゥー イヤァズ ヤンガァ |
| 3歳年上の姉／兄がいます | **I have a sister / brother who is three years older.**<br>アイ ハヴ ア スィスタァ／ブラザァ フー イズ スリー イヤァズ オウルダァ |
| 双子です／一卵性です／二卵性です | **I have a twin. / I am an identical twin. / I am a fraternal twin.**<br>アイ ハヴ ア トゥイン／アイ アム アン アイデンティクル トゥイン／アイ アム ア フラターヌル トゥイン |
| テニス／サッカーをすることが好きです | **I like playing tennis / football (soccer).**<br>アイ ライク プレイイング テニス／フットボール（サカァ） |
| 野球／サッカーの観戦が好きです | **I like watching baseball / football (soccer) games.**<br>アイ ライク ワッチング ベイスボール／フットボール（サカァ）ゲイムズ |
| ビール／ワインが好きです | **I like beer / wine.**<br>アイ ライク ビア／ワイン |
| よく映画を観に行きます | **I often see movies.**<br>アイ オフン スィー ムーヴィーズ |
| 趣味は音楽を聴くことです | **I like listening to music.**<br>アイ ライク リスニング トゥ ミューズィック |
| 写真を撮ることに興味があります | **My interest is taking pictures.**<br>マイ インタリスト イズ テイキング ピクチャーズ |

スポーツに関して会話するなら、その国で人気のスポーツの話を。たとえばイギリスで野球の話をしてもほとんど盛り上がらない。サッカーやラグビーの話題がベター。

## 相手について尋ねる

|  |  |
|---|---|
| お名前を聞いてもいいですか？ | May I have your name? <br> メイ アイ ハヴ ユア ネイム？ |
| どこから来ましたか？ | Where are you from? <br> ホウェア アー ユー フラム？ |
| アメリカのどちらですか？ | Where in America? <br> ホウェア イン アメリカ？ |
| 日本に来たことはありますか？ | Have you been to Japan? <br> ハヴ ユー ビーン トゥ ジャパン？ |
| 旅行をよくされるのですか？ | Do you often travel? <br> ドゥ ユー オフン トラヴェル？ |
| ほかにどんな国に行ったことがありますか？ | To what other countries have you been? <br> トゥ ホワット アザァ カントリィズ ハヴ ユー ビーン？ |
| どこの国／場所が一番印象的でしたか？ | Which country / place was the most impressive? <br> フウィッチ カントリ／プレイス ワズ ザ モウスト インプレッシヴ？ |
| 休暇／仕事ですか？ | On vacation / business? <br> オン ヴァケイション／ビズィネス？ |
| イギリスは初めてですか？ | Is this your first visit to London? <br> イズ ズィス ユア ファースト ヴィジット トゥ ランダン？ |
| ロンドンは今日で何日目ですか？ | How long have you been in London? <br> ハウ ロング ハヴ ユー ビーン イン ランダン？ |
| このあとどこに行く予定ですか？ | Where will you go after this? <br> ホウェア ウィル ユー ゴウ アフタァ ズィス？ |
| どこを見ましたか？ | Where have you been? <br> ホウェア ハヴ ユー ビーン？ |
| どうでした？ | How was it? <br> ハウ ワズ イット？ |
| コッツウォルズにはもう行きましたか？ | Have you been to Cotswold yet? <br> ハヴ ユー ビーン トゥ コッツウォウルド？ |
| どのホテルに泊まりましたか？ | Which hotel did you stay at? <br> フウィッチ ホウテル ディジュー ステイ アット？ |

アメリカ人の会話でよく耳にする「You know, ～」は、「ほら、何ていうか～」や「～て感じかな」という意味。あまり品の良い表現ではないそうだが、つなぎの言葉には便利。

|  |  |
|---|---|
| おすすめのレストランはありますか？ | Can you recommend any restaurants?<br>キャン ユー レコメンド エニィ レスタランツ？ |
| 学生／社会人ですか？ | Are you a student / an office worker?<br>アー ユー ア ステューデント／アン オフィス ワーカー？ |
| 仕事は何をしているのですか？ | What do you do?<br>ホワット ドゥ ユー ドゥ？ |
| 大学では何を専攻しているのですか？ | What's your major?<br>ホワッツ ユア メイジャア？ |
| お年を聞いてもいいですか？ | May I ask your age?<br>メイ アイ アスク ユア エイジ？ |
| 兄弟はいますか？ | Any brothers or sisters?<br>エニィ ブラザァズ オア スィスタァズ？ |
| あなたの趣味は何ですか？ | What's your hobby?<br>ホワッツ ユア ホビー？ |
| 最近何か映画を観ましたか？ | Seen any movies recently?<br>スィーン エニィ ムーヴィーズ リースントリ？ |
| 俳優／女優は誰が好きですか？ | Who's your favorite actor / actress?<br>フーズ ユア フェイヴァリット アクター／アクトレス？ |
| どんなジャンルの音楽が好きですか？ | What kind of music do you like?<br>ホワット カインド オヴ ミューズィック ドゥ ユー ライク？ |
| 何かスポーツはしますか？ | What sports do you like to play?<br>ホワット スポーツ ドゥ ユー ライク トゥ プレイ？ |
| 好きな食べ物は何ですか？ | What kind of foods do you like?<br>ホワット カインド オヴ フーズ ドゥ ユー ライク？ |
| 甘い物はお好きですか？ | Do you like sweets?<br>ドゥ ユー ライク スウィーツ？ |
| どんなお酒が好きですか？ | What kind of drinks do you like?<br>ホワット カインド オヴ ドリンクス ドゥ ユー ライク？ |
| 和食を食べたことがありますか？ | Have you tried Japanese food?<br>ハヴ ユー トライド ジャパニーズ フード？ |

何かを聞かれて「え〜っと」「そうだなあ……」と考えているときは、「Let me see……レット ミー スィー」といって言葉をつなごう。

## 日本の文化を語る

|  |  |
|---|---|
| 総人口は約1億2500万人です | The population is about one hundred and twenty-five million. |
| 東京の人口は約1200万人です | Tokyo has a population of about twelve million. 　　　　　数字 ▶P.236 |
| 日本は島国です | Japan is an island country. |
| 火山が多いのでよく地震があります | Since there are many volcanoes, we often have earthquakes. |
| 日本には四季があります | There are four seasons in Japan. |
| 春には桜が咲きます | We can see cherry blossoms in spring. |
| 夏は蒸し暑いです | It's humid in summer. |
| 夏は気温が35度を超えることもあります | Temperatures may exceed thirty degrees Celsius in summer. 　気温の換算 ▶P.239 |
| 秋の紅葉はとても美しいです | Autumnal leaves are very beautiful. |
| 冬には雪が降ります | It snows in winter. |
| 日本の国技は相撲です | The national sports of Japan is sumo wrestling. |
| 最近はサッカーも人気です | Football (Soccer) is also popular recently. |
| 京都には古い寺がたくさんあります | Kyoto has many old temples. |
| 日本人のバカンスはとても短いです | Japanese vacations are very short. |
| 夏休みはだいたい1週間くらいです | The summer vacation is about one week. |

温度を表す単位はイギリスでは摂氏（℃）も使われるが、アメリカでは華氏（°F）。摂氏温度に1.8をかけて32を足したのが華氏温度。30℃は86°F。

|  |  |
|---|---|
| お正月休みは5日間くらいです | The New Year holidays are about five days.<br>ザ ニュー イヤァ ホリデイズ アー アバウト ファイヴ デイズ |
| 日本人は温泉に行くのが好きです | Japanese like going to hot springs.<br>ジャパニーズ ライク ゴウイング トゥ ホット スプリングズ |
| 日本では米が主食です | Rice is the staple food in Japan.<br>ライス イズ ザ ステイプル フード イン ジャパン |
| 日本人は魚料理が好きです | Japanese like fish dishes.<br>ジャパニーズ ライク フィッシュ ディッシズ |
| 刺身や寿司にして生魚を食べます | We eat raw fish as sashimi or sushi.<br>ウィー イート ロー フィッシュ アズ サシミ オア スシ |
| 和食だけでなく中華や西洋料理もよく食べます | Not only Japanese food but also Chinese and European food are often eaten.<br>ノット オウンリ ジャパニーズ フード バット オールソウ チャイニーズ アンド ユアラピアン フード アー オフン イートゥン |
| ラーメンなど麺類も人気です | Noodles, such as ramen noodles, are also popular.<br>ヌードゥルズ サッチ アズ ラーメン ヌードゥルズ アー オールソウ ポピュラァ |
| 食事には箸を使います | Chopsticks are used to eat meals.<br>チョップスティックス アー ユーズド トゥ イート ミールズ |
| 日本酒は米からできています | Sake (Rice wine) is made from rice.<br>サケ (ライス ワイン) イズ メイド フラム ライス |
| 着物は日本の伝統的な衣装です | Kimonos are traditional Japanese clothes.<br>キモノズ アー トラディシャヌル ジャパニーズ クロウズ |
| お正月や成人式に着ます | People wear kimonos on New Years or at coming-of-age ceremonies.<br>イン ジャパン ピープル ウェア キモノズ オン ニュー イヤァズ オア アット カミングオヴエイジ セレモウニズ |
| 日本では仏教と神道が一般的です | Buddhism and Shinto are the most common practiced religion in Japan.<br>ブディズム アンド シントウ アー ザ モウスト コモン プラクティスト リリジョン イン ジャパン |
| 日本人はカラオケが好きです | Japanese people like karaoke.<br>ジャパニーズ ピープル ライク カラオケ |
| 今は忍者も侍もいません | There is no samurai or ninja now.<br>ゼア イズ ノウ サムライ オア ニンジャ ナウ |
| あなたは日本にどんなイメージを持っていますか？ | What's your image of Japan?<br>ホワッツ イズ ユア イミッジ オヴ ジャパン？ |

お酒が好きな人なら日本酒を知っている人もたくさんいる。「サケ」ではなく「サキ」と発音する人が多い。

## 相手の国の文化について尋ねる

|  |  |
|---|---|
| あなたの国はどんな国ですか？ | **What's your country like?** <br> ホワッツ ユア カントリ ライク？ |
| 人口はどれくらいですか？ | **How large is the population?** <br> ハウ ラージ イズ ザ ポピュレイション？ |
| 夏は暑いですか？／冬は寒いですか？ | **Is it hot in summer? / Is it cold in winter?** <br> イズ イット ホット イン サマァ？／イズ イット コウルド イン ウィンタァ？ |
| ベストシーズンはいつですか？ | **When is the best season?** <br> ホウェン イズ ザ ベスト スィーズン？ |
| 観光するのにいい場所はありますか？ | **Can you recommend any places for sightseeing?** <br> キャン ユー レコメンド エニィ プレイスィズ フォー サイトスィーイング？ |
| 伝統料理にはどんな物がありますか？ | **What traditional dishes are there?** <br> ホワット トラディシャヌル ディッシズ アー ゼア？ |
| おすすめの食べ物は何ですか？ | **What food is recommended?** <br> ホワット フード イズ レコメンディッド？ |
| それは普段からよく食べますか？ | **Do you often eat it?** <br> ドゥ ユー オフン イート イット？ |
| 普段どんなお酒を飲みますか？ | **What kind of drinks do you usually have?** <br> ホワット カインド オヴ ドリンクス ドゥ ユー ユージュアリ ハヴ？ |
| 最も人気のあるビールは何ですか？ | **What's the most popular beer?** <br> ホワッツ ザ モウスト ポピュラァ ビア？ |
| 夏休みは何日間くらいありますか？ | **How long is the summer vacation?** <br> ハウ ロング イズ ザ サマァ ヴァケイション？ |
| 最も人気のある仕事は何ですか？ | **What is the most popular job?** <br> ホワット イズ ザ モウスト ポピュラァ ジョブ？ |
| クリスマス／お正月はどうやって過ごしていますか？ | **How do you spend the Christmas holidays / the New Year's holidays?** <br> ハウ ドゥ ユー スペンド ザ クリスマス ホリデイズ／ザ ニュー イヤァズ ホリデイズ？ |
| お祭り／年中行事にはどんなものがありますか？ | **What kinds of festivals / annual events are there?** <br> ホワット カインズ オヴ フェスティヴァルズ／アニュアル イヴェンツ アー ゼア？ |
| スポーツは何が人気ですか？ | **What sport is popular?** <br> ホワット スポーツ イズ ポピュラァ？ |

> 相手が言っていることを確認するとき、文の頭に「You mean～」、文の最後に「～, right?」をつけるといい。「(～,) I mean～」は「つまりね、～」となる。

## 再会を約束する

|  |  |
|---|---|
| お会いできてうれしかったです | It was nice to see you. |
| お話しできて楽しかったです | I had a good time. |
| こちらこそ | Me too. |
| メールアドレスを教えてください | May I have your e-mail address? |
| ここに書いてください | Please write it here. |
| これが私のメールアドレス／住所です | This is my e-mail address / address. |
| 帰ったらメールします／手紙を書きます | I'll e-mail you / write to you after returning to Japan. |
| 写真を送ります | I'll send you a picture. |
| 日本にもぜひ来てください | Please come to Japan by all means. |
| 日本に来るときには連絡してください | Please contact me when you come to Japan. |
| 私もそちらに遊びに行きたいです | I'd like to visit your country. |
| またお会いしましょう | See you again. |
| よい1日／旅行を | Have a nice day / trip. |
| ありがとう、あなたも | Thanks, you too. |
| 気を付けて／さようなら | Take care. / Goodbye. |

イギリスでは、別れ際に「Cheers! チアーズ」という表現をよく使う。これは「元気でね！またね！」という意味。親しい間柄になったら使ってみよう。

## 相づち／感情表現

|  |  |
|---|---|
| そう | Uh-huh.<br>ア ハ |
| なるほど | I see.<br>アイ スィー |
| そのとおり | That's right. / Exactly!<br>ザッツ ライト／イグザクトリィ |
| もちろん！ | Sure. / Of course.<br>シュア／オフ コース |
| そうですか？ | Really? / Are you sure?<br>リアリィ？／アー ユー シュア？ |
| へえ、そう？ | Oh yeah?<br>オゥ ヤァ？ |
| 私もそうだよ | Me too.<br>ミー トゥー |
| そうだといいね | I hope so.<br>アイ ホウプ ソウ |
| 信じられない！ | Incredible!<br>インクラディブル！ |
| すばらしい | Great! / Wonderful!<br>グレイト！／ワンダフル！ |
| 楽しかった | That was fun.<br>ザッツ ワズ ファン |
| おもしろい！ | That's interesting!<br>ザッツ インタリスティング |
| 珍しい！ | That's unusual!<br>ザッツ アンユージュアル！ |
| わかったよ | All right.<br>オー ライト |
| 私にはまったくわかりません | I have no idea.<br>アイ ハヴ ノー アイディア |

何かを見てとても感動したときは「That's amazing! ザッツ アメィズィング」という表現もある。感動を伝えるときは、少しオーバーなほうがいい。

# 交流のイレカエ単語

|  |  |  |
|---|---|---|
| 観光国 | tourists' country | トゥアリスツ　カントリ |
| 観光名所 | tourist attraction | トゥアリスト　アトラクション |
| 治安がよい | safe | セイフ |
| 治安が悪い | dangerous | デインジャラス |
| 首都圏 | the metropolitan area | ザ　メトラポリタン　エリア |
| 郊外 | suburb | サバーブ |
| 古都 | ancient capital | エインシェント　キャピタトゥル |
| 普通の町 | ordinary town | オーディナリィ　タウン |
| いなか | countryside | カントリサイド |
| 故郷 | hometown | ホウムタウン |
| 特産品 | famous product | フェイマス　プロダクト |
| 薦める | recommend | レコメンド |
| 〜出身 | come from 〜 | カム　フラム |
| ぜひとも | by all means | バイ　オール　ミーンズ |
| 問題ない | no problem | ノウ　プロブレム |
| 島国 | an island country | アナイランド　カントリ |
| 鎖国 | national isolation | ナショナル　アイサレーション |
| 閉鎖的な | closed | クロウズド |
| 習慣 | custom | カスタム |
| 偏見 | prejudice | プレジュディス |
| 移民 | immigrant | イミグラント |
| 多数派 | majority | マジョリティ |
| 少数派 | minority | マイノリティ |
| 人種差別 | segregation | セグレゲィション |
| 国境 | border | ボーダー |
| かわいい／気の利いた | cute | キュート |
| カッコイイ（男性に対して） | gorgeous | ゴージャス |
| 顔立ちのよい | good looking | グッド　ルッキング |
| 思いやりのある | sweet | スウィート |
| 自己中心的な | selfish | セルフィッシュ |

|  |  |
|---|---|
| 社交的な | out-going |
| 内向的な | shy |
| 頑固な | stubborn |
| 温厚な | gentle |
| 礼儀正しい | polite |
| もてなし | hospitality |
| 目上の男性（呼びかけ） | sir |
| 目上の女性（呼びかけ） | ma'am |
| 若い女性や店員（呼びかけ） | miss |
| 職業 | occupation |
| 会社員 | office worker |
| （会社を）辞める | quit |
| 定年で退職する | retire |
| 就職活動 | hunt for employment |
| 就職難 | the difficulty of finding employment |
| 趣味 | interest / hobby |
| テレビゲーム | playing videogames |
| アニメ映画 | animation movies |
| 年金 | pension / annuity |
| （日本の）皇室 | the Imperial Household |
| 皇太子／皇太子妃 | the Crown Prince / the Crown Princess |
| メジャーリーグ | Major League Baseball (MLB) |
| 本拠地 | home |
| 敵地 | away |
| 暑い | hot |
| 凍える | freezing |
| 涼しい | cool |
| 少し寒い／ひんやりした | chilly |
| 離婚した | divorced |
| 別居中の | separated |
| 二日酔い | hangover |
| 知り合い | acquaintance |

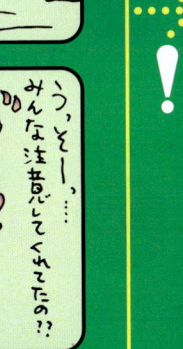

# ピンチ

# ピンチ 使える 10フレーズ これで完璧！

## 1 パスポートをなくしました
**I lost my passport.**
アイ ロスト マイ パスポート

## 2 財布を盗まれました
**Someone stole my wallet.**
サムワン ストウル マイ ウォリット

## 3 撃たないで！
**Please don't shoot!**
プリーズ ドウント シュート

## 4 泥棒！
**Thief!**
スィーフ

## 5 助けて！
**Help!**
ヘルプ

慣れない海外でトラブルはつきもの。病気になる、盗難に遭う、カメラが壊れたなど、さまざまな状況に応じて、とっさの表現はぜひ暗記しておこう。ただ、どんな状況に遭っても慌てず冷静に対応したい。海外旅行傷害保険に加入しているならば、盗難証明書や診断書をもらうことを忘れずに。万一に備えてパスポートのコピーは必ず持参しよう。

## 警察を呼んでください

**Call the police.**

コール ザ ポリース

## 紛失証明書を発行してください

**Could you make a report of the loss?**

クッジュー メイク ア リポート オヴ ザ ロス？

## 具合が悪いです

**I feel sick.**

アイ フィール スィック

## 医者に連れて行ってください

**Please take me to the doctor.**

プリーズ テイク ミー トゥ ザ ドクタァ

## 通訳を呼んでください

**Please call for an interpreter.**

プリーズ コール フォー アン インタープリタァ

# 忘れた／盗られた／なくした

|  |  |
|---|---|
| （店で）昨日、ここにデジカメを忘れました | I left my digital camera here yesterday.<br>アイ レフト マイ ディジタル キャムラ ヒア イェスタデイ |
| （店で）携帯電話の落とし物がありませんでしたか？ | Did anyone find a mobile phone?<br>ディド エニワン ファインド ア モウバイル フォウン？ |
| 遺失物取扱所はどこですか？ | Where is the Lost and Found (lost-property) office?<br>ホウェア イズ ザ ロスト アンド ファウンド （ロストプロパティ） オフィス？ |
| この辺でこれくらいの大きさのポーチを見ませんでしたか？ | Didn't you see a pouch about this size around here?<br>ディドゥント ユー スィー ア パウチ アバウト ズィス サイズ アラウンド ヒア？ |
| 列車にバッグを置き忘れました | I left my bag on the train.<br>アイ レフト マイ バッグ オン ザ トレイン |
| パスポートをなくしました | I lost my passport.<br>アイ ロスト マイ パスポート |
| 財布を盗まれました | Someone stole my wallet.<br>サムワン ストウル マイ ウォリット |
| バッグがなくなりました | I can't find my bag.<br>アイ キャント ファインド マイ バッグ |
| クレジットカードの使用を止めてください | Could you cancel my credit card?<br>クッジュー キャンセル マイ クレディット カード？ |
| 警察はどこですか？ | Where's the police station?<br>ホウェアズ ザ ポリース ステイション？ |
| 盗難／紛失証明書を発行してください | Could you make a report of the theft / loss?<br>クッジュー メイク ア リポート オヴ ザ セフト／ロス？<br>紛失証明書 ▶P.235 |
| もし見つかったらこのホテルに連絡してください | Please call this hotel when you find it.<br>プリーズ コール ズィス ホウテル ホウェン ユー ファインド イット |
| 日本大使館に連絡してください | Please call the Japanese embassy.<br>プリーズ コール ザ ジャパニーズ エンバスィ |
| どこに知らせればいいでしょうか？ | Who should I ask?<br>フー シュダイ アスク？<br>緊急連絡先 ▶表3 |
| バッグの中身はカメラとガイドブックです | A camera and a guidebook are inside the bag.<br>ア キャムラ アンド ア ガイドブック アー インサイド ザ バッグ |

! 万一のことを考え、パスポートと航空券のコピーを取っておくといい。再発行の手続きがスムーズにいく（航空券の種類によっては再発行は不可能）。

## 警察に被害状況(盗難証明書用)を説明する

|  |  |
|---|---|
| 財布をすられました | **My wallet was taken.**<br>マイ ウォリット ワズ テイクン |
| バッグを切られ/ひったくられました | **Someone slit / snatched my bag.**<br>サムワン スリット/スナッチト マイ バッグ |
| 手荷物にケチャップ/アイスクリームをつけられました | **Someone put ketchup / ice cream on my outfit.**<br>サムワン プット ケチャップ/アイス クリーム オン マイ アウトフィット |
| 犯人はふたり組のようでした | **There were two, I think.**<br>ゼア ワー トゥー アイ スィンク |

## とっさのひと言

|  |  |
|---|---|
| やめて! | **Stop it! / Stop!**<br>ストップ イット/ストップ |
| 撃たないで! | **Please don't shoot!**<br>プリーズ ドウント シュート |
| 捕まえて! | **Stop him / her!**<br>ストップ ヒム/ハー |
| 誰か来て! | **Somebody help me!**<br>サムバディ ヘルプ ミー |
| 警察に電話して! | **Call the police!**<br>コール ザ ポリース |
| 殺さないで! | **Please don't kill me!**<br>プリーズ ドウント キル ミー |
| 緊急事態です! | **Emergency!**<br>イマージェンスィ |

緊急連絡先 ▶ 表3

| | |
|---|---|
| 危ない! | **Look out!**<br>ルック アウト |
| あっちに行け! | **Get away!**<br>ゲット アウェイ |

! ホテルのフロントで貴重品を預ける場合、財布、現金などは封筒に入れて封をし、どのお札が何枚入っているかを記入しておくとよい。

## 病気／ケガで困った

### 病院に行く前（ホテルなどで）

|  |  |
|---|---|
| 具合が悪いです | I feel sick.<br>アイ フィール スィック |
| 鎮痛剤／胃薬／解熱剤はありますか？ | Do you have any pain killers / stomach medicine / fever reducers?<br>ドゥ ユー ハヴ エニィ ペイン キラァズ／ストマック メディスン／フィーヴァ リデューサーズ？　体の呼び名 ▶P.217 |
| 一番近い薬局はどこですか？ | Where's the nearest drugstore (chemist's)?<br>ホウェアズ ザ ニアレスト ドラッグストア（ケミスツ） |
| 薬を飲んでもよくなりません | I took some medicine, but it didn't work.<br>アイ トゥック サム メディスン バット イット ディドゥント ワーク |
| 医者を呼んでください | Call a doctor, please.<br>コール ア ドクタァ プリーズ |
| 救急車を呼んでください | Call an ambulance, please.<br>コール アン アンビュランス プリーズ　緊急連絡先 ▶ 表3 |
| 一番近い病院はどこですか？ | Where's the nearest hospital?<br>ホウェアズ ザ ニアレスト ホスピトゥル？ |
| （病院に行くので）タクシーを呼んでください | Could you get me a taxi?<br>クッジュー ゲット ミー ア タクスィ？ |
| 日本語／英語の話せる医師はいますか？ | Is there a doctor who speaks Japanese / English?<br>イズ ゼア ア ドクタァ フー スピークス ジャパニーズ／イングリッシュ？ |
| 日本語を通訳できる人はいますか？ | Does anyone speak Japanese?<br>ダズ エニワン スピーク ジャパニーズ？ |

### 診察、問診に対して

|  |  |
|---|---|
| （あらかじめ用意したリストを見せて）既往症と、今処方されている薬の一覧です | My chronic illness and my prescription drugs are on this list.<br>マイ クロニック イルネス アンド マイ プリスクリプション ドラッグズ アー オン ズィス リスト |
| 下痢です／便秘です | I have diarrhea. / I'm constipated.<br>アイ ハヴ ダイアリーア／アイム コンスティペイティッド |
| 風邪をひいたみたいです | I think I have a cold.<br>アイ スィンク アイ ハヴ ア コウルド |

! イギリス英語では「hospital」にthe は付かない。高級ホテルや大型ホテルでは、ゲストの急病に備えてホームドクターが常駐しているところも多い。

|  |  |
|---|---|
| 熱があります | **I have a fever.** アイ ハヴ ア フィーヴァ |
| 悪寒（寒気）がします | **I feel chilly.** アイ フィール チリ |
| めまいがします | **I feel dizzy.** アイ フィール ディズィ |
| 吐き気がします | **I feel nauseous.** アイ フィール ノーシャス |
| 妊娠中です | **I'm pregnant.** アイム プレグナント |
| 生理中です | **I'm having my period.** アイム ハヴィング マイ ピアリアド |
| おなか／頭／喉／歯が痛いです | **I have a stomachache / headache / sore throat / toothache.** アイ ハヴ ア スタマックエイク／ヘッドエイク／ソーァ スロート／トゥースエイク　体の呼び名 ▶P.217 |
| ここが非常に／少し痛みます | **I have a bad pain / pain here.** アイ ハヴ ア バッド ペイン／ペイン ヒア |
| ここを押すと痛いです | **It hurts when I press here.** イット ハーツ ホウェン アイ プレス ヒア |
| がまんできない痛みではありません | **I can stand this pain.** アイ キャン スタンド ズィス ペイン |
| この症状は昨夜からです | **Since last night.** スィンス ラスト ナイト |
| 食欲がありません | **I have no appetite.** アイ ハヴ ノウ アピタイト |
| 昨夜／今朝、吐きました | **I threw up last night / this morning.** アイ スルー アップ ラスト ナイト／ズィス モーニング |
| 1時間に2、3回トイレに行きます | **I go to the bathroom two or three times an hour.** アイ ゴウ トゥ ザ バスルーム トゥー オア スリー タイムズ アン アワァ |
| 痛みでよく眠れません | **I can't sleep for the pain.** アイ キャント スリープ フォー ザ ペイン |

! 持病がある場合は、日本のかかりつけの病院で英文の診断書を作成してもらい、薬とともに持参するのが安心だ。

## 病気／ケガで困った

|  |  |
|---|---|
| 手／腕／指／足をケガしました | My hand / arm / finger / foot is injured.<br>マイ ハンド／アーム／フィンガァ／フット イズ インジャード<br>体の呼び名 ▶P.217 |
| ここを捻挫しました | I sprained it here.<br>アイ スプレインド イット ヒア |
| 血液型はA、RH+ です | My blood type is A-positive.<br>マイ ブラッド タイプ イズ エイ ポジティヴ |
| 卵に対してアレルギーがあります | I have an allergy to eggs.<br>アイ ハヴ アン アラージ トゥ エッグズ |
| 子供の頃、喘息を患っていました | I was asthmatic when I was little.<br>アイ ワズ アズマティック ホウェン アイ ワズ リトル |
| 私は何の病気ですか？ | What disease is it?<br>ホワット ディズィーズ イズ イット？ |
| 旅行を続けてもいいですか？ | May I continue my trip?<br>メイ アイ コンティニュー マイ トリップ？ |
| 入院しなければなりませんか？ | Do I have to stay in the hospital?<br>ドゥ アイ ハフトゥ ステイ イン ザ ホスピトゥル？ |
| 何日くらい安静が必要ですか？ | How long should I rest in bed?<br>ハウ ロング シュダイ レスト イン ベッド？ |
| お酒を飲んでもいいですか？ | May I drink?<br>メイ アイ ドリンク？ |
| どれくらいで治りますか？ | When will I get better again?<br>ホウェン ウィル アイ ゲット ベタァ アゲイン？ |
| 少しよくなりました | I feel better.<br>アイ フィール ベタァ |
| もう痛みはまったくありません | I have no pain now.<br>アイ ハヴ ノウ ペイン ナウ |
| 相変わらずよくありません | I'm not getting better.<br>アイム ノット ゲッティング ベタァ |
| 診断書／領収書をください | Give me a doctor's note / receipt, please.<br>ギヴ ミー ア ドクタァズ ノウト／リスィート プリーズ |

! 海外旅行傷害保険に加入している場合、保険の払い戻しを受けるには、治療を受けた病院の診断書と領収書が必要になる。

## 図解 体の呼び名

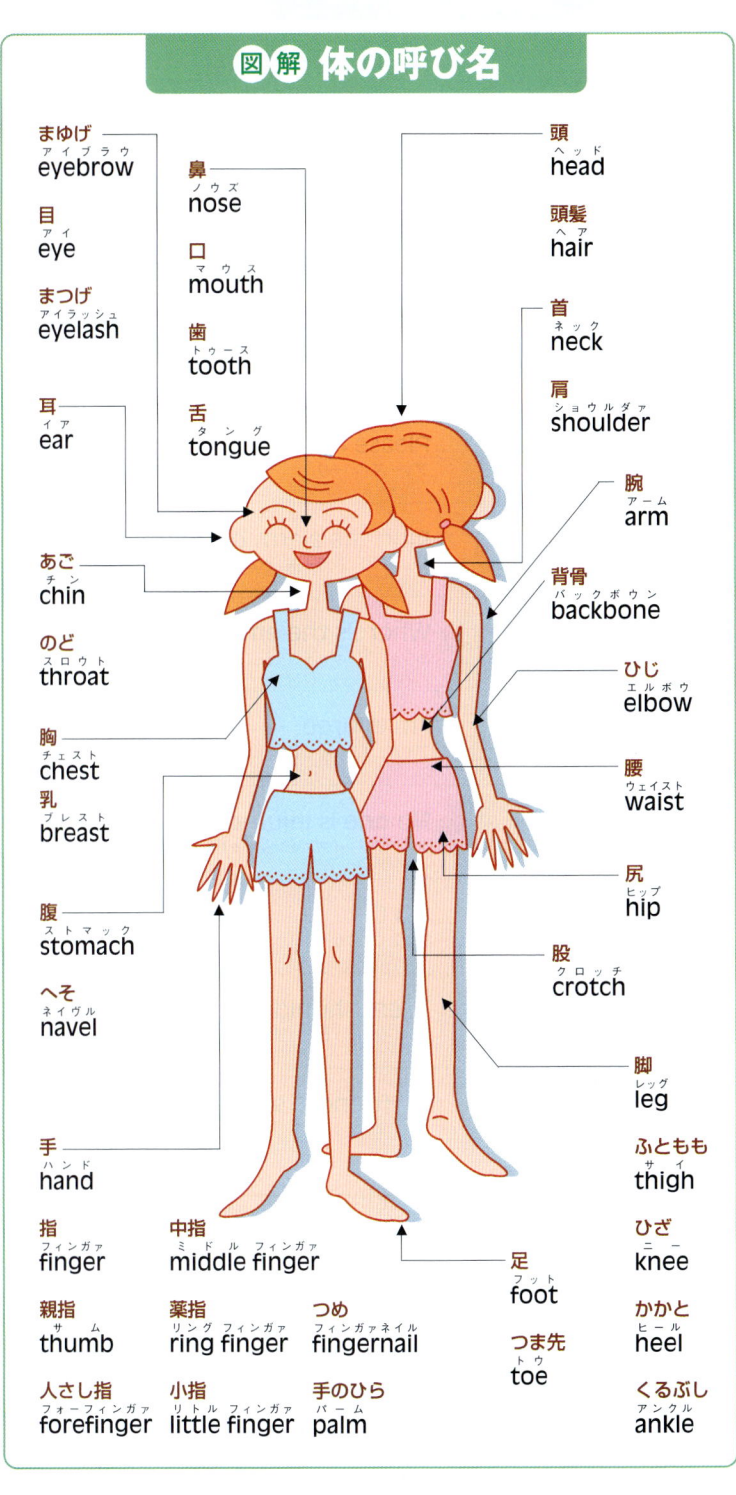

- まゆげ アイブラウ eyebrow
- 目 アイ eye
- まつげ アイラッシュ eyelash
- 耳 イア ear
- あご チン chin
- のど スロウト throat
- 胸 チェスト chest
- 乳 ブレスト breast
- 腹 ストマック stomach
- へそ ネイヴル navel
- 手 ハンド hand

- 鼻 ノウズ nose
- 口 マウス mouth
- 歯 トゥース tooth
- 舌 タング tongue

- 頭 ヘッド head
- 頭髪 ヘア hair
- 首 ネック neck
- 肩 ショウルダァ shoulder
- 腕 アーム arm
- 背骨 バックボウン backbone
- ひじ エルボウ elbow
- 腰 ウェイスト waist
- 尻 ヒップ hip
- 股 クロッチ crotch
- 脚 レッグ leg
- ふともも サイ thigh
- ひざ ニー knee
- かかと ヒール heel
- くるぶし アンクル ankle

- 指 フィンガァ finger
- 親指 サム thumb
- 人さし指 フォーフィンガァ forefinger
- 中指 ミドルフィンガァ middle finger
- 薬指 リングフィンガァ ring finger
- 小指 リトルフィンガァ little finger
- つめ フィンガァネイル fingernail
- 手のひら パーム palm
- 足 フット foot
- つま先 トウ toe

# ⚠ 災害／事故

|  |  |
|---|---|
| 火事です！／地震です！ | **Fire! / Earthquake!** <br> ファイア／アースクウェイク |
| ガス臭いです | **I smell gas.** <br> アイ スメル ギャス |
| 緊急事態です | **Emergency.** <br> イマージェンスィ |
| 警察／消防署に連絡してください | **Call the police / fire station, please.** <br> コール ザ ポリース／ファイア ステイション プリーズ |
| 急いでください！ | **Please hurry!** <br> プリーズ ハーリ |
| 非常ベルを鳴らしてください | **Ring the alarm bell, please.** <br> リング ザ アラーム ベル プリーズ |
| 非常口はどこですか？ | **Where's the emergency exit?** <br> ホウェアズ ザ イマージェンスィ イグズィット？ |
| ケガをしました | **I'm injured.** <br> アイム インジャード |
| みんな無事です | **No one is injured.** <br> ノウ ワン イズ インジャード |
| 私は大丈夫です | **I'm OK.** <br> アイム オウケイ |
| 同行者がひとり足りません | **There should be one more person.** <br> ゼア シュド ビー ワン モーァ パースン |
| 仲間がまだ中にいます | **My friend is still inside.** <br> マイ フレンド イズ スティル インサイド |
| 事故です！ | **Accident!** <br> アクスィデント |
| 助けてください！ | **Help!** <br> ヘルプ |
| 電話はどこにありますか？ | **Where's a phone?** <br> ホウェアズ ア フォウン？ |

緊急連絡先 ▶ 表3

> ⚠ 日本やイギリスでは救急車は「無料」だが、ニューヨークでは1乗車数万円ほどかかる。必ず海外旅行傷害保険に加入しておこう。

|  |  |
|---|---|
| 警察／レンタカー会社に連絡してください | Call the police / car-rental agency, please. 緊急連絡先 ▶ 表3 |
| 日本語がわかる人を呼んでください | Does anyone speak Japanese? |
| 交通事故に遭いました | I had a traffic accident. |
| 交差点で追突されました | I was hit from behind at the crossing. |
| 駐車場で当て逃げされました | I had a hit-and-run accident in the parking lot (car park). |
| 私の責任ではありません | It's not my fault. |
| あなたが前を見ていませんでした | You didn't look where you were going. |
| あなたが確認せずにバックしてきました | You backed your car without looking first. |
| 人が倒れています | Someone is on the ground. |
| 骨が折れています | I have a broken bone. |
| 出血しています | It's bleeding. |
| ここが痛みます | I have pain here. 体の呼び名 ▶ P.217 |
| 立て／動けません | I can't stand up / move. |
| 救急車を呼んでください | Call an ambulance, please. |
| 事故証明書を発行してください | Could you make a report of the accident? |

! レンタカー運転中に交通事故に遭ったら、もしカメラを持っているなら現場の写真を撮っておこう。自分の過失を認めるようなことはあまり発言しないほうがいい。

# ⚠ 物が壊れて困った

|  |  |
|---|---|
| 腕時計／カメラの電池を換えてください | Please change the battery in my watch / camera. |
| ここで修理はできますか？ | Can you repair it here? |
| 動かなくなったので、見てください | It doesn't work. Could you look at it? |
| 直りそうですか？ | Can you repair it soon? |
| すぐに直してもらえますか？ | Could you repair it now? |
| どれくらいの時間がかかりますか？ | How long will it take? |
| いくらくらいかかりますか？ | How much will it be? |
| やはり、結構です | No thanks, I've changed my mind. |
| カメラのシャッターが下りません | The shutter doesn't come down. |
| これに合う電池をください | I need a battery for this camera. |
| はがれた靴底を直してください | Please repair the shoe sole. |
| この近くに修理を頼める店はありますか？ | Is there a repair shop near here? |
| 鍵が壊れてしまいました | The key is broken. |
| 皮革／布／プラスチック用ボンドはありますか？ | Do you have adhesive for leather / cloth / plastic? |
| ペンチ／ドライバーを貸してください | Please lend me pliers / a screwdriver. |

⚠ 自分で修理してもらえそうな店を探す前に、ホテルのコンシェルジュに相談してみよう。コンシェルジュはいろんな場面で頼りになるものだ。

# ！移動で困った

## 列車／バス

|  |  |
|---|---|
| 切符をなくしました | **I lost my ticket.** アイ ロスト マイ ティケット |
| どうすればいいですか？ | **What should I do?** ホワット シュダイ ドゥ？ |
| 私はヴィクトリア駅から乗車しました | **I got on at Victoria station.** アイ ゴット オン アット ヴィクトーリア ステイション |
| 再発行してもらえますか？ | **May I have it reissued?** メイ アイ ハヴ イット リイシュード？ |
| 新しく買い直さなければなりませんか？ | **Do I have to buy a new ticket?** ドゥ アイ ハフトゥ バイ ア ニュー ティケット？ |
| 予約した列車に乗り遅れてしまいました | **I made a reservation (booking), but missed my train.** アイ メイド ア レザヴェイション（ブッキング） バット ミスト マイ トレイン |
| 予約し直すことはできますか？ | **Can I make a new reservation (booking)?** キャナイ メイク ア ニュー レザヴェイション（ブッキング）？ 列車チケット購入メモ▶P.315 |
| 間違ったバスに乗ってしまいました | **I took the wrong bus.** アイ トゥック ザ ローング バス バスチケット購入メモ▶P.316 |
| どうやって戻ればいいですか？ | **How do I get back?** ハウ ドゥ アイ ゲット バック？ |
| 乗り越してしまいました | **I missed my station.** アイ ミスト マイ ステイション |
| 乗り越しの精算はどこでできますか？ | **Where can I adjust the fare?** ホウェア キャナイ アジャスト ザ フェアー？ |
| 罰金はいくらですか？ | **How much is the fine?** ハウ マッチ イズ ザ ファイン？ |
| 同行者とはぐれてしまいました | **I was separated from my company.** アイ ワズ セパレイティッド フラム マイ カンパニ |
| なぜこの列車／バスは止まってしまったのですか？ | **Why did this train / bus stop?** ホワイ ディド ズィス トレイン／バス ストップ？ |

！ ロンドンやマンチェスター、バーミンガムなど、多くの路線が集まるターミナル駅では、プラットフォームや時刻の変更がよくあるので、時間に余裕をもって移動しよう。

# 移動で困った

|  |  |
|---|---|
| 今アナウンスで何と言いましたか？ | What was the announcement?<br>ホワット ワズ ズィ アナウンスメント？ |
| 別の移動手段はありますか？ | Are there other means of transportation?<br>アー ゼア アザァ ミーンズ オヴ トランスパァテイション？ |
| 振替輸送は行なわれていますか？ | Is there any alternative transportation?<br>イズ ゼア エニィ オールターナティヴ トランスパァテイション？ |
| 地下鉄はすべて止まっているのですか？ | Are all the subways (undergrounds) tied up?<br>アー オール ザ サブウェイズ（アンダーグラウンズ）タイド アップ？ |
| テロですか？ | Terrorism?<br>テラリズム？ |
| ストライキですか？ | Strike?<br>ストライク？ |
| いつまで続きそうですか？ | When will it be over?<br>ホウェン ウィル イット ビー オウヴァ？ |
| バスは動いていますか？ | Is the bus service available?<br>イズ ザ バス サーヴィス アヴェイラブル？ |
| 切符の払い戻しをお願いします | Can I have a refund?<br>キャナイ ハヴ ア リファンド？ |

## タクシーでボラれないために

|  |  |
|---|---|
| ここから空港まで相場はいくらですか？ | How much is the usual amount from here to the airport?<br>ハウ マッチ イズ ザ ユージュアル アマウント フラム ヒア トゥ ズィ エアポート？ |
| （乗る前にドライバーに交渉する）空港まで30USドルでどうですか？ | How about thirty dollars to the airport?<br>ハウ アバウト サーティ ダラズ トゥ ズィ エアポート？ |
| 相場は20USドルと聞いています | I heard it's usually about twenty dollars.<br>アイ ハード イッツ ユージュアリ アバウト トゥウェンティ ダラズ |
| ひとり30USドルではなく、車1台で30USドルでいいですね？ | It's thirty dollars altogether, not per person?<br>イッツ サーティ ダラズ オールトゥゲザァ ノット パー パースン？ |
| 結構です、ほかのタクシーをあたります | No, thank you. I'll ask someone else.<br>ノウ サンキュー アイル アスク サムワン エルス |

! イギリスの地方では、特に週末など鉄道レールの修復工事を行なっていて不通になる区間も多い。バスの代替輸送情報などをチェックしよう。

## タクシーの運転手に対して

|  |  |
|---|---|
| メーターを倒してください | Could you turn the meter on? |
| メーターが動いていませんよ | The meter isn't working. |
| ○○に向かっていますか？ | Are you driving to ○○? |
| 方向が違っていませんか？ | Isn't this the wrong way? |
| 遠回りしていませんか？ | Aren't you going the long way around? |
| 停めてください | Stop here, please. |
| もうここで降ります | I'll get off here. |
| そんなに高いはずないでしょう！ | It can't be that expensive! |
| あなたは1台で○○ドルと言いました。ひとりあたりじゃありません | You said ○○ dollars altogether, not per person. 数字 ▶P.236 |
| おつりをください | May I have my change? |
| おつりが足りません | You gave me the wrong change. |
| 私は今100USドル札を渡しました | I gave you a one hundred-dollar bill. |
| このボッタクリ野郎！ | Scammer! |
| ツーリストポリスを呼びますよ | I'll call the tourist police. |

> ニューヨークでタクシーに乗ったら、「42nd and 7th, please」などと、ストリート名、アベニュー名を略して言う。ニューヨーカーだと思われボラれない。

## 場面ごとに困った

### 空港で困った

|  |  |
|---|---|
| 荷物が壊れています | My baggage (luggage) is damaged. |
| 私の荷物ではありません | It's not my baggage (luggage). |
| 誰からも荷物を預かっていません | I'm not carrying baggage (luggage) for anyone. |
| 何故そこにあるのか知りません | I don't know why it's here. |
| 無実です／濡れぎぬです | I'm innocent. / I'm being wrongly accused. |
| 通訳を呼んでください | Please call for an interpreter. |

### 現地ツアー（オプショナル）で困った

|  |  |
|---|---|
| まだ迎えが来ません | Nobody has come to pick me up yet. |
| 約束の時間からもう1時間も遅れています | It's already been an hour since the appointed meeting time. （時間 ▶P.237） |
| これはもともと料金に入っているでしょう | Isn't this included in the charge? |
| 代金は最初に払いました | I paid first. |
| なぜ倍の料金を払わなければならないのですか？ | Why do I have to pay double price? |
| あなたはひとり20USドルと言いましたよ | You said twenty dollars per person. |
| これ以上払うつもりはありません | I won't pay any more. |

!　飛行機で預けた荷物が出てこない場合、見つかるまでに必要な衣類や洗面用具を購入する費用を請求できる。引換証 claim tag をなくさず、きちんと主張すること。

## 町／買い物で困った

|  |  |
|---|---|
| トイレはどこですか？ | **Where's a lavatory?**<br>ホウェアズ ア ラヴァトリィ？ |
| ATMからお金が出てきません | **Money won't come out of the ATM.**<br>マニ ウォウント カム アウト オヴ ズィ エイティーエム |
| カードがATMから出てきません | **My card won't come out of the ATM.**<br>マイ カード ウォウント カム アウト オヴ ズィ エイティーエム |
| あちらの自販機にお金を入れましたが、商品が出ません | **I put a coin in the vending machine over there, but nothing came out.**<br>アイ プット ア コイン イン ザ ヴェンディング マスィーン オウヴァ ゼア バット ナスィング ケイム アウト |
| （デパートなどで）仲間とはぐれました。呼び出してください | **I'm separated from my friend. Would you page him / her?**<br>アイム セパレイティッド フラム マイ フレンド ウッジュー ペイジ ヒム／ハー？ |
| 失敗したカード明細を私にください | **Please give me that invalid receipt.**<br>プリーズ ギヴ ミー ザット インヴァリッド リスィート |
| 失敗したカード明細を、今ここで破ってください | **Please tear up the invalid receipt here and now.**<br>プリーズ ティア アップ ズィ インヴァリッド リスィート ヒア アンド ナウ |
| 待って！ 奥でカードリーダーに通すなら、現金で払います | **Wait! Don't swipe the card in the back-room. I'll pay cash.**<br>ウェイト ドウント スワイプ ザ カード イン ザ バックルーム アイル ペイ イン キャッシュ |
| あなたの国の銀行で両替したお札ですが、何か問題でも？ | **I got these bills at the bank in this country. What's the problem?**<br>アイ ゴット ズィーズ ビルズ アット ザ バンク イン ズィス カントリ ホワッツ ザ プロブレム？ |

## ホテルで困った

|  |  |
|---|---|
| ドアを開けません | **I won't open the door.**<br>アイ ウォウント オウプン ザ ドーァ |
| 泥棒に入られました | **I've been robbed.**<br>アイヴ ビーン ロブド |
| 鍵はかけていました | **I locked the door.**<br>アイ ロックト ザ ドーァ |
| （フロントに）廊下が騒がしいので注意してください | **The hallway is noisy. Please issue a warning at once.**<br>ザ ホールウェイ イズ ノイズィ プリーズ イシュー ア ウォーニング アット ワンス |

! スタッフ風の格好をした男が部屋を訪れパスポートを回収し、そのまま消えてしまったという事件もある。不審な場合はフロントにすぐに確認を。

# 人間関係で困った

|  |  |  |
|---|---|---|
| 通訳を呼んでください | Please call for an interpreter. | プリーズ コール フォー アン インタープリタァ |
| 私の話を聞いてください | Please listen to me. | プリーズ リスン トゥ ミー |
| そういうつもりではなかったのです | I didn't mean that. | アイ ディドゥント ミーン ザット |
| それは誤解です | That's not what I mean. | ザッツ ノット ホワット アイ ミーン |
| 心配しなくていいですよ | Don't worry. | ドゥント ウァリ |
| たいしたことはありません | That's nothing. | ザッツ ナスィング |
| 気にしていません | I don't mind. | アイ ドゥント マインド |
| 気にしないでください | Please don't worry about it. | プリーズ ドゥント ウァリ アバウト イット |
| 私が悪かったです | It's my fault. | イッツ マイ フォールト |
| 私も悪かったです | I was also wrong. | アイ ワズ オールソウ ローング |
| ごめんなさい | I'm sorry. | アイム ソリ |
| 仲直りしましょう | Let's get back together. | レッツ ゲット バック トゥゲザァ |
| 誰のせいでもありません | It's nobody's fault. | イッツ ノウバディズ フォールト |
| タイミングが悪かっただけです | It was just bad timing, I guess. | イット ワズ ジャスト バッド タイミング アイ ゲス |
| ご覧なさい、夕日がきれいです | Look. What a spectacular sunset! | ルック ホワット ア スペクタキュラァ サンセット |

! 海外では文化、習慣ともに違うのだからときには誤解されることもある。だが、誠意をもってきちんと話せば理解してもらえるはず。

# とにかく困った

|  |  |
|---|---|
| 自分でやります | **I'll do it myself.** アイル ドゥ イット マイセルフ |
| やめておきます | **I'll pass.** アイル パス |
| 予定があります | **I already have plans.** アイ オールレディ ハヴ プランズ |
| 急いでいます | **I'm in a hurry.** アイム イン ア ハーリ |
| ほしくありません | **I don't want it.** アイ ドゥント ウォント イット |
| 興味がありません | **I'm not interested.** アイム ノット インタリステッド |
| やめてください！ | **Stop it!** ストップ イット |
| 話しかけないでください | **Don't talk to me.** ドゥント トーク トゥ ミー |
| あなたには関係ありません | **It's none of your business.** イッツ ナノヴ ユア ビズィネス |
| ほっといてください | **Leave me alone.** リーヴ ミー アロウン |
| いいかげんにして | **That's enough.** ザッツ イナフ |
| いらないと言ってるじゃないですか！ | **I said I don't want it.** アイ セッド アイ ドゥント ウォント イット |
| あっちに行って！ | **Go away!** ゴウ アウェイ |
| 近寄らないで！ | **Stay away!** ステイ アウェイ |
| 触らないで！ | **Don't touch!** ドゥント タッチ |

! 万一のために備えておきたいグッズに緊急用の笛がある。天災や人災によってどこかに閉じこめられたなど、助けが必要なときに役立つ。

## ピンチのイレカエ単語

### 盗難／紛失

|  |  |
|---|---|
| 手荷物預かり証 | claim tag クレイム　タグ |
| 航空会社地上係員 | ground staff グラウンド　スタッフ |
| 盗難／紛失証明書 | theft / lost report セフト／ロスト　リポート |
| 警察 | police ポリース |
| 警察署 | police station ポリース　ステイション |
| 現金 | cash キャッシュ |
| 財布 | wallet / purse ウォリット／パース |
| パスポート | passport パスポート |
| 貴金属 | precious metals プレシャス　メタルズ |
| 再発行する | reissue リイシュー |
| 発行の控え | record of checks レコード　オヴ　チェックス |

### 病気／ケガ

|  |  |
|---|---|
| 心臓 | heart ハート |
| 肝臓 | liver リヴァ |
| 口 | mouth マウス |
| のど | throat スロート |
| 鼻 | nose ノウズ |
| 耳 | ear イア |
| 頭 | head ヘッド |
| 胸 | chest チェスト |
| 手 | hand ハンド |
| 腕 | arm アーム |
| 足 | foot フット |
| 脚 | leg レッグ |
| 背中 | back バック |
| 腰 | waist ウェイスト |
| 血圧 | blood pressure ブラッド　プレッシャー |
| 脈拍 | pulse パルス |
| 熱 | fever フィーヴァ |

|  |  |  |
|---|---|---|
| 体温 | temperature | テンパァチュア |
| 肺炎 | pneumonia | ニューモウニア |
| ぜん息 | asthma | アスマ |
| 下痢 | diarrhea | ディアリーア |
| 便秘 | constipation | コンスティペイション |
| じんましん | nettle rash / hives | ネトル ラッシュ／ハイヴズ |
| へんとうせん炎 | tonsillitis | トンスィライティス |
| 気管支炎 | bronchitis | ブロンカイティス |
| 脳震とう | concussion | カンカッシャン |
| 胃けいれん | stomach convulsion | スタマック カンヴァルション |
| 打撲 | bruise | ブルーズ |
| 捻挫 | sprain | スプレイン |
| 切りキズ | cut | カット |
| やけど | burn | バーン |
| ひっかきキズ | scratch | スクラッチ |
| 病院 | hospital | ホスピトゥル |
| 救急車 | ambulance | アンビュランス |
| 応急処置 | first aid | ファースト エイド |
| あせも | heat rash / prickly heat | ヒート ラッシュ／プリックリ ヒート |
| 炎症 | inflammation | インフラメイション |
| せき | cough | コフ |
| めまい | dizziness | ディズィネス |
| くしゃみ | sneezing | スニーズィング |
| 嘔吐 | vomiting | ヴォミティング |
| 風邪 | cold | コウルド |
| 消化不良 | indigestion | インダイジェスチョン |
| 腹痛 | stomachache | スタマックエイク |
| 頭痛 | headache | ヘッドエイク |
| 歯痛 | toothache | トゥースエイク |
| 伝染病 | infectious diseases | インフェクシャス ディズィーズィズ |
| 薬 | medicine | メディスンアッポナメント |
| 注射 | injection | インジェクション |

229

# 入出国カード／税関／紛失証明書 書類記入例

## アメリカ　入出国カードの書き方

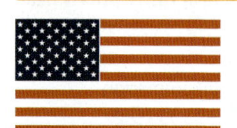

入国カード（Disembarkation Formディセンバーケイション・フォーム）は入国審査時にパスポートとともに提出する重要な書類。現地に近づくと機内で配られる。アメリカの国籍を持たない一般旅行者は、必ず緑色の入国カードをもらうこと。記入はパスポートと同じローマ字でていねいに書こう。

入国カードの下の部分は出国カードとなる。入国審査時にパスポートに添付されるので、外したり失くしたりしないようにしよう。90日以内の滞在ならビザは必要ないが、ESTA（電子渡航認証）を取得しておくこと。

### 入国カード

① 名字
② 名前
③ 生年月日／日、月、年（西暦下2ケタ）の順で記入
④ 国籍／日本人はJAPANESE
⑤ 性別／男性：MALE、女性：FEMALE
⑥ パスポート番号
⑦ フライトナンバー／航空会社はアルファベット2文字の略語で
⑧ 現在居住している国／日本に居住している人はJAPAN
⑨ どこから搭乗したか／東京からの場合はNARITA
⑩ アメリカでのおもな滞在地／滞在先のホテル名を書く。決まってない場合は滞在予定のホテル名を記入
⑪ 滞在先（ホテル）の市、州／マンハッタン内なら、NEW YORK, N.Y.、サンフランシスコなら、SAN FRANCISCO, CA
⑫⑬ 記入不要

### 出国カード

⑭ 名字
⑮ 名前
⑯ 生年月日／日、月、年（西暦下2ケタ）の順で記入
⑰ 国籍／日本人はJAPANESE

## 税関申告書の書き方

**DEPARTMENT OF THE TREASURY**
**UNITED STATES CUSTOMS SERVICE**

税関申告
19 CFR 122.27, 148.12, 148.13, 148.110, 148.111, 1498; 31 CFR 5316
用紙承認
OMB NO. 1515-0041

到着者本人もしくは家族の責任者は、下記の情報を提示する必要があります
(一家族につき書面による申告は一件のみ必要)

1. 姓 ❶
   名 ❷　　　　　　　　　　　ミドルネーム
2. 生年月日 ❸　　日　　月　　年
3. 旅行を共にしている家族の数 ❹
4. (a) 米国における滞在地 (ホテル名／到着地)
   ❺
   (b) 市 ❻　　　　　　　　(c) 州 ❼
5. パスポート発行国 ❽
6. パスポート番号 ❾
7. 居住国 ❿
8. 今回、米国到着 ⓫
   以前に旅行した国
9. 航空会社／フライト番号または船名 ⓬
10. 今回の旅行の主な理由はビジネスである ⓭ はい いいえ
11. 下記の物品を持ち込んでいる
    (a) 果物、植物、食物、虫など ⓮ はい いいえ
    (b) 肉、動物、動物／野生動物に関わる製品　はい いいえ
    (c) 病原体、細胞培養、カタツムリ　　　　　はい いいえ
    (d) 土を持ち込んでいる、または農場／
        飼育場／牧場に滞在したことがある　　　はい いいえ
12. 家畜に近い場所 (家畜を触ったり取り扱うなど)
    に滞在していたことがある ⓯ はい いいえ
13. 10,000 米国ドル以上もしくは同等額以上の外貨
    金額を通貨または通貨代替物で持ち込んでいる ⓰ はい いいえ
    (通貨代替物の定義については裏側を参照) ドル
14. 商業用商品 (販売品、注文促進用のサンプル品、⓱ はい いいえ
    または個人所有物と見なされない物品)を持っている
15. 米国居住者 ― 海外で購入もしくは得た、そして米国に持ち込んでいる
    商業用商品を含む物品全て (米国への別送品を除く贈答品をも含む)
    の価値金額は：　　　　　　　　　　　　　　　　　　ドル
    訪問者 ― 商業用商品を含む、米国内に残す予定の物品全ての価値金額：
    ⓲　　　　　　　　　　　　　　　　　　　　　　　　ドル
この用紙の裏側による説明をよくお読みください。申告すべき項目を全て記載
できるよう、スペースを空けてあります。
私はこの用紙の裏側に記載されている重要な情報を読み、真実に基づいた申告を
行いました。

X ⓳
(署名)　　　　　　　　　　　　　　　　　　　日付(日／月／年)
税関使用欄

Customs Form 6059B (Japanese) (11/02)

### 税関申告書

❶ 名字
❷ 名前 (ミドルネーム)
❸ 生年月日／日、月、年 (順タ) の順で記入
❹ 同伴している家族の数／ひとりなら0
❺ アメリカでの滞在先 (ホテル名)
❻ 滞在先 (ホテル) の市
❼ 滞在先 (ホテル) の州
❽ パスポートを発行した国／日本ならJAPAN
❾ パスポート番号
❿ 現在居住している国
⓫ 今回のアメリカ到着以前に旅した国
⓬ フライトナンバー／航空会社はアルファベット2文字の略語で
⓭ 今回の旅の目的／ビジネスではなく観光ならば「いいえ」にマルを
⓮ (a)〜(d) に相当する物品を持ち込んでいるかどうかの質問。これらの持ち込みは固く禁じられている
⓯ 家畜に近い場所に滞在していたかどうか
⓰ 1万ドル以上 (日本円にして110万円相当以上) の米国ドルを持っているかどうか
⓱ 商業目的で物品を持ち込んでいるかどうか
⓲ 商業商品またはおみやげ用として持参している物品すべての金額。訪問者のほうに記入
⓳ 署名／パスポートと同じサインを記入

## アメリカ合衆国入国時の免税範囲と禁制品

| 品 物 | 数量または価格 |
|---|---|
| 通 貨 | 無制限。US$10,000以上持ち込む場合は申告が必要 |
| アルコール類 | 1L (21歳以上) |
| 紙巻タバコ | 200本 |
| 葉巻タバコ | 50本 |
| 刻みタバコ (パイプ) | 2kg |
| みやげ品 | 総額 US$100 |
| 持ち込み禁止品 | 麻薬類<br>キューバ産タバコ＆葉巻類<br>武器・弾薬<br>アメリカの法令で輸出入が禁止されている物<br>植物・肉類・果物で加工されていない生もの |

## 入出国カードの書き方

現地に近づくと、エクスプレス入国カード（ランディング・カード Landing Card）が配られる。この入国カードは、オーストラリアの税関・検疫申告書も兼ねている。検疫、税関は厳しく、持ち込み禁制品も多いので、事前に在日オーストラリア大使館のホームページなどで確認しておこう。3ヵ月以内の観光、商用目的で訪れるなら、ETAS（電子入国許可システム）を取得しておくのを忘れずに。

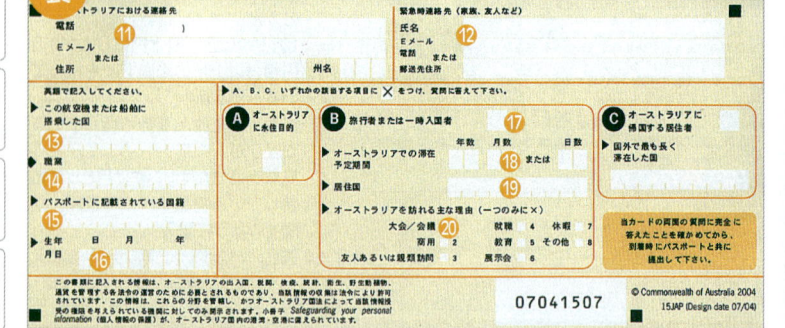

### 入国カード

1. 名字
2. 名前
3. パスポート番号
4. フライトナンバー
5. オーストラリアでのおもな滞在先／滞在予定ホテル名を書く。州のあとにはそのホテル所在地の州名・特別区名を略称で
   - NSW：ニューサウスウエールズ州
   - ACT：オーストラリア首都特別区
   - VIC：ビクトリア州
   - TAS：タスマニア州
   - QLD：クイーンズランド州
   - SA：南オーストラリア州
   - NT：ノーザンテリトリー
   - WA：西オーストラリア州
6. 今後1年の間にオーストラリアに居住する予定があるかどうか？
   はい--Yes、いいえ--No に×印
7. 結核を患っていますか？
   はい--Yes、いいえ--No に×印
8. 刑事上の有罪判決を受けていますか？
   はい--Yes、いいえ--No に×印
9. 署名／パスポートと同じものを
10. 入国の日付／日、月、年の順
11. オーストラリアでの連絡先／携帯電話番号など。なければ無記入で
12. 緊急連絡先／日本の家族など
13. どの国で搭乗しましたか？／日本からの場合は JAPAN
14. 職業／会社員 Office clerk、学生 Student など
15. 国籍／日本人は JAPANESE
16. 生年月日／日、月、年の順
17. 旅行者は B 欄に×印
18. オーストラリア予定滞在期間／年数、月数、日数のいずれかの欄に
19. 現在居住国／日本に居住している人は JAPAN
20. オーストラリア訪問目的／休暇などひとつに×印

※上記入出国カードは日本語版ですが、記入はアルファベットと数字です。

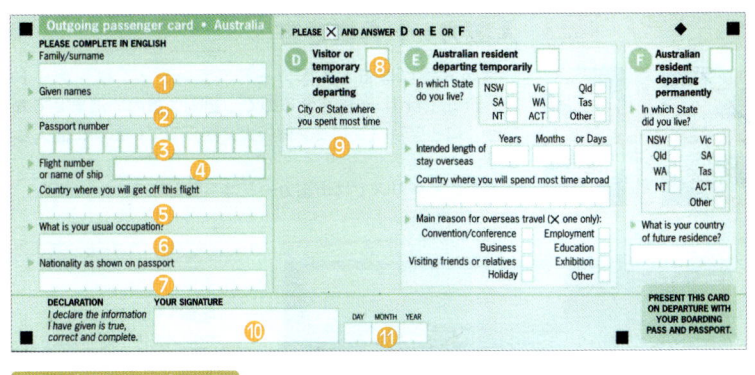

## 出国カード

1. 名字
2. 名前
3. パスポート番号
4. フライトナンバー
5. このフライトでの降機国／日本の場合はJAPAN
6. 職業／会社員 Office clerk、学生 Student など
7. 国籍／日本人はJAPANESE
8. 旅行者はD欄に×印
9. 旅行中最も長く滞在した都市名もしくは州名
10. 署名／パスポートと同じサインを記入
11. 出国の日付／日、月、年（西暦下2ケタ）の順で

## オーストラリア入国時の免税範囲と禁制品

| 品　物 | 数　量　ま　た　は　価　格 |
|---|---|
| 通　貨 | 無制限。A$10,000相当以上（オーストラリアドル、米ドル、日本円などすべての外貨を含む）持ち込む場合は申告が必要 |
| 物　品 | 商業目的以外の身の回り品 |
| 酒・タバコ | 酒1.125L（18歳以上）<br>タバコ250本または刻みタバコ250g（18歳以上） |
| 申告が<br>必要な物品 | 加工した種やナッツ、植物を使った製品（藁、籐、竹などを使った物）、動物を使った製品（生皮や毛皮、羊毛などを使った物）、すべての食料品、ハーブ・スパイス類、生花、ドライフラワー、松の実やポプリ、貝や珊瑚、剥製動物、キャンプ用品など |
| 持ち込み<br>禁止品 | 乳製品・卵・卵製品、生きている動物、肉類および肉製品（肉の入ったカップヌードルやレトルトカレーも禁止）、生の種やナッツ類、生の果実や野菜、生きている植物、種の入っている工芸品、サケ・マス製品（缶詰のサケは可）、生化学的薬品、鹿の角、パック入り食用鳥の巣、土や砂、ワシントン条約など国際法によって禁じられている物 |

## イギリス 入国カードの書き方

着陸間近になると入国カード(ランディング・カード Landing Card)が配られるので、記入は機内で済ませておこう。ローマ字(ブロック体の大文字)でていねいに記入しよう。

なお、イギリスでは出国カードは不要となる。

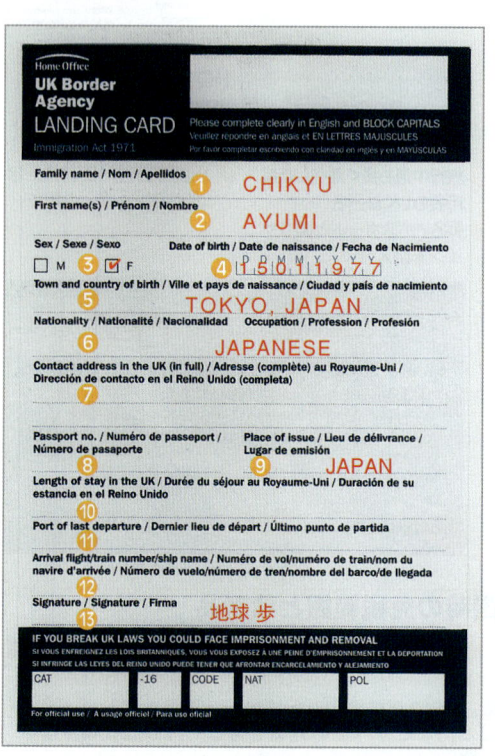

### 入国カード

1. 名字
2. 名前
3. 性別／男性：M(MALE)、女性：F(FEMALE)の欄にチェック
4. 生年月日／日、月、年の順で記入
5. 出生地／東京、日本：TOKYO, JAPANなど
6. 国籍／日本：JAPANESE
7. イギリスでの滞在先
   滞在予定のホテル名、または住所を記入
8. パスポート番号
9. パスポート発行国
10. イギリス滞在期間／5日間／5DAYSなど
11. 搭乗地
12. 到着便名
13. 署名／パスポートと同じサインを記入

## イギリス入国時の免税範囲

| 品　物 | 数　量 |
|---|---|
| 通　貨 | 無制限 |
| 紙巻タバコ | 200本(18歳以上) |
| 普通サイズの葉巻 | 50本(18歳以上) |
| テーブルワイン | 2L(18歳以上) |
| アルコール度22％以上のもの | 1L(18歳以上) |
| 香水 | 60ML |
| トワレ | 250ML |

# 紛失証明書／盗難証明書 作成依頼書のサンプル

**TO : Policeman**

I need a police certificate. Could you use the following information when making the report?
紛失証明書／盗難証明書を作成してください

**Last Name**（名字）：

**First Name**（名前）：

**Nationality**（国籍）：

**Contact Address in this Country**
（滞在先の住所、電話）：

**Date**（盗難に遭った日付）： day（日）　　　　　month（月）
　　　　　　　　　　　　　approx. time（だいたいの時間）

**Where** （どこで？）：

**Stolen or lost articles**
（盗まれたもの、または紛失したもの）：

**Shape, Material, Color**
（盗まれたもの、または紛失品の形、材質、色など）：

**Sex** （加害者の性別）： ☐ male（男性）　☐ female（女性）

**Number** （加害者の人数）：

**Description of Perpetrator**（加害者の特徴、わかれば四角内に印をつける）

☐ Tall（背が高い）　　☐ Short（背が低い）　　☐ Average（中肉中背）
☐ Slim（やせている）　☐ Fat（太っている）
☐ Young（若い）　　　☐ Old（年老いている）

< Race（民族）>

☐ Caucasian（白人）　☐ African American（黒人）
☐ Asian（アジア系）　☐ Other（その他）

**Your Signature**（担当してくれた警察官のサイン）：
※必ず名刺をもらっておくこと。

# 数　字

| | | | |
|---|---|---|---|
| 0 | zero | 数十の | tens of ~ |
| 1／第1 | one / first | 数百の | hundreds of ~ |
| 2／第2 | two / second | 数千の | thousands of ~ |
| 3／第3 | three / third | 数百万の | millions of ~ |
| 4／第4 | four / fourth | | |
| 5／第5 | five / fifth | 2倍 | twice / two times |
| 6／第6 | six / sixth | 3倍 | triple / three times |
| 7／第7 | seven / seventh | 4倍 | four times |
| 8／第8 | eight / eighth | 1/2 | one-half / a half |
| 9／第9 | nine / ninth | 1/3 | one-third |
| 10／第10 | ten / tenth | 1/4 | one-fourth (quarter) |
| 11／第11 | eleven / eleventh | 1/5 | one-fifth |
| 12／第12 | twelve / twelfth | 3/4 | three-quarters |
| 13／第13 | thirteen / thirteenth | 1/10 | one-tenth |
| 14／第14 | fourteen / fourteenth | 5と1/2 | five and a half |
| 15／第15 | fifteen / fifteenth | 1.15 | two point one five |
| 16／第16 | sixteen / sixteenth | | |
| 17／第17 | seventeen / seventeenth | 1度 | once |
| 18／第18 | eighteen / eighteenth | 2度 | twice / two times |
| 19／第19 | nineteen / nineteenth | 3度 | three times |
| 20／第20 | twenty / twentieth | 半ダース | half a dozen |
| 21／第21 | twenty-one / twenty-first | 1ダース | one dozen |
| 30／第30 | thirty / thirtieth | 1組の~ | a pair of |
| 40／第40 | forty / fortieth | | |
| 50／第50 | fifty / fiftieth | | |
| 60／第60 | sixty / sixtieth | | |
| 70／第70 | seventy / seventieth | | |
| 80／第80 | eighty / eightieth | | |
| 90／第90 | ninety / ninetieth | | |
| 100／第100 | hundred / hundredth | | |
| 105／第105 | hundred and five / hundred and fifth | | |
| 200／第200 | two hundred / two hundredth | | |
| 1,000／第1000 | thousand / thousandth | | |
| 2,000／第2000 | two thousand / two thousandth | | |
| 10,000／第1万 | ten thousand / ten thousandth | | |
| 20,000／第2万 | twenty thousand / twenty thousandth | | |
| 100,000／第10万 | one hundred thousand / one hundred thousandth | | |
| 1,000,000／第100万 | one million / one millionth | | |
| 2,000,000／第200万 | two million / two millionth | | |
| 10,000,000 | ten million | | |
| 100,000,000 | one hundred million | | |

# 時間・曜日・月・年・季節

## 時間・日

|  |  |  |
|---|---|---|
| 1秒 | one second | ワン セカンド |
| 10秒 | ten seconds | テン セカンズ |
| 1分 | one minute | ワン ミニット |
| 5分 | five minutes | ファイヴ ミニッツ |
| 30分 | half an hour/thirty minutes | ハーフ アン アワー／サーティ ミニッツ |
| 1時間 | one hour | ワン ナワー |
| 2時間 | two hours | トゥー アワーズ |
| 半日 | a half day | ア ハーフ デイ |
| 1日 | one day | ワン デイ |
| (午前/午後) 10時 | ten (エイエム/ピーエム) | テン |
| 10時15分 | ten-fifteen | テン フィフティーン |
| 10時30分 | ten-thirty/half past ten | テン サーティ／ハーフ パスト テン |
| 10時15分前 | quarter to ten | クオーター トゥ テン |
| 10時15分過ぎ | quarter past ten/ten fifteen | クオーター パスト テン／テン フィフティーン |
| 午前9時に | at 9 o'clock in the morning | アット ナイン オクロック イン ザ モーニング |
| 午後3時に | at 3 o'clock in the afternoon | アット スリィ オクロック イン ズィ アフタァヌーン |
| 今晩8時に | at 8 o'clock in the evening | アット エイト オクロック イン ズィ イヴニング |
| 一昨日 | the day before yesterday | ザ デイ ビフォー イエスタデイ |
| 昨日 | yesterday | イエスタデイ |
| 今日 | today | トゥデイ |
| 明日 | tomorrow | トゥモロウ |
| 明後日 | the day after tomorrow | ザ デイ アフタァ トゥモロウ |
| 毎日 | everyday/daily | エヴリデイ／デイリィ |
| 午前 | morning | モーニング |
| 正午 | noon | ヌーン |
| 午後 | afternoon | アフタァヌーン |
| 夕方 | evening | イヴニング |
| 夜 | night | ナイト |
| 昨晩 | last night | ラスト ナイト |
| 今朝 | this morning | ズィス モーニング |
| 今日の午後 | this afternoon | ズィス アフタァヌーン |
| 今晩 | this evening/tonight | ズィス イヴニング／トゥナイト |
| 明晩 | tomorrow evening | トゥモロウ イヴニング |
| 毎朝 | every morning | エヴリ モーニング |
| 毎晩 | every evening | エヴリ イヴニング |

## 週・曜日

|  |  |  |
|---|---|---|
| 週 | week | ウィーク |
| 先々週 | two weeks ago | トゥー ウィークス アゴゥ |
| 先週 | last week | ラスト ウィーク |
| 今週 | this week | ズィス ウィーク |
| 来週 | next week | ネクスト ウィーク |
| 再来週 | two weeks after | トゥー ウィークス アフタァ |
| 毎週 | every week | エヴリ ウィーク |
| 平日 | weekday | ウィークデイ |
| 週末 | weekend | ウィークエンド |
| 祝日 | holiday | ホリデイ |
| 祭日 | national day | ナショナル デイ |
| 記念日 | anniversary | アニヴァーサリィ |
| 日曜日 | Sunday | サンデイ |
| 月曜日 | Monday | マンデイ |
| 火曜日 | Tuesday | テューズデイ |
| 水曜日 | Wednesday | ウェンズデイ |
| 木曜日 | Thursday | サーズデイ |
| 金曜日 | Friday | フライデイ |
| 土曜日 | Saturday | サタデイ |

## 月・年・季節

|  |  |  |
|---|---|---|
| 月 | month | マンス |
| 先々月 | two month ago | トゥー マンス アゴゥ |
| 先月 | last month | ラスト マンス |
| 今月 | this month | ズィス マンス |
| 来月 | next month | ネクスト マンス |
| 再来月 | two month after | トゥー マンス アフタァ |
| 1月 | January | ジャニュアリィ |
| 2月 | February | フェブラリィ |
| 3月 | March | マーチ |
| 4月 | April | エイプリル |
| 5月 | May | メイ |
| 6月 | June | ジュン |
| 7月 | July | ジュライ |
| 8月 | August | オーガスト |
| 9月 | September | セプテンバァ |
| 10月 | October | オクトーバァ |
| 11月 | November | ノーヴェンバァ |
| 12月 | December | ディセンバァ |
| 季節 | season | スィーズン |
| 春 | spring | スプリング |
| 夏 | summer | サマァ |
| 秋 | autumn/fall | オータム／フォール |
| 冬 | winter | ウィンタァ |
| 雨季 | rainy season | レイニィ スィーズン |
| 乾季 | dry season | ドライ スィーズン |
| 年 | year | イヤァ |
| 一昨年 | two years ago | トゥー イヤァズ アゴゥ |
| 昨年 | last year | ラスト イヤァ |
| 今年 | this year | ズィス イヤァ |
| 来年 | next year | ネクスト イヤァ |
| 再来年 | two years after | トゥー イヤァズ アフタァ |
| 1999年に | in 1999 | イン ナインティーンナインティナイン |
| 2008年に | in 2008 | イン トゥーサウザンドエイト |

# 色・風合い・柄・素材

## 色

|  |  |  |
|---|---|---|
| 白 | ホワイト | white |
| 黄色 | イエロー | yellow |
| オレンジ | オレンジ | orange |
| 黄緑 | イエローグリーン | yellow green |
| 緑 | グリーン | green |
| 水色 | ライトブルー | light blue |
| 青 | ブルー | blue |
| 紫 | パープル | purple |
| ピンク | ピンク | pink |
| 赤 | レッド | red |
| 茶 | ブラウン | brown |
| ベージュ | ベージュ | beige |
| 黒 | ブラック | black |
| 灰色 | グレイ / グレイ* | gray / grey* |
| 金 | ゴールド | gold |
| 銀 | スィルヴァ | silver |
| 紺 | ミッドナイトブルー | midnight blue |
| 朱色 | レッドオレンジ | red orange |

## 風合い

|  |  |  |
|---|---|---|
| 明るい | ブライト | bright |
| 暗い | ダーク | dark |
| 濃い | ディープ | deep |
| 薄い | ペイル | pale |
| 地味な | プレイン / クァイエット | plain / quiet |
| 派手な | カラフル | colorful |
| 鮮やかな | ヴィヴィッド | vivid |
| 柔らかい | ソフト | soft |

## 柄

|  |  |  |
|---|---|---|
| 無地 | サリッドカラー | solid color |
| 花柄の | フローラル | floral |
| チェックの | チェックト | checked |
| 縞模様 | ストライプドパターン | striped pattern |
| 縦縞 | ヴァーティカルストライプズ | vertical stripes |
| 横縞 | ホリゾンタルストライプズ | horizontal stripes |
| 格子縞 | クロスストライプズ | cross stripes |
| 水玉模様 | ポルカダッツ | polka dots |

## 素材

|  |  |  |
|---|---|---|
| 絹 | シィルク | silk |
| 綿 | カトン | cotton |
| 麻 | リネン | linen |
| ナイロン | ナイロン | nylon |
| ポリエステル | ポリエスター | polyester |
| レーヨン | レイヨン | rayon |
| アクリル | アクリック | acrylic |
| ビロード | ヴェルヴェット | velvet |
| ウール | ウール | wool |
| カシミア | カジミア | cashmere |
| アンゴラ | アンゴラ | angora |
| 化学繊維 | シンセティック | synthetic |
| スエード | スウェイド | suede |
| 革 | レザー | leather |
| 牛皮 | カウスキン | cowskin |
| 羊皮 | シープスキン | sheepskin |
| 人工皮革 | アーティフィシャルレザー | artificial leather |
| 毛皮 | ファー | fur |
| デニム | デニム | denim |
| 防水加工 | ウォータープルーフィング | waterproofing |

＊印の単語はおもにイギリスで使われる

# 計量単位換算表

世界のほとんどの国は計量単位としてメートル法を採用している。例外はアメリカ合衆国で、100年以上前にメートル条約に調印したものの、いまだにヤード・ポンド法を採用している。

ただイギリスのようにメートル法に移行したあとも、ヤード・ポンド法が一般的に根強く使用されている場合もある。

下記の計量単位換算表は、メートル法の単位とアメリカ・イギリス圏でおもに用いられているヤード・ポンド法の単位との換算表。必要に応じて活用しよう。

## 長さの換算表 LENGTH

| | センチメートル cm | メートル m | キロメートル km | インチ inch | フィート feet | ヤード yard | マイル mile |
|---|---|---|---|---|---|---|---|
| センチメートル | 1 | 0.0100 | — | 0.3937 | 0.0328 | 0.0109 | — |
| メートル | 100 | 1 | 0.0001 | 39.370 | 3.2808 | 1.0936 | 0.0006 |
| キロメートル | 100000 | 1000.0 | 1 | 39370 | 3280.8 | 1093.6 | 0.6214 |
| インチ | 2.5399 | 0.0254 | — | 1 | 0.0833 | 0.0277 | — |
| フィート | 30.479 | 0.3047 | — | 12.000 | 1 | 0.333 | — |
| ヤード | 91.440 | 0.9144 | — | 36.000 | 3.0000 | 1 | — |
| マイル | — | 1609.3 | 1.6093 | — | — | — | 1 |

## 面積の換算表 SQUARE MEASURE

| | 平方メートル m² | 平方キロメートル km² | 平方インチ square inch | 平方フィート square feet | 平方ヤード square yard | ヘクタール ha | エーカー acre |
|---|---|---|---|---|---|---|---|
| 平方メートル | 1 | — | 1550.0 | 10.764 | 1.1960 | — | — |
| 平方キロメートル | — | 1 | — | — | — | 100.00 | 247.11 |
| 平方インチ | 0.0006 | — | 1 | 0.0069 | 0.0007 | — | — |
| 平方フィート | 0.0922 | — | 144.00 | 1 | 0.0111 | — | — |
| 平方ヤード | 0.8360 | — | 1296.0 | 9.0000 | 1 | — | — |
| ヘクタール | — | 0.0100 | — | — | — | 1 | 2.4711 |
| エーカー | — | 0.0040 | — | — | — | 0.4047 | 1 |

## 体積の換算表 CUBIC VOLUME

| | 立方メートル m³ | 立方インチ cubic inch | 立方フィート cubic feet | 立方ヤード cubic yard | リットル liter | 英ガロン english galon | 米ガロン american galon |
|---|---|---|---|---|---|---|---|
| 立方メートル | 1 | 61027 | 35.316 | 1.3080 | 1000.0 | 220.20 | 264.20 |
| 立方インチ | — | 1 | 0.0005 | — | 0.0163 | 0.0035 | 0.0042 |
| 立方フィート | 0.0283 | 1728.0 | 1 | 0.3703 | 283.10 | 62.338 | 74.867 |
| 立方ヤード | 0.7645 | 46656 | 27.000 | 1 | 764.52 | 168.34 | 202.17 |
| リットル | 0.0010 | 61.027 | 0.0353 | 0.0013 | 1 | 0.2202 | 0.2642 |
| 英ガロン | — | — | 160.54 | 5.9460 | 4.5459 | 1 | 1.2010 |
| 米ガロン | — | 228.61 | 0.1323 | 0.0049 | 3.7853 | 0.3827 | 1 |

## 重さの換算表 WEIGHTS

| | キログラム kg | ポンド pound | オンス ounce |
|---|---|---|---|
| キログラム | 1 | 2.2046 | 35.270 |
| ポンド | 0.4536 | 1 | 0.0005 |
| オンス | 0.0283 | 0.0623 | 1 |

## 気温の換算公式

$$摂氏(℃) = (華氏 - 32) \times \frac{5}{9}$$

$$華氏(℉) = 摂氏 \times \frac{9}{5} + 32$$

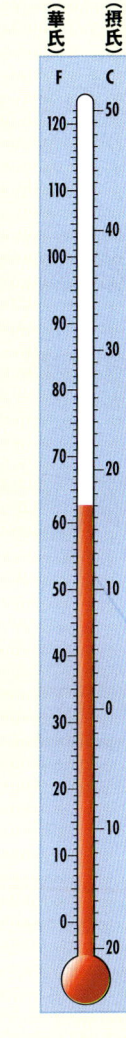

## 電話のかけ方

### 国番号

(アメリカ 1) (イギリス 44) (カナダ 1)
(オーストラリア 61) (ニュージーランド 64)
(日本 81)

### アメリカ、カナダの公衆電話

市内通話の最低料金は50¢が一般的。利用できるコインは5、10、25¢。受話器をあげコインを入れて相手番号を押す。テレフォンカード(プリペイドカード)は、カード裏のアクセス番号を打ち込み、アナウンスの指示に従って相手の番号を押すタイプ。都市部にはクレジットカード式の公衆電話もある。

### イギリスの公衆電話

市内通話の最低料金は30p。コインのみ、テレフォンカードのみ、コインとカードの両方が使える3種がある。利用できる硬貨は10p、20p、50p、1£。コインを投入してから電話番号を押すタイプと、相手が出てからコインを投入するタイプがある。テレフォンカードはアメリカと同様、プリペイドカード式が主流。

### オーストラリアの公衆電話

市内通話は時間無制限で40A¢。利用できるコインは10、20、50A¢、A$1、A$2。コインとテレフォンカードが使える電話が一般的。テレフォンカードは日本と同じく差し込むタイプ。クレジットカード式の公衆電話もある。

### ニュージーランドの公衆電話

市内通話は一律50¢。ほとんどの公衆電話でテレフォンカード(日本と同じタイプ、$5、$10、$20、$50の4種類)とクレジットカードが使え、全国で半分ほどの機種はコインと併用できる。まずカードやコインを電話機に入れてダイヤルする。

### 日本への電話

公衆電話から日本へかける場合は下記のとおり。ホテルの部屋からは外線につながる番号を頭に付ける。

#### 日本への電話のかけ方

(00) + (81) + (市外局番から0を除いた番号) + (個別の電話番号)

例:東京(03)1234-5678にかける場合

(00) + (81) + (3) + (1234-5678)

### 日本から現地への電話

「マイライン」「マイラインプラス」の国際通話区分に登録している場合は、国際電話会社の識別番号は不要。010からダイヤルする。

#### 日本から現地への電話のかけ方

■アメリカの場合

(国際電話会社識別番号) + (010) + (国番号) + (市外局番) + (相手の電話番号)

例:サンフランシスコの(415)123-4567にかける場合

(001) + (010) + (1) + (415) + (123-4567)

■イギリス、その他の国の場合

(国際電話会社識別番号) + (010) + (国番号) + (市外局番から0を除いた番号) + (相手の電話番号)

例:ロンドンの(020)12345678にかける場合

(001) + (010) + (44) + (20) + (12345678)

★国際電話会社識別番号　KDDI:001
　　　　　　　　　　　　NTTコミュニケーションズ:0033
　　　　　　　　　　　　日本テレコム:0041

# 辞書／文法
# 50音順検索

CONTENTS

日本語→英語 ……………242

英語→日本語 ……………270

文法＆発音ミニ講座 ………282

50音順キーワード検索………286

# 日本語 ➡ 英語

*印の単語はおもにイギリスで使われる／ pl は複数形

## あ

| 日本語 | 英語 |
|---|---|
| 合鍵 | spare key スペアキー |
| あいまいな | obscure / vague オブスクュア／ヴェイグ |
| アイロンをかける | press プレス |
| 会う（迎える） | meet ミート |
| 合う（サイズが） | fit フィット |
| 青信号 | green signal (light) グリーン　シィグナル（ライト） |
| 赤信号 | red signal (light) レッド　シィグナル（ライト） |
| 明るい | light ライト |
| （性格が）明るい | cheerful チアフル |
| 赤ん坊 | baby ベイビ |
| 秋 | fall / autumn フォール　オータム |
| 空きの | vacant ヴェイカント |
| 空き部屋 | vacant room ヴェイカント　ルーム |
| 握手する | shake hands シェイク　ハンズ |
| アクセル | accelerator アクセラレイタァ |
| 開ける | open オウプン |
| 上げる | raise レイズ |
| 麻 | linen リニン |
| 浅い | shallow シャロウ |
| 鮮やかな | bright ブライト |
| 足 | foot (feet pl) フット（フィート） |
| 脚 | leg レッグ |
| 味 | taste / flavor テイスト／フレイヴァ |
| アスピリン | aspirin アスピリン |
| 汗 | sweat スウェット |
| あそこ | over there オウヴァ　ゼア |
| 与える | give ギヴ |
| 暖かい | warm ウォーム |
| 暖める | heat ヒート |
| 頭がよい | smart スマート |
| 厚い | thick スィック |
| 熱い・暑い | hot ホット |
| 集める | collect コレクト |
| 穴 | hole ホウル |
| アナウンス | announcement アナウンスメント |
| アパート | apartment house アパートメント　ハウス |
| アヒル | duck ダック |
| 危ない・危険な | dangerous デインジャラス |
| 甘い | sweet スウィート |
| 雨傘 | umbrella アンブレラ |
| 謝る | apologize アポロジャイズ |
| 粗い | rough ラフ |
| アルコール類 | alcohol アルカホール |
| アルバイト | part time job パート　タイム　ジョブ |
| アレルギー | allergy アラージィ |
| 暗証番号 | code number コウド　ナンバァ |
| 安全な | safe セイフ |
| 安全ベルト | seat belt スィート　ベルト |
| 安全・保障 | security スィキュアラティ |
| 案内（所） | information インフォメイション |
| 案内係 | receptionist リセプショニスト |

## い

| 胃 | stomach ストマック |
|---|---|
| 言う | say / tell セイ／テル |
| 息 | breath ブレス |
| 行き先 | destination デスティネイション |
| 生きる | live リヴ |
| いくつか | some/ any サム／エニィ |
| 池 | pond ポンド |
| 意見 | opinion オピニョン |
| 維持する | maintain / support メインテイン／サポート |
| 遺失物取扱所 | Lost & Found ロスト　アンド　ファウンド |
| 異常な | abnormal アブノーマル |
| イス | chair チェア |
| イスラム教 | Islam イスラーム |
| イスラム教寺院 | mosque モスク |
| 遺跡 | ruins ルインズ |
| 忙しい | busy ビズィ |
| 板 | board ボード |
| 偉大な | great グレイト |
| 痛み | pain ペイン |

| 日本語 | 英語 |
|---|---|
| 痛む | hurt ハート |
| 1日券 | one day ticket ワン デイ ティケット |
| 市場 | market マーケット |
| 胃腸薬 | intestinal medicine インテスティヌル メディスン |
| いつ | when ホウェン |
| 1階(日本式) | first floor / ground floor* ファースト フローァ／グラウンド フローァ |
| 一生懸命に | hard ハード |
| 一緒に | together トゥゲザァ |
| 一対の | pair ペアー |
| 1等 | first class ファースト クラス |
| いっぱいの | full フル |
| 一般的な | general ジェネラル |
| 一品料理の | a la carte ア ラ カート |
| 一方通行 | one way ワン ウェイ |
| いつも | always オールウィズ |
| 糸 | thread スレッド |
| 移動する | move ムーヴ |
| いとこ | cousin カズン |
| いなか | countryside カントリサイド |
| 意味する | mean ミーン |
| イヤフォン | earphones イヤフォウンズ |
| 入口 | entrance エントランス |
| いろいろな | various ヴェアリアス |
| 岩 | rock ロック |
| 祝う | celebrate セレブレイト |
| インターネットカフェ | internet cafe インターネット カフェ |
| 印象 | impression インプレッション |
| 印象派 | Impressionism インプレッショニズム |

## う

| 日本語 | 英語 |
|---|---|
| ウエスト | waist ウェイスト |
| ウオッカ | vodka ヴォドカ |
| 受け入れる | accept アクセプト |
| 受取人 | addressee アドレスィー |
| 受け取る | receive リスィーヴ |
| ウサギ | rabbit ラビット |
| 牛 | cow カウ |
| 失う | lose ルーズ |
| 薄い(幅) | thin スィン |
| 薄い(色) | light ライト |
| 嘘 | lie ライ |
| 疑う | doubt ダウト |
| 打ち身 | bruise ブルーズ |
| 打つ | hit ヒット |
| 腕 | arm アーム |
| 腕時計 | wristwatch リストワッチ |
| 馬 | horse ホース |
| うまく | well ウェル |
| 売り出し | sale セイル |
| 売る | sell セル |
| ウール | wool ウル |
| うるさい | noisy ノイズィ |
| うれしい | glad グラッド |
| 上着 | jacket ジャキット |
| 噂 | rumor ルーマァ |
| 運河 | canal カナル |
| 運賃 | fare フェア |
| 運転する | drive ドライヴ |
| 運転免許証 | driver's license ドライヴァーズ ライセンス |
| 運動 | sports スポーツ |
| 運動靴 | sneakers スニーカーズ |
| 運輸 | transportation トランスポーテイション |

## え

| 日本語 | 英語 |
|---|---|
| 絵 | picture ピクチャァ |
| エアコン | air conditioner エア コンディショナァ |
| 映画 | movie / film* ムーヴィ／フィルム |
| 映画館 | movie theater ムーヴィ シィアタァ |
| 営業 | business ビズィネス |
| 永久的な | permanent / eternal パーマネント／イターヌル |
| 影響 | influence インフルエンス |
| 駅 | station ステイション |
| エスカレーター | escalator エスカレイタァ |
| エネルギー | energy エナジ |

# 日本語 ➡ 英語

*印の単語はおもにイギリスで使われる

| 日本語 | 英語 |
|---|---|
| 絵ハガキ | picture postcard ピクチャー ポウストカード |
| えび | shrimp シュリンプ |
| 絵本 | picture book ピクチャー ブック |
| エメラルド | emerald エメラルド |
| 選ぶ | choose / select チューズ／セレクト |
| えり | collar カラー |
| マフラー | muffler マフラァ |
| 得る | get / gain ゲット／ゲイン |
| エレベーター | elevator / lift* エレヴェイタァ／リフト |
| 延期する | postpone / put off ポウストポウン／プット オフ |
| 演劇 | play プレイ |
| エンジニア | engineer エンジニア |
| 援助 | aid / help エイド／ヘルプ |
| 炎症 | inflammation インフラメイション |
| エンジン | engine エンジン |
| 延長 | extension / prolongation イクステンション／プロロンゲイション |
| 延長する | extend / prolong イクステンド／プロロング |
| 煙突 | chimney チムニ |
| 鉛筆 | pencil ペンスル |

## お

| 日本語 | 英語 |
|---|---|
| 甥 | nephew ネフュー |
| 追越禁止 | no passing ノウパッスィング |
| おいしい | good / delicious グッド／ディリシャス |
| オイル | oil オイル |
| 応急手当 | first aid ファースト エイド |
| 嘔吐 | vomiting ヴォミティング |
| 往復切符 | roundtrip ticket / return ticket* ラウンドトリップ ティケット／リターン ティケット |
| 大売り出し | bargain sale バーゲン セイル |
| おおざっぱ | rough ラフ |
| 大きさ | size サイズ |
| 大きな | big / large ビッグ／ラージ |
| 大きな声で | loudly ラウドリ |
| 大通り | main street / boulevard メイン ストリート／ブルヴァード |
| おおらか | broad minded ブロードマインディッド |
| 丘 | hill ヒル |
| 小川 | stream ストリーム |
| 置き時計 | clock クロック |
| 起きる | get up ゲット アップ |
| 置く | put プット |
| 贈り物 | gift / present ギフト／プレゼント |
| 贈る | present プリゼント |
| 送る | send センド |
| 遅れる | be late for ビー レイト フォー |
| 起こす | wake up ウェイク アップ |
| 怒った | angry アングリ |
| 起こる | happen / occur ハプン／オカー |
| 伯(叔)父 | uncle アンクル |
| 教える | teach ティーチ |
| おしろい | face powder フェイス パウダァ |
| 押す | push プッシュ |
| 遅い(スピード) | slow スロウ |
| 遅い(時間) | late レイト |
| 落ちる | fall フォール |
| オートロック | automatic lock オートマティック ロック |
| おつり | change チェインジ |
| 男・男性の | man / male マン／メイル |
| 落とす | drop ドロップ |
| 訪れる | visit ヴィズィット |
| おととい | the day before yesterday ザ デイ ビフォーア イェスタデイ |
| オートバイ | motorcycle モウタァサイクル |
| 踊り・踊る | dance ダンス |
| 驚く | be surprised ビー サプライズド |
| 同じ | same セイム |
| 伯(叔)母 | aunt アント |
| 覚えている | remember リメンバァ |
| 重い(病気) | serious スィアリアス |
| 重い | heavy ヘヴィ |
| 思い出 | recollections / memories リコレクションズ／メモリーズ |
| 思い出す | recall リコール |
| 思う | think スィンク |
| 重さ | weight ウェイト |
| おもちゃ | toy トイ |

## え お か

|  |  |
|---|---|
| 親 | parent / ペアレント |
| 泳ぐ | swim / スウィム |
| オリーブ | olive / オリーヴ |
| (乗物から)降りる | get off / ゲット オフ |
| オリンピック | the Olympic Games / ズィ オリンピック ゲイムズ |
| 折る | fold / フォウルド |
| 終わり | end / エンド |
| 終わる・終える | finish / stop / フィニッシュ/ストップ |
| 音楽家 | musician / ミューズィシャン |
| 音楽堂 | concert hall / コンサート ホール |
| 温泉 | hot spring / ホット スプリング |
| 女・女性の | woman / female / ウマン/フィーメイル |

### か

|  |  |
|---|---|
| 蚊 | mosquito / モスキートウ |
| 貝 | shellfish / シェルフィッシュ |
| 会員証 | membership card / メンバーシップ カード |
| 外貨 | foreign currency / フォーリン カランスィ |
| 海外へ | abroad / アブロード |
| 海岸 | beach / seashore / ビーチ/スィーショーア |
| 海軍 | navy / ネイヴィ |
| 会計 | account / アカウント |
| 会計係 | cashier / キャシア |
| 解決 | solution / ソルーション |
| 解決する | solve / ソルヴ |
| 外交官 | diplomat / ディプロマット |
| 外国人 | foreigner / フォリナァ |
| 外国の | foreign / フォーリン |
| 改札口 | wicket / ウィキット |
| 会社 | company / firm / カンパニ/ファーム |
| 会社員 | company employee / カンパニ インプロイー |
| 回数券 | coupon ticket / クーポン ティキット |
| 海藻 | seaweed / スィーウィード |
| 階段 | stairway / stairs / ステアウェイ/ステアーズ |
| 懐中電灯 | flashlight / フラッシュライト |
| 快適な | comfortable / カンファータブル |
| 回復する | get well / recover / ゲット ウェル/リカヴァ |
| 開放的 | open / オウプン |
| 潰瘍 | ulcer / アルサァ |
| 海路 | sea route / スィー ルート |
| 会話 | conversation / カンヴァセイション |
| 買う | buy / バイ |
| 帰る | return / リターン |
| カエル | frog / フロッグ |
| 顔 | face / フェイス |
| 科学 | science / サイエンス |
| 化学 | chemistry / ケミストリ |
| 鏡 | mirror / ミラァ |
| カキ(貝) | oyster / オイスタァ |
| 鍵 | key / キー |
| 鍵をかける | lock / ロック |
| 書留 | registered mail / レジスタード メイル |
| 書く | write / ライト |
| 描く | draw / ドロー |
| 家具 | furniture / ファーニチャァ |
| 隠す | hide / ハイド |
| 核戦争 | nuclear war / ニュークリア ウォー |
| 確認する | confirm / コンファーム |
| 革命 | revolution / レヴォルーション |
| 家具屋 | furniture store / ファーニチャー ストーァ |
| かご | basket / バスキット |
| 傘 | umbrella / アンブレラ |
| 火山 | volcano / ヴォルケイノウ |
| 菓子 | confectionery / candy / コンフェクショナリ/キャンディ |
| 樫 | oak / オウク |
| 火事 | fire / ファイア |
| 賢い | clever / wise / クレヴァ/ワイズ |
| 貸自転車 | bicycle rental / バイスィクル レンタル |
| 貸スキー | ski rental / スキー レンタル |
| カジノ | casino / カスィーノウ |
| 歌手 | singer / スィンガァ |
| 果樹園 | orchard / オーチャード |
| 貸す | loan / lend* / ロウン/レンド |

245

# 日本語 ➡ 英語

*印の単語はおもにイギリスで使われる

| 日本語 | 英語 | 日本語 | 英語 |
|---|---|---|---|
| 数 | number ナンバァ | 紙皿 | paper plate ペイパァ プレイト |
| ガステーブル | gas range ギャス レインジ | かみそり | razor レイザァ |
| カーステレオ | car stereo カー ステレオウ | 雷 | thunder サンダァ |
| ガス洩れ警報器 | gas alarm ギャス アラーム | かむ | bite バイト |
| 風 | wind ウィンド | ガム | chewing gum チューイング ガム |
| 風邪 | cold コウルド | カメ | turtle タートル |
| ガーゼ | gauze ゴーズ | かゆい | itchy イッチィ |
| 課税 | duty デューティ | カラーフィルム | color film カラァ フィルム |
| 風邪薬 | cold medicine コウルド メディスン | 辛い | hot ホット |
| ガソリン | gasoline / petrol* ギャソリーン／ペトロル | からし | mustard マスタード |
| ガソリンスタンド | gas station / petrol station* ギャス ステイション／ペトロル ステイション | 体 | body ボディ |
| 肩 | shoulder ショウルダァ | 空手 | karate カラテ |
| 型 | model / type モドゥル／タイプ | 空の | empty エンプティ |
| 固い | hard ハード | 借りる | borrow ボロウ |
| 形 | shape / form シェイプ／フォーム | 軽い | light ライト |
| 片道切符 | one way ticket / single ticket* ワン ウェイ ティケット／シィングル ティケット | 革 | leather レザァ |
| 価値ある | worth / valuable ワース／ヴァリュアブル | 川 | river リヴァ |
| 勝つ | win ウィン | かわいい | pretty / cute プリティ／キュート |
| かっこいい | cool クール | かわいた | dry ドライ |
| かつて | once ワンス | 為替レート | exchange rate エクスチェインジ レイト |
| 活発 | active アクティヴ | 変わり者 | eccentric / strange イクセントリック／ストレインジ |
| 角 | corner コーナー | がん | cancer キャンサァ |
| カード（グリーティング） | (greeting) card (グリーティング) カード | 眼科医 | eye doctor アイ ドクタァ |
| カーペット | carpet カーピット | 考える | consider コンスィダァ |
| 悲しい | sad サッド | 感覚 | sense センス |
| 金物類 | hardware ハードウェア | 環境 | environment エンヴァイアロンメント |
| カヌー | canoe カヌー | 簡潔な | concise コンサイス |
| 金持ちの | rich リッチ | 観光 | sightseeing サイトスィーイング |
| 可能な | possible ポサブル | 観光バス | sightseeing bus サイトスィーイング バス |
| 花ビン | vase ヴェイス | 観光国 | tourist country トゥアリスツ カントリ |
| 壁 | wall ウォール | 看護師 | nurse ナース |
| 壁かけ | tapestry タピストリ | 観察 | observation オブザヴェイション |
| カボチャ | pumpkin パンプキン | 患者 | patient ペイシェント |
| 髪 | hair ヘア | 勘定書 | check / bill* チェック／ビル |
| 紙 | paper ペイパァ | 関税 | tariff タリフ |
| 紙コップ | paper cup ペイパァ カップ | 肝臓 | liver リヴァ |

| 日本語 | 英語 |
|---|---|
| 乾燥機 | dryer ドライア |
| 感嘆する | admire アドマイア |
| 簡単な | easy イーズィ |
| 缶詰食品 | canned food キャンド フード |
| 歓楽街 | amusement area アミューズメント エリア |

## き

|  |  |
|---|---|
| (車の)キー | key キー |
| 気温 | temperature テンパァチュア |
| 飢餓 | starvation スターヴェイション |
| 気が合う | hit it off well ヒッティット オフ ウェル |
| 機会 | opportunity / chance オポチュニティ／チャンス |
| 気が長い | patient ペイシェント |
| 期間 | term / period ターム／ピアリアド |
| 気管支炎 | bronchitis ブロンカイティス |
| 危機 | crisis クライスィス |
| 企業 | enterprise エンタープライズ |
| 貴金属 | precious metals プレシャス メタルズ |
| 聞く | listen to / hear リスン トゥ／ヒア |
| 器具 | instrument インストルメント |
| 喜劇 | comedy クメディ |
| 危険 | danger / peril デインジャー／ペリル |
| 気候 | climate クライミット |
| 既婚の | married マリッド |
| 記事 | article アーティクル |
| 技師 | engineer エンジニア |
| 記者 | reporter リポータァ |
| 寄宿舎 | dormitory / dorm ドーミトリィ／ドーム |
| 記述 | description ディスクリプション |
| 黄信号 | yellow signal (light) イェロウ スィグナル (ライト) |
| 規則 | rule / regulation ルール／レギュレイション |
| 既製の | ready made レディ メイド |
| 汚い | dirty ダーティ |
| 基地(軍事基地) | military base ミリタリ ベイス |
| 貴重品 | valuables ヴァリュアブルズ |
| 貴重品預かり | safety box セイフティ ボクス |
| きつい | tight タイト |
| 喫煙室 | smoking room スモウキング ルーム |
| 喫煙車 | smoking car スモウキング カー |
| 喫煙する | smoke スモウク |
| 気付く | notice ノウティス |
| 喫茶室 | coffee shop / tea room コーフィ ショップ／ティー ルーム |
| 切手 | stamp スタンプ |
| キツネ | fox フォクス |
| 切符 | ticket ティケット |
| 切符売り場 | ticket office ティケット オフィス |
| 機内持ち込み手荷物 | carry on baggage キャリ オン バギッジ |
| 記入する | fill out フィル アウト |
| 絹 | silk スィルク |
| 記念切手 | commemorative tamp カメモレイティブ スタンプ |
| 記念碑 | monument モニュメント |
| 記念日 | anniversary アニヴァーサリ |
| 希望 | hope / wish ホウプ／ウィッシュ |
| 希望する | hope / wish ホウプ／ウィッシュ |
| 義務 | duty / obligation デューティ／オブリゲイション |
| 義務的な | compulsory コンパルソリ |
| 客室乗務員 | flight attendant フライト アテンダント |
| キャッシュカード | cash card キャッシュ カード |
| キャンセル待ち | standby スタンドバイ |
| 休暇 | vacation / holiday ヴァケイション／ホリデイ |
| 救急車 | ambulance アンビュランス |
| 休憩 | intermission インタミッション |
| 急行列車 | express train イクスプレス トレイン |
| 旧姓 | maiden name メイドゥン ネイム |
| 旧跡 | historic spot ヒストリック スポット |
| 休息 | rest レスト |
| 宮殿 | palace パリス |
| 牛革 | cowhide カウハイド |
| 牛肉 | beef ビーフ |
| 救命胴衣 | life jacket ライフ ジャキット |
| キュウリ | cucumber キューカンバァ |
| 教育 | education エジュケイション |
| 教科書 | textbook テクストブック |

日本語 ➡ 英語  ＊印の単語はおもにイギリスで使われる

| 競技場 | stadium ステイディアム |
|---|---|
| 供給する | supply / provide サプライ／プロヴァイド |
| 共産主義 | communism コミュニズム |
| 教師 | teacher ティーチャア |
| 行事 | event イヴェント |
| 教授 | professor プロフェッサァ |
| 兄弟 | brother ブラザァ |
| 興味深い | interesting インタリスティング |
| 協力 | cooperation コオパレイション |
| 許可 | permission パァミッション |
| 許可する | permit パミット |
| 魚介類(食べ物) | seafood スィーフード |
| 去年 | last year ラスト イヤァ |
| 居住ビザ | resident visa レズィデント ヴィザ |
| 距離 | distance ディスタンス |
| 霧 | mist / fog ミスト／フォッグ |
| 切りキズ・切る | cut カット |
| キリン | giraffe ジラフ |
| 着る | wear / put on ウェア／プット オン |
| きれいな | beautiful ビューティフル |
| 議論 | discussion ディスカッション |
| 禁煙 | Non Smoking ノン スモウキング |
| 緊急 | emergency イマージェンスィ |
| 緊急電話 | emergency call イマージェンスィ コール |
| 緊急の | urgent アージェント |
| 銀行員 | bank clerk バンク クラーク |
| 禁止する | prohibit / forbid プロヒビット／フォービッド |
| 筋肉 | muscle マッスル |

◀

| 空軍 | air force エア フォース |
|---|---|
| 空港 | airport エアポート |
| 空港税 | airport tax エア ポート タックス |
| 空車 | vacant ヴェイカント |
| 偶然に | accidentally アクスィデンタリィ |
| 区画 | block ブロック |
| 腐る | spoil スポイル |

| クシェット (簡易寝台) | couchette クーシェット |
|---|---|
| くしゃみ | sneeze スニーズ |
| 苦情を言う | complain コンプレイン |
| くずかご | waste basket / trash basket ウェイスト バスキット／トラッシュ バスキット |
| 薬 | medicine メディスン |
| 薬屋 | pharmacy / chemist's* ファーマスィ／ケミスツ |
| 口 | mouth マウス |
| 靴屋 | shoe store シュー ストーァ |
| 靴下 | socks ソックス |
| 靴ひも | shoelaces シューレイスィズ |
| 首 | neck ネック |
| 首回り | neck size ネック サイズ |
| 熊 | bear ベア |
| クモ | spider スパイダァ |
| 暗い | dark ダーク |
| (性格が)暗い | gloomy グルーミ |
| クラシックの | classical クラスィカル |
| クラッチ | clutch クラッチ |
| クリ | chestnuts チェスナッツ |
| 繰り返す | repeat リピート |
| クリーニング | laundry ローンドリィ |
| クルージング | cruising クルーズィング |
| クレジットカード | credit card クレディット カード |
| 苦労 | trouble トラブル |
| クロスカントリー | cross country クロス カントリ |
| 加わる | join ジョイン |
| 軍隊 | armed forces アームド フォースィズ |

け

| 経営学 | business administration ビズィネス アドミニストレイション |
|---|---|
| 計画 | plan プラン |
| 経済 | economy エコノミィ |
| 経済学 | economics イーコノミクス |
| 警察 | police ポリース |
| 警察署 | police station ポリース ステイション |
| 計算する | calculate カルキュレイト |
| 掲示板 | bulletin board ブルティン ボード |

248

## きくけこ

| | |
|---|---|
| 軽食スタンド | snack bar スナック バー |
| 携帯品預かり所 | checkroom / cloakroom* チェックルーム／クロウクルーム |
| 警笛 | horn ホーン |
| 競馬 | race horse レイス ホース |
| 警報 | alarm アラーム |
| 契約・契約書 | contract コントラクト |
| 経理 | accounting アカウンティング |
| 経路 | route ルート |
| 毛織物 | wool ウル |
| ケガ | injure インジャー |
| ケガをする | get injured ゲット インジャード |
| 外科 | surgery サージェリ |
| 外科医 | surgeon サージェン |
| 毛皮 | fur ファー |
| ケーキ | cake ケイク |
| 劇 | play プレイ |
| 劇場 | theater / theatre* スィアター／スィアター |
| 化粧水 | facial lotion フェイシャル ロウション |
| 下剤 | laxative ラクサティヴ |
| 景色 | scenery / view スィーナリー／ヴュー |
| 下宿 | boarding house ボーディング ハウス |
| 化粧品 | cosmetics コズメティックス |
| 下段 | lower berth ロウァ バース |
| ケチャップ | ketchup ケチャプ |
| 血圧 | blood pressure ブラッド プレッシャー |
| 結果 | effect / result イフェクト／リザルト |
| 結婚 | marriage マリッジ |
| 決定する | decide ディサイド |
| ゲート(門) | gate ゲイト |
| 解熱剤 | febrifuge フェブリフュージ |
| ケーブルカー | cable car ケイブル カー |
| 下痢 | diarrhea ダイアリーア |
| 下痢止め | binding medicine バインディング メディスン |
| ゲレンデ | slope スロウプ |
| 原因 | cause コーズ |
| 検疫所 | quarantine クウォランティーン |
| 研究する | research リサーチ |
| 健康な | healthy ヘルスィ |
| 言語 | language ラングウィジ |
| 検査 | inspection インスペクション |
| 原子爆弾 | atomic bomb アトミック ボム |
| 先住民・現地人 | natives ネイティヴズ |
| 減少する | decrease ディクリース |
| 現像 | development ディヴェロプメント |
| 現代の | modern モダン |
| 建築家 | architect アーキテクト |
| 現地時間 | local time ロウカル タイム |
| 県庁 | prefectural government プリフェクチュラル ガヴァンメント |
| 倹約 | economy / thrift エコノミ／スリフト |

## こ

|  |  |
|---|---|
| 濃い | dark ダーク |
| コイ | carp カープ |
| コインロッカー | coin locker コイン ロッカァ |
| 工員 | factory worker ファクトリ ワーカァ |
| 幸運な | lucky ラッキー |
| 公演 | performance パフォーマンス |
| 硬貨 | coin コイン |
| 効果 | effect イフェクト |
| 後悔する | regret リグレット |
| 公害 | pollution ポルーション |
| 郊外 | suburb サバーブ |
| 公会堂 | city hall スィティ ホール |
| 交換手 | operator オペレイタ |
| 講義 | lecture レクチャァ |
| 工業化 | industrialization インダストゥリアライゼイション |
| 公共の | public パブリック |
| 公共料金 | public utilities fee パブリック ユーティリティーズ フィー |
| 航空会社 | airlines エアラインズ |
| 航空券 | airline ticket エアライン ティケット |
| 航空書簡 | aerogram エアログラム |
| 航空便 | airmail エアメイル |
| 高原 | high land ハイ ランド |

249

日本語 ➡ 英語　*印の単語はおもにイギリスで使われる

| 日本語 | 英語 | 日本語 | 英語 |
|---|---|---|---|
| 高校 | senior high school スィーニアー ハイ スクール | 心地良い | comfortable カンファータブル |
| 広告 | advertisement アドヴァタイズメント | 心地悪い | uncomfortable アンカンファータブル |
| 交差点 | crossing / intersection クロスィング／インタァセクション | 腰 | waist ウェイスト |
| 口座番号 | account number アカウント ナンバァ | 故障中 | out of order アウト オヴ オーダァ |
| 講師 | instructor インストラクタァ | 個人の | personal パースナル |
| 工事中 | under construction アンダァ コンストラクション | 個性的 | unique ユーニーク |
| 公衆電話 | public phone / pay phone パブリック フォウン／ペイ フォウン | 小銭 | change チェインジ |
| 交渉する | negotiate ニゴウシエイト | 午前 | morning モーニング |
| 工場 | factory ファクトリ | 古代の | ancient エインシェント |
| 香水 | perfume パーフューム | 答える | answer / reply アンサァ／リプライ |
| 校正者 | proofreader プルーフリーダァ | こちら側 | this side ズィス サイド |
| 高層ビル | skyscraper スカイスクレイパァ | 国境 | border ボーダァ |
| 高速道路 | express way イクスプレス ウェイ | 国境駅 | frontier station フロンティア ステイション |
| 光沢 | luster ラスタァ | 骨折 | fracture フラクチァ |
| 交通規則 | traffic regulations トラフィック レギュレイションズ | 小包 | parcel パースル |
| 鋼鉄 | steel スティール | 骨とう品 | antique アンティーク |
| 行動 | conduct / behavior コンダクト／ビヘイヴィア | 古都 | ancient capital エインシェント キャピトゥル |
| 購入する | purchase パーチェス | 事柄 | affair / matter アフェア／マタァ |
| 後方 | rear リーア | 子供服 | children's wear チルドレンズ ウェア |
| 公務員 | public worker パブリック ワーカァ | 小鳥 | small bird スモール バード |
| 項目(品目) | item アイテム | ことわざ | proverb プロヴァーブ |
| 考慮する | consider コンスィダァ | 断る | decline ディクライン |
| 声 | voice ヴォイス | 粉 | powder パウダァ |
| 凍る | freeze フリーズ | 粉雪 | powdery snow パウダリィ スノウ |
| 語学 | language ラングウィッジ | コニャック | cognac コウニャク |
| 小切手 | check チェック | こはく | amber アンバァ |
| 故郷 | home ホウム | コーヒー用フィルター | coffee filter コーフィ フィルタァ |
| 国際線 | international service インタァナショナル サーヴィス | コーヒー用ミルク | milk for coffee ミルク フォー コーフィ |
| 国際電話 | international call インタァナショナル コール | 古風な | old fashioned オウルド ファッションド |
| 国際免許証 | international driver's license インタァナショナル ドライヴァーズ ライセンス | ゴミ | garbage ガービッジ |
| 国籍 | nationality ナショナリティ | ゴミ箱 | trash box トラッシュ ボクス |
| 告知する | announce アナウンス | ゴミ袋 | trash bag トラッシュ バッグ |
| 国内線 | domestic service ドメスティック サーヴィス | 小麦 | wheat フィート |
| 国立の | national ナショナル | 小麦粉 | flour フラウア |
| ここ | here ヒア | コーラン | the Koran ザ コラーン |
| 午後 | afternoon アフタヌーン | ゴルフ場 | golf course ゴルフ コース |

|  |  |
|---|---|
| これ | this / ズィス |
| これら | these / ズィーズ |
| コレクトコール | collect call / コレクト コール |
| 壊す・壊れる | break / ブレイク |
| 混合 | mixture / ミクスチャア |
| コンドーム | condom / コンドム |
| コンサートホール | concert hall / コンサート ホール |
| コンセント | outlet / socket* / アウトレット ソキット |
| コンタクトレンズ | contact lens / コンタクト レンズ |
| コンパートメント | compartment / コンパートメント |

### さ

|  |  |
|---|---|
| 再確認する | reconfirm / リコンファーム |
| 最近 | lately / recently / レイトリ／リースントリ |
| サイクリング | cycling / サイクリング |
| 最新の | the latest / ザ レイテスト |
| さいころ | dice / ダイス |
| 最小の | minimum / ミニマム |
| 菜食主義 | vegetarianism / ヴェジテリアニズム |
| 才能がある | talented / タレンティッド |
| 最大の | maximum / マクスィマム |
| 再発行する | reissue / リイシュー |
| 裁判 | justice / ジャスティス |
| サイフ | wallet / purse / ウォリット／パース |
| 材料 | material / マティリアル |
| サイン | signature / スィグナチャア |
| 捜す | look for / search / ルック フォー／サーチ |
| 咲く | bloom / ブルーム |
| サクランボ | cherry / チェリ |
| 叫ぶ | shout / シャウト |
| 避ける | avoid / アヴォイド |
| 酒類 | liquor / リカァ |
| 桟敷席 | balcony / バルコニ |
| 差出人 | sender / センダァ |
| 査証 | visa / ヴィザ |
| 座席 | seat / スィート |
| 座席番号 | seat number / スィート ナンバァ |
| ～させる | let / レット |
| サソリ | scorpion / スコーピオン |
| 撮影禁止 | no photographs / ノウ フォウトグラフス |
| サッカー | soccer / football / サカァ／フットボール |
| 雑貨屋 | general store / drugstore / ジェネラル ストーア／ドラッグストーア |
| 雑誌 | magazine / マガズィーン |
| 砂糖 | sugar / シュガァ |
| 悟る | realize / リアライズ |
| 砂漠 | desert / デザート |
| サービス料 | service charge / サーヴィス チャージ |
| さびた | rusty / ラスティー |
| サーフィン | surfing / サーフィング |
| 寒い | cold / コウルド |
| 寒気 | chills / チルズ |
| サメ | shark / シャーク |
| 皿 | plate / dish / プレイト／ディッシュ |
| 去る | leave / リーヴ |
| 猿 | monkey / マンキ |
| 参照 | reference / レファレンス |
| 参照する | refer to / リファー トゥ |
| 賛成する | approve of / アプルーヴ オヴ |
| 酸素マスク | oxygen mask / オクスィジェン マスク |
| サンドウィッチ | sandwich / サンドウィッチ |
| 産婦人科(医) | gynecology (gynecologist) / ジネコロジ (ジネコロジスト) |

### し

|  |  |
|---|---|
| 市 | city / スィティ |
| シーツ | sheet / シート |
| 寺院 | temple / cathedral / テンプル／カスィードラル |
| 私営の | private / プライヴィト |
| 社会福祉 | social welfare / ソウシャル ウェルフェア |
| 塩辛い | salty / ソールティ |
| しおり | bookmark / ブックマーク |
| 歯科医 | dentist / デンティスト |
| 市街電車 | tram / trolley / street car / トラム／トロリ／ストリート カー |
| 市外番号 | area code / エリア コウド |
| シカ皮 | buckskin / バックスキン |

# 日本語 ➡ 英語

*印の単語はおもにイギリスで使われる

| 日本語 | 英語 | 日本語 | 英語 |
|---|---|---|---|
| 市街地図 | city map / スィティ マップ | 湿布 | poultice / compress / ポウルティス／コンプレス |
| 時間 | time / hour / タイム／アウァ | 質問 | question / クウェスチョン |
| 試験 | examination / イグザミネイション | 質問する | ask / アスク |
| 資源 | resources / リソースィズ | 指定席 | reserved seat / リザーヴド スィート |
| 事件 | occurrence / オカーランス | 自転車 | bicycle / バイスィクル |
| 事故 | accident / アクスィデント | シートベルト着用 | fasten seat belt / ファスン スィート ベルト |
| 時刻表 | timetable / タイムテイブル | 自動車 | automobile / car / オートモウビィル／カー |
| 仕事 | job / work / ジョブ／ワーク | 自動車事故保険 | vehicle accident insurance / ヴィーイクル アクスィデント インシュランス |
| 仕事で | on business / オン ビズィネス | 自動販売機 | vending machine / ヴェンディング マシーン |
| 時差 | time difference / タイム ディファレンス | 市内電話 | local call / ロウカル コール |
| 時差ボケ | jetlag / ジェットラグ | 支配人 | manager / マニジャァ |
| 磁石(方位) | compass / カンパス | 始発電車 | first train / ファースト トレイン |
| ししゅうした | embroidered / インブロイダァド | 芝生 | lawn / ローン |
| 辞書 | dictionary / ディクショネリ | 縛る | bind / tie / バインド／タイ |
| 次女 | second daughter / セカンド ドータァ | 支払い | payment / ペイメント |
| 事情 | circumstances / サーカムスタンスィズ | 支払う | pay / ペイ |
| 地震 | earthquake / アースクウェイク | 耳鼻咽喉科医 | ear, nose and throat surgeon / イア ノウズ アンド スロウト サージェン |
| 静かな | quiet / クワイエット | 紙幣 | bill / bank note* / ビル／バンク ノウト |
| 沈む | sink / スィンク | 脂肪 | fat / ファット |
| 史跡 | historic spot / ヒストリック スポット | 資本主義 | capitalism / キャピタリズム |
| 自然 | nature / ネイチァァ | 島 | island / アイランド |
| 舌 | tongue / タング | 縞(ストライプ) | stripe / ストライプ |
| 時代遅れの | out of date / アウト オヴ デイト | 姉妹 | sister / スィスタァ |
| 七面鳥 | turkey / ターキ | シマウマ | zebra / ズィーブラ |
| 試着する | try on / トライ オン | 地味な | plain / プレイン |
| 市庁舎 | city hall / スィティ ホール | 指名通話 | person to person call / パースン トゥ パースン コール |
| 質 | quality / クオリティ | 湿った | wet / ウェット |
| 歯痛 | toothache / トゥースエイク | 閉める・閉まる | close / shut / クロウズ／シャット |
| 実家 | parents' home / ペアレンツ ホウム | 締める | fasten / ファスン |
| 失業 | unemployment / アニンプロイメント | 地面 | ground / グラウンド |
| 実業家 | businessman / ビズィネスマン | 社会 | society / ソサイアティ |
| 実際に | actually / アクチュアリ | 社会学 | sociology / ソウスィオロジ |
| 実質的な | substantial / サブスタンシャル | 社会主義 | socialism / ソウシャリズム |
| 湿度 | humidity / ヒュミディティ | ジャガイモ | potato / ポテイトウ |
| 失敗 | failure / フェイリア | 市役所 | city hall / スィティ ホール |
| 失敗する | fail / フェイル | 写実派 | realism / リアリズム |

| 日本語 | 英語 | 日本語 | 英語 |
|---|---|---|---|
| 車掌 | conductor / guard* コンダクタァ/ガード | 宿泊客 | guest / client ゲスト/クライアント |
| 写真 | picture / photo ピクチャァ/フォウトウ | 熟した | ripe ライプ |
| 写真店 | photography shop フォトグラフィ ショップ | 淑女 | lady レイディ |
| ジャズダンス | jazz dance ジャズ ダンス | 手芸品 | handicraft ハンディクラフト |
| 社長 | president プレズィデント | 手術 | operation オペレイション |
| シャツ | shirt シャート | 手段 | means ミーンズ |
| シャッターボタン | shutter release シャッタァ リリース | 主張する | insist on インスィスト オン |
| ジャーナリスト | journalist ジャーナリスト | 出血 | bleeding ブリーディング |
| シャーベット | sherbet シャーベット | 出国カード | embarkation card エンバーケイション カード |
| ジャム | jam ジャム | 出入国管理 | immigration イミグレイション |
| 邪魔する | disturb ディスターブ | 出発 | departure ディパーチャァ |
| シャワー付きの部屋 | a room with a shower ア ルーム ウィズ ア シャウア | 出発時刻 | departure time ディパーチャァ タイム |
| シャワー無しの部屋 | a room without a shower ア ルーム ウィザウト ア シャウア | 出発する | depart / leave ディパート/リーヴ |
| シャンソン(歌) | chanson シャンソン | 出版社 | publisher パブリシャァ |
| シャンパン | champagne シャンペイン | 首都(州都) | capital キャピトゥル |
| シャンプー | shampoo シャンプー | 主婦 | housewife ハウスワイフ |
| 州 | state / province ステイト/プロヴィンス | 趣味 | hobby ホビ |
| 自由 | freedom / liberty フリーダム/リバティ | 主要な | main メイン |
| 自由席 | non reserved seat ノン リザーヴド スィート | 種類 | kind / sort カインド/ソート |
| 習慣 | custom / habit カスタム/ハビット | 純金 | pure gold ピュア ゴウルド |
| 宗教 | religion リリジョン | 純粋な | pure ピュア |
| 収集 | collection コレクション | 準備 | preparation プリパレイション |
| 住所 | address アドレス | 準備する | prepare プリペア |
| 修正 | modification モディフィケイション | 準備のできた | ready レディ |
| 修正する | modify モディファイ | 職業別電話帳 | yellow pages イェロゥ ペイジズ |
| 絨毯 | carpet カーピット | 上演 | performance パフォーマンス |
| 終電 | last train ラスト トレイン | 消火器 | fire extinguisher ファイア イクスティングウィッシャァ |
| 柔軟剤 | softener ソフナァ | 紹介する | introduce イントロデュース |
| 修道院 | monastery モナステリィ | 小学校 | elementary school / primary school エレメンタリ スクール/プライメリィ スクール |
| 充分な・十分に | enough イナフ | 消化不良 | indigestion インディジェスチョン |
| 自由貿易 | free trade フリー トレイド | 城下町 | castle town キャスル タウン |
| 重役 | director ディレクタァ | 上級 | higher class ハイァ クラス |
| 重要な | important インポータント | 乗客 | passenger パセンジャァ |
| 周遊旅行 | excursion / round trip* イクスカージョン/ラウンド トリップ | 状況 | situation / condition スィチュエイション/コンディション |
| 修理・修理する | repair リペア | 消極的な | negative ネガティヴ |
| 修理工場 | repair shop リペア ショップ | 条件 | condition コンディション |

# 日本語 ➡ 英語

*印の単語はおもにイギリスで使われる

| 日本語 | 英語 |
|---|---|
| 証拠 | proof / evidence  プルーフ／エヴィデンス |
| 詳細 | details  ディーテイルズ |
| 賞賛する | praise  プレイズ |
| 正直な | honest  オネスト |
| 少女 | girl  ガール |
| 症状 | symptom  スィンプトム |
| 上手な | be good at  ビー グッド アット |
| 少数民族 | minority race  マイノリティ レイス |
| 肖像 | portrait  ポートリット |
| 招待 | invitation  インヴィテイション |
| 招待する | invite  インヴァイト |
| 冗談 | joke  ジョウク |
| 上段 | upper berth  アッパァ バース |
| 使用中 | occupied  オキュパイド |
| 商店街 | shopping street  シャピング ストリート |
| 消毒薬 | disinfectant  ディスインフェクタント |
| 商人 | merchant  マーチャント |
| 乗馬 | horseback riding  ホースバック ライディング |
| 消費者 | consumer  コンスューマァ |
| 賞品・賞 | prize  プライズ |
| 上品な | elegant  エレガント |
| 丈夫な | sturdy  スターディ |
| 情報 | information  インフォメイション |
| 情報誌 | magazine  マガズィーン |
| 消防署 | fire station  ファイア ステイション |
| 証明書 | certificate  サーティフィケト |
| 正面 | front  フラント |
| 条約 | treaty  トゥリーティ |
| 使用料 | fee  フィー |
| 除外する | exclude  イクスクルード |
| 初級 | junior class / beginner's class  ジュニア クラス／ビギナァズ クラス |
| 食あたり | food poisoning  フード ポイズニング |
| 職業 | occupation  オキュペイション |
| 食事 | meal  ミール |
| 食事休憩 | meal stop  ミール ストップ |
| 食前酒 | aperitif  アペリティーフ |
| 食堂 | dining room  ダイニング ルーム |
| 食堂車 | dining car / restaurant car  ダイニング カー／レスタラント カー |
| 植物園 | botanical garden  ボタニカル ガーデン |
| 植民地 | colony  コロニ |
| 食用油 | cooking oil  クッキング オイル |
| 食欲 | appetite  アピタイト |
| 食料品 | food  フード |
| 食料品店 | grocery store  グロウサリ ストーァ |
| 徐行 | slow  スロウ |
| 食器洗い乾燥機 | dish washer  ディッシュ ワッシャァ |
| 食器類 | tableware  テイブルウェア |
| 所得 | income  インカム |
| 処方箋 | prescription  プリスクリプション |
| 署名 | signature  スィグニチャァ |
| 署名する | sign  サイン |
| 所有物 | property  プロパティ |
| 書類 | document  ドキュメント |
| 書類カバン | briefcase  ブリーフケイス |
| 知らせる | inform  インフォーム |
| 調べる | inspect  インスペクト |
| 知り合い | acquaintance  アクウェインタンス |
| 知る | know  ノウ |
| 城 | castle  キャスル |
| 白黒フィルム | black and white film  ブラック アンド ホワイト フィルム |
| 神経質 | nervous  ナーヴァス |
| 神経痛 | neuralgia  ニュラルジャ |
| 信号 | traffic signal / traffic light  トラフィック スィグナル／トラフィック ライト |
| 人口 | population  ポピュレイション |
| 人工の | artificial  アーティフィシャル |
| 新婚旅行 | honeymoon  ハニムーン |
| 申告する | declare  ディクレア |
| 診察 | consultation  コンサルテイション |
| 紳士 | gentleman  ジェントルマン |
| 真実 | truth  トゥルース |
| 紳士的 | gentlemanlike  ジェントルマンライク |
| 人種差別 | racial discrimination  レイシャル ディスクリミネイション |

| 日本語 | 英語 |
|---|---|
| 申請する | apply / アプライ |
| 親戚 | relative / レラティヴ |
| 親切 | kindness / カインドネス |
| 親切な | kind / カインド |
| 心臓 | heart / ハート |
| 寝台 | berth / バース |
| 寝台車 | sleeping car / スリーピング カー |
| 心配する | be anxious about / worry about / ビー アンクシャス アバウト／ワリィ アバウト |
| 進歩的な | progressive / プログレッシヴ |
| じんましん | nettle rash / hives / ネトゥル ラッシュ／ハイヴス |
| 信頼する | trust / トラスト |
| 心理学 | psychology / サイコロジ |
| 診療室 | clinic / クリニック |

## す

| | |
|---|---|
| 遂行する | fulfill / フルフィル |
| 推薦 | recommendation / レコメンデイション |
| 推薦する | recommend / レコメンド |
| 水族館 | aquarium / アクウェアリウム |
| スイッチ | switch / スウィッチ |
| 水道 | running water / ラニング ウォータァ |
| 睡眠薬 | sleeping pills / sleep medicine / スリーピング ピルズ／スリープ メディスン |
| 数学 | mathematics / マスマティックス |
| 姿 | figure / フィギュア |
| 好き | like / ライク |
| ずきずき痛む | sting / スティング |
| すぐに | soon / at once / スーン／アット ワンス |
| 少し | a few / a little / ア フュー（数）／ア リトル（量） |
| スコッチ | Scotch / スコッチ |
| すじ向かい | across the street / アクロス ザ ストリート |
| 涼しい | cool / クール |
| スズメ | sparrow / スパロウ |
| すそ丈 | skirt / bottom / スカート／ボトム |
| スタジアム | stadium / ステイディアム |
| 頭痛 | headache / ヘッドエイク |
| スーツ | suit / スート |
| スーツケース | suitcase / スートゥケイス |
| すっぱい | sour / サウア |
| ステーキ | steak / ステイク |
| すてきな | nice / ナイス |
| すでに | already / オールレディ |
| ステープラー | stapler / ステイプラァ |
| ストッキング | stockings / ストッキングズ |
| 砂 | sand / サンド |
| スナックバー | snack bar / スナック バー |
| スニーカー | sneakers / スニーカーズ |
| スーパーマーケット | supermarket / スーパーマーケット |
| 素早く | quickly / クウィックリ |
| すばらしい | wonderful / ワンダフル |
| スピード | speed / スピード |
| すべて（の） | all / whole / オール／ホウル |
| スポーツジム | gym / ジム |
| スポーツ専門店 | sport shop / スポート ショップ |
| ズボン | pants / trousers* / パンツ／トラウザァズ |
| すまない | sorry / ソリ |
| 住む | live / リヴ |
| スリ | pickpocket / ピックポケット |
| する | do / ドゥ |
| 鋭い | sharp / keen / シャープ／キーン |
| 座る | sit / take a seat / スィット／テイク ア スィート |

## せ

| | |
|---|---|
| 姓 | surname / family name / サーネイム／ファミリィ ネイム |
| 正確に | exactly / イグザクトリ |
| 税関 | customs / カスタムズ |
| 税関検査 | custom inspection / カスタム インスペクション |
| 税関申告書 | customs declaration form / カスタムズ デクラレイション フォーム |
| 世紀 | century / センチュリ |
| 正義 | justice / ジャスティス |
| 請求金額 | charge / チャージ |
| 請求書 | bill / ビル |
| 請求する | claim / charge / クレイム／チャージ |
| 税金 | tax / タックス |
| 清潔な | clean / クリーン |

# 日本語 ➡ 英語

*印の単語はおもにイギリスで使われる

| 日本語 | 英語 |
|---|---|
| 制限 | limit / リミット |
| 成功する | succeed / サクスィード |
| 正餐 | dinner / ディナァ |
| 生産する | produce / プロデュース |
| 政治 | politics / ポリティクス |
| 政治家 | politician / statesman / ポリティシャン／ステイツマン |
| 聖書（旧約聖書／新約聖書） | Bible(Old Testament / New Testament) / バイブル (オウルド テスタメント／ニュー テスタメント) |
| 正常な | normal / ノーマル |
| 精神科医 | psychiatrist / サカイアトリスト |
| 製造業者 | maker / メイカァ |
| 税金 | tax / タックス |
| 贅沢な | luxurious / ラグジュリアス |
| 成長する | grow / グロウ |
| 生年月日 | date of birth / デイト オヴ バース |
| 西部 | western part / ウェスタァン パート |
| 性別 | sex / セックス |
| 清涼飲料 | soft drink / ソフト ドゥリンク |
| 生理用品 | sanitary napkin / サニテリ ナプキン |
| 背泳ぎ | back stroke / バック ストロウク |
| 咳 | cough / コフ |
| 脊柱 | spine / スパイン |
| 赤道 | equator / イクウェイタァ |
| 責任 | responsibility / リスポンサビリティ |
| 赤面する | blush / ブラッシュ |
| 石油 | petroleum / ピトロウリアム |
| 席料 | cover charge / カヴァ チャージ |
| セクシーな | sexy / セクスィ |
| セーター | sweater / スウェタァ |
| 積極的な | positive / ポズィティヴ |
| 接近 | approach / アプロウチ |
| 石けん | soap / ソウプ |
| 摂氏 | centigrade / センティグレイド |
| 接着剤 | glue / グルー |
| 接続路線 | connection / コネクション |
| 設備品 | equipment / イクウィプメント |
| 説明 | explanation / イクスプラネイション |
| 説明する | explain / イクスプレイン |
| 節約する | save / セイヴ |
| 設立 | establishment / イスタブリッシュメント |
| 設立する | establish / イスタブリッシュ |
| 背中 | back / バック |
| 背広 | suit / スート |
| 狭い | narrow / ナロウ |
| セルフサービス | self service / セルフ サーヴィス |
| セロテープ | scotch tape / スコッチ テイプ |
| 洗顔料 | facial soap / フェイシャル ソウプ |
| 選挙 | election / イレクション |
| 専攻 | major / メイジャァ |
| 専攻する | major in / メイジャァ イン |
| 繊細 | sensitive / センスィティヴ |
| 洗剤 | detergent / ディタージェント |
| 前菜 | appetizer / アピタイザァ |
| 戦車 | tank / タンク |
| 先進国 | advanced country / アドヴァンスト カントリ |
| 戦争 | war / ウォー |
| 戦争映画 | war film / ウォー フィルム |
| ぜん息 | asthma / アズマ |
| 全体・全体の | total / トウタル |
| 洗濯 | wash / cleaning / ワッシュ／クリーニング |
| 洗濯機 | washing machine / ワッシング マシーン |
| 宣伝 | advertisement / アドヴァタイズメント |
| 栓抜き | corkscrew / コークスクルー |
| 前方の | front / フラント |
| 洗面台 | washbasin / ワッシュベイスン |

## そ

|  |  |
|---|---|
| 象 | elephant / エレファント |
| 像 | statue / スタチュー |
| 増加・増加する | increase / インクリース |
| 双眼鏡 | binoculars / バイノキュラァズ |
| 象牙 | ivory / アイヴォリ |
| 捜索 | search / サーチ |
| 操作する | operate / handle / オペレイト／ハンドル |

| 日本語 | 英語 |
|---|---|
| そうじ | cleaning クリーニング |
| 操縦士 | pilot パイロット |
| 想像する | imagine イマジン |
| 相談する | talk over with / consult with トーク オウヴァ ウィズ／コンサルト ウィズ |
| 属する | belong to ビロング トゥ |
| 速達 | special delivery / express mail スペシャル ディリヴァリ／イクスプレス メイル |
| そこ | there ゼア |
| 底 | bottom ボトム |
| 組織 | organization オーガニゼイション |
| そして | and アンド |
| 注ぐ | pour ポーア |
| 卒業 | graduation グラジュエイション |
| 率直な | frank フランク |
| そで | sleeve スリーヴ |
| そで丈 | length of a sleeve レンクス オヴ ア スリーヴ |
| そのとき・それから | then ゼン |
| 祖父 | grandfather グランドファーザァ |
| ソフトドリンク | soft drinks ソフト ドリンクス |
| 祖母 | grandmother グランドマザァ |
| 空 | sky スカイ |
| それ | that ザット |
| それら | those ゾウズ |
| 損害 | damage ダミッジ |
| 尊敬する | respect リスペクト |

## た

| 日本語 | 英語 |
|---|---|
| 体育祭 | field day フィールド デイ |
| 体温 | temperature テンパァチュア |
| 体温計 | clinical thermometer クリニクル サーモミタァ |
| 大学 | university / college ユニヴァースィティ／カリッジ |
| 大学生 | university student ユニヴァースィティ ステューデント |
| 大工 | carpenter カーペンタァ |
| 対抗戦 | game against~ ゲイム アゲンスト |
| 滞在する | stay in ステイ イン |
| 大使 | ambassador アンバサダァ |
| 大寺院 | cathedral カスィードラル |
| 大使館 | embassy エンバスィ |
| 耐水性の・防水の | waterproof ウォータァプルーフ |
| 大聖堂 | cathedral カスィードラル |
| 体操 | exercise エクササイズ |
| 態度 | attitude アティテュード |
| 大統領 | president プレズィデント |
| 台所 | kitchen キッチン |
| 台所用洗剤 | soap / cleanser ソウプ／クレンザァ |
| 第二次世界大戦 | World War II(two) ワールド ウォー トゥー |
| 耐熱性の | heatproof ヒートプルーフ |
| タイピン | tie pin タイ ピン |
| 台風 | typhoon タイフーン |
| 大変に | very ヴェリィ |
| 逮捕する | arrest アレスト |
| タイヤ | tire / tyre* タイアァ／タイアァ |
| ダイヤモンド | diamond ダイアモンド |
| 大陸の | continental コンティネンタル |
| 大理石 | marble マーブル |
| 代理人 | agent エイジェント |
| 耐える | bear / stand ベア／スタンド |
| 鷹 | hawk ホーク |
| (値段が)高い | expensive イクスペンスィヴ |
| 高い | high ハイ |
| (背が)高い | tall トール |
| 滝 | waterfall ウォーターフォール |
| たくさんの | a lot of ア ロット オヴ |
| たくさんの(量) | much マッチ |
| たくさんの(数) | many メニィ |
| タクシー | taxi / cab タクスィ／キャブ |
| タクシー乗り場 | taxi stand タクスィ スタンド |
| 宅配サービス | delivery service ディリヴァリ サーヴィス |
| タコ | octopus オクトパス |
| 確かに | certainly サートゥンリィ |
| ダース | dozen ダズン |
| 助ける | help ヘルプ |
| 尋ねる | ask アスク |
| 正しい | right ライト |

# 日本語 ➡ 英語

*印の単語はおもにイギリスで使われる

| 日本語 | 英語 |
|---|---|
| 立つ | stand / スタンド |
| 達成する | achieve / アチーヴ |
| 建てる | build / ビルド |
| 棚 | shelf / シェルフ |
| 谷 | valley / ヴァリ |
| 楽しい | happy / ハピ |
| 楽しむ | enjoy / インジョイ |
| タバコ | cigarette / tobacco / スィガレット／タバコウ |
| 度々 | often / オフン |
| たぶん | probably / プロバブリ |
| 食べる | eat / have / イート／ハヴ |
| 玉じゃくし | ladle / レイドゥル |
| 試す | try / トライ |
| 保つ | hold / keep / ホウルド／キープ |
| だれ | who / フー |
| だれか | someone / anyone / サムワン／エニワン |
| 短気 | short tempered / ショート　テンパァド |
| 炭酸 | soda / ソウダ |
| 単純な | simple / スィンプル |
| 短所 | demerit / ディメリット |
| 誕生石 | birthstone / バースストウン |
| タンス | drawers / ドゥローアーズ |
| 短大 | junior college / ジュニア　カリッジ |
| 暖房 | heating / ヒーティング |
| 暖炉 | fireplace / ファイアプレイス |

## ち

|  |  |
|---|---|
| 血 | blood / ブラッド |
| 治安がよい | safe / セイフ |
| 治安が悪い | dangerous / デインジャラス |
| 地位 | position / ポズィション |
| 地域 | area / region / エリア／リージョン |
| チェック(格子) | checker / チェッカァ |
| 地下 | basement / ベイスメント |
| 近い | near / ニア |
| 違い | difference / ディファレンス |
| 違う | different / ディファレント |

| 日本語 | 英語 |
|---|---|
| 地下鉄 | subway / underground* (tube*) / サブウェイ／アンダグラウンド（チューブ） |
| 地下道 | underground / subway* / アンダグラウンド／サブウェイ |
| 近道 | shortcut / ショートカット |
| 地球 | Earth / アース |
| 地区 | district / ディストリクト |
| ちくちく痛む | prick / プリック |
| 知識 | knowledge / ノリッジ |
| 縮む | shrink / シュリンク |
| 知的な | intelligent / インテリジェント |
| 地平線 | horizon / ホライズン |
| 地方の | local / ロウカル |
| 着陸 | landing / ランディング |
| 中学校 | junior high school / ジュニア　ハイ　スクール |
| 中級 | middle class / ミドル　クラス |
| 中近東 | the Middle East / ザ　ミドル　イースト |
| 忠告・忠告する | advice / アドヴァイス |
| 中古車 | used car / ユーズド　カー |
| 注射 | injection / shot / インジェクション／ショット |
| 駐車禁止 | no parking / ノウ　パーキング |
| 駐車場 | parking lot / パーキング　ロット |
| 駐車する | park / パーク |
| 虫垂炎 | appendicitis / アペンディサイティス |
| 中段 | middle berth / ミドル　バース |
| 中世の | medieval / ミーディーヴル |
| 躊躇する | hesitate / ヘズィテイト |
| 注文する | order / オーダァ |
| 蝶 | butterfly / バタフライ |
| 超過 | excess / イクセス |
| 長距離バス | long distance bus / coach* / ロング　ディスタンス　バス／コウチ |
| 調査 | investigation / インヴェスティゲイション |
| 調査する | investigate / インヴェスティゲイト |
| 長所 | merit / メリット |
| 頂上 | top / トップファット |
| 調整する | adjust / arrange / アジャスト／アレインジ |
| ちょうど | just / ジャスト |
| 調味料 | seasoning / スィーズニング |

| 日本語 | 英語 |
|---|---|
| 直通バス | non stop bus / direct bus ノン ストップ バス／ダイレクト バス |
| 治療する | cure キュア |
| 鎮痛剤 | pain killer ペイン キラァ |

### つ

| 日本語 | 英語 |
|---|---|
| 追加の | additional アディショナル |
| 費やす | spend スペンド |
| 通過 | transit トランズィット |
| 通貨 | currency カランスィ |
| 通過バス | transit pass トランズィット パス |
| 通行止め | road closed ロウド クロウズド |
| 通訳する | interpret インタープリット |
| 通用度が高い | usable ユーザブル |
| 通路側 | aisle seat アイル スィート |
| 使う | use ユーズ |
| 捕まえる | catch キャッチ |
| 疲れた | tired タイアード |
| 月 | moon ムーン |
| 次の | next ネクスト |
| 作る | make メイク |
| 付け合わせ | garnish ガーニッシュ |
| 続く | continue コンティニュー |
| 包む | wrap ラップ |
| つづり | spelling スペリング |
| つなぐ | connect コネクト |
| 翼 | wing ウィング |
| つまようじ | toothpick トゥースピック |
| 爪切り | nail clipper ネイル クリッパア |
| 釣り | fishing フィッシング |
| つり銭 | change チェインジ |

### て

| 日本語 | 英語 |
|---|---|
| 提案する | propose プロポウズ |
| 庭園 | garden ガーデン |
| 定食 | course meal コース ミール |
| ディスコ | discotheque ディスコテック |
| ていねいに | politely ポライトリ |
| ティーバッグ | tea bag ティー バッグ |
| 停留所 | bus stop バス ストップ |
| 適当な | fit / suitable フィット／スータブル |
| 出口 | exit イグズィト |
| 手首 | wrist リスト |
| 手数料 | commission コミション |
| 手製の | hand made ハンド メイド |
| 手帳 | memo book メモウ ブック |
| 鉄道駅 | railway station レイルウェイ ステイション |
| 手荷物 | baggage / luggage* バギッジ／ラギッジ |
| 手荷物預かり証 | claim tag クレイム タグ |
| 手荷物一時預かり所 | left luggage レフト ラギッジ |
| 手のひら | palm パーム |
| デパート | department store ディパートメント ストーア |
| 手袋 | gloves / mittens グラヴズ／ミトンズ |
| テーブルクロス | tablecloth テイブルクロス |
| 店員 | salesman / saleswoman セイルズマン／セイルズウマン |
| 天気 | weather ウェザァ |
| 天気予報 | weather report ウェザァ リポート |
| 電気 | electricity イレクトリスィティ |
| 伝言 | message メスィッジ |
| 天災 | disaster ディザスタァ |
| 展示・展示会 | exhibition エクズィビション |
| 天井 | ceiling スィーリング |
| 添乗員 | conductor コンダクタァ |
| 天井桟敷 | gallery ギャラリ |
| 伝染病 | infection インフェクション |
| 電池 | battery バッテリィ |
| 乾電池 | dry cell ドライ セル |
| テント | tent テント |
| 電灯 | light / lamp ライト／ランプ |
| 伝統的な | traditional トラディシャヌル |
| 電話案内 | information インフォメイション |
| 電話帳 | telephone directory テレフォウン ディレクトリ |
| 電話ボックス | phone booth フォウン ブース |

### と

| 日本語 | 英語 |
|---|---|
| 戸・扉 | door ドーア |

# 日本語 ➡ 英語

*印の単語はおもにイギリスで使われる

| 日本語 | 英語 |
|---|---|
| トイレ | lavatory / rest room / toilet ラヴァトリィ／レスト ルーム／トイリット |
| トイレットペーパー | toilet paper トイリット ペイパァ |
| 陶器 | pottery / china パタリ／チャイナ |
| 洞察力 | insight インサイト |
| 陶磁器 | ceramicware スィラミックウェア |
| 搭乗 | boarding ボーディング |
| 搭乗する | board ボード |
| 搭乗口 | boarding gate ボーディング ゲイト |
| 搭乗券 | boarding pass ボーディング パス |
| 同情 | sympathy スィンパスィ |
| 到着 | arrival アライヴァル |
| 到着時間 | arrival time アライヴァル タイム |
| 到着する | arrive アライヴ |
| 道徳 | moral モラル |
| 糖尿病 | diabetes ダイアビーティズ |
| 東部 | eastern part イースタァン パート |
| 同封する | enclose インクロウズ |
| 東洋 | the Orient ズィ オーリエント |
| 同僚 | colleague コリーグ |
| 道路 | road ロウド |
| 登録・登録する | register レジスタァ |
| 遠い | far ファー |
| 時々 | sometimes サムタイムズ |
| 毒 | poison ポイズン |
| 得意な | be good at ビー グッド アット |
| 特産物 | special product スペシャル プロダクト |
| 読書 | reading リーディング |
| 独身の | single スィングル |
| 独占 | monopoly モノポリ |
| 特徴 | feature / peculiarity フィーチャァ／ピキュリアリティ |
| 独特な | unique ユーニーク |
| 特別席(仏語) | loge ロウジ |
| 特別の | special スペシャル |
| トークン(代用貨幣) | token coin トウクン コイン |
| 時計(腕／置き時計) | watch / clock ウォッチ／クロック |
| どこ | where ホウェア |
| 登山 | mountain climbing マウンティン クライミング |
| 図書館 | library ライブラリ |
| 都心 | city center スィティ センタァ |
| トースター | toaster トウスタァ |
| 戸棚 | closet クロズィット |
| 土地 | land ランド |
| 途中下車する | stop over ストップ オウヴァ |
| 特急列車 | limited express リミティド イクスプレス |
| 突然の | abrupt アブラプト |
| 突然に | abruptly アブラプトリ |
| 届ける | send センド |
| 飛ぶ | fly フライ |
| 徒歩で | on foot オン フット |
| ドライクリーニング | dry cleaner ドライ クリーナァ |
| ドラッグストア | drug store ドラッグ ストーァ |
| トラベラーズチェック | traveler's checks トラヴェラーズ チェックス |
| トラム(路面電車) | tram / street car トラム／ストリート カー |
| トランク | trunk / boot トランク／ブート |
| トランプ | playing cards プレイング カーズ |
| 取り扱い注意 | Handle with Care ハンドル ウィズ ケア |
| 取り換える | exchange イクスチェインジ |
| 取り消し | cancellation キャンセレイション |
| 取り消す | cancel キャンセル |
| トリートメント | treatment トリートメント |
| 努力 | effort エフォート |
| 努力する | make efforts メイク エフォーツ |
| 取る | take テイク |
| どれ | which フウィッチ |
| 泥棒 | thief / robber スィーフ／ロバァ |
| トロリーバス | trolley car / trolley bus トロリ カー／トロリ バス |

## な

| | |
|---|---|
| 内科 | internal medicine インターヌル メディスン |
| 内科医 | physician フィズィシャン |
| 内向的 | introverted イントゥロヴァーティッド |
| 内臓 | internal organs インターヌル オーガンズ |
| 内容 | contents コンテンツ |

| | |
|---|---|
| ナイロン | nylon ナイロン |
| 長そで | long sleeves ロング スリーヴズ |
| 泣く | cry クライ |
| 投げる | throw スロウ |
| ナシ | pear ペアー |
| ナス | eggplant エッグプラント |
| なぜ | why ホワイ |
| なぜならば | because ビコーズ |
| 雪崩 | snowslide スノウスライド |
| 夏休み | summer vacation サマァ ヴァケイション |
| 何 | what ホワット |
| 何か | something / anything サムスィング/エニスィング |
| ナプキン | napkin ナプキン |
| 鍋 | pan パン |
| 鍋つかみ | pot holder ポット ホウルダァ |
| 生の | rare レア |
| 鉛 | lead レッド |
| 涙 | tears ティアーズ |
| なる | become ビカム |
| 軟膏 | ointment オイントメント |
| 南部 | southern part サザァン パート |

## に

| | |
|---|---|
| 似合う | become ビカム |
| 匂う・臭う | smell スメル |
| 2階(日本式) | second floor / first floor* セカンド フローァ/ファースト フローァ |
| 2階正面席 (劇場で) | mezzanine / dress circle* メザニーン/ドレス サークル |
| 苦い | bitter ビタァ |
| 肉切り包丁 | meat knife ミート ナイフ |
| 肉屋 | butcher ブッチァ |
| 逃げる | escape / run away イスケイプ/ランナウェイ |
| 西 | west ウェスト |
| 虹 | rainbow レインボウ |
| 偽物 | imitation イミテイション |
| 似た | similar スィミラァ |
| 日用品 | daily necessaries デイリィ ネセサリズ |
| 2等 | second class セカンド クラス |
| 2倍 | twice トゥワイス |
| 日本総領事館 | Japanese consul general ジャパニーズ カンスル ジェネラル |
| 鈍い | dull ダル |
| 荷物 | baggage / luggage* バギッジ/ラギッジ |
| 荷物預かり証 | claim tag クレイム タグ |
| 乳液 | milky lotion ミルキィ ロウション |
| 入金 | deposit ディポズィット |
| 入国 | entry エントリ |
| 入国カード | disembarkation card ディセンバケイション カード |
| 入国管理 | immigration イミグレイション |
| 入国ビザ | entry visa エントリ ヴィザ |
| 入場 | admittance アドミタンス |
| 入場料 | admission fee アドミション フィー |
| 乳製品 | dairy product デアリィ プロダクト |
| 庭 | yard / garden ヤード/ガーデン |
| 人気のある | popular ポピュラァ |
| 妊娠 | pregnancy プレグナンスィ |

## ぬ

| | |
|---|---|
| ぬいぐるみ | stuffed animal スタッフト アニマル |
| 縫う | sew ソウ |
| 脱ぐ | take off テイク オフ |

## ね

| | |
|---|---|
| 値打ち | value ヴァリュー |
| 値打ちのある | valuable ヴァリュアブル |
| ねじ | screw スクルー |
| ネズミ | mouse マウス |
| 熱 | fever フィーヴァ |
| 値引きする | discount ディスカウント |
| 値札 | price tag プライス タグ |
| 眠る | sleep スリープ |
| 寝る | go to bed ゴウ トゥ ベッド |
| 捻挫 | sprain スプレイン |
| 燃料 | fuel フューアル |

## の

| | |
|---|---|
| 農業 | agriculture アグリカルチァ |
| 農場 | farm ファーム |

# 日本語 ➡ 英語

*印の単語はおもにイギリスで使われる／*pl*は複数形

| 日本語 | 英語 |
|---|---|
| 脳震とう | concussion コンカション |
| 農夫 | farmer ファーマァ |
| ノックする | knock ノック |
| のど | throat スロウト |
| 登る | climb クライム |
| 昇る | rise ライズ |
| 飲み物 | beverage / drinks ベヴァリッジ／ドリンクス |
| 飲む | drink ドリンク |
| 乗り換え・乗り換える | transfer トランスファー |
| 乗り物 | vehicle ヴィーイクル |
| 乗る | get on / ride ゲット オン／ライド |

## は

| 日本語 | 英語 |
|---|---|
| 歯 | tooth (teeth *pl*) トゥース（ティース） |
| バー | cocktail lounge コックテイル ラウンジ |
| 場合 | case / occasion ケイス／オケイジョン |
| 肺炎 | pneumonia ニューモウニア |
| ハイキング | hiking ハイキング |
| 灰皿 | ashtray アシュトレイ |
| 配達する | deliver ディリヴァ |
| 入る | enter エンタァ |
| ハエ | fly フライ |
| 墓 | tomb / grave トゥーム／グレイヴ |
| はかり | scale スケイル |
| 吐く | vomit ヴォミット |
| 莫大な | huge / immense ヒュージ／イメンス |
| 白鳥 | swan スワン |
| 箱 | box ボクス |
| 運ぶ | carry / convey キャリ／コンヴェイ |
| ハサミ | scissors スィザァズ |
| 橋 | bridge ブリッジ |
| 始まる・始める | begin / start ビギン／スタート |
| パジャマ | pajamas パジャマズ |
| 場所 | place プレイス |
| バスターミナル | bus depot / bus terminal バス ディーポウ（合衆国のみ）／バス ターミヌル |
| バスタオル | bath towel バス タウアル |
| 恥ずかしい | be ashamed of ビー アシェイムド オヴ |
| バスト | bust バスト |
| 働く | work ワーク |
| ハチ | bee ビー |
| ハチミツ | honey ハニ |
| 発給機関 | issuing authority イシュイング オーソリティ |
| 発行 | issuance イシューアンス |
| 発行する | issue イシュー |
| 発行の控え | record of checks レコード オヴ チェックス |
| 発信人 | sender センダァ |
| 発着一覧表 | schedule board スケジュール ボード |
| バッテリー | battery バッテリィ |
| 発展途上国 | developing country ディヴェロピング カントリ |
| 派手な | gaudy ゴーディ |
| 鳩 | dove / pigeon ダヴ／ピジョン |
| 鼻 | nose ノウズ |
| 話 | story ストーリ |
| 話す | speak / talk to スピーク／トーク トゥ |
| 母 | mother マザァ |
| パブ | pub パブ |
| 省く | omit オミット |
| 歯ブラシ | toothbrush トゥースブラッシ |
| パーマ | permanent パーマネント |
| 葉巻 | cigar スィガー |
| 歯みがき粉 | toothpaste トゥースペイスト |
| 速い | fast ファスト |
| 早い | early アーリィ |
| 林 | woods ウッズ |
| バラ | rose ロウズ |
| 払い戻し | refund リファンド |
| 針 | needle ニードル |
| 貼り紙 | notice ノウティス |
| 針金 | wire ワイア |
| 春 | spring スプリング |
| バルコニー | balcony バルコニ |
| 春休み | spring vacation スプリング ヴァケイション |
| 晴れた | fine / fair ファイン／フェア |

| 日本語 | 英語 |
|---|---|
| 版画 | print プリント |
| パン屋 | bakery ベイカリ |
| 晩 | evening イーヴニング |
| 範囲 | extent イクステント |
| 繁栄 | prosperity プロスペリティ |
| 繁華街 | downtown ダウンタウン |
| ハンカチ | handkerchief ハンカァチーフ |
| 反感 | antipathy アンティパスィ |
| 犯罪 | crime クライム |
| ハンサムな | handsome ハンサム |
| ばんそうこう | adhesive tape アドヒースィヴ テイプ |
| 反対側の | opposite オポズィット |
| 半島 | peninsula ペニンスュラ |
| 販売業 | sales business セイルス ビズィネス |
| パンフレット | brochure / pamphlet ブロシュア／パンフリット |
| 半分 | half ハーフ |

## ひ

| 日本語 | 英語 |
|---|---|
| 日当たりが良い | sunny サニ |
| 日当たりが悪い | dark / dim ダーク／ディム |
| 皮革製品 | leather goods レザァ グッズ |
| 日陰 | shadow シャドウ |
| 東 | east イースト |
| 引き受ける | undertake アンダァテイク |
| 非居住者 | non residents ノン レズィデンツ |
| ひく(演奏する) | play プレイ |
| 引く | pull プル |
| 低い | low / short ロウ／ショート |
| ひげ(あごひげ) | beard ビアード |
| ひげ(口ひげ) | mustache マスタシュ |
| 悲劇 | tragedy トラジェディ |
| ひげそり | shaving シェイヴィング |
| 飛行機酔い | airsickness エアスィックネス |
| ひざ | knee ニー |
| ひじ | elbow エルボウ |
| 美術館 | art gallery アート ギャラリ |
| 秘書 | secretary セクレタリ |
| 非常口 | emergency exit イマージェンスィ イグズィット |
| 非常階段 | emergency stairs イマージェンスィ ステアーズ |
| 美人 | beauty ビューティ |
| 左 | left レフト |
| ひっかきキズ | scratch スクラッチ |
| 日付け | date デイト |
| 羊 | mutton マトン |
| ヒップ | hip ヒップ |
| 必要書類 | necessary documents ネセサリ ドキュメンツ |
| 必要とする | need ニード |
| ひどい | terrible テレブル |
| 等しい | equal イークウォル |
| ひとりで | alone アロウン |
| ひとり部屋 | single room スィングル ルーム |
| 非難 | blame ブレイム |
| 日の入り | sunset サンセット |
| 日の出 | sunrise サンライズ |
| 皮膚科 | dermatology ダーマトロジ |
| 暇な | free フリー |
| 秘密 | secret スィークリット |
| 日焼け | suntan / sunburn サンタン／サンバーン |
| 費用 | expenses イクスペンスィズ |
| 美容院 | beauty salon ビューティ サロン |
| 病院 | hospital ホスピトゥル |
| 氷河 | glacier グレイシャァ |
| 評価する | estimate エスティメイト |
| 病気の | sick / ill スィック／イル |
| 表現する | express イクスプレス |
| 表示 | indication インディケイション |
| 表示する | indicate インディケイト |
| 費用 | cost コスト |
| 美容師 | beautician ビューティシャン |
| 標準 | standard スタンダード |
| 比率 | proportion プロポーション |
| ピル(経口避妊具) | pill ピル |
| 昼休み | lunch break ランチ ブレイク |

# 日本語 ➡ 英語

*印の単語はおもにイギリスで使われる

| 日本語 | 英語 |
|---|---|
| 広い | wide / ワイド |
| 広げる | spread / スプレッド |
| 広場 | open space / オウプン スペイス |
| ビン | bottle / ボトル |
| 貧血 | anemia / アニーミア |
| ヒンドゥー教 | Hinduism / ヒンドゥイズム |
| 便名 | flight number / フライト ナンバァ |
| 品目 | item / アイテム |

## ふ

| 日本語 | 英語 |
|---|---|
| 風車 | windmill / ウィンドミル |
| 封筒 | envelope / エンヴェロウプ |
| フォーマルな | formal / フォーマル |
| 深い | deep / ディープ |
| 拭く | wipe / ワイプ |
| 吹く | blow / ブロウ |
| 複雑な | complex / complicated / コンプレクス／コンプリケイティド |
| 福祉 | welfare / ウェルフェア |
| 腹痛 | stomachache / スタマックエイク |
| 含む | include / インクルード |
| フクロウ | owl / アウル |
| 部署 | division / ディヴィジョン |
| 婦人科 | gynecology / ガイニコロジ |
| 婦人科医 | gynecologist / ガイニコロジスト |
| 防ぐ | prevent / プリヴェント |
| 舞台 | stage / ステイジ |
| 再び | again / アゲイン |
| 豚肉 | pork / ポーク |
| ふたり部屋 | twin room / トゥイン ルーム |
| 普段着 | casual clothes / カジュアル クロウズ |
| 部長 | manager / マニジャァ |
| ブーツ | boots / ブーツ |
| 普通電車 | local train / ロウカル トレイン |
| 普通の | ordinary / オーディナリ |
| 普通の町 | ordinary town / オーディナリ タウン |
| 仏教 | Buddhism / ブッディズム |
| 物価 | price of commodities / プライス オヴ コモディティズ |
| 物品 | article / アーティクル |
| ブティック | boutique / ブーティーク |
| 埠頭 | pier / ピアー |
| ブドウ | grapes / グレイプス |
| 不動産 | real estate / リーアル エステイト |
| 不得意な | be bad at / ビー バッド アット |
| 太った | fat / ファット |
| 船便 | seamail / スィーメイル |
| 船 | boat / ship / ボウト／シップ |
| 吹雪 | snowstorm / スノウストーム |
| 部分 | part / パート |
| 不便な | inconvenient / インコンヴィーニアント |
| 踏切 | railroad crossing / レイルロウド クロッスィング |
| フュージョン | fusion / フュージョン |
| 冬 | winter / ウィンタァ |
| 冬休み | winter vacation / ウィンタァ ヴァケイション |
| フライパン | frying pan / フライング パン |
| ブラシ | brush / ブラッシュ |
| ブラジャー | brassiere / bra / ブラズィァ／ブラー |
| プラスティックの | plastic / プラスティック |
| プラチナ | platinum / プラティナム |
| フラッシュ | flash / フラッシュ |
| フラッシュ禁止 | No Flashbulbs / ノウ フラッシュバルブス |
| プラットホーム | platform / プラットフォーム |
| プラネタリウム | planetarium / プラネテアリウム |
| フラメンコ | flamenco / フラメンコウ |
| ブランディ | brandy / ブランディ |
| ぴりっとした・香ばしい | spicy / スパイスィ |
| プール | swimming pool / スウィミング プール |
| 古着 | secondhand clothing / セカンドハンド クロウズィング |
| ブレーキ | brake / ブレイク |
| ブレザー | blazer / ブレイザァ |
| ブレスレット | bracelet / ブレイスリット |
| 触れる | touch / タッチ |
| 風呂 | bath / バス |
| プロスポーツ選手 | pro athlete / プロウ アスリート |

## ひふへほ

| 日本語 | 英語 |
|---|---|
| プロダクト デザイン | product design / プロダクト デザイン |
| ブローチ | brooch / ブロウチ |
| プロテスタント | protestant / プロティスタント |
| フロント | front desk / reception desk / フラント デスク／リセプション デスク |
| 雰囲気 | atmosphere / アトモスフィア |
| 文化 | culture / カルチャァ |
| 文化人類学 | cultural anthropology / カルチュラル アンソロポロジ |
| 文学 | literature / リテラチャァ |
| 文芸作品 | literary work / リテラリ ワーク |
| 紛失証明書 | lost report / ロスト リポート |
| 噴水 | fountain / ファウンティン |
| 分析する | analyze / アナライズ |
| 文房具屋 | stationery store / ステイショネリ ストーア |
| 文明 | civilization / スィヴィライゼイション |

### へ

| 日本語 | 英語 |
|---|---|
| ヘアブラシ | hairbrush / ヘアブラッシュ |
| ヘアブロー | blow dry / ブロウ ドライ |
| 平均 | average / アヴェリッジ |
| 平原 | plain / プレイン |
| 閉鎖的 | exclusive / イクスクルースィヴ |
| 平和 | peace / ピース |
| ベーコン | bacon / ベイコン |
| ベスト | vest / ヴェスト |
| ペチコート | petticoat / ペティコウト |
| 別料金 | extra charge / エクストラ チャージ |
| ペーパーナイフ | letter opener / レタァ オウプナァ |
| ヘビ | snake / スネイク |
| ヘビーメタル | heavy metal / ヘヴィ メタル |
| ベランダ | veranda / ヴェランダ |
| ベルト | belt / ベルト |
| ベレー帽 | beret / ベレイ |
| 弁解 | excuse / イクスキュース |
| ペンギン | penguin / ペングウィン |
| 偏見 | prejudice / プレジュディス |
| 変更・変更する | change / チェインジ |
| 弁護士 | lawyer / ローヤァ |
| 編集者 | editor / エディタァ |
| ベンチ | bench / ベンチ |
| へんとうせん炎 | tonsillitis | トンスィライティス |
| 便秘 | constipation / コンスティペイション |
| 返品する | return / リターン |
| 便利な | convenient / コンヴィーニァント |

### ほ

| 日本語 | 英語 |
|---|---|
| 防衛 | defense / ディフェンス |
| 貿易 | trade / トレイド |
| 望遠鏡 | telescope / テレスコウプ |
| 邦画 | Japanese film / ジャパニーズ フィルム |
| 法学 | law / ロー |
| 方角・方向 | direction / ディレクション |
| 帽子 | hat / ハット |
| 宝石 | jewel / ジュアル |
| 放送 | broadcast / ブロードキャスト |
| 包帯 | bandage / バンディッジ |
| 防犯ベル | burglar alarm / crime alarm / バーグラァ アラーム／クライム アラーム |
| 方法 | method / way / メソッド／ウェイ |
| 法律 | law / ロー |
| ボウル | bowl / ボウル |
| ホウレンソウ | spinach / スピニッチ |
| 他の | other / アザァ |
| 牧師 | priest / プリースト |
| 北部 | northern part / ノーザァン パート |
| ポケット | pocket / ポケット |
| 保険 | insurance / インシュアランス |
| 保険会社 | insurance company / インシュアランス カンパニ |
| 保護 | protection / プロテクション |
| 保護する | protect / プロテクト |
| ほこり | dirt / ダート |
| 誇る | be proud of / ビー プラウド オヴ |
| 星 | star / スター |
| ほしい | want / ウォント |
| 保守 | conservatism / コンサーヴァティズム |
| 補償 | compensation / コンペンセイション |

# 日本語 ➡ 英語

*印の単語はおもにイギリスで使われる

| 日本語 | 英語 |
|---|---|
| 補償する | compensate コンペンセイト |
| 保証金 | deposit ディポズィット |
| 保証書 | written guarantee リトゥン ギャランティー |
| 保証する | guarantee ギャランティー |
| 包装する | wrap ラップ |
| ポスト | mail box メイル ボクス |
| ポーター | porter ポータァ |
| ボタン | button バトゥン |
| 墓地 | cemetery セメタリ |
| ボート | boat ボウト |
| 歩道 | sidewalk / pavement* サイドウォーク／ペイヴメント |
| ほとんど | almost オールモウスト |
| 骨 | bone ボウン |
| ほほ | cheek チーク |
| ほほえみ | smile スマイル |
| ホームステイ | home stay ホウム ステイ |
| 保養地 | resort リゾート |
| ホラー映画 | horror film ホラァ フィルム |
| ボランティア | volunteer ヴォランティーア |
| ポリエステル | polyester ポリエスタァ |
| ボールペン | ballpoint pen ボールポイント ペン |
| ポロシャツ | polo shirt ポウロウ シャート |
| 盆 | tray トレイ |
| 本籍 | permanent address パーマネント アドレス |
| ほんとうに | really リアリィ |
| 本物の | real リーアル |
| 本屋 | bookstore ブックストーア |
| 翻訳する | translate トランスレイト |

## ま

| 日本語 | 英語 |
|---|---|
| マウス（パソコンの） | mouse マウス |
| 前売券 | advance ticket アドヴァンス ティケット |
| 前金 | deposit ディポズィット |
| 曲がる | turn ターン |
| マグカップ | mug マグ |
| 枕 | pillow ピロウ |
| 枕カバー | pillowcase ピロウケイス |
| マグロ | tuna トゥーナ |
| 孫 | grandchild グランドチャイルド |
| 真面目な | serious スィアリアス |
| 貧しい | poor プア |
| 待合室 | waiting room ウェイティング ルーム |
| 間違い | mistake ミステイク |
| 間違った | wrong ローング |
| マチネ | matinee マティネイ |
| 町役場 | town hall タウン ホール |
| 松 | pine tree パイン トゥリー |
| 待つ | wait for ウェイト フォー |
| まつ毛 | eyelash アイラッシュ |
| 真っすぐな | straight ストレイト |
| 祭 | festival フェスティヴァル |
| 〜まで | till ティル |
| 〜までに | by バイ |
| 窓ガラス | windowpane ウィンドウペイン |
| 学ぶ | learn ラーン |
| マメ | bean ビーン |
| 麻薬 | drug ドラッグ |
| まゆ | eyebrow アイブラウ |
| マヨネーズ | mayonnaise メイアネイズ |
| マラソン | marathon マラソン |
| 丸い | round ラウンド |
| 満足する | be satisfied with ビー サティスファイド ウィズ |
| 真ん中 | middle ミドル |
| 万年筆 | fountain pen ファウンティン ペン |

## み

|  |  |
|---|---|
| 見送る | see off / send off スィー オフ／センド オフ |
| 右 | right ライト |
| 未婚 | single スィングル |
| 岬 | cape ケイプ |
| 短い | short ショート |
| 湖 | lake レイク |
| 水玉 | dot ドット |
| 見せる | show ショウ |

| 日本語 | 英語 |
|---|---|
| 道順 | route ルート |
| 見つける | find ファインド |
| 認める | recognize レコグナイズ |
| 港 | harbor / port ハーバァ／ポート |
| 南 | south サウス |
| 見習い | trainee トレイニー |
| みにくい | ugly アグリ |
| ミネラルウォーター（ガス有） | mineral water carbonated ミネラル ウォータァ カーボネイティッド |
| ミネラルウォーター（ガス無） | mineral water uncarbonated ミネラル ウォータァ アンカーボネイティッド |
| 身分証明書 | identification card アイデンティフィケイション カード |
| 耳 | ear イア |
| 耳かき | earpick イアピック |
| 脈搏 | pulse パルス |
| みやげ品店 | souvenir shop スーヴェニア ショップ |
| 魅力的 | attractive アトラクティヴ |
| 見る | see / look at / watch スィー／ルックアット／ワッチ |
| 民芸品 | folkcraft フォウククラフト |
| 民主主義 | democracy ディモクラスィ |
| 民族 | people / race ピープル／レイス |
| 民族音楽 | folk music フォウク ミューズィク |
| 民族美術 | ethnic art エスニック アート |
| 民族舞踊 | folk dance フォウク ダンス |

## む

| 日本語 | 英語 |
|---|---|
| 無効 | void ヴォイド |
| 向こう側 | opposite side オポズィット サイド |
| 無効の | invalid インヴァリッド |
| 虫 | bug バグ |
| 無地 | plain プレイン |
| 難しい | difficult ディフィカルト |
| 息子 | son サン |
| 娘 | daughter ドータァ |
| 夢中になる | be crazy about~ ビー クレイズィ アバウト |
| 胸 | chest チェスト |
| 胸やけ | heartburn ハートバーン |
| 無謀な | reckless レックリス |
| 村 | village ヴィリッジ |

## め

| 日本語 | 英語 |
|---|---|
| 姪 | niece ニース |
| 名所 | famous spots フェイマス スポッツ |
| 名声 | fame フェイム |
| 明瞭な | clean クリーン |
| 迷惑 | nuisance ニュースンス |
| めがね | glasses グラスィズ |
| 目薬 | eye drops アイ ドロップス |
| 目指す | aim at~ エイム アット |
| メス | female フィーメイル |
| 珍しい | unusual / strange アンニュージュアル／ストレインジ |
| 目印 | (land) mark （ランド）マーク |
| 目立たない | not stand out ノット スタンダウト |
| 目立つ | stand out スタンダウト |
| めまい | dizziness ディズィネス |
| メモ用紙 | memo pad メモウ パッド |
| 綿 | cotton コトン |
| 免税の | duty (tax) free デューティ（タックス）フリー |
| 免税店 | tax free shop タックス フリー ショップ |

## も

| 日本語 | 英語 |
|---|---|
| 申込書 | application アプリケイション |
| 毛布 | blanket ブランキット |
| 目的 | purpose パーパス |
| 目的地 | destination デスティネイション |
| 目標 | object オブジェクト |
| 持っている | have / hold / keep ハヴ／ホウルド／キープ |
| 持ってくる | bring ブリング |
| もてなし | hospitality ホスピタリティ |
| モーテル | motel モウテル |
| もみじ | maple メイプル |
| モモ | peach ピーチ |
| 模様 | pattern パタン |
| 森 | forest フォリスト |
| 門 | gate ゲイト |
| 門限 | curfew カーヒュー |
| 問題 | problem プロブレム |

日本語 ➡ 英語　*印の単語はおもにイギリスで使われる

## や

| 日本語 | 英語 |
|---|---|
| やかん | kettle ケトゥル |
| 焼き増し | additional print アディショナル プリント |
| 焼く | bake ベイク |
| 約 | about アバウト |
| 薬局 | pharmacy ファーマシィ |
| 約束 | appointment / promise アポイントメント／プロミス |
| 約束する | make an appointment / promise メイク アン アポイントメント／プロミス |
| 役に立つ | useful ユースフル |
| やけど | burn バーン |
| 野菜 | vegetable ヴェジタブル |
| やさしい | easy イーズィ |
| 優しい | kind カインド |
| 安い | cheap / inexpensive チープ／イネクスペンシヴ |
| やせた | thin スィン |
| 家賃 | rent レント |
| 宿屋 | inn イン |
| 屋根 | roof ルーフ |
| 柔らかい | soft ソフト |

## ゆ

| 日本語 | 英語 |
|---|---|
| 湯 | hot water ホット ウォータァ |
| 遊園地 | amusement park アミューズメント パーク |
| 有効な | valid / available ヴァリッド／アヴェイラブル |
| 夕食 | supper サパァ |
| ユースホステル | youth hostel ユース ホステゥル |
| 郵送する | mail / send メイル／センド |
| 郵便料金 | postage ポスティッジ |
| 有名な | famous フェイマス |
| 遊覧 | cruise クルーズ |
| 遊覧船 | sightseeing boat サイトスィーイング ボウト |
| 遊覧旅行 | excursion イクスカージョン |
| 有料道路 | toll road トゥル ロウド |
| 床 | floor フローァ |
| 輸出 | export エクスポート |
| ゆっくりと | slowly スロウリィ |
| 輸入 | import インポート |
| 指 | finger フィンガァ |
| ユーモア | humor ヒューマァ |
| ユリ | lily リリ |
| 緩い | loose ルース |

## よ

| 日本語 | 英語 |
|---|---|
| 夜明け | dawn ドーン |
| よい | good (better / best) グッド (ベタァ／ベスト) |
| 要因 | factor ファクタァ |
| 要求する | demand / request ディマンド／リクウェスト |
| ようじ | toothpick トゥースピック |
| 用心 | caution コーション |
| 幼稚園 | kindergarten キンダガートゥン |
| 洋服ダンス | wardrobe ウォードロウブ |
| 余暇 | leisure リージャァ |
| 予期する | expect イクスペクト |
| ヨーグルト | yogurt ヨウガート |
| 浴室 | bathroom バスルーム |
| 浴槽 | bathtub バスタブ |
| 横 | side サイド |
| 横になる | lie down ライ ダウン |
| 予算 | budget バジェット |
| ヨットセーリング | yacht sailing ヨット セイリング |
| 予定 | schedule スケジュール |
| 呼ぶ | call コール |
| 予防接種証明書 | yellow card イェロウ カード |
| 予防注射 | preventive shot プリヴェンティヴ ショット |
| 読む | read リード |
| 予約 | reservation / booking* レザヴェイション／ブッキング |
| 予約する | reserve / book* リザーヴ／ブック |
| 弱い | weak ウィーク |

## ら

| 日本語 | 英語 |
|---|---|
| ラップ(音楽) | rap ラップ |
| ラム酒 | rum ラム |
| ランドリールーム | laundry room ローンドゥリィ ルーム |

## り

| 日本語 | 英語 |
|---|---|
| 理解する | understand アンダスタンド |

## や ゆ よ ら り る れ ろ わ

|  |  | |  |  |
|---|---|---|---|---|
| 陸 | land ランド | | 冷凍食品 | frozen food フロウズン フード |
| 陸軍 | army アーミ | | 歴史的な | historical ヒストリクル |
| 陸路 | land route ランド ルート | | レクイエム | requiem レクウィエム |
| リス | squirrel スクワールル | | レゲエ | reggae レゲイ |
| 立派な | fine ファイン | | レジ | register レジスタァ |
| 理髪店 | barbershop バーバァショップ | | レシート | receipt リスィート |
| リフト | ski lift スキー リフト | | レスリング | wrestling レスリング |
| 理由 | reason リーズン | | レタス | lettuce レティス |
| 流感 | influenza インフルエンザ | | レバー（肝臓） | liver リヴァ |
| 量 | quantity クワンティティ | | レビュー | revue リヴュー |
| 寮 | dormitory(dorm) ドミトーリィ（ドーム） | | レモネード | lemonade レモネイド |
| 両替所 | money exchange マニ エクスチェインジ | | 練習・練習する | practice プラクティス |
| 料金 | rate レイト | | 連続的な | continuous コンティニュアス |
| 領事館 | consulate コンスリット | | 連絡する | connect コネクト |
| 両方とも | both ボウス | | **ろ** | |
| 領収証 | receipt リスィート | | ろうそく | candle キャンドル |
| 両親 | parents ペアレンツ | | 浪費 | waste ウェイスト |
| 領土 | territory テリトリ | | ロッカー | locker ロッカァ |
| 利用パス | pass パス | | ロック（音楽） | rock ロック |
| 料理 | dishes ディッシズ | | 路地 | alley アリ |
| 料理する | cook クック | | ロフト | loft ロフト |
| 旅券検査 | passport control パスポート コントロウル | | ロープウェイ | ropeway ロウプウェイ |
| 旅券番号 | passport number パスポート ナンバァ | | **わ** | |
| 旅行者 | traveler / tourist トラヴェラ／トゥアリスト | | 沸かす | boil ボイル |
| 旅行代理店 | travel agency トラヴェル エイジェンスィ | | 分ける | divide ディヴァイド |
| 離陸 | take off テイク オフ | | 輪ゴム | rubber band / elastic ラバァ バンド／イラスティック |
| 臨時休暇 | special holiday スペシャル ホリデイ | | ワシ | eagle イーグル |
| **る** | | | 忘れる | forget フォゲット |
| ルネッサンス | Renaissance ルネサーンス | | （置き）忘れる | leave リーヴ |
| ルームメイト | roommate ルームメイト | | 渡す | hand over ハンド オウヴァ |
| **れ** | | | ワニ | alligator アリゲイタァ |
| 例 | example イグザンプル | | ワニ革 | alligator アリゲイタァ |
| 礼金 | key money キー マニ | | 笑う | laugh ラフ |
| 冷蔵庫 | refrigerator リフリジャレイタァ | | 割合 | percentage パーセンティジ |
| 冷暖房装置 | air conditioner エア コンディショナァ | | 割引 | discount / reduction ディスカウント／リダクション |
| 冷凍庫 | freezer フリーザァ | | 湾 | bay ベイ |

# 英語 ➡ 日本語

*印の単語はおもにイギリスで使われる

## A

| 英語 | 日本語 |
|---|---|
| abbey アビ | ➡ 大修道院 |
| abroad アブロード | ➡ 海外へ |
| accept アクセプト | ➡ 受け入れる |
| accident アクシィデント | ➡ 事故 |
| accelerator アクセラレイタァ | ➡ アクセル |
| account number アカウント ナンバァ | ➡ 口座番号 |
| acquaintance アクウェンタンス | ➡ 知り合い |
| active アクティヴ | ➡ 活発 |
| actually アクチュアリ | ➡ 実際に |
| adapter アダプタ | ➡ アダプター |
| additional print アディショナル プリント | ➡ 写真焼き増し |
| address アドレス | ➡ 住所 |
| adjust アジャスト | ➡ 調整する |
| admire アドマイア | ➡ 感嘆する |
| admission fee アドミション フィー | ➡ 入場料 |
| advance payment アドヴァンス ペイメント | ➡ 手付け金(前金) |
| advance ticket アドヴァンス ティケット | ➡ 前売券 |
| aerogram エアログラム | ➡ 航空書簡 |
| aid エイド | ➡ 援助 |
| airline ticket エアライン ティケット | ➡ 航空券 |
| airport tax エアポート タックス | ➡ 空港税 |
| airsickness エアスィックネス | ➡ 飛行機酔い |
| aisle アイル | ➡ 通路 |
| alarm アラーム | ➡ 警報 |
| alight アライト | ➡ 降りる |
| allergy アラージィ | ➡ アレルギー |
| alley アリ | ➡ 路地 |
| alone アロウン | ➡ ひとりで |
| already オールレディ | ➡ すでに |
| ambulance アンビュランス | ➡ 救急車 |
| ancient エインシェント | ➡ 古代の |
| anemia アニーミア | ➡ 貧血 |
| angry アングリ | ➡ 怒った |
| announce アナウンス | ➡ 告知する |
| answer アンサー | ➡ 答える |
| antique アンティーク | ➡ 骨とう品 |
| aperitif アペリティーフ | ➡ 食前酒 |
| apologize アポロジャイズ | ➡ 謝る |
| appendicitis アペンディサイティス | ➡ 虫垂炎 |
| appetite アピタイト | ➡ 食欲 |
| application アプリケイション | ➡ 使用申し込み |
| apply アプライ | ➡ 申請する |
| aquarium アクウェアリアム | ➡ 水族館 |
| arrange アレインジ | ➡ 調整する |
| arrest アレスト | ➡ 逮捕する |
| aspirin アスピリン | ➡ アスピリン |
| asthma アズマ | ➡ 喘息 |
| atmosphere アトモスフィア | ➡ 雰囲気 |
| attractive アトラクティヴ | ➡ 魅力的な |
| authorized money changer オーソライズド マニ チェインジァァ | ➡ 公認両替商 |
| available アヴェイラブル | ➡ 有効な |

## B

| 英語 | 日本語 |
|---|---|
| baggage バゲッジ | ➡ 手荷物／荷物 |
| balcony バルコニ | ➡ 桟敷席 |
| bandage バンディッジ | ➡ 包帯 |
| bank note* バンク ノウト | ➡ 紙幣 |
| bath for common use バス フォー コモン ユース | ➡ 共同バス |
| battery バッテリィ | ➡ 電池／バッテリー |
| berth バース | ➡ 寝台 |
| beverage ベヴァリッジ | ➡ 飲み物 |
| bill* ビル | ➡ 勘定書／紙幣／請求書 |
| binding medicine バインディング メディスン | ➡ 下痢止め |
| binoculars バイノキュラーズ | ➡ 双眼鏡 |
| bitter ビタァ | ➡ 苦い |
| bleeding ブリーディング | ➡ 出血 |
| block ブロック | ➡ 区画 |
| boarding gate ボーディング ゲイト | ➡ 搭乗口 |
| boarding pass ボーディング パス | ➡ 搭乗券 |
| boil ボイル | ➡ 沸かす |
| bone ボウン | ➡ 骨 |
| book ブック | ➡ 予約する*／本 |

| 英語 | 日本語 |
|---|---|
| boot ブート | ➡ トランク |
| border ボーダァ | ➡ 国境 |
| borrow ボロウ | ➡ 借りる |
| botanical garden ボタニカル ガーデン | ➡ 植物園 |
| bottom ボトム | ➡ すそ丈／底 |
| bring ブリング | ➡ 持ってくる |
| brochure ブロシュア | ➡ パンフレット |
| bronchitis ブロンカイティス | ➡ 気管支炎 |
| bruise ブルーズ | ➡ 打ち身 |
| buckskin バックスキン | ➡ シカ皮 |
| budget バジェット | ➡ 予算 |
| bug バグ | ➡ 虫 |
| burglar alarm バーグラァ アラーム | ➡ 防犯ベル |
| burn バーン | ➡ やけど |
| bus depot バス ディーポウ | ➡ バスターミナル |
| bush ブッシュ | ➡ 灌木 |

## C

| 英語 | 日本語 |
|---|---|
| calculate カルキュレイト | ➡ 計算する |
| canal カナル | ➡ 運河 |
| cancer キャンサァ | ➡ 癌 |
| cape ケイプ | ➡ 岬 |
| Capital キャピトゥル | ➡ 議会堂／首都（州都） |
| carry on baggage キャリ オン バギッジ | ➡ 機内持ち込み手荷物 |
| cashier キャシア | ➡ 会計係 |
| castle town キャスル タウン | ➡ 城下町 |
| cathedral カスィードラル | ➡ 大寺院／大聖堂 |
| caution コーション | ➡ 用心 |
| ceiling スィーリング | ➡ 天井 |
| cemetery セメタリ | ➡ 墓地 |
| ceramic ware スィラミック ウェア | ➡ 陶磁器 |
| certificate サティフィキト | ➡ 証明書 |
| change チェインジ | ➡ 小銭／つり銭 |
| change チェインジ | ➡ 変更／変更する |
| charge チャージ | ➡ 請求金額／請求する |
| check チェック | ➡ 勘定書／小切手 |
| checkroom チェックルーム | ➡ 携帯品預かり所 |
| chemist's* ケミスツ | ➡ 薬屋 |
| chest チェスト | ➡ 胸 |
| chestnuts チェスナッツ | ➡ 栗 |
| chills チルズ | ➡ 寒気 |
| claim クレイム | ➡ 請求する |
| claim tag クレイム タグ | ➡ 手荷物預かり証 |
| climb クライム | ➡ 登る |
| clinical thermometer クリニカル サーモミタァ | ➡ 体温計 |
| cloakroom* クロウクルーム | ➡ 携帯品預かり所 |
| coach* コウチ | ➡ 長距離バス |
| code number コウド ナンバァ | ➡ 暗証番号 |
| cold medicine コウルド メディスン | ➡ 風邪薬 |
| comfortable カンファータブル | ➡ 快適な |
| commission コミション | ➡ 手数料 |
| compensate コンペンセイト | ➡ 補償する |
| complain コンプレイン | ➡ 苦情を言う |
| compress コンプレス | ➡ 湿布 |
| condom コンドム | ➡ コンドーム |
| conductor コンダクタァ | ➡ 指揮者／車掌／添乗員 |
| confirm コンファーム | ➡ 確認する |
| consent コンセント | ➡ 同意 |
| constipation コンスティペイション | ➡ 便秘 |
| consulate コンスリット | ➡ 領事館 |
| consultation コンサルテイション | ➡ 診察 |
| contract コントラクト | ➡ 契約・契約書 |
| convey コンヴェイ | ➡ 運ぶ |
| cool クール | ➡ 涼しい／かっこいい |
| copper コパァ | ➡ 銅 |
| coral コラル | ➡ 珊瑚 |
| corkscrew コークスクルー | ➡ せん抜き |
| corrugated cardboard コルゲイティッド カードボード | ➡ ダンボール |
| couchette クーシェット | ➡ クシェット（簡易寝台） |
| cough コフ | ➡ 咳 |
| coupon ticket クーポン ティケット | ➡ 回数券 |
| course meal コース ミール | ➡ 定食 |
| cover charge カヴァ チャージ | ➡ 席料 |

# 英語 → 日本語

*印の単語はおもにイギリスで使われる／ pl は複数形

| 英語 | 日本語 |
|---|---|
| cowhide　カウハイド | ➡ 牛革 |
| crime　クライム | ➡ 犯罪 |
| crisis　クライスィス | ➡ 危機 |
| cure　キュア | ➡ 治療する |
| curfew　カーフュー | ➡ 門限 |
| currency　カランスィ | ➡ 通貨 |
| custom inspection　カスタム　インスペクション | ➡ 税関検査 |
| customs　カスタムズ | ➡ 税関 |
| customs declaration form　カスタムズ　デクラレイション　フォーム | ➡ 税関申告書 |
| cut　カット | ➡ 切りキズ／切る |

**D**

| 英語 | 日本語 |
|---|---|
| daily necessaries　デイリ　ネセサリズ | ➡ 日用品 |
| damage　ダミッジ | ➡ 損害 |
| dangerous　デインジャラス | ➡ 危険な／危ない |
| the day before yesterday　ザ　デイ　ビフォーア　イェスタデイ | ➡ おととい |
| decision　ディスィジョン | ➡ 決定 |
| declare　ディクレア | ➡ 申告する |
| decline　ディクライン | ➡ 断る |
| defense　ディフェンス | ➡ 防衛 |
| demand　ディマンド | ➡ 要求する |
| departure time　ディパーチャア　タイム | ➡ 出発時刻 |
| deposit　ディポズィット | ➡ 入金／保証金／前金 |
| destination　デスティネイション | ➡ 行き先 |
| diarrhea　ダイアリーア | ➡ 下痢 |
| dim　ディム | ➡ 日当たりが悪い |
| disease　ディズィーズ | ➡ 病気 |
| disembarkation card　ディセンバケイション　カード | ➡ 入国カード |
| disinfectant　ディスインフェクタント | ➡ 消毒薬 |
| district　ディストリクト | ➡ 地区 |
| dizziness　ディズィネス | ➡ めまい |
| document　ドキュメント | ➡ 書類 |
| domestic service　ドメスティック　サーヴィス | ➡ 国内線 |
| dot　ドット | ➡ 水玉 |
| dove　ダヴ | ➡ ハト |
| dress circle*　ドレス　サークル | ➡ 2階正面席 |
| driver's license　ドライヴァーズ　ライセンス | ➡ 運転免許証 |
| drop　ドロップ | ➡ 落とす |
| drug　ドラッグ | ➡ 麻薬 |
| drug store　ドラッグ　ストア | ➡ 雑貨屋／ドラッグストア |
| dry cell　ドライ　セル | ➡ 乾電池 |
| duck　ダック | ➡ アヒル |

**E**

| 英語 | 日本語 |
|---|---|
| earthquake　アースクウェイク | ➡ 地震 |
| elastic　イラスティック | ➡ 輪ゴム |
| elbow　エルボウ | ➡ ひじ |
| embarkation card　エンバーケイション　カード | ➡ 出国カード |
| embassy　エンバスィ | ➡ 大使館 |
| embroidered　インブロイダァド | ➡ ししゅうした |
| Entry Visa　エントリ　ヴィザ | ➡ 入国ビザ |
| equator　イクウェイタァ | ➡ 赤道 |
| equipment　イクウィプメント | ➡ 設備品 |
| escape　イスケイプ | ➡ 逃げる |
| etiquette　エティケット | ➡ 作法 |
| evidence　エヴィデンス | ➡ 証拠 |
| exactly　イグザクトリ | ➡ 正確に |
| excess　イクセス | ➡ 超過 |
| exchange　エクスチェインジ | ➡ 取り替える |
| exchange rate　エクスチェインジ　レイト | ➡ 為替レート |
| exclude　イクスクルード | ➡ 除外する |
| excursion　イクスカージョン | ➡ 周遊旅行 |
| excuse　イクスキューズ | ➡ 弁解 |
| expensive　イクスペンスィヴ | ➡ (値段が)高い |
| explain　イクスプレイン | ➡ 説明する |
| exposure　イクスポウジャァ | ➡ 露出 |
| express　イクスプレス | ➡ 表現する |
| extend　イクステンド | ➡ 延長する |
| extra charge　エクストラ　チャージ | ➡ 別料金 |
| eye drops　アイ　ドロップス | ➡ 目薬 |

**F**

| 英語 | 日本語 |
|---|---|
| fabric　ファブリック | ➡ 織物 |
| family name　ファミリィ　ネイム | ➡ 姓 |
| famous spots　フェイマス　スポッツ | ➡ 名所 |

| 英語 | 日本語 |
|---|---|
| fare フェア | ➡ 運賃 |
| fatigue ファティーグ | ➡ 疲れ |
| febrifuge フェブリフュージ | ➡ 解熱剤 |
| fee フィー | ➡ 使用料 |
| female フィーメイル | ➡ 女／女性の |
| fever フィーヴァ | ➡ 熱 |
| file out フィル アウト | ➡ 記入する |
| fire extinguisher ファイア イクスティングウィッシャァ | ➡ 消火器 |
| fire place ファイア プレイス | ➡ 暖炉 |
| fire station ファイア ステイション | ➡ 消防署 |
| first aid ファースト エイド | ➡ 応急手当 |
| first floor ファースト フローァ | ➡ 1階(日本式) |
| first floor* ファースト フローァ | ➡ 2階(日本式) |
| first train ファースト トレイン | ➡ 始発電車 |
| flamenco フラメンコウ | ➡ フラメンコ |
| flashlight フラッシュライト | ➡ 懐中電灯 |
| flavor フレイヴァ | ➡ 味 |
| fog フォグ | ➡ 霧 |
| folk craft フォウク クラフト | ➡ 民芸品 |
| food poisoning フード ポイズニング | ➡ 食あたり |
| foot (feet *pl.*) フット (フィート) | ➡ 足 |
| forbid フォービッド | ➡ 禁止する |
| foreign currency フォーリン カランスィ | ➡ 外貨 |
| fountain ファウンティン | ➡ 噴水 |
| fountain pen ファウンティン ペン | ➡ 万年筆 |
| fracture フラクチャー | ➡ 骨折 |
| frank フランク | ➡ 率直な |
| freeze フリーズ | ➡ 凍る |
| freezer フリーザァ | ➡ 冷凍庫 |
| frog フロッグ | ➡ カエル |
| frontier station フロンティア ステイション | ➡ 国境駅 |
| frozen food フロウズン フード | ➡ 冷凍食品 |
| fuel フューアル | ➡ 燃料 |
| full フル | |

### G

| 英語 | 日本語 |
|---|---|
| gallery ギャラリー | ➡ 天井桟敷 |
| garbage ガービッジ | ➡ ゴミ |
| garnishing ガーニッシング | ➡ 付け合わせ |
| gas alarm ギャス アラーム | ➡ ガス洩れ警報器 |
| gas station ギャス ステイション | ➡ ガソリンスタンド |
| gaudy ゴーディ | ➡ 派手な |
| gauze ゴーズ | ➡ ガーゼ |
| general ジェネラル | 雑貨屋／一般的な |
| get injured ゲット インジァード | ➡ ケガをする |
| get well ゲット ウェル | ➡ 回復する |
| glacier グレイシャー | ➡ 氷河 |
| glue グルー | ➡ 接着剤 |
| grave グレイヴ | ➡ 墓 |
| green pepper グリーン ペパァ | ➡ ピーマン |
| green signal(light) グリーン スィグナル (ライト) | ➡ 青信号 |
| greengrocer グリーングロウサァ | ➡ 八百屋 |
| grocery store グロウサリ ストーァ | ➡ 食料品店 |
| ground floor* グラウンド フローァ | ➡ 1階(日本式) |
| guarantee ギャランティー | ➡ 保証する |
| guard* ガード | ➡ 車掌 |
| gynecology ガイニコロジ | ➡ 婦人科 |

### H

| 英語 | 日本語 |
|---|---|
| hand over ハンド オウヴァ | ➡ 渡す |
| handicraft ハンディクラフト | ➡ 手芸品 |
| Handle with Care ハンドル ウイズ ケア | ➡ 取り扱い注意 |
| hardware ハードウェア | ➡ 金物類 |
| hawk ホーク | ➡ 鷹 |
| headache ヘッドエイク | ➡ 頭痛 |
| heartburn ハートバーン | ➡ 胸やけ |
| heat proof ヒート プルーフ | ➡ 耐熱性の |
| hesitate ヘズィテイト | ➡ 躊躇する |
| high blood pressure ハイ ブラッド プレッシャー | ➡ 高血圧 |
| high land ハイ ランド | ➡ 高原 |
| Hinduism ヒンドゥイズム | ➡ ヒンドゥー教 |
| historical ヒストリクル | ➡ 歴史的な |
| hives ハイヴズ | ➡ じんましん |
| hold ホウルド | ➡ 保つ／持っている |

# 英語 ➡ 日本語

*印の単語はおもにイギリスで使われる

| 英語 | 日本語 |
|---|---|
| hole ホウル | ➡ 穴 |
| horizon ホライズン | ➡ 地平線 |
| horn ホーン | ➡ 警笛 |
| horseback riding ホースバック ライディング | ➡ 乗馬 |
| hospitality ホスピタリティ | ➡ もてなし |
| hot spring ホット スプリング | ➡ 温泉 |
| the House of Parliament* ザ ハウス オヴ パーラメント | ➡ 国会議事堂 |
| hub of the city ハブ オヴ ザ スィティ | ➡ 都心 |
| huge ヒュージ | ➡ 莫大な |
| humidity ヒュミディティ | ➡ 湿度 |
| hurt ハート | ➡ 痛む |

## I

| identification card アイデンティフィケイション カード | ➡ 身分証明書 |
|---|---|
| ill イル | ➡ 病気の |
| imitation イミテイション | ➡ 偽物 |
| Immigration イミグレイション | ➡ 入国管理 |
| impression インプレッション | ➡ 印象 |
| include インクルード | ➡ 含む |
| income インカム | ➡ 所得 |
| increase インクリース | ➡ 増加する／増加 |
| indicate インディケイト | ➡ 表示する |
| indigestion インディジェスチョン | ➡ 消化不良 |
| inexpensive イネクスペンスィヴ | ➡ 安い |
| infection インフェクション | ➡ 伝染病 |
| inflammation インフラメイション | ➡ 炎症 |
| influence インフルエンス | ➡ 影響 |
| influenza インフルエンザ | ➡ 流感 |
| inform インフォーム | ➡ 知らせる |
| injection インジェクション | ➡ 注射 |
| injure インジャー | ➡ ケガ |
| inn イン | ➡ 宿屋 |
| insist on インスィスト オン | ➡ 主張する |
| instrument インストゥルメント | ➡ 器具 |
| insurance インシュランス | ➡ 保険 |
| intermission インタァミッション | ➡ 休憩 |
| internal medicine インターヌル メディスン | ➡ 内科 |
| internal organs インターヌル オーガンズ | ➡ 内臓 |
| interpret インタープリット | ➡ 通訳する |
| intersection インタァセクション | ➡ 交差点 |
| intestinal medicine インテスティヌル メディスン | ➡ 胃腸薬 |
| invalid インヴァリッド | ➡ 無効の |
| invitation インヴィテイション | ➡ 招待 |
| issuance イシューアンス | ➡ 発行 |
| issue イシュー | ➡ 発行する |
| issuing authority イシュイング オーソリティ | ➡ 発給機関 |
| itchy イッチィ | ➡ かゆい |
| ivory アイヴォリィ | ➡ 象牙 |

## J

| Japanese consul general ジャパニーズ カンスル ジェネラル | ➡ 日本総領事館 |
|---|---|
| jetlag ジェットラグ | ➡ 時差ボケ |
| join ジョイン | ➡ 加わる |
| justice ジャスティス | ➡ 裁判／正義 |

## K

| keen キーン | ➡ 鋭い |
|---|---|
| kettle ケトゥル | ➡ やかん |
| knee ニー | ➡ ひざ |

## L

| landing ランディング | ➡ 着陸 |
|---|---|
| (land) mark (ランド) マーク | ➡ 目印 |
| land route ランド ルート | ➡ 陸路 |
| last train ラスト トレイン | ➡ 終電 |
| lately レイトリ | ➡ 最近 |
| the latest ザ レイティスト | ➡ 最新の |
| latin music ラティン ミューズィック | ➡ ラテン音楽 |
| lavatory ラヴァトリィ | ➡ トイレ |
| laxative ラクサティヴ | ➡ 下剤 |
| lead レッド | ➡ 鉛 |
| leather レザァ | ➡ 皮 |
| leave リーヴ | ➡ 出発する／(置き)忘れる |
| left luggage レフト ラギッジ | ➡ 手荷物一時預かり所 |
| leg レッグ | ➡ 脚 |
| lend* レンド | ➡ 貸す |

|  |  |
|---|---|
| letter opener / レタァ オウプナァ | ➡ ペーパーナイフ |
| letter pad / レタァ パッド | ➡ 便せん |
| lever / リヴァ | ➡ レバー(食べ物) |
| lie down / ライ ダウン | ➡ 横になる |
| life jacket / ライフ ジャキット | ➡ 救命胴具 |
| lift* / リフト | ➡ エレベーター |
| limit / リミット | ➡ 制限 |
| limited express / リミティド イクスプレス | ➡ 特急列車 |
| linen / リニン | ➡ 麻 |
| lingerie / ランジェリ | ➡ 下着(女性用) |
| liver / リヴァ | ➡ 肝臓 |
| local train / ロウカル トレイン | ➡ 普通電車 |
| loge / ロウジ | ➡ 特別席(仏語) |
| long distance bus / ロング ディスタンス バス | ➡ 長距離バス |
| long for / ロング フォー | ➡ 憧れる |
| loose / ルース | ➡ 緩い |
| lost & found / ロスト アンド ファウンド | ➡ 遺失物取扱所 |
| loudly / ラウドリ | ➡ 大きな声で |
| lower berth / ロウァ バース | ➡ 下段 |
| luggage* / ラギッジ | ➡ 手荷物 |
| luster / ラスタァ | ➡ 光沢 |
| luxurious / ラグジュリアス | ➡ 贅沢な |

**M**

|  |  |
|---|---|
| maid / メイド | ➡ メイド |
| maiden name / メイドゥン ネイム | ➡ 旧姓 |
| major in / メイジャァ イン | ➡ 専攻する |
| make an appointment / メイク アン アポイントメント | ➡ 約束する |
| male / メイル | ➡ 男/男性の |
| manners / マナァズ | ➡ 作法 |
| maple / メイプル | ➡ もみじ |
| marble / マーブル | ➡ 大理石 |
| married / マリッド | ➡ 既婚の |
| material / マティリアル | ➡ 材料 |
| matinee / マティネイ | ➡ マチネ(昼興行) |
| maximum / マクスィマム | ➡ 最大の |
| meal / ミール | ➡ 食事 |
| meal stop / ミール ストップ | ➡ 食事休憩 |
| mean / ミーン | ➡ 意味する |
| medicene / メディスン | ➡ 薬/医学 |
| medieval / ミーディイーヴル | ➡ 中世の |
| membership card / メンバーシップ カード | ➡ 会員証 |
| Men Working / メン ワーキング | ➡ 工事中 |
| merchant / マーチャント | ➡ 商人 |
| mezzanine / メザニーン | ➡ 2階正面席 |
| middle berth / ミドル バース | ➡ 中段 |
| minimum / ミニマム | ➡ 最小の |
| minority race / マイノリティ レイス | ➡ 少数民族 |
| mist / ミスト | ➡ 霧 |
| modify / モディファイ | ➡ 修正する |
| monastery / モナスタリィ | ➡ 修道院 |
| money exchange / マニ エクスチェインジ | ➡ 両替所 |
| monument / モニュメント | ➡ 記念碑 |
| moral / モラル | ➡ 道徳 |
| mosquito / モスキートウ | ➡ 蚊 |
| motorcycle / モウタァサイクル | ➡ オートバイ |
| mountain climbing / マウンティン クライミング | ➡ 登山 |
| move / ムーヴ | ➡ 移動する |
| muddy / マディ | ➡ ぬかるみの |
| muscle / マスル | ➡ 筋肉 |

**N**

|  |  |
|---|---|
| nail clipper / ネイル クリッパァ | ➡ 爪切り |
| narrow / ナロウ | ➡ 狭い |
| nationality / ナショナリティ | ➡ 国籍 |
| natives / ネイティヴズ | ➡ 原住民/現地人 |
| necessary documents / ネセサリ ドキュメンツ | ➡ 必要書類 |
| neck size / ネック サイズ | ➡ 首回り |
| needle / ニードル | ➡ 針 |
| negative / ネガティヴ | ➡ 消極的な |
| negotiate / ニゴウシエイト | ➡ 交渉する |
| nervous / ナーヴァス | ➡ 神経質 |
| nettle rash / ネトゥル ラッシュ | ➡ じんましん |
| neuralgia / ニュラルジャ | ➡ 神経痛 |

# 英語 ➡ 日本語

＊印の単語はおもにイギリスで使われる

| 英語 | 日本語 |
|---|---|
| no flashbulbs ノウ フラッシュバルブス | ➡ フラッシュ禁止 |
| no parking ノウ パーキング | ➡ 駐車禁止 |
| no passing ノウ パシィング | ➡ 追越禁止 |
| no photographs ノウ フォウトグラフス | ➡ 撮影禁止 |
| noisy ノイズィ | ➡ うるさい |
| non reserved seat ノン リザーヴド スィート | ➡ 自由席 |
| non stop bus ノン ストップ バス | ➡ 直通バス |
| notice ノウティス | ➡ 気付く／通知 |
| notify ノウティファイ | ➡ 通知 |
| nuisance ニュースンス | ➡ 迷惑 |
| nurse ナース | ➡ 看護師 |

## O

| 英語 | 日本語 |
|---|---|
| occupation オキュペイション | ➡ 職業 |
| occupied オキュパイド | ➡ 使用中 |
| occur オカー | ➡ 起こる |
| occurrence オカーランス | ➡ 事件 |
| octopus オクトパス | ➡ タコ |
| often オフン | ➡ たびたび |
| ointment オイントメント | ➡ 軟膏 |
| on business オン ビズィネス | ➡ 仕事で |
| on foot オン フット | ➡ 徒歩で |
| on holiday オン ホリデイ | ➡ 休暇で |
| once ワンス | ➡ かつて |
| one day ticket ワン デイ ティケット | ➡ 1日券 |
| one way ticket ワン ウェイ ティケット | ➡ 片道切符 |
| operation オペレイション | ➡ 手術 |
| operator オペレイタ | ➡ 運転手／交換手 |
| opportunity オポチュニティ | ➡ 機会 |
| opposite side オポズィット サイド | ➡ 向こう側 |
| orchard オーチャド | ➡ 果樹園 |
| order オーダ | ➡ 注文する |
| ordinary オーディナリ | ➡ 普通の |
| the Orient ズィ オーリエント | ➡ 東洋 |
| out of order アウト オヴ オーダ | ➡ 故障中 |
| over there オウヴァ ゼア | ➡ あそこ |
| owl アウル | ➡ ふくろう |

| 英語 | 日本語 |
|---|---|
| oxygen mask オクスィジェン マスク | ➡ 酸素マスク |
| oyster オイスタァ | ➡ カキ（貝） |

## P

| 英語 | 日本語 |
|---|---|
| pain ペイン | ➡ 痛み |
| pain killer ペイン キラァ | ➡ 鎮痛剤 |
| painter ペインタァ | ➡ 画家 |
| painting ペインティング | ➡ 絵画 |
| paper plate ペイパァ プレイト | ➡ 紙皿 |
| parcel パースル | ➡ 小包 |
| parking lot パーキング ロット | ➡ 駐車場 |
| pass パス | ➡ 利用パス |
| passenger パセンジァ | ➡ 乗客 |
| passport control パスポート コントロウル | ➡ 旅券検査 |
| passport number パスポート ナンバァ | ➡ 旅券番号 |
| patient ペイシェント | ➡ 患者 |
| pattern パタァン | ➡ 模様 |
| pavement* ペイヴメント | ➡ 歩道 |
| pay phone ペイ フォウン | ➡ 公衆電話 |
| pear ペアー | ➡ ナシ |
| peninsula ペニンシュラ | ➡ 半島 |
| performance パフォーマンス | ➡ 公演／上演 |
| peril ペルル | ➡ 危険 |
| permanent address パーマネント アドレス | ➡ 本籍 |
| permission パミッション | ➡ 許可 |
| person to person call パースン トゥ パースン コール | ➡ 指名通話 |
| petrol* ペトロル | ➡ ガソリン |
| pharmacy ファーマスィ | ➡ 薬局 |
| phone booth フォウン ブース | ➡ 電話ボックス |
| physically handicapped person フィズィカリ ハンディキャプト パースン | ➡ 身体障害者 |
| pickles ピクルズ | ➡ ピクルス |
| pickpocket ピックポケット | ➡ スリ |
| pier ピアー | ➡ 埠頭 |
| pigeon ピジョン | ➡ 鳩 |
| places of historical interest プレイスィズ オヴ ヒストリクル インタリスト | ➡ 旧跡／史跡 |
| plain プレイン | ➡ 地味な／無地 |
| plain プレイン | ➡ 平原 |

# N O P Q R

|  |  |
|---|---|
| pneumonia ニューモウニア | ➡肺炎 |
| police station ポリース ステイション | ➡警察署 |
| polite ポライト | ➡ていねいな |
| polyester ポリエスタァ | ➡ポリエステル |
| pond ポンド | ➡池 |
| popular ポピュラァ | ➡人気のある |
| porter ポータァ | ➡ポーター |
| portrait ポートリット | ➡肖像 |
| positive ポズィティヴ | ➡積極的な |
| possible ポスィブル | ➡可能な |
| postage ポウスティッジ | ➡郵便料金 |
| postpone ポウストポウン | ➡延期する |
| pottery china パタリ チャイナ | ➡陶器 |
| poultice ポウルティス | ➡湿布 |
| pour ポーァ | ➡注ぐ |
| prepare プリペア | ➡準備する |
| prescription プリスクリプション | ➡処方箋 |
| preventive shot プリヴェンティヴ ショット | ➡予防注射 |
| price tag プライス タグ | ➡値札 |
| prick プリック | ➡ちくちく痛む |
| print プリント | ➡活字／版画 |
| probably プロバブリ | ➡たぶん |
| problem プロブレム | ➡問題 |
| prohibit プロウヒビット | ➡禁止する |
| prolong プロロング | ➡延長する |
| promise プロミス | ➡約束する |
| proof プルーフ | ➡証拠 |
| property プロパティ | ➡所有物 |
| propose プロポウズ | ➡提案する |
| protect プロテクト | ➡保護する |
| province プロヴィンス | ➡州 |
| public official パブリック オフィシャル | ➡国家公務員 |
| public phone パブリック フォウン | ➡公衆電話 |
| pull プル | ➡引く |
| pulse パルス | ➡脈搏 |
| purchase パーチャス | ➡購入する |
| purpose パーパス | ➡目的 |
| purse パース | ➡サイフ |
| put プット | ➡置く |
| put off プット オフ | ➡延期する |
| put on プット オン | ➡着る |

## Q

|  |  |
|---|---|
| quality クオリティ | ➡質 |

## R

|  |  |
|---|---|
| race horse レイス ホース | ➡競馬 |
| railroad crossing レイルロウド クロスィング | ➡踏切 |
| raise レイズ | ➡上げる |
| rare レア | ➡生の |
| rate レイト | ➡料金 |
| ready レディ | ➡準備のできた |
| ready made レディ メイド | ➡既製の |
| real estate リーアル エステイト | ➡不動産 |
| realism リアリズム | ➡写実派 |
| realize リアライズ | ➡悟る |
| really リアリィ | ➡ほんとうに |
| rear リア | ➡後方 |
| receive リスィーヴ | ➡受け取る |
| recently リーセントリ | ➡最近 |
| reception desk リセプション デスク | ➡フロント |
| recognize レコグナイズ | ➡認める |
| recommend リコメンド | ➡推薦する |
| reconfirm リコンファーム | ➡再確認する |
| record of checks レコード オヴ チェックス | ➡発行の控え |
| recover リカヴァ | ➡回復する |
| reduction リダクション | ➡割引 |
| reference レファレンス | ➡参照 |
| refer to リファー トゥ | ➡参照する |
| refrigerator リフリジレイタァ | ➡冷蔵庫 |
| refund リファンド | ➡払い戻し |
| register レジスタァ | ➡登録する |
| registered mail レジスタァド メイル | ➡書留 |
| regret リグレット | ➡後悔する |

# 英語 ➡ 日本語

*印の単語はおもにイギリスで使われる

| 英語 | 日本語 |
|---|---|
| reissue リイシュー | ➡ 再発行する |
| relative レラティヴ | ➡ 親戚 |
| religion リリジョン | ➡ 宗教 |
| repair shop リペア ショップ | ➡ 修理工場 |
| reply リプライ | ➡ 答える |
| request リクウェスト | ➡ 要求する |
| reserve リザーヴ | ➡ 予約する |
| reserved seat リザーヴド スィート | ➡ 指定席 |
| resident visa レズィデント ヴィザ | ➡ 居住ビザ |
| responsibility リスポンサビリティ | ➡ 責任 |
| rest room レスト ルーム | ➡ トイレ |
| rest stop レスト ストップ | ➡ トイレ休憩 |
| restaurant car レスタラント カー | ➡ 食堂車 |
| result リザルト | ➡ 結果 |
| return リターン | ➡ 帰る／返品する |
| return ticket* リターン ティケット | ➡ 往復切符 |
| revue リヴュー | ➡ レビュー |
| ride ライド | ➡ 乗る |
| right ライト | ➡ 正しい |
| right ライト | ➡ 右 |
| ripe ライプ | ➡ 熟した |
| road closed ロウド クロウズド | ➡ 通行止め |
| robber ロバァ | ➡ 泥棒 |
| rough ラフ | ➡ 粗い／おおざっぱ |
| round trip* ラウンド トリップ | ➡ 周遊旅行 |
| round trip ticket ラウンド トリップ ティケット | ➡ 往復切符 |
| rugby football ラグビ フットボール | ➡ ラグビー |
| rugger ラガァ | ➡ ラグビー |
| ruins ルインズ | ➡ 遺跡 |
| rum ラム | ➡ ラム酒 |
| run away ランナウェイ | ➡ 逃げる |
| rusty ラスティ | ➡ さびた |

## S

| 英語 | 日本語 |
|---|---|
| sad サッド | ➡ 悲しい |
| sanitary napkin サニテリ ナプキン | ➡ 生理用品 |
| satisfaction サティスファクション | ➡ 満足 |
| save セイヴ | ➡ 節約する |
| scale スケイル | ➡ はかり |
| scenery スィーナリ | ➡ 景色 |
| scratch スクラッチ | ➡ ひっかきキズ |
| sculpture スカルプチャア | ➡ 彫刻 |
| sea gull スィー ガル | ➡ カモメ |
| sea route スィー ルート | ➡ 海路 |
| seamail スィーメイル | ➡ 船便 |
| search サーチ | ➡ 探す |
| seashore スィーショーア | ➡ 海岸 |
| seasoning スィーズニング | ➡ 調味料 |
| seaweed スィーウィード | ➡ 海草 |
| second class セカンド クラス | ➡ 二等 |
| second floor セカンド フローァ | ➡ 2階(日本式) |
| secondhand clothing セカンドハンド クロウズィング | ➡ 古着 |
| security スィキュアラティ | ➡ 安全／保障 |
| see off スィー オフ | ➡ 見送る |
| self defense セルフ ディフェンス | ➡ 自衛 |
| sender センダァ | ➡ 差出人 |
| send off センド オフ | ➡ 見送る |
| sensitive センスィティヴ | ➡ 繊細 |
| serious スィアリアス | ➡ 重い(病気)／真面目な |
| service charge サーヴィス チャージ | ➡ サービス料 |
| sew ソウ | ➡ 縫う |
| shadow シャドウ | ➡ 日影 |
| shake hands シェイク ハンズ | ➡ 握手する |
| shallow シャロウ | ➡ 浅い |
| shark シャーク | ➡ サメ |
| sharp シャープ | ➡ 鋭い |
| shaving シェイヴィング | ➡ ひげそり |
| shellfish シェルフィッシュ | ➡ 貝 |
| shoe mender シュー メンダァ | ➡ 靴修理店 |
| shoelaces シューレイスィズ | ➡ 靴ひも |
| shoeshine シューシャイン | ➡ 靴みがき |
| shortcut ショートカット | ➡ 近道 |
| shot ショット | ➡ 注射 |

|  |  |
|---|---|
| shoulder ショウルダァ | ⇒ 肩 |
| shout シャウト | ⇒ 叫ぶ |
| shrink シュリンク | ⇒ 縮む |
| shutter release シャタァ リリース | ⇒ シャッターボタン |
| sidewalk サイドウォーク | ⇒ 歩道 |
| sightseeing boat サイトスィーイング ボウト | ⇒ 遊覧船 |
| sign サイン | ⇒ 署名する |
| signature スィグニチァ | ⇒ サイン／署名 |
| similar スィミラァ | ⇒ 似た |
| single スィングル | ⇒ 未婚 |
| sink スィンク | ⇒ 沈む |
| situation スィチュエイション | ⇒ 状況 |
| ski lift スキー リフト | ⇒ リフト |
| ski stick スキー スティック | ⇒ スキーストック |
| skyscraper スカイスクレイパー | ⇒ 高層ビル |
| sleeper スリーパァ | ⇒ 寝台車 |
| sleeping car* スリーピング カー | ⇒ 寝台車 |
| sleeping pills スリーピング ピルズ | ⇒ 睡眠薬 |
| sleeve スリーヴ | ⇒ そで |
| sliced fish スライスト フィッシュ | ⇒ 切り身魚 |
| slide film スライド フィルム | ⇒ スライド（ポジティブ）フィルム |
| slope スロウプ | ⇒ ゲレンデ |
| smart スマート | ⇒ 頭がよい |
| smell スメル | ⇒ 匂う／臭う |
| snack bar スナック バー | ⇒ 軽食スタンド |
| sneezing スニーズィング | ⇒ くしゃみ |
| snow storm スノウ ストーム | ⇒ 吹雪 |
| snowslide スノウスライド | ⇒ 雪崩 |
| solve ソルヴ | ⇒ 解決する |
| sort ソート | ⇒ 種類 |
| sour サウア | ⇒ すっぱい |
| southern part サザン パート | ⇒ 南部 |
| souvenir shop スーヴェニア ショップ | ⇒ みやげ品店 |
| special delivery スペシャル デリヴァリ | ⇒ 速達 |
| spelling スペリング | ⇒ つづり |
| spend スペンド | ⇒ 費やす |
| spinach スピニッチ | ⇒ ほうれんそう |
| spine スパイン | ⇒ 脊柱 |
| spoil スポイル | ⇒ 腐る |
| sprain スプレイン | ⇒ 捻挫 |
| spread スプレッド | ⇒ 広げる |
| stadium ステイディアム | ⇒ 競技場 |
| stairs/stairway ステアーズ ステアウェイ | ⇒ 階段 |
| stand スタンド | ⇒ 立つ／耐える |
| standby スタンドバイ | ⇒ キャンセル待ち |
| standing room スタンディング ルーム | ⇒ 立見席 |
| state ステイト | ⇒ 州 |
| stationary ステイショネリ | ⇒ 便せん |
| stationary store ステイショネリ ストーア | ⇒ 文房具店 |
| stature スタチュー | ⇒ 彫像 |
| stay in ステイ イン | ⇒ 滞在する |
| steel スティール | ⇒ 鋼鉄 |
| sting スティング | ⇒ ずきずき痛む |
| stomach ストマック | ⇒ 胃 |
| stomachache スタマックエイク | ⇒ 腹痛 |
| stop over ストップ オウヴァ | ⇒ 途中下車する |
| straight ストレイト | ⇒ 真っ直ぐな |
| strange ストレインジ | ⇒ 珍しい／変わり者 |
| stream ストリーム | ⇒ 小川 |
| street car ストリート カー | ⇒ トラム（路上電車） |
| student discount ステューデント ディスカウント | ⇒ 学割 |
| student ID card ステューデント アイディー カード | ⇒ 学生証 |
| stuffed animal スタッフト アニマル | ⇒ ぬいぐるみ |
| sturdy スターディ | ⇒ 丈夫な |
| suburb サバーブ | ⇒ 郊外 |
| subway サブウェイ | ⇒ 地下鉄 |
| subway* サブウェイ | ⇒ 地下道 |
| suitable スータブル | ⇒ 適当な |
| sunburn サンバーン | ⇒ 日焼け |
| sunny サニ | ⇒ 日当たりがよい |
| suntan サンタン | ⇒ 日焼け |
| supper サパァ | ⇒ 夕食 |

# 英語 → 日本語

*印の単語はおもにイギリスで使われる

| 英語 | 日本語 |
|---|---|
| supply サプライ | ➡ 供給する |
| surgery サージャリ | ➡ 外科 |
| surname サーネイム | ➡ 姓 |
| sweat スウェット | ➡ 汗 |
| symptom スィンプトム | ➡ 症状 |

## T

| 英語 | 日本語 |
|---|---|
| table tennis テイブル テニス | ➡ 卓球 |
| tableware テイブルウェア | ➡ 食器類 |
| tailor テイラァ | ➡ 洋服店 |
| take a seat テイク ア スィート | ➡ 座る |
| take off テイクオフ | ➡ 離陸／脱ぐ |
| tank タンク | ➡ 戦車 |
| tapestry タピストリ | ➡ 壁かけ |
| tariff タリフ | ➡ 関税 |
| tax free article タックス フリー アーティクル | ➡ 免税品 |
| taxi stand タクスィ スタンド | ➡ タクシー乗り場 |
| telephone directory テレフォウン ディレクトリ | ➡ 電話帳 |
| telescope テレスコウプ | ➡ 望遠鏡 |
| temperature テンパチュア | ➡ 気温／体温 |
| term ターム | ➡ 期間 |
| terrible テリブル | ➡ ひどい |
| territory テリトリ | ➡ 領土 |
| textile テクスタイル | ➡ 織物 |
| theft report セフト リポート | ➡ 盗難証明書 |
| thick スィック | ➡ 厚い |
| thief スィーフ | ➡ 泥棒 |
| thin スィン | ➡ 薄い／やせた |
| thread スレッド | ➡ 糸 |
| thrift スリフト | ➡ 倹約 |
| throat スロウト | ➡ のど |
| throw スロウ | ➡ 投げる |
| thunder サンダァ | ➡ 雷 |
| tight タイト | ➡ きつい |
| token coin トウクン コイン | ➡ トークン（代用貨幣） |
| toll road トウル ロウド | ➡ 有料道路 |
| tomb トゥーム | ➡ 墓 |
| tongue タング | ➡ 舌 |
| tonsillitis トンスィライティス | ➡ へんとうせん炎 |
| toothache トゥースエイク | ➡ 歯痛 |
| toothpick トゥースピック | ➡ つまようじ |
| traffic light トラフィック ライト | ➡ 信号 |
| traffic regulations トラフィック レギュレイションズ | ➡ 交通規則 |
| traffic signal トラフィック スィグナル | ➡ 信号 |
| tram トラム | ➡ トラム（路面電車） |
| transfer トランスファー | ➡ 乗り換える／乗り換え |
| transit pass トランズィット パス | ➡ 通過パス |
| transportation トランスポーテイション | ➡ 運輸 |
| trash トラッシュ | ➡ くずかご |
| trash box トラッシュ ボクス | ➡ ゴミ箱 |
| travel agency トラヴェル エイジェンスィ | ➡ 旅行代理店 |
| treaty トゥリーティ | ➡ 条約 |
| trolley トロリ | ➡ 市街電車 |
| trousers* トラウザァズ | ➡ ズボン |
| trust トラスト | ➡ 信頼する |
| try on トライ オン | ➡ 試着する |
| turn ターン | ➡ 曲がる |
| turnpike ターンパイク | ➡ 有料道路 |
| typhoon タイフーン | ➡ 台風 |

## U

| 英語 | 日本語 |
|---|---|
| ulcer アルサァ | ➡ 潰瘍 |
| uncomfortable アンカンファータブル | ➡ 心地悪い |
| Under Construction アンダァ コンストラクション | ➡ 工事中 |
| underground* アンダァグラウンド | ➡ 地下鉄 |
| underground アンダァグラウンド | ➡ 地下道 |
| underwear アンダァウェア | ➡ 下着 |
| unique ユーニーク | ➡ 独特な |
| unusual アニュージュアル | ➡ 珍しい |
| upper berth アッパァ バース | ➡ 上段 |
| urgent アージェント | ➡ 緊急の |
| used car ユーズド カー | ➡ 中古車 |

## V

| 英語 | 日本語 |
|---|---|
| vacant room ヴェイカント ルーム | ➡ 空き部屋 |

|  |  |  |
|---|---|---|
| vague | ヴェイグ | ➡ あいまいな |
| valid | ヴェリッド | ➡ 有効な |
| valley | ヴァリ | ➡ 谷 |
| valuable | ヴァリュアブル | ➡ 値打ちのある |
| valuables | ヴァリュアブルズ | ➡ 貴重品 |
| various | ヴェアリアス | ➡ いろいろな |
| vase | ヴェイス | ➡ 花ビン |
| vegetable | ヴェジタブル | ➡ 野菜 |
| vehicle | ヴィークル | ➡ 乗り物 |
| vehicle accident | ヴィークル アクシデント | ➡ 自動車事故 |
| vending machine | ヴェンディング マシーン | ➡ 自動販売機 |
| view | ヴュー | ➡ 景色 |
| village | ヴィリッジ | ➡ 村 |
| vinegar | ヴィニガァ | ➡ 酢 |
| visa | ヴィザ | ➡ 査証 |
| void | ヴォイド | ➡ 無効 |
| volcano | ヴォルケイノ | ➡ 火山 |
| vomit | ヴォミット | ➡ 吐く |

## W

|  |  |  |
|---|---|---|
| wait for | ウェイト フォー | ➡ 待つ |
| waiting room | ウェイティング ルーム | ➡ 待合室 |
| wallet | ウォリット | ➡ サイフ |
| want to~ | ウォント トゥ | ➡ ～したい |
| wardrobe | ウォードロウブ | ➡ 洋服ダンス |
| washbasin | ワッシュベイスン | ➡ 洗面台 |
| washing machine | ウォッシング マシーン | ➡ 洗濯機 |
| wash towel | ワッシュ タウアル | ➡ 体洗い用タオル |
| waste | ウェイスト | ➡ 浪費 |
| waste basket | ウェイスト バスキット | ➡ くずかご |
| waterfall | ウォータァフォール | ➡ 滝 |
| waterproof | ウォータァプルーフ | ➡ 耐水性の |
| weak | ウィーク | ➡ 弱い |
| weather report | ウェザァ リポート | ➡ 天気予報 |
| weight | ウェイト | ➡ 重さ |
| welfare | ウェルフェア | ➡ 福祉 |
| wet | ウェット | ➡ 湿った |
| wheat | フィート | ➡ 小麦 |
| whole | ホウル | ➡ すべて(の) |
| wicket | ウィキット | ➡ 改札口 |
| win | ウィン | ➡ 勝つ |
| windmill | ウィンドミル | ➡ 風車 |
| wing | ウィング | ➡ 翼 |
| wipe | ワイプ | ➡ 拭く |
| wise | ワイズ | ➡ 賢い |
| witness | ウィトニス | ➡ 目撃者 |
| woods | ウッズ | ➡ 林 |
| wool | ウル | ➡ ウール |
| World War II(two) | ワールド ウォー トゥー | ➡ 第二次世界大戦 |
| worry about | ウァリ アバウト | ➡ 心配する |
| worth | ワース | ➡ 価値ある |
| worthless | ワースリス | ➡ 価値のない |
| wrap | ラップ | ➡ 包装する |
| wrist | リスト | ➡ 手首 |
| wristwatch | リストワッチ | ➡ 腕時計 |
| written contract | リトゥン コントラクト | ➡ 契約書 |
| written guarantee | リトゥン ギャランティー | ➡ 保証書 |
| wrong | ローング | ➡ 間違った |

## Y

|  |  |  |
|---|---|---|
| yacht sailing | ヨット セイリング | ➡ ヨットセーリング |
| yard | ヤード | ➡ 庭 |
| yawn | ヨーン | ➡ あくびをする |
| yearn after | ヤーン アフタァ | ➡ 憧れる |
| yellow card | イェロウ カード | ➡ 予防接種証明書 |
| yellow pages | イェロウペイジズ | ➡ 職業別電話帳 |
| yellow signal(light) | イェロウ シグナル (ライト) | ➡ 黄信号 |
| youth hostel | ユース ホストゥル | ➡ ユースホステル |

## Z

|  |  |  |
|---|---|---|
| zebra | ズィーブラ | ➡ シマウマ |
| zephyr | ゼファー | ➡ 西風 |
| zip | ズィップ | ➡ ファスナー |
| zone | ゾウン | ➡ 地帯 |
| zoom | ズーム | ➡ ズームレンズ |

# 英語の文法&発音ミニ講座

英語でコミュニケーションを取るのに特別なスキルは必要ない。少々の間違いは気にしないこと。中学校までで学んだ文法と、いくつかの動詞と発音のコツをつかんだら、どんどん話してみよう。

## 便利な「動詞」を使いこなそう

### do

① する
I'd like to do some shopping.
買い物をしたいです

② 処理する
Please do the dishes.
お皿を洗って下さい

③ （事が）運ぶ・進行する
You've done well.
よくやったね

### have

① 持つ・持っている
Do you have any brochures?
パンフレットはありますか
※イギリスではしばしば、Have you got～? となる。答え方は、Yes, I(We)have. / No, I (We)haven't. となる。

② 食べる
What is she having?
あの人が食べているのは何ですか？

③ 経験する
I had a very good time.
とても楽しかったです

④ ～させる、～してもらう、～される
I had my bag stolen.
かばんを盗まれました

### get

① 手に入れる
Where can I get a ticket?
チケットはどこで買えますか？

② （ある状態に）なる
I'll get off at the next station.
次で降ります
He got angry.
彼は怒った

### take

① 取る
Please take off your hat.
帽子を脱いで下さい

② 持っていく・連れていく・乗っていく
This road will take you to the station.
この道を行けば駅に着きますよ

**give**

① (無償で) 与える
I gave her a T-shirt. (I gave a T-shirt to her.)
彼女にTシャツをあげた

② ～する
We're giving a party for him.
彼のためにパーティーを開く予定だ
She gave a sudden laugh (cry).
彼女は突然笑った（泣いた）

**keep**

① 保つ
Keep the change.
おつりは取っておいて下さい
Could you keep my baggage?
荷物を預かってもらえますか？

② ～のままである
The alarm clock kept ringing.
目覚まし時計が鳴り続けた

---

**日本語にない発音も覚えよう**

育った背景によってアクセント（なまり）が異なるのはあたりまえ。ただし、発音そのものが違うと話が通じない場合がある。ここでは特に日本語との違いが大きい音についてみてみよう。

**l**

舌を上あごにつけたまま、「ル」と言おうとすると、「ウ」と聞こえる。この音が「l」。lucky, lust, like
ただし、people や international などの語末のlは「ウ」のように聞こえる。

**r**

口笛を吹くように口をすぼめ、舌先はどこにもつけないようにして巻き舌に。この状態で「ウラ」と言うつもりで声を出すと「r」の音になる。「l」と比べると随分とこもった音になる。息は強めに出すのがコツ。reserve, right, friend

**th**

①舌の先を軽く上の前歯の裏に当てて、「ス」と言う。
think, nothing, three

②舌の先を軽く上の前歯の裏に当てて、「ズ」と言う。
mother, leather, there

**f**

上の前歯が軽く下唇に触れる。そのすき間から息を出して、「フ」と言う。off, half, fire

**v**

「f」の濁った音。「f」よりも強めに息を出す。very, seven, voice

### オーストラリア英語の特徴

標準的な英語を話す人も多いが、都市から離れるほど独特のアクセント（なまり）を耳にする機会が増える。イギリス英語（特にコックニーと呼ばれるロンドンなまり）と通じる部分もある。

#### 発音の違い

[英語の発音] → [オーストラリア英語の発音]

① [エイ] → [アイ]
Australia、G'day mate.（＝Hello,friend.）こんにちは
（オストラィリァ、グダイ マイト）

② [アイ] → [オイ]
nice よい、pie パイ、time 時間
（ノイス）（ポイ）（トイム）

③ [オウ] → [アウ]
though けれども、hope 望む
（ザウ）（ハウプ）

④ [アウ] → [ャウ]
house 家、cow 雌牛
（ヒャウス）（キャウ）

⑤ 「l」「h」の音が消える
how どのようにして、only ～だけ
（アウ）（オウニ）

### 英語の言い回しと略語

#### アクセント（強勢）

強勢を後ろにずらす人も多い。数字に関する語の聞き違いには特に注意が必要。thirty（サーティ→サーティ）

#### 独特な言い回し

| | |
|---|---|
| beaut（ビュート） | すばらしい（もの）、美しい（人） |
| bloody（ブラディ） | すごく、たいへん |
| Bottoms up（ボトムズ アップ） | 乾杯！ |
| tube（チューブ） | （ロンドンの）地下鉄 |
| what's up（ホワッツ アップ） | 調子はどう？ |
| you guys（ユー ガイズ） | みんな |
| yummy（ヤミ） | おいしい、すてきな |

#### 略語

| | | |
|---|---|---|
| biz（ビズ） | (＝business) | ビジネス |
| cappa（カッパ） | (＝a cup of tea) | 1杯のお茶 |
| cos（カズ） | (＝because) | ～だから |
| See ya.（スィーヤ） | (＝See you) | またね |
| Ta.（ター） | (＝Thank you.) | ありがとう |
| uni（ユニ） | (＝university/uniform) | 大学／制服 |

# アメリカ英語とイギリス英語の違い

英語、とひと口に言っても土地によってさまざま。発音の違いは耳で徐々に慣れていくとして、語句そのものが違うこともあるので、これには注意が必要だ。ここではアメリカとイギリスの代表的な語句の違いをまとめてみた。

| 日本語 | 米語 | 英語 |
|---|---|---|
| (旅行者の)手荷物 | baggage (バギッジ) | luggage (ラギッジ) |
| 紙幣 | bill (ビル) | bank note (バンクノウト) |
| お祭り／縁日 | carnival (カーニヴル) | fair (フェア) |
| 勘定書 | check (チェック) | bill (ビル) |
| 携帯品預かり所 | check room (チェックルーム) | cloakroom (クロウクルーム) |
| (ポテト)チップス | chips (チップス) | crisps (クリスプス) |
| 繁華街 | downtown (ダウンタウン) | centre (センタァ) |
| 薬屋 | drugstore / pharmacy (ドラッグストーア／ファーマスィ) | chemist's shop (ケミストスショップ) |
| エレベーター | elevator (エレヴェイタァ) | lift (リフト) |
| 秋 | fall (フォール) | autumn (オータム) |
| 1階 | first floor (ファーストフロアー) | ground floor (グラウンドフロアー) |
| 高速道路 | freeway / super highway (フリーウェイ／スーパァハイウェイ) | motorway (モータァウェイ) |
| (細長く切った)ジャガイモのから揚げ | French fries (フレンチフライズ) | Chips (チップス) |
| ガソリンスタンド | gas station (ギャスステイション) | petrol station (ペトロルステイション) |
| (車の)ナンバープレート | license plate (ライセンスプレイト) | number plate (ナンバァプレイト) |
| (人／車などの)列 | line (ライン) | queue (キュー) |
| ○○を貸す | loan (ロウン) | lend (レンド) |
| 予約する | reserve (リザーヴ) | book (ブック) |
| 映画 | movie (ムーヴィ) | film (フィルム) |
| 劇場 | theater (スィアタァ) | theatre (スィアタァ) |
| ズボン | pants (パンツ) | trousers (トラウザァズ) |
| 駐車場 | parking lot (パーキングロット) | car park (カーパーク) |
| 寝台車 | Pullman / sleeper (プルマン／スリーパァ) | sleeping car (スリーピングカー) |
| ハンドバッグ | purse (パース) | handbag (ハンドバッグ) |
| トイレ | restroom (レストルーム) | toilet (トイリット) |
| 片道切符 | one way ticket (ワンウェイティケット) | single ticket (スィングルティケット) |
| 往復切符 | round trip ticket (ラウンドトリップティケット) | return ticket (リターンティケット) |
| 時刻表 | schedule (スケジュール) | timetable (タイムテイブル) |
| 日よけ／ブラインド | shade (シェイド) | blind (ブラインド) |
| 地下鉄 | subway (サブウェイ) | tube / underground (チューブ／アンダァグラウンド) |
| 休暇／休み | vacation (ヴァケイション) | holidays (ホリデイズ) |
| 日よけ | window shade (ウィンドウシェイド) | blind (ブラインド) |
| (数字のゼロ)0 | zero (ズィロウ) | nil (ニル) |

# 50音順キーワード検索

## あ

| | |
|---|---|
| 空いている／移動10フレーズ | 53 |
| 空いている／劇場・映画館 | 88 |
| 開いている／店探し（ショッピング） | 105 |
| 空いている／ファーストフード | 161 |
| 空いているトイレ／機内 | 39 |
| アイロン／ルームサービス | 130 |
| アウトサイドキャビン／船 | 68 |
| アウトレット／店探し（ショッピング） | 105 |
| 仰向け／エステ・マッサージ | 91 |
| 上がる／徒歩（移動） | 55 |
| 秋／日本について語る | 202 |
| 空きがある／見学の予約 | 75 |
| 空きがある／エステ・マッサージ | 90 |
| アクセサリー／品物探し（ショッピング） | 106 |
| 開ける／鉄道・バス・船 | 58 |
| 足／エステ・マッサージ | 91 |
| 足裏マッサージ／エステ・マッサージ | 91 |
| 明日の朝まで／ルームサービス | 130 |
| 預かって／機内 | 38 |
| 預かって／宿泊10フレーズ | 123 |
| 預かって／チェックアウト | 134 |
| 預かって／チェックアウト | 135 |
| 預かっていない／ピンチ（空港で） | 224 |
| 預かる／ホテル予約（直接） | 127 |
| 預かる／レストラン（店に入る） | 150 |
| 預けたい／観光施設 | 77 |
| 預ける／搭乗手続き | 37 |
| 預ける／搭乗手続き | 67 |
| 遊びに行く／再会を約束する | 205 |
| 新しいもの／品物探し（ショッピング） | 109 |
| あちらですか／市内バス・トラム | 63 |
| 熱い／エステ・マッサージ | 91 |
| 暑い／ホテル内の食事 | 165 |
| あっちに行け／ピンチ（紛失・盗難） | 213 |
| あっちに行って／物乞い・物売り | 83 |
| あっちに行って／ピンチ（困った） | 227 |
| あっている／観光10フレーズ | 72 |
| あっている／道を尋ねる | 74 |
| 集まる／レストラン探し | 147 |
| あとで来て／ホテル内 | 129 |
| あと何品／レストラン（食事中） | 155 |
| アナウンス／機内 | 40 |
| アナウンス／公衆電話 | 176 |
| アナウンス／ピンチ（移動） | 222 |
| あなたも／再会を約束する | 205 |
| 兄／自己紹介 | 199 |
| 姉／自己紹介 | 199 |
| 危ない／ピンチ（紛失・盗難） | 213 |
| 危ないエリア／ナイトスポット | 89 |
| アフタヌーンティー／カフェ | 163 |
| あふれる／トラブル（宿泊） | 133 |
| 甘い／屋台 | 166 |
| 甘い物／相手について尋ねる（交流） | 201 |
| 網棚／鉄道・バス・船 | 58 |
| 雨／友達になる | 196 |
| アメリカンブレックファスト／ホテル内の食事 | 164 |
| アラカルト／レストランの予約 | 149 |
| アラカルト／レストラン（注文） | 153 |
| ありがとう／写真やビデオ撮影 | 81 |
| ありがとう／現地発着ツアー | 93 |
| ありがとう／支払い（ショッピング） | 113 |
| ありがとう／レストラン（店を出る） | 157 |
| ありがとう／友達になる | 196 |
| ありがとう／再会を約束する | 205 |
| ありますか／ピンチ（病気・ケガ） | 214 |
| ありません／入出国10フレーズ | 35 |
| ありません／搭乗手続き | 37 |
| ありません／税関申告 | 45 |
| 歩いて行く／観光案内所 | 75 |
| 歩いて行く／ホテル内 | 131 |
| 歩いて行く／レストラン探し | 147 |
| 歩いて行ける／徒歩（移動） | 54 |
| アルコール／ユースホステル | 137 |
| アルコール／カフェ | 162 |
| アルコール／バー、パブ | 168 |
| アルバイト／自己紹介 | 199 |
| あれは何／美術館・博物館 | 78 |
| アレルギー／ピンチ（病院に行く） | 216 |
| アロマテラピー／エステ・マッサージ | 90 |
| 安静／ピンチ（病院に行く） | 216 |
| 安全／レストラン探し | 147 |

## い

| | |
|---|---|
| いいかげんにして／ピンチ（困った） | 227 |
| いいぞー！／スポーツ観戦 | 95 |
| いい天気／友達になる | 196 |
| いいですね／支払い（ショッピング） | 113 |
| いい人だ／支払い（ショッピング） | 113 |

| 凡例 | 50音キーワード／使う場面 …ページ数 |

| 言う／ピンチ（現地ツアー） | 224 |
| ～行き／搭乗手続き | 36 |
| ～行き／搭乗手続き | 37 |
| ～行き／国内線乗り換え | 47 |
| ～行き／移動10フレーズ | 53 |
| ～行き／鉄道・バス・船 | 56 |
| ～行き／鉄道・バス・船 | 58 |
| ～行き／長距離バス | 59 |
| ～行き／飛行機 | 66 |
| ～行き／船 | 68 |
| 行き方／搭乗手続き | 37 |
| 行き方／空港からの移動 | 46 |
| 行き方／移動10フレーズ | 52 |
| 行き方／徒歩（移動） | 54 |
| 行き方／エステ・マッサージ | 90 |
| 行き方／スポーツ観戦 | 94 |
| 行き方／ホテルの予約 | 124 |
| 行き方／レストラン探し | 147 |
| 行き方／レストランの予約 | 149 |
| 行く／空港バス・鉄道 | 46 |
| 行く／タクシー | 47 |
| 行く／地下鉄 | 62 |
| 行く／タクシー | 64 |
| 行く／観光10フレーズ | 72 |
| 行く／レストラン探し | 148 |
| 行く／交流10フレーズ | 194 |
| 行く／相手に尋ねる（交流） | 200 |
| 胃薬／税関申告 | 45 |
| 胃薬／ピンチ（病気・ケガ） | 214 |
| いくつ／レストラン（注文） | 153 |
| いくつある／ホテル予約（直接） | 126 |
| いくつ目／地下鉄 | 62 |
| 行く予定／自己紹介 | 198 |
| いくら／ファクス | 178 |
| いくらかかる／タクシー | 64 |
| いくらかかる／ピンチ（壊れた） | 220 |
| いくらですか／タクシー | 47 |
| いくらですか／市内バス・トラム | 63 |
| いくらですか／タクシー | 65 |
| いくらですか／飛行機 | 66 |
| いくらですか／船 | 68 |
| いくらですか／観光施設 | 77 |
| いくらですか／記念品やみやげを買う | 82 |
| いくらですか／劇場 | 86 |
| いくらですか／映画館 | 87 |
| いくらですか／エステ・マッサージ | 91 |
| いくらですか／現地発着ツアー | 92 |
| いくらですか／ダイビング | 96 |
| いくらですか／テニス | 97 |
| いくらですか／ショッピング10フレーズ | 102 |
| いくらですか／食料品を買う | 109 |
| いくらですか／支払い（ショッピング） | 112 |
| いくらですか／送る（ショッピング） | 115 |
| いくらですか／宿泊10フレーズ | 122 |
| いくらですか／ホテル予約（電話） | 125 |
| いくらですか／ホテル予約（直接） | 126 |
| いくらですか／ホテル内 | 131 |
| いくらですか／チェックアウト | 134 |
| いくらですか／タクシーの予約 | 136 |
| いくらですか／ユースホステル | 137 |
| いくらですか／ハガキ・手紙・小包 | 184 |
| いくらですか／国際宅配便 | 186 |
| 医師／ピンチ（病気・ケガ） | 214 |
| 遺失物拾得所／鉄道・バス・船 | 59 |
| 遺失物取扱所／ピンチ（紛失・盗難） | 212 |
| 医者／ピンチ10フレーズ | 211 |
| 医者／ピンチ（病気・ケガ） | 214 |
| 以上です／レストラン（注文） | 154 |
| イス／ファストフード | 161 |
| 急いで／タクシーの予約 | 136 |
| 急いで／ピンチ（災害・事故） | 218 |
| 急いで／ピンチ（困った） | 227 |
| 急ぎ／電話での会話 | 178 |
| 痛い／エステ・マッサージ | 91 |
| 痛い／ピンチ（病気・ケガ） | 215 |
| いただけますか／観光施設 | 76 |
| 痛み／ピンチ（病気・ケガ） | 215 |
| 痛み／ピンチ（病院に行く） | 216 |
| 痛む／ピンチ（病気・ケガ） | 215 |
| 痛む／ピンチ（災害・事故） | 219 |
| 1日券／スキー | 96 |
| 1日中／ホテル予約（直接） | 127 |
| 1日ツアー／観光案内所 | 75 |
| 1日何回／エンターテインメント | 85 |
| 一卵性／自己紹介 | 199 |
| 1ヵ月／入国審査 | 42 |
| 1週間／入国審査 | 42 |
| 一緒に／カフェ | 162 |
| 一緒に／交流10フレーズ | 195 |
| 一緒に写る／写真やビデオ撮影 | 80 |

# 50音順キーワード検索

一緒に写る／友達になる……………197
行ってください／タクシーの予約……136
1等／鉄道・バス・船…………………57
1等車／鉄道・バス・船………………56
1泊／ホテル予約（空港）……………48
移動手段／ピンチ（移動）…………222
今から／ホテルの食事………………165
イメージ／日本について語る………203
妹／自己紹介…………………………199
イヤフォン／機内………………………40
イヤフォンガイド／劇場・映画館……88
いらっしゃいますか／通信10フレーズ…174
いらっしゃいますか／電話での会話…177
いらない／ピンチ（困った）………227
入口／観光施設…………………………77
いりません／物乞い・物売り…………83
いりません／支払い（ショッピング）…112
いりません／レストラン（注文）…151
いる／電話での会話…………………178
入れない／ファストフード…………160
入れる／写真やビデオ撮影……………80
入れる／ファストフード……………160
入れる／ホテルの食事………………164
色／品物探し（ショッピング）……108
色／オーダーメイド…………………110
～色系／品物探し（ショッピング）…107
インサイドキャビン／船………………68
印刷物／ハガキ・手紙・小包………185
印象的／相手に尋ねる（交流）……200
インストール／インターネットカフェ…182
インターネット／鉄道・バス・船……56
インターネット／ホテル内…………131
インターネット／通信10フレーズ…175
インターネット／インターネット…183
インターネットカフェ／通信10フレーズ…175
インターネットカフェ／インターネットカフェ…182
インターネット接続／インターネット…183

## う

ヴァリデーション／鉄道パス…………57
ウィスキー／機内………………………39
Windows／インターネットカフェ…182
受け取る／搭乗手続き…………………37
動かない／クレーム（ショッピング）…116
動かない／ピンチ（壊れた）………220
動く／ピンチ（移動）………………222
動けません／ピンチ（災害・事故）…219
撃たないで／ピンチ10フレーズ……210
撃たないで／ピンチ（紛失・盗難）…213
売っている／エンターテインメント…84
売っている／スポーツ観戦……………95
うつぶせ／エステ・マッサージ………91
移る／機内………………………………38
腕／エステ・マッサージ………………91
海側の部屋／ホテル予約（直接）…126
海の見える席／レストランの予約…149
梅干し／税関申告………………………45
～売り場／品物探し（ショッピング）…106
売る／店探し（ショッピング）……104
うるさい／トラブル（宿泊）………133
うるさい／レストラン（トラブル）…159
運転者／レンタカー……………………60
運転免許証／バー・パブ……………169

## え

エアコン／トラブル（宿泊）………133
エアコン／レストラン（要望）……158
映画／エンターテインメント…………84
映画館／エンターテインメント………84
映画を観る／自己紹介………………199
映画を観る／相手に尋ねる（交流）…201
営業時間／ハガキ・手紙・小包……184
ATM／ピンチ（町・買い物）………225
A4サイズ／国際宅配便………………186
エール／バー・パブ…………………169
駅の近く／ホテル予約（空港）………48
駅への行き方／移動10フレーズ……52
エスカレーター／品物探し（ショッピング）…106
エスカレーター／チェックイン（ホテル）…128
エステ／エステ・マッサージ…………90
絵ハガキ／記念品やみやげを買う……82
絵ハガキ／ハガキ・手紙・小包……185
エレベーター／品物探し（ショッピング）…106
エレベーター／チェックイン（ホテル）…128
エレベーター／ホテル内……………130
エンジニア／入国審査…………………42
演出／エンターテインメント…………84
演奏会／観光施設………………………77
延長／ホテル内………………………131
延長コード／インターネット………183

| | |
|---|---|
| 演目／エンターテインメント ……… 84 | お元気ですか／友達になる ………196 |
| **お** | 起こして／機内……………………… 39 |
| お会いできて／自己紹介 ……………198 | おごり／レストラン（支払う）……156 |
| お会いできて／再会を約束する ……205 | おごり／バー・パブ ………………169 |
| おいしい店／レストラン探し ………146 | お先に／ホテル内……………………130 |
| おいしかった／飲食10フレーズ……145 | お先に／ホテルの食事 ………………165 |
| おいしかった／レストラン（食事中）…155 | お先に／友達になる …………………196 |
| おいしかった／レストラン（店を出る）…157 | お酒／税関申告 ……………………… 45 |
| おいしそう／屋台 ……………………166 | お酒／相手に尋ねる（交流）…………201 |
| 往復／船 ……………………………… 68 | お酒を飲む／友達になる ……………197 |
| 往復切符／鉄道・バス・船 ………… 56 | お酒を飲む／文化を尋ねる（交流）…204 |
| 大きいもの／品物探し（ショッピング）…107 | お酒を飲む／ピンチ（病院に行く）…216 |
| 大きさ／国際宅配便…………………186 | 教える／機内………………………… 40 |
| 大きすぎ／品物探し（ショッピング）…108 | 教える／写真やビデオ撮影 ………… 80 |
| オーダーメイド／店探し（ショッピング）…104 | お正月／日本について語る …………203 |
| オーダーメイド／オーダーメイド ……110 | お正月休み／日本について語る ……203 |
| オーディオガイド／観光施設 ……… 76 | 押す／写真やビデオ撮影 …………… 80 |
| オーディオガイド／美術館・博物館… 79 | 押す／ホテル内………………………130 |
| オートマティック車／レンタカー … 60 | 押す／レンタル携帯電話 ……………180 |
| 多め／ファストフード ………………160 | おすすめ／記念品やみやげを買う …… 82 |
| 多め／ホテルの食事…………………165 | おすすめ／レストラン（注文）………152 |
| 大盛り／レストラン（要望）………158 | おすすめのエール／バー・パブ ……169 |
| 大盛り／屋台…………………………166 | おすすめのカクテル／バー・パブ …168 |
| お金／物乞い・物売り ……………… 83 | おすすめのコース／エステ・マッサージ… 91 |
| お金を返す／クレーム（ショッピング）…117 | おすすめのスポット／ダイビング …… 96 |
| お代わり／機内 ……………………… 39 | おすすめの食べ物／文化を尋ねる（交流）…204 |
| お代わり／レストラン（要望）……158 | おすすめの場所／観光案内所 ……… 74 |
| お代わり／ホテルの食事 ……………165 | おすすめの店／エステ・マッサージ… 90 |
| 悪寒／ピンチ（病気・ケガ）………215 | おすすめの店／店探し（ショッピング）…105 |
| 置き忘れる／宿泊10フレーズ………123 | おすすめの店／レストラン探し ………146 |
| 置き忘れる／ピンチ（紛失・盗難）……212 | おすすめの店／レストラン探し ………148 |
| 置く／機内…………………………… 38 | おすすめレストラン／レストラン探し………148 |
| 置く／市内バス・トラム …………… 63 | おすすめレストラン／相手に尋ねる（交流）…201 |
| 置く／ホテル内………………………129 | おすすめ料理／飲食10フレーズ……144 |
| 置く／ファストフード ………………161 | おすすめ料理／レストラン（注文）…152 |
| 遅らせる／チェックアウト …………134 | 押すと痛い／ピンチ（病気・ケガ）…215 |
| 遅らせる／レストランの予約 ………149 | お世話に／チェックアウト …………135 |
| 送る／写真やビデオ撮影 …………… 80 | 遅い便／飛行機……………………… 66 |
| 送る／送る（ショッピング）………115 | 遅い列車／鉄道・バス・船 ………… 56 |
| 送る／ファクス………………………178 | 落ち着いて／レストラン（トラブル）…159 |
| 遅れてくる／レストラン（店に入る）…151 | おつまみ／バー・パブ ………………168 |
| 遅れる／搭乗手続き………………… 37 | おつり／タクシー …………………… 47 |
| 遅れる／現地発着ツアー …………… 93 | おつり／タクシー …………………… 65 |
| 遅れる／ピンチ（現地ツアー）……224 | おつり／支払い（ショッピング）……114 |
| | おつり／レストラン（支払う）………157 |

# 50音順キーワード検索

| | |
|---|---|
| おつり／ピンチ（移動）……………223 | 降りる／ピンチ（移動）……………223 |
| おつりが違う／タクシー…………… 65 | 降りるときの合図／市内バス・トラム… 63 |
| おつりが違う／支払い（ショッピング） 114 | 折れる／クレーム（ショッピング）……116 |
| おつりが違う／レストラン（支払う） 156 | 音楽／相手に尋ねる（交流）………201 |
| 弟／自己紹介……………………………199 | 音楽を聴く／自己紹介………………199 |
| 音が出ない／クレーム（ショッピング）116 | 温泉／日本について語る……………203 |
| お得／店探し（ショッピング）………104 | 温度／トラブル（宿泊）………………133 |
| 落とした／レストラン（要望）………158 | |
| 落とし物／ピンチ（紛失・盗難）……212 | ## か |
| 大人1枚／観光施設………………… 76 | |
| 大人2枚／映画館…………………… 87 | カート／税関申告…………………… 45 |
| おなかいっぱい／レストラン（食事中）154 | カード／支払い（ショッピング）……113 |
| おなかいっぱい／屋台………………167 | カード（ホテルの名刺）／ホテル内…131 |
| 同じサイズ／品物探し（ショッピング）…108 | カード(店の名刺)／レストラン探し…147 |
| 同じデザイン／オーダーメイド………110 | カード／レストラン（支払う）………156 |
| 同じ物／写真やビデオ撮影………… 81 | カード(店の名刺)／レストラン(店を出る)…157 |
| 同じ物／品物探し（ショッピング）…106 | カード明細／ピンチ（町・買い物）…225 |
| 同じ物／品物探し（ショッピング）…109 | カードリーダー／ピンチ(町・買い物)…225 |
| 同じ物／屋台…………………………166 | 会員証／ユースホステル……………137 |
| 同じ料理／レストラン（注文）………153 | 開演時間／劇場…………………… 86 |
| お願いします／支払い（ショッピング）…112 | 開館／観光10フレーズ……………… 73 |
| お願いします／電話での会話………178 | 開館／観光案内所………………… 75 |
| お願いします／国際宅配便…………186 | 会計／支払い（ショッピング）………112 |
| お願いする／トラブル（宿泊）………132 | 会計／飲食10フレーズ………………145 |
| おはようございます／ホテルの食事…164 | 会計／カフェ…………………………163 |
| おはようございます／友達になる…196 | 会計する／チェックアウト……………134 |
| オペラ鑑賞／エンターテインメント… 84 | 開催する／店探し（ショッピング）…105 |
| オペラグラス／劇場・映画館……… 88 | 開場時間／劇場…………………… 86 |
| オペレーター／国際電話……………179 | 回数券／地下鉄…………………… 62 |
| おまけ／支払い（ショッピング）……113 | 外線／インターネット………………183 |
| お祭り／文化を尋ねる（交流）………204 | 外線電話／国内電話………………176 |
| オムレツ／ホテルの食事……………164 | 外線の使い方／国内電話……………176 |
| おもしろい／相づち…………………206 | 階段／徒歩（移動）………………… 55 |
| お湯／ホテル予約（直接）……………127 | 階段／美術館・博物館…………… 79 |
| お湯／ルームサービス………………129 | ガイド／現地発着ツアー…………… 92 |
| お湯があふれる／トラブル（宿泊）…133 | ガイドツアー／観光施設…………… 77 |
| オリジナルカクテル／バー・パブ……168 | ガイドブック／観光施設…………… 77 |
| オリジナルグッズ／記念品やみやげを買う… 82 | 買い取り／テニス…………………… 97 |
| 折曲厳禁／国際宅配便……………186 | 買い直す／ピンチ（移動）……………221 |
| 降ります／市内バス・トラム………… 63 | ～回払い／支払い（ショッピング）……113 |
| 下りる／徒歩（移動）……………… 55 | 回避する／タクシー………………… 65 |
| 降りる／長距離バス……………… 59 | 買い物／搭乗手続き……………… 37 |
| 降りる／カジノ……………………… 89 | 買う／物乞い・物売り……………… 83 |
| 降りる／ホテル内……………………130 | 買う／店探し（ショッピング）………104 |
| 降りる／友達になる…………………197 | 買う／支払い（ショッピング）………113 |
| | 買う／クレーム（ショッピング）……116 |

| 凡例 | 50音キーワード／使う場面 …ページ数 |

| | |
|---|---|
| 買う／友達になる | 197 |
| 買う／ピンチ（移動） | 221 |
| カウンター／搭乗手続き | 36 |
| カウンター／搭乗手続き | 49 |
| カウンター／バー・パブ | 168 |
| 返す／機内 | 40 |
| 返す／クレーム（ショッピング） | 117 |
| 返す／ホテル予約（直接） | 127 |
| 帰って／ホテル内 | 129 |
| 帰りの切符／鉄道・バス・船 | 57 |
| 替える／機内 | 38 |
| 替える／船 | 68 |
| 替える／クレーム（ショッピング） | 117 |
| 替える／トラブル（宿泊） | 133 |
| 替える／レストラン（トラブル） | 159 |
| かかる／タクシー | 64 |
| かかる(時間が)／レストラン(店に入る) | 150 |
| 鍵／宿泊10フレーズ | 123 |
| 鍵／ルームサービス | 130 |
| 鍵／ホテル内 | 131 |
| 鍵／ピンチ（壊れた） | 220 |
| 鍵／ピンチ（ホテルで） | 225 |
| 鍵が開かない／トラブル（宿泊） | 132 |
| 鍵が壊れる／トラブル（宿泊） | 132 |
| 書留／ハガキ・手紙・小包 | 184 |
| 鍵をなくす／トラブル（宿泊） | 132 |
| 鍵を忘れる／トラブル（宿泊） | 132 |
| 書く／店探し（ショッピング） | 104 |
| 書く／レストラン探し | 147 |
| 書く／再会を約束する | 205 |
| 学生／相手に尋ねる（交流） | 201 |
| 学生1枚／観光施設 | 76 |
| 学生です／自己紹介 | 198 |
| 学生割引／観光施設 | 76 |
| カクテル／バー・パブ | 168 |
| 確認書／トラブル（宿泊） | 132 |
| 確認する／トランジット | 41 |
| 確認する／搭乗手続き | 67 |
| 確認する／品物探し（ショッピング） | 106 |
| 確認する／トラブル（宿泊） | 132 |
| 確認する／チェックイン（ホテル） | 128 |
| 格安航空券／飛行機 | 66 |
| かけ方／国際電話 | 179 |
| かけ方／レンタル携帯電話 | 180 |
| 賭ける／カジノ | 89 |
| 火山／日本について語る | 202 |
| 火事／ピンチ（災害・事故） | 218 |
| 貸して／入出国10フレーズ | 34 |
| 貸して／ルームサービス | 130 |
| 貸して／ユースホステル | 137 |
| 貸して／インターネット | 183 |
| 貸して／ハガキ・手紙・小包 | 185 |
| 画集／記念品やみやげを買う | 82 |
| ～ヵ所に停まる／タクシー | 64 |
| 貸す／レンタカー | 60 |
| 貸す／公衆電話 | 176 |
| ガス臭い／ピンチ（災害・事故） | 218 |
| 風邪／ピンチ（病気・ケガ） | 214 |
| 課税する／税関申告 | 45 |
| 風邪薬／税関申告 | 45 |
| 家族／自己紹介 | 199 |
| ガソリン／レンタカー | 61 |
| ガソリンスタンド／ガソリンスタンド | 61 |
| 肩／エステ・マッサージ | 91 |
| 片付けて／機内 | 39 |
| 片付ける／機内 | 40 |
| 片付ける／レストラン（食事中） | 155 |
| 片付ける／レストラン（要望） | 158 |
| 片付ける／ファストフード | 161 |
| 肩マッサージ／エステ・マッサージ | 91 |
| 片道／船 | 68 |
| 片道切符／移動10フレーズ | 52 |
| 片道切符／鉄道・バス・船 | 56 |
| ～月～日／搭乗手続き | 67 |
| ～月～日／見学の予約 | 75 |
| 家庭的な／レストラン探し | 146 |
| 角部屋／ホテル予約（直接） | 126 |
| 角を曲がる／徒歩（移動） | 55 |
| 角を曲がる／タクシー | 65 |
| 必ず行く／チェックイン（ホテル） | 128 |
| カバン／チェックアウト | 135 |
| カフェ／友達になる | 197 |
| カフェイン抜き／カフェ | 162 |
| カフェテリア／美術館・博物館 | 79 |
| カプチーノ／カフェ | 162 |
| 雷／友達になる | 196 |
| ガムテープ／ハガキ・手紙・小包 | 185 |
| カメラが壊れる／写真やビデオ撮影 | 81 |
| カメラ店／写真やビデオ撮影 | 81 |
| カメラのシャッター／ピンチ（壊れた） | 220 |

# 50音順キーワード検索

| | |
|---|---|
| カメラを落とす／写真やビデオ撮影 … 81 | 北／徒歩（移動） … 54 |
| カメラを修理する／写真やビデオ撮影 … 81 | 貴重品／チェックイン（ホテル） … 128 |
| 辛い／レストラン（注文） … 152 | 貴重品／チェックアウト … 135 |
| 辛い／屋台 … 166 | 貴重品／ユースホステル … 137 |
| カラオケ／日本について語る … 203 | きつい／オーダーメイド … 110 |
| 辛くしないで／屋台 … 166 | 喫煙／トランジット … 41 |
| 辛さを和らげる／屋台 … 167 | 喫煙室／ホテル予約（直接） … 126 |
| 仮縫い／オーダーメイド … 110 | 喫煙所／美術館・博物館 … 79 |
| 借りる／観光案内所 … 75 | 喫煙所／ユースホステル … 137 |
| 借りる／ゴルフ … 97 | 喫煙席／搭乗手続き … 36 |
| 借りる／テニス … 97 | 喫煙席／レストランの予約 … 149 |
| 借りる／レンタル携帯電話 … 180 | 喫煙席／レストラン（店に入る） … 150 |
| 軽い食事／カフェ … 162 | 切手／通信10フレーズ … 175 |
| 軽め／屋台 … 166 | 切手／ハガキ・手紙・小包 … 184 |
| 代わりの便／トランジット … 41 | 切手代／通信10フレーズ … 175 |
| 考える／品物探し（ショッピング） … 108 | 切手代／ハガキ・手紙・小包 … 184 |
| 考える／ホテル予約（直接） … 127 | 切符／空港バス・鉄道 … 46 |
| 換金する／カジノ … 89 | 切符／移動10フレーズ … 52 |
| 換金する／ファストフード … 160 | 切符／地下鉄 … 62 |
| 関係ない／ピンチ（困った） … 227 | 切符／市内バス・トラム … 63 |
| 観光／入出国10フレーズ … 34 | 切符／ピンチ（移動） … 221 |
| 観光／入国審査 … 42 | 切符売り場／鉄道・バス・船 … 56 |
| 観光案内所／ホテル予約（空港） … 48 | 切符売り場／観光施設 … 76 |
| 観光案内所／観光10フレーズ … 72 | 来てください／再会を約束する … 205 |
| 観光案内所／観光案内所 … 74 | 機内預け荷物／支払い（ショッピング） … 114 |
| 観光する／文化を尋ねる（交流） … 204 | 機内に残る／トランジット … 41 |
| 観光ツアー／現地発着ツアー … 92 | 機内に持ち込む／搭乗手続き … 37 |
| 勘定／レストラン（支払う） … 156 | 機内に持ち込む／搭乗手続き … 67 |
| 勘定／屋台 … 167 | 気に入らない／品物探し（ショッピング） … 108 |
| 勘定書き／レストラン（支払う） … 156 | 気にしない／ピンチ（人間関係） … 226 |
| 鑑賞ツアー／エンターテインメント … 85 | 記入の仕方／機内 … 40 |
| 観戦／自己紹介 … 199 | ギネス／バー・パブ … 169 |
| 簡単に包んで／支払い（ショッピング） … 114 | 記念切手／ハガキ・手紙・小包 … 184 |
| 館内ツアー／観光施設 … 77 | 希望する／ホテル予約 … 124 |
| 館内の案内図／観光施設 … 76 | 希望どおり／オーダーメイド … 110 |
| 乾杯／レストラン（注文） … 151 | 気持ちいい／エステ・マッサージ … 91 |
| | 着物／日本について語る … 203 |
| **き** | キャスター付き／荷物受け取り（空港） … 44 |
| キー／インターネットカフェ … 182 | 代金引き換え／バー・パブ … 169 |
| 既往症／ピンチ（病気・ケガ） … 214 | ギャラリー席／劇場 … 86 |
| 気温／日本について語る … 202 | キャンセル／現地発着ツアー … 93 |
| 着替える／エステ・マッサージ … 91 | キャンセル／ホテル予約（直接） … 127 |
| 聞こえない／電話での会話 … 177 | キャンセルする／レストラン（要望） … 158 |
| キズ／レンタカー … 60 | キャンセル待ち／搭乗手続き … 49 |
| キズ／品物探し（ショッピング） … 106 | 休暇／自己紹介 … 198 |

## か き く け

| 項目 | ページ |
|---|---|
| 休暇／相手に尋ねる（交流） | 200 |
| 休館日／観光案内所 | 75 |
| 救急車／ピンチ（病気・ケガ） | 214 |
| 救急車／ピンチ（災害・事故） | 219 |
| 休業日／店探し（ショッピング） | 105 |
| 休憩／トランジット | 41 |
| 休憩／美術館・博物館 | 79 |
| 休憩／劇場・映画館 | 88 |
| 給油方法／ガソリンスタンド | 61 |
| 行事／文化を尋ねる（交流） | 204 |
| 兄弟／相手に尋ねる（交流） | 201 |
| 興味がある／自己紹介 | 199 |
| 興味がない／ピンチ（困った） | 227 |
| 曲／ナイトスポット | 89 |
| 切られる／ピンチ（紛失・盗難） | 213 |
| 霧／友達になる | 196 |
| 切れる／国際電話 | 179 |
| 気を付けて／再会を約束する | 205 |
| 禁煙室／ホテル予約（直接） | 126 |
| 禁煙席／搭乗手続き | 36 |
| 禁煙席／レストランの予約 | 149 |
| 禁煙席／レストラン（店に入る） | 150 |
| 緊急事態／ピンチ（紛失・盗難） | 213 |
| 緊急事態／ピンチ（災害・事故） | 218 |
| 金庫／トラブル（宿泊） | 133 |
| 銀行／道を尋ねる | 74 |
| 銀ムク／品物探し（ショッピング） | 107 |

### く

| 項目 | ページ |
|---|---|
| 具合が悪い／機内 | 40 |
| 具合が悪い／ピンチ10フレーズ | 211 |
| 具合が悪い／ピンチ（病気・ケガ） | 214 |
| 空港／飛行機 | 66 |
| 空港／ピンチ（移動） | 222 |
| 空港バス／空港からの移動 | 46 |
| 空港まで／タクシーの予約 | 136 |
| 空席／飛行機 | 66 |
| 空席待ち／飛行機 | 66 |
| クーポン／レンタカー | 60 |
| クーポン／支払い（ショッピング） | 113 |
| クーポン／ファストフード | 160 |
| 薬／船 | 68 |
| 薬／ピンチ（病気・ケガ） | 214 |
| ください／地下鉄 | 62 |
| ください／食料品を買う | 109 |
| ください／屋台 | 167 |
| 靴／店探し（ショッピング） | 104 |
| 靴／テニス | 97 |
| クッション入り封筒／ハガキ・手紙・小包 | 185 |
| グッズ／スポーツ観戦 | 95 |
| 靴底／ピンチ（壊れた） | 220 |
| 首／エステ・マッサージ | 91 |
| グラス／レストラン（注文） | 151 |
| グラス／バー・パブ | 168 |
| クラシックコンサート／エンターテインメント | 84 |
| クラブ／ナイトスポット | 88 |
| クリスマス／文化を尋ねる（交流） | 204 |
| クルーズ／現地発着ツアー | 93 |
| 車を見る／レンタカー | 60 |
| クレジットカード／タックスリファンド | 49 |
| クレジットカード／鉄道・バス・船 | 56 |
| クレジットカード／レンタカー | 60 |
| クレジットカード／ショッピング10フレーズ | 103 |
| クレジットカード／支払い（ショッピング） | 113 |
| クレジットカード／ホテル予約（電話） | 125 |
| クレジットカード／ホテル予約（直接） | 127 |
| クレジットカード／レストラン（店に入る） | 150 |
| クレジットカード／国際電話 | 179 |
| クレジットカード／レンタル携帯電話 | 180 |
| クレジットカード／ピンチ（紛失・盗難） | 212 |
| クローク／劇場・映画館 | 88 |

### け

| 項目 | ページ |
|---|---|
| 経済的な車／レンタカー | 60 |
| 警察／ピンチ（紛失・盗難） | 212 |
| 警察／ピンチ（紛失・盗難） | 213 |
| 警察／ピンチ（災害・事故） | 219 |
| 警察を呼ぶ／ピンチ10フレーズ | 211 |
| 計算／支払い（ショッピング） | 113 |
| 計算／チェックアウト | 135 |
| 計算が違う／両替 | 42 |
| 軽食／機内 | 39 |
| 軽食／レストラン探し | 147 |
| 携帯電話／レンタル携帯電話 | 180 |
| 携帯電話の番号／電話での会話 | 178 |
| 経由／タクシー | 65 |
| ケーキ／カフェ | 162 |
| ケガ／スキー | 96 |
| ケガ／ピンチ（病院に行く） | 216 |
| ケガ／ピンチ（災害・事故） | 218 |

# 50音順キーワード検索

| | |
|---|---|
| 劇場／エンターテインメント………84 | 購入する／荷物受け取り（空港）……44 |
| ケチャップ／ファストフード………161 | 後方／搭乗手続き………36 |
| 血液型／ピンチ（病院に行く）…216 | 紅葉／日本について語る………202 |
| 結構です／機内………39 | コース／エステ・マッサージ………91 |
| 結構です／クレーム（ショッピング）…117 | コース表／エステ・マッサージ………91 |
| 結構です／レストラン（食事中）…155 | コースメニュー／レストラン（注文）…152 |
| 結構です／屋台………167 | コース料理／レストランの予約…149 |
| 結構です／ピンチ（壊れた）…220 | コーチ／テニス………97 |
| 結構です／ピンチ（移動）…222 | コート／劇場・映画館………88 |
| 解熱剤／ピンチ（病気・ケガ）…214 | コートの予約／テニス………97 |
| 下痢／ピンチ（病気・ケガ）…214 | コーヒー／レストラン（食事中）…155 |
| ゲレンデマップ／スキー………96 | コーヒー／ホテルの食事………164 |
| 見学の予約／見学の予約………75 | コーヒーのお代わり／機内………39 |
| 元気です／友達になる………196 | 氷／機内………39 |
| 現金／入国審査………42 | 氷／ルームサービス………129 |
| 現金／支払い（ショッピング）…113 | 氷／バー・パブ………168 |
| 現金／ホテル予約（直接）………127 | 誤解／ピンチ（人間関係）………226 |
| 現在位置／道を尋ねる………74 | 小型車／レンタカー………60 |
| 現像／写真やビデオ撮影………81 | 刻印機／鉄道・バス・船………58 |
| 現像所／写真やビデオ撮影………81 | 国技／日本について語る………202 |
| 現地時間／機内………40 | 国際運転免許証／レンタカー………60 |
| 現地の天気／機内………40 | 国際学生証／観光施設………76 |
| 券売機／鉄道・バス・船………56 | 国際宅配便／通信10フレーズ…175 |
| | 国際宅配便／国際宅配便………186 |
| **こ** | 国際宅配便会社／国際宅配便 186 |
| コイン／公衆電話………176 | 国際電話／国際電話………179 |
| 郊外／観光案内所………74 | 国際電話識別番号／国際電話…179 |
| 交換する／クレーム（ショッピング）…117 | 国内線ターミナル／国内線乗り換え…47 |
| 交換する／レストラン（要望）…158 | ここで／ファストフード………161 |
| 航空便／ハガキ・手紙・小包…184 | 午後7時／エステ・マッサージ………90 |
| 航空便／ハガキ・手紙・小包…185 | 午後のツアー／現地発着ツアー………92 |
| 好ゲーム／スポーツ観戦………94 | 午後便／飛行機………66 |
| 口座／タックスリファンド………49 | 故障／ドライブ………61 |
| 交差点／ピンチ（災害・事故）…219 | コショウ／レストラン（食事中）…154 |
| ～号室／送る（ショッピング）…115 | コショウ／カフェ………162 |
| 公衆電話／道を尋ねる………74 | 小銭／両替………42 |
| 公衆電話／カフェ………163 | 午前中のツアー／現地発着ツアー………92 |
| 公衆電話／通信10フレーズ………174 | 午前便／飛行機………66 |
| 公衆電話／公衆電話………176 | ごちそうさま／屋台………167 |
| 公衆トイレ／道を尋ねる………74 | こちらこそ／再会を約束する…205 |
| 高速道路／ドライブ………61 | こちらですか／市内バス・トラム………63 |
| 紅茶／レストラン（食事中）…155 | こっちにする／レストラン（注文）…154 |
| 紅茶／カフェ………163 | 小包／送る（ショッピング）…115 |
| 紅茶／ホテルの食事………164 | 小包／ハガキ・手紙・小包…185 |
| 交通事故／ピンチ（災害・事故）…219 | 小包／国際宅配便………186 |

| | |
|---|---|
| 小包用の箱／ハガキ・手紙・小包 | 185 |
| 小包用の封筒／ハガキ・手紙・小包 | 185 |
| こってり／レストラン（注文） | 153 |
| 子供1枚／映画館 | 87 |
| 子供連れ／レストラン探し | 146 |
| 子供向き／レストラン（注文） | 153 |
| 子供用のイス／レストラン（店に入る） | 151 |
| 来ない／友達になる | 197 |
| 来ないで／物乞い・物売り | 83 |
| このあたりに／店探し（ショッピング） | 104 |
| この道でいいですか／徒歩（移動） | 54 |
| 好みに合わない／品物探し（ショッピング） | 108 |
| こぼす／レストラン（要望） | 158 |
| 細かく／両替 | 42 |
| 込み／レストラン（支払う） | 156 |
| 混む／搭乗手続き | 36 |
| ごめんなさい／物乞い・物売り | 83 |
| ごめんなさい／ピンチ（人間関係） | 226 |
| 凝る／エステ・マッサージ | 91 |
| ゴルフコース／ゴルフ | 97 |
| コレクトコール／国際電話 | 179 |
| これだけです／税関申告 | 45 |
| これです／搭乗手続き | 36 |
| これです／入国審査 | 42 |
| これです／バー・パブ | 169 |
| これにします／記念品やみやげを買う | 82 |
| これにします／ショッピング10フレーズ | 103 |
| これにします／品物探し | 108 |
| これにします／飲食10フレーズ | 145 |
| これにします／レストラン（注文） | 154 |
| これをください／支払い（ショッピング） | 112 |
| 殺す／ピンチ（紛失・盗難） | 213 |
| 壊される／荷物受け取り（空港） | 44 |
| 壊れ物／搭乗手続き | 37 |
| 壊れ物／搭乗手続き | 67 |
| 壊れる／機内 | 40 |
| 壊れる／レンタカー | 60 |
| 壊れる／写真やビデオ撮影 | 81 |
| 壊れる／クレーム（ショッピング） | 116 |
| 壊れる／チェックアウト | 135 |
| 壊れる／公衆電話 | 177 |
| 壊れる／ピンチ（空港で） | 224 |
| コンセント／インターネット | 181 |
| コンチネンタルブレックファスト／ホテルの食事 | 164 |
| こんにちは／友達になる | 196 |
| 今晩／宿泊10フレーズ | 122 |
| こんばんは／友達になる | 196 |
| コンピュータ／インターネット | 181 |
| コンピュータショップ／インターネット | 181 |
| コンボ／ファストフード | 160 |
| 梱包／ハガキ・手紙・小包 | 185 |
| 梱包を丈夫に／支払い（ショッピング） | 114 |

## さ

| | |
|---|---|
| サービス料／レストラン（支払う） | 156 |
| 〜歳／バー・パブ | 169 |
| 〜歳／自己紹介 | 199 |
| 再確認／飛行機 | 67 |
| 最終回／映画館 | 87 |
| 最終入場時間／観光施設 | 76 |
| 最初に／タクシー | 47 |
| 最新モデル／品物探し（ショッピング） | 107 |
| サイズ／品物探し（ショッピング） | 107 |
| サイズ／ファストフード | 161 |
| サイズが合わない／クレーム（ショッピング） | 117 |
| 再入場／美術館・博物館 | 79 |
| 再発行／ピンチ（移動） | 221 |
| 財布／ピンチ10フレーズ | 210 |
| 財布／ピンチ（紛失・盗難） | 212 |
| 財布／ピンチ（紛失・盗難） | 213 |
| サイン／ホテル予約（直接） | 127 |
| 坂／徒歩（移動） | 55 |
| 差額／クレーム（ショッピング） | 117 |
| 探す／ショッピング10フレーズ | 102 |
| 探す／店探し（ショッピング） | 104 |
| 探す／品物探し（ショッピング） | 106 |
| 探す／トラブル（宿泊） | 132 |
| 魚料理／レストラン（注文） | 153 |
| 魚料理／日本について語る | 203 |
| 先に／レストラン（店に入る） | 150 |
| 先に／カフェ | 162 |
| 作成する／荷物受け取り（空港） | 44 |
| 作品／美術館・博物館 | 78 |
| 作品集／記念品やみやげを買う | 82 |
| 桜が咲く／日本について語る | 202 |
| 酒／店探し（ショッピング） | 104 |
| 下げて／機内 | 40 |
| 刺身／日本について語る | 203 |
| 札／両替 | 42 |
| 撮影する／写真やビデオ撮影 | 80 |

# 50音順キーワード検索

| | |
|---|---|
| サッカー／スポーツ観戦 94 | 仕事で／自己紹介 198 |
| サッカー／自己紹介 199 | 地震／日本について語る 202 |
| さっぱり／レストラン（注文） 153 | 地震／ピンチ（災害・事故） 218 |
| 砂糖／レストラン（食事中） 155 | 静かな／レストラン探し 146 |
| 寒くなる／ホテルの食事 165 | 静かな部屋／ホテル予約（直接） 126 |
| 寒気／ピンチ（病気・ケガ） 215 | 静かにして／ユースホステル 137 |
| さようなら／物乞い・物売り 83 | 時代／美術館・博物館 78 |
| さようなら／レストラン（店を出る） 157 | 試着する／品物探し（ショッピング） 107 |
| さようなら／再会を約束する 205 | 試聴／品物探し（ショッピング） 106 |
| 皿／飲食10フレーズ 145 | しつこい／ホテル内 129 |
| 皿／ホテルの食事 164 | 指定席／映画館 87 |
| 騒がしい／ピンチ（ホテルで） 225 | 市内通話／インターネット 183 |
| 触らないで／ピンチ（困った） 227 | 芝居／エンターテインメント 84 |
| 触る／搭乗手続き 49 | 支払い／ホテル予約（空港） 48 |
| 触る／美術館・博物館 79 | 支払い／ホテル予約（直接） 127 |
| 参加する／現地発着ツアー 92 | 支払い／レストランの予約 149 |
| 36枚撮り／写真やビデオ撮影 81 | 支払い／屋台 167 |
| | 支払い／バー・パブ 169 |

## し

| | |
|---|---|
| ～時／タクシー 64 | 支払います／ホテル予約（直接） 127 |
| 試合／スポーツ観戦 94 | 支払いません／チェックアウト 135 |
| 仕上がり／オーダーメイド 110 | 支払う／支払い（ショッピング） 114 |
| シーツ／トラブル（宿泊） 133 | 支払う／チェックアウト 134 |
| シーツを貸して／ユースホステル 137 | 支払う／屋台 167 |
| CD-ROM／国際宅配便 186 | 支払う／国際宅配便 186 |
| ジーンズ／レストラン探し 147 | 自販機／ピンチ（町・買い物） 225 |
| 自営業／自己紹介 198 | 私物／ハガキ・手紙・小包 185 |
| 塩く／レストラン（食事中） 154 | 自分で使うもの／税関申告 45 |
| 塩／カフェ 162 | 自分で運ぶ／チェックイン（ホテル） 128 |
| 次回／映画館 87 | 自分で見て回る／品物探し（ショッピング） 106 |
| 市街図／観光10フレーズ 72 | 自分でやる／ピンチ（困った） 227 |
| 市街図／観光案内所 74 | ～時～分発／鉄道・バス・船 56 |
| 市街地／ドライブ 61 | 自分用／支払い（ショッピング） 114 |
| 仕方ない／物乞い・物売り 83 | 字幕／映画館 87 |
| 時間／空港バス・鉄道 46 | 島国／日本について語る 202 |
| 時間／レストラン（注文） 152 | ～時までに／タクシー 64 |
| 時間がない／タクシーの予約 136 | シミ／ルームサービス 130 |
| ～時間コース／エステ・マッサージ 91 | 指名通話／国際電話 179 |
| 四季／日本について語る 202 | 地元の人／エステ・マッサージ 90 |
| 事故／ドライブ 61 | 地元の人に人気／店探し（ショッピング） 104 |
| 事故／ピンチ（災害・事故） 218 | 地元の人に人気／レストラン探し 146 |
| 時刻表／鉄道・バス・船 56 | 地元料理／レストラン探し 146 |
| 事故証明書／ピンチ（災害・事故） 219 | 社会人／相手に尋ねる（交流） 201 |
| 仕事／相手に尋ねる（交流） 200 | 車種／レンタカー 60 |
| 仕事／相手に尋ねる（交流） 201 | 写真／観光10フレーズ 73 |
| | 写真／写真やビデオ撮影 80 |

| 項目 | ページ |
|---|---|
| 写真撮影のポイント／写真やビデオ撮影… | 80 |
| 写真を送る／再会を約束する | 205 |
| 写真を撮る／写真やビデオ撮影 | 80 |
| 写真を撮る／レストラン（店を出る） | 157 |
| 写真を撮る／自己紹介 | 199 |
| おすすめの店／エンターテインメント | 85 |
| シャッターを押す／友達になる | 197 |
| シャトルバス／店探し（ショッピング） | 105 |
| 車内／鉄道・バス・船 | 59 |
| 車両／鉄道・バス・船 | 58 |
| シャワー／ユースホステル | 137 |
| シャワー・トイレ共同／ホテル予約（直接） | 126 |
| シャンプー／トラブル（宿泊） | 133 |
| ジャンル／ナイトスポット | 88 |
| 終演時間／劇場 | 86 |
| 住所／徒歩（移動） | 54 |
| 住所／道を尋ねる | 74 |
| 住所／交流10フレーズ | 195 |
| 住所／再会を約束する | 205 |
| 住所を教える／写真やビデオ撮影 | 80 |
| 自由席／映画館 | 87 |
| 渋滞／タクシー | 65 |
| 終電／鉄道・バス・船 | 57 |
| 終電／地下鉄 | 62 |
| 充電／レンタル携帯電話 | 180 |
| 18金／品物探し（ショッピング） | 107 |
| 充分／レストラン（注文） | 153 |
| 周辺／レストラン探し | 147 |
| 週末割引／飛行機 | 66 |
| 修理／クレーム（ショッピング） | 117 |
| 修理／ピンチ（壊れた） | 220 |
| 重量制限／ハガキ・手紙・小包 | 185 |
| 主演／エンターテインメント | 84 |
| 宿泊している／電話での会話 | 177 |
| 主食／日本について語る | 203 |
| 出血／ピンチ（災害・事故） | 219 |
| 出港／船 | 68 |
| 出国カード／搭乗手続き | 37 |
| 出発／搭乗手続き | 36 |
| 出発／空港バス・鉄道 | 46 |
| 出発／飛行機 | 66 |
| 出発時刻／トランジット | 41 |
| 趣味／相手に尋ねる（交流） | 201 |
| 順路／美術館・博物館 | 78 |
| 上映時間／映画館 | 87 |
| 上演する／エンターテインメント | 84 |
| 乗車する／鉄道バス | 57 |
| 乗車する／ピンチ（移動） | 221 |
| 乗船／船 | 68 |
| 症状／ピンチ（病気・ケガ） | 215 |
| 商品／タックスリファンド | 49 |
| 情報が欲しい／スポーツ観戦 | 95 |
| 情報誌／エンターテインメント | 84 |
| 賞味期限／食料品を買う | 109 |
| ショー／エンターテインメント | 85 |
| ショーウィンドウ／品物探し（ショッピング） | 106 |
| ショート／カフェ | 163 |
| 食後に／カフェ | 162 |
| 食材／レストラン（注文） | 152 |
| 食事／機内 | 39 |
| 食事／船 | 68 |
| 食事／ホテルの食事 | 165 |
| 食事ができる／エンターテインメント | 85 |
| 食事付き／エンターテインメント | 85 |
| 食事できる／飲食10フレーズ | 144 |
| 食事できる／レストラン（店に入る） | 150 |
| 食事に行く／友達になる | 197 |
| 食事メニュー／バー・パブ | 169 |
| 食前酒／レストラン（注文） | 151 |
| 食欲／ピンチ（病気・ケガ） | 215 |
| 初心者用／スキー | 96 |
| 女優／相手に尋ねる（交流） | 201 |
| 書類／タックスリファンド | 49 |
| 書類／国際宅配便 | 186 |
| 知らせる／ピンチ（紛失・盗難） | 212 |
| 知らない／ピンチ（空港で） | 224 |
| 調べる／荷物受け取り（空港） | 44 |
| 調べる／ファクス | 178 |
| 印を付ける／徒歩（移動） | 55 |
| シングル／ホテル予約（空港） | 48 |
| シングルルーム／ホテル予約 | 124 |
| シングルルーム／ホテル予約（直接） | 126 |
| 信号／徒歩（移動） | 55 |
| 人口／日本について語る | 202 |
| 人口／文化を尋ねる（交流） | 204 |
| 申告／税関申告 | 45 |
| 信じられない／相づち | 206 |
| 診断書／ピンチ（病院に行く） | 216 |
| 心配／ピンチ（人間関係） | 226 |
| 新聞／機内 | 39 |

# 50音順キーワード検索

## す

| | |
|---|---|
| スイッチ／トラブル（宿泊） | 132 |
| 空いている／エンターテインメント | 84 |
| スーツケース／荷物受け取り(空港) | 44 |
| スーパーマーケット／店探し(ショッピング) | 104 |
| 好き／スポーツ観戦 | 95 |
| 好き／自己紹介 | 198 |
| スキー板／スキー | 96 |
| スキー板／スキー | 96 |
| すぐに／レストラン（トラブル） | 159 |
| 少なめ／ファストフード | 160 |
| 少なめ／ホテルの食事 | 165 |
| スケジュール／観光施設 | 77 |
| 過ごす／文化を尋ねる（交流） | 204 |
| 寿司／日本について語る | 203 |
| スターティングメンバー／スポーツ観戦 | 95 |
| スタジアム／スポーツ観戦 | 94 |
| スタンバイシステム／劇場 | 86 |
| スタンプ／鉄道パス | 57 |
| ステージの近く／レストランの予約 | 149 |
| すてき／友達になる | 197 |
| ストライキ／ピンチ（移動） | 222 |
| ストロー／ファストフード | 161 |
| すばらしい／相づち | 206 |
| スプーン／レストラン（食事中） | 154 |
| スポーツ／相手に尋ねる（交流） | 201 |
| スポーツ／文化を尋ねる（交流） | 204 |
| スポーツカー／レンタカー | 60 |
| すみません／機内 | 38 |
| すみません／カフェ | 162 |
| すみません／友達になる | 196 |
| 住む／自己紹介 | 199 |
| 相撲／日本について語る | 202 |
| すられる／ピンチ（紛失・盗難） | 213 |
| 座る／鉄道・バス・船 | 58 |
| 座る／ファストフード | 161 |
| 座る／カフェ | 162 |
| 座る／ホテルの食事 | 164 |
| 座る／屋台 | 166 |
| 座る／友達になる | 196 |
| 済んでいない／機内 | 39 |

## せ

| | |
|---|---|
| 〜製／品物探し（ショッピング） | 107 |
| 税関申告書／ハガキ・手紙・小包 | 185 |
| 税金／レストラン（支払う） | 156 |
| 精算／ピンチ（移動） | 221 |
| 成人式／日本について語る | 203 |
| 正装／レストラン探し | 147 |
| 西洋料理／日本について語る | 203 |
| 生理／ピンチ（病気・ケガ） | 215 |
| 席／機内 | 38 |
| 席／鉄道・バス・船 | 58 |
| 席／劇場 | 86 |
| 席／劇場・映画館 | 88 |
| 席／スポーツ観戦 | 95 |
| 席／ファストフード | 161 |
| 席が違う／レストラン（トラブル） | 159 |
| 席で支払う／レストラン（支払う） | 156 |
| 責任／トラブル（宿泊） | 132 |
| 責任／チェックアウト | 135 |
| 責任／ピンチ（災害・事故） | 219 |
| 席を移る／機内 | 38 |
| 席を替える／機内 | 38 |
| 席を替える／レストラン（トラブル） | 159 |
| 席を倒す／機内 | 38 |
| 席を倒す／鉄道・バス・船 | 58 |
| 席を立てる／機内 | 39 |
| 席を取る／劇場 | 86 |
| 石けん／トラブル（宿泊） | 133 |
| 接続する／インターネット | 181 |
| 接続列車／鉄道・バス・船 | 57 |
| 設定／インターネット | 181 |
| セット／カフェ | 163 |
| セットアップ／インターネット | 181 |
| セットメニュー／ファストフード | 160 |
| 栓が閉まらない／トラブル（宿泊） | 133 |
| ぜひ／再会を約束する | 205 |
| 専攻する／自己紹介 | 199 |
| 専攻する／相手に尋ねる（交流） | 201 |
| 船室／船 | 68 |
| 全身マッサージ／エステ・マッサージ | 91 |
| 喘息／ピンチ(病院に行く) | 216 |
| 洗濯物／ルームサービス | 130 |
| 全部／ファストフード | 160 |
| 全部／ホテルの食事 | 165 |
| 全部で／ファクス | 178 |
| 全部でいくら／支払い(ショッピング) | 112 |
| 前方／搭乗手続き | 36 |

## そ

| 項目 | ページ |
|---|---|
| 専用の箱／国際宅配便 | 186 |
| 専用の封筒／国際宅配便 | 186 |
| そう／相づち | 206 |
| 掃除／ルームサービス | 130 |
| 総人口／日本について語る | 202 |
| そうだといいね／相づち | 206 |
| そうですか／相づち | 206 |
| 相場／ピンチ（移動） | 222 |
| 送付先／ファクス | 178 |
| 速達／ハガキ・手紙・小包 | 184 |
| 素材／品物探し（ショッピング） | 107 |
| 素材／オーダーメイド | 110 |
| そのとおり／相づち | 206 |
| そば／徒歩（移動） | 55 |
| ソフトドリンク／ナイトスポット | 89 |
| それにします／劇場 | 86 |
| それにします／レストランの予約 | 149 |
| それにします／屋台 | 166 |
| それを／レストラン（注文） | 154 |
| それをください／ホテルの食事 | 165 |
| 揃う／レストラン（注文） | 152 |

## た

| 項目 | ページ |
|---|---|
| ターキーサンド／ファストフード | 160 |
| ターミナル／タクシーの予約 | 136 |
| ターンテーブル／荷物受け取り（空港） | 44 |
| 代金／荷物受け取り（空港） | 44 |
| 代金／ピンチ（現地ツアー） | 224 |
| 体験ダイビング／ダイビング | 96 |
| 滞在する／自己紹介 | 198 |
| たいしたことない／ピンチ（人間関係） | 226 |
| 大丈夫／ピンチ（災害・事故） | 218 |
| ダイビング／ダイビング | 96 |
| タイミング／ピンチ（人間関係） | 226 |
| ダウンタウン／空港バス・鉄道 | 46 |
| 倒す／機内 | 38 |
| タオル／トラブル（宿泊） | 133 |
| 倒れる／ピンチ（災害・事故） | 219 |
| 高い／品物探し（ショッピング） | 108 |
| 高い／レストラン（支払う） | 157 |
| 高い／ピンチ（移動） | 223 |
| 高くない／レストラン探し | 146 |
| 高さ／美術館・博物館 | 78 |
| タクシー／空港からの移動 | 46 |
| タクシー／徒歩（移動） | 55 |
| タクシー／エステ・マッサージ | 90 |
| タクシー／レストラン探し | 148 |
| タクシー／レストラン（店を出る） | 157 |
| タクシー／ピンチ（病気・ケガ） | 214 |
| タクシー乗り場／空港からの移動 | 46 |
| タクシー乗り場／タクシー | 64 |
| タクシーを呼ぶ／タクシー | 64 |
| タクシーを呼んで／移動10フレーズ | 53 |
| 丈を詰める／品物探し（ショッピング） | 108 |
| 確かめる／レストラン（支払う） | 157 |
| 出して／機内 | 38 |
| 助けて／ピンチ10フレーズ | 210 |
| 助けて／ピンチ（災害・事故） | 218 |
| 正しいですか／レストラン（店を出る） | 157 |
| 立ち見／映画館 | 87 |
| 立ち見席／劇場 | 86 |
| タックスリファンド／タックスリファンド | 49 |
| タックスリファンド／免税手続き | 115 |
| 立てません／ピンチ（災害・事故） | 219 |
| 建物／徒歩（移動） | 55 |
| 立てる／機内 | 39 |
| 建てる／美術館・博物館 | 78 |
| 棚の上／品物探し（ショッピング） | 106 |
| 楽しかった／現地発着ツアー | 93 |
| 楽しかった／交流10フレーズ | 195 |
| 楽しかった／再会を約束する | 205 |
| 楽しかった／相づち | 206 |
| 頼んだぞー！／スポーツ観戦 | 95 |
| 頼んでいない／レストラン（支払う） | 156 |
| タバコ／店探し（ショッピング） | 104 |
| タバコ／カフェ | 163 |
| タバコ／友達になる | 197 |
| タバコの煙／レストラン（トラブル） | 159 |
| タバコを吸う／鉄道・バス・船 | 58 |
| 食べ方／レストラン（食事中） | 154 |
| 食べている／レストラン（注文） | 153 |
| 食べている／屋台 | 166 |
| 食べ放題／レストラン探し | 146 |
| 食べ物／レストラン（食事中） | 155 |
| 食べ物／相手に尋ねる（交流） | 201 |
| 食べられません／レストラン（食事中） | 154 |
| 食べる／劇場・映画館 | 88 |
| 食べる／食料品を買う | 109 |

# 50音順キーワード検索

食べる／ファストフード ……………161
食べる／友達になる …………………197
試し弾き／品物探し（ショッピング）…106
足りない／ピンチ（災害・事故）……218
誰か来て／ピンチ（紛失・盗難）……213
誰の作品／美術館・博物館……………78
誰のせい／ピンチ（人間関係）………226
誰も／搭乗手続き ……………………49
炭酸／レストラン（注文）……………151
男女別／ユースホステル………………137
単品／ホテルの食事……………………165
暖房／長距離バス………………………59

## ち

小さいもの／品物探し（ショッピング）…107
小さすぎ／品物探し（ショッピング）……108
チーズバーガー／ファストフード……160
チーム／スポーツ観戦…………………95
チェイサー（水）／バー・パブ………169
チェックアウト／宿泊10フレーズ……123
チェックアウト／ホテル予約（電話）…125
チェックアウト／ホテル予約（直接）127
チェックアウト／チェックアウト……134
チェックイン／搭乗手続き……………49
チェックイン／ホテル予約（電話）…125
チェックイン／ホテル予約（直接）127
チェックイン／チェックイン（ホテル）…128
近い／レストラン探し…………………146
違う／屋台………………………………167
違う方向／タクシー……………………65
近くに／徒歩（移動）…………………55
近くの店／エステ・マッサージ………90
地下鉄／空港からの移動………………46
地下鉄駅／徒歩（移動）………………55
地下鉄駅／地下鉄………………………62
近道／徒歩（移動）……………………54
近寄らないで／ピンチ（困った）……227
チケット／観光10フレーズ……………73
チケット／エンターテインメント……84
チケット／エンターテインメント……85
チケット／映画館………………………87
チケット／スポーツ観戦………………94
チケットを取る／エンターテインメント…85
地図／ホテル予約（空港）……………48
地図／徒歩（移動）……………………55

地図／観光10フレーズ…………………73
地図／観光案内所………………………75
地図／店探し（ショッピング）………105
地図／レストラン探し…………………147
地図を書く／徒歩（移動）……………55
チップ／カジノ…………………………89
チップ／レストラン（支払う）………157
地方／食料品を買う……………………109
チャーター／タクシー…………………64
中華／日本について語る………………203
中型／荷物受け取り（空港）…………44
中型車／レンタカー……………………60
駐車場／ドライブ………………………61
駐車場／ピンチ（災害・事故）………219
駐車する／ドライブ……………………61
昼食付き／現地発着ツアー……………92
昼食メニュー／カフェ…………………162
中心街／ホテル予約（空港）…………48
注文／飲食10フレーズ…………………144
注文／レストラン（注文）……………152
注文／レストラン（注文）……………153
注文／カフェ……………………………162
注文／バー・パブ………………………169
注文していない／レストラン（食事中）…154
注文していない／レストラン（トラブル）…159
注文する／レストランの予約…………149
注文する／レストラン（トラブル）…159
注文する／ファストフード……………160
注文する／ホテルの食事………………164
超過料金／搭乗手続き…………………36
超過料金／搭乗手続き…………………67
朝食／ホテル予約………………………124
朝食／ホテル予約（直接）……………126
朝食／チェックイン（ホテル）………128
朝食／ユースホステル…………………137
朝食付き／現地発着ツアー……………92
朝食付き／宿泊10フレーズ……………122
朝食メニュー／カフェ…………………162
ちょうどいい／オーダーメイド………110
直行／鉄道・バス・船…………………57
鎮痛剤／ピンチ（病気・ケガ）………214

## つ

ツアー／現地発着ツアー………………92
追加／レストラン（食事中）…………155

| | | | |
|---|---|---|---|
| 追加料金／レンタル携帯電話 | 180 | 続ける／ピンチ（病院に行く） | 216 |
| 追加料金／ハガキ・手紙・小包 | 185 | 勤める／自己紹介 | 198 |
| 着いたら教えて／空港バス・鉄道 | 46 | 勤める／自己紹介 | 199 |
| 着いたら教えて／移動10フレーズ | 53 | つながらない／国内電話 | 176 |
| 着いたら教えて／長距離バス | 59 | 詰め替える／搭乗手続き | 37 |
| 着いたら教えて／市内バス・トラム | 63 | 冷たい／エステ・マッサージ | 91 |
| ついて来ないで／物乞い・物売り | 83 | 詰める／搭乗手続き | 49 |
| 追突／ピンチ（災害・事故） | 219 | 詰める／屋台 | 166 |
| ツインルーム／ホテル予約（空港） | 48 | つもり／ピンチ（人間関係） | 226 |
| ツインルーム／ホテル予約（電話） | 124 | 強いお酒／屋台 | 167 |
| ツインルーム／ホテル予約（直接） | 126 | 強く／エステ・マッサージ | 91 |
| 通じる／エステ・マッサージ | 90 | 強める／長距離バス | 59 |
| 通じる／店探し（ショッピング） | 104 | 連れ／ファストフード | 161 |
| 通じる／レストラン探し | 146 | 連れ／ホテルの食事 | 164 |
| 通訳／ピンチ10フレーズ | 211 | 連れて行って／レストラン探し | 148 |
| 通訳／ピンチ（空港で） | 224 | | |
| ツーリストポリス／ピンチ（移動） | 223 | **て** | |
| 通路側／入出国10フレーズ | 34 | 低カロリー／レストラン（注文） | 153 |
| 通路側／搭乗手続き | 36 | 定刻／搭乗手続き | 37 |
| 通路側／搭乗手続き | 67 | 定刻／搭乗手続き | 49 |
| 通話方法／インターネット | 183 | 定時／鉄道・バス・船 | 58 |
| 通話用カード／インターネット | 181 | データ／インターネットカフェ | 182 |
| 通話料／レンタル携帯電話 | 180 | データポート／インターネット | 183 |
| 通話料金／インターネット | 183 | テーブル席／バー・パブ | 168 |
| 使い方／観光施設 | 77 | テーブルチャージ／ナイトスポット | 89 |
| 使い方／公衆電話 | 176 | 手紙を書く／再会を約束する | 205 |
| 使い方／インターネット | 181 | できあがる／写真やビデオ撮影 | 81 |
| 使う／鉄道パス | 57 | できあがる／オーダーメイド | 110 |
| 使う／船 | 68 | 出口／市内バス・トラム | 63 |
| 使う／記念品やみやげを買う | 82 | 出口／美術館・博物館 | 79 |
| 使う／チェックアウト | 134 | デザイン／品物探し（ショッピング） | 108 |
| 使う／インターネットカフェ | 182 | デザート／レストラン（食事中） | 155 |
| 使えない／トラブル（宿泊） | 133 | 手数料／両替 | 42 |
| 使っていない／チェックアウト | 135 | 手伝う／友達になる | 197 |
| 捕まえて／ピンチ（紛失・盗難） | 213 | 手続き／タックスリファンド | 49 |
| 疲れる／友達になる | 196 | 出てこない／入出国10フレーズ | 35 |
| 次に／タクシー | 47 | 出ない／トラブル（宿泊） | 133 |
| 付け合わせ／レストラン（注文） | 153 | 出直す／品物探し（ショッピング） | 108 |
| つける／ルームサービス | 129 | テニス／テニス | 97 |
| つける／レストラン（支払う） | 157 | テニス／自己紹介 | 199 |
| 付ける／ホテルの食事 | 165 | 手にとる／記念品やみやげを買う | 82 |
| つける／ピンチ（紛失・盗難） | 213 | 手に取る／品物探し（ショッピング） | 106 |
| 伝える／電話での会話 | 178 | 手に入る／スポーツ観戦 | 94 |
| 続く／ピンチ（移動） | 222 | 手荷物一時預かり所／トランジット | 41 |
| 続ける／カジノ | 89 | 手荷物引換証／荷物受け取り（空港） | 44 |

# 50音順キーワード検索

デパート／店探し（ショッピング）…104
〜ではなく〜にする／レストラン（注文）…154
寺／日本について語る…202
テレフォンカード／カフェ…163
テレフォンカード／公衆電話…176
テロ／ピンチ（移動）…222
天気／機内…40
電気がつかない／トラブル（宿泊）…132
電球が切れる／トラブル（宿泊）…133
天気予報／ホテルの食事…165
電源／トラブル（宿泊）…132
伝言／通信10フレーズ…174
伝言／電話での会話…177
デザイン／品物探し（ショッピング）…107
展示作品集／記念品やみやげを買う…82
電車／空港バス・鉄道…46
電池／写真やビデオ撮影…81
電池／店探し（ショッピング）…104
電池／ピンチ（壊れた）…220
伝統的な衣装／日本について語る…203
伝統的なマッサージ／エステ・マッサージ…90
店頭見本／品物探し（ショッピング）…108
伝統料理／文化を尋ねる（交流）…204
電波／インターネット…181
電話／空港からの移動…46
電話／ピンチ（災害・事故）…218
電話回線／インターネット…183
電話ケーブル／インターネット…183
電話する／電話での会話…177
電話する／国際電話…179
電話代／インターネット…181
電話で予約／チェックイン（ホテル）…128
電話番号／国内電話…176
電話番号／電話での会話…178
電話番号／国際電話…179
電話番号／国際宅配便…186

## と

ドア／ピンチ（ホテルで）…225
トイレ／機内…39
トイレ／徒歩（移動）…55
トイレ／長距離バス…59
トイレ／美術館・博物館…79
トイレ／現地発着ツアー…93
トイレ／レストラン（食事中）…155
トイレ／カフェ…163
トイレ／ピンチ（病気・ケガ）…215
トイレ／ピンチ（町・買い物）…225
トイレが詰まる／トラブル（宿泊）…133
投函する／タックスリファンド…49
同行者／ピンチ（移動）…221
陶磁器の工房／店探し（ショッピング）…104
当日券／劇場…86
当日券／スポーツ観戦…95
搭乗／国内線乗り換え…47
搭乗開始／搭乗手続き…37
搭乗口／入出国10フレーズ…34
搭乗口／搭乗手続き…37
搭乗口／トランジット…41
搭乗手続き／搭乗手続き…36
搭乗手続き／トランジット…41
どうすれば／ピンチ（移動）…221
どうすればいい／税関申告…45
どうぞ／機内…38
どうぞ／ファストフード…161
到着／機内…40
到着／飛行機…66
到着／レストランの予約…149
到着空港／搭乗手続き…37
到着してから／レストランの予約…149
到着する／機内…40
どうでした／相手に尋ねる（交流）…200
盗難証明書／ピンチ（紛失・盗難）…212
どうやって行く／ホテル予約（空港）…48
どうやって行く／道を尋ねる…74
どうやって行く／店探し（ショッピング）…105
道路地図／レンタカー…61
通して／機内…38
通して／市内バス・トラム…63
遠回り／ピンチ（移動）…223
〜通り／徒歩（移動）…54
通り／徒歩（移動）…54
通り抜ける／徒歩（移動）…54
通りの名前／徒歩（移動）…54
トール／カフェ…163
特産品／ショッピング10フレーズ…102
特産品／店探し（ショッピング）…104
読書灯／機内…40
特別展／観光施設…76
どこから／相手に尋ねる（交流）…200

| | |
|---|---|
| どこから出発／観光施設 | 77 |
| どこで／観光施設 | 77 |
| どこで／友達になる | 197 |
| どこですか／徒歩（移動） | 55 |
| どこですか／搭乗手続き | 67 |
| どこですか／劇場・映画館 | 88 |
| どこですか／現地発着ツアー | 92 |
| どこですか／店探し（ショッピング） | 105 |
| どこにある／美術館・博物館 | 78 |
| どこに行く／相手に尋ねる（交流） | 200 |
| どこに出る／徒歩（移動） | 54 |
| どこのチーム／スポーツ観戦 | 94 |
| どこへ行く／現地発着ツアー | 93 |
| どの方向／徒歩（移動） | 54 |
| 年上の／自己紹介 | 199 |
| 年下の／自己紹介 | 199 |
| 年を聞く／相手に尋ねる（交流） | 201 |
| 途中下車／鉄道・バス・船 | 57 |
| どちらが勝つ／スポーツ観戦 | 95 |
| どちらが速い／空港からの移動 | 46 |
| どちらが便利／空港からの移動 | 46 |
| どちらから／交流10フレーズ | 194 |
| どちらから／友達になる | 196 |
| どちらから／相手に尋ねる（交流） | 200 |
| どちらですか／地下鉄 | 62 |
| トップ／スポーツ観戦 | 95 |
| 届く／ホテル内 | 131 |
| 届ける／オーダーメイド | 110 |
| 届ける／クレーム（ショッピング） | 117 |
| どなた／ホテル内 | 129 |
| 隣合わせ／搭乗手続き | 36 |
| 徒歩で／徒歩（移動） | 54 |
| 止まる／トランジット | 41 |
| 止まる／長距離バス | 59 |
| 停まる／市内バス・トラム | 63 |
| 停まる／タクシー | 65 |
| 止まる／現地発着ツアー | 93 |
| 泊まる／ホテル予約（電話） | 125 |
| 泊まる／ホテル予約（直接） | 126 |
| 泊まる／相手に尋ねる（交流） | 200 |
| 止まる／ピンチ（移動） | 221 |
| 止まる／ピンチ（移動） | 222 |
| 泊まれますか／宿泊10フレーズ | 122 |
| ドミトリー／ホテル予約（直接） | 126 |
| 停めて／長距離バス | 59 |

| | |
|---|---|
| 停める／タクシー | 47 |
| 停める／タクシー | 65 |
| 停める／ピンチ（移動） | 223 |
| 停めろ／タクシー | 65 |
| ドライバー／ピンチ（壊れた） | 220 |
| ドライヤー／ルームサービス | 130 |
| トラベラーズチェック／両替 | 42 |
| トラベラーズチェック／支払い（ショッピング） | 113 |
| トラベラーズチェック／レストラン（支払う） | 156 |
| トランク／長距離バス | 59 |
| トランジット／入出国10フレーズ | 34 |
| トランジットホテル／トランジット | 41 |
| 取扱注意／国際宅配便 | 186 |
| 取り置き／品物探し（ショッピング） | 109 |
| 取り替える／クレーム（ショッピング） | 116 |
| 取り替える／レストラン（要望） | 158 |
| 取り替える／屋台 | 167 |
| 取消料／鉄道・バス・船 | 57 |
| 取りに来る／チェックアウト | 134 |
| 取りに来る／国際宅配便 | 186 |
| 取り寄せ／クレーム（ショッピング） | 117 |
| 取り寄せる／支払い（ショッピング） | 112 |
| 取り分けて食べる／飲食10フレーズ | 145 |
| 取り分けて食べる／レストラン（食事中） | 154 |
| 撮る／写真やビデオ撮影 | 80 |
| 取る／劇場 | 86 |
| ～ドルにして／支払い（ショッピング） | 112 |
| ～ドル分／ガソリンスタンド | 61 |
| どれがいい／オーダーメイド | 110 |
| どれくらいかかる／ホテル予約（空港） | 48 |
| どれくらいかかる／移動10フレーズ | 53 |
| どれくらいかかる／徒歩（移動） | 54 |
| どれくらいかかる／道を尋ねる | 74 |
| どれくらいかかる／観光施設 | 77 |
| どれくらいかかる／店探し（ショッピング） | 105 |
| どれくらいかかる／品物探し（ショッピング） | 108 |
| どれくらいかかる／クレーム（ショッピング） | 117 |
| どれくらいかかる／タクシーの予約 | 136 |
| どれくらいかかる／レストラン探し | 147 |
| どれくらいかかる／国際宅配便 | 186 |
| どれくらいかかる／ピンチ（壊れた） | 220 |
| どれくらい待つ／レストラン（店に入る） | 150 |
| 泥棒／ピンチ10フレーズ | 210 |
| 泥棒／ピンチ（ホテルで） | 225 |
| どんな／文化を尋ねる（交流） | 204 |

# 50音順キーワード検索

| | |
|---|---|
| どんな料理／屋台 ……………………166 | 何号線／地下鉄 …………………………62 |

## な

| | |
|---|---|
| ナイトツアー／現地発着ツアー ………93 | 何時／国際宅配便 ………………………186 |
| ナイフ／レストラン（食事中）………154 | 何時開始／エンターテインメント ……85 |
| ナイフ／カフェ …………………………162 | 何時から／国内線乗り換え ……………47 |
| 直す／ピンチ（壊れた）………………220 | 何時から／観光施設 ……………………77 |
| 治る／ピンチ（病院に行く）…………216 | 何時から／映画館 ………………………87 |
| 直る／ピンチ（壊れた）………………220 | 何時から／ナイトスポット ……………89 |
| 長い列／友達になる……………………196 | 何時から／スポーツ観戦 ………………94 |
| 長く／オーダーメイド…………………110 | 何時から／店探し（ショッピング）…105 |
| 流す／トラブル（宿泊）………………133 | 何時からですか／ホテルの食事………165 |
| 長すぎ／品物探し（ショッピング）…108 | 何時から何時まで／エステ・マッサージ …90 |
| 仲直り／ピンチ（人間関係）…………226 | 何時から何時まで／チェックイン(ホテル) …128 |
| 中にいる／ピンチ（災害・事故）……218 | 何時から何時まで／ホテル内…………131 |
| 中身／品物探し（ショッピング）……106 | 何時から何時まで／リムジンの予約…136 |
| 中身／ピンチ（紛失・盗難）…………212 | 何時間／映画館 …………………………87 |
| 中身が違う／クレーム（ショッピング）…116 | 何時間かかる／船 ………………………68 |
| 眺めのよい席／レストランの予約 …149 | 何時間前／飛行機 ………………………66 |
| 眺めのよい部屋／ホテル予約（直接）…126 | 何時ですか／搭乗手続き ………………37 |
| なくす／ピンチ10フレーズ…………210 | 何時ですか／機内 ………………………40 |
| 夏／日本について語る ………………202 | 何時ですか／空港バス・鉄道 …………46 |
| 夏は暑い／文化を尋ねる（交流）……204 | 何時ですか／鉄道・バス・船 …………57 |
| 夏休み／日本について語る……………202 | 何時ですか／地下鉄 ……………………62 |
| 夏休み／文化を尋ねる（交流）………204 | 何時ですか／船 …………………………68 |
| 何色／品物探し（ショッピング）……107 | 何時ですか／映画館 ……………………87 |
| 何がありますか／屋台 …………………167 | 何時ですか／リムジンの予約…………136 |
| 何がある／ファストフード……………160 | 何時に／機内 ……………………………40 |
| 何かある／トラブル（宿泊）…………133 | 何時に／現地発着ツアー ………………92 |
| 何語／映画館 ……………………………87 | 何時に／店探し（ショッピング）……105 |
| 何でできて／記念品やみやげを買う …82 | 何時に行く／見学の予約 ………………75 |
| 名前／美術館・博物館 …………………78 | 何時に行く／エンターテインメント…85 |
| 名前／送る（ショッピング）…………115 | 何時に始まる／レストランの予約……149 |
| 名前／ホテル予約（電話）……………125 | 何時の回／映画館 ………………………87 |
| 名前／相手に尋ねる（交流）…………200 | 何時発／移動10フレーズ………………52 |
| 名前は〜です／自己紹介………………198 | 何時発／鉄道・バス・船 ………………59 |
| 名前は〜です／ホテル予約（電話）…125 | 何時まで／観光施設 ……………………76 |
| 名前は〜です／レストランの予約 …149 | 何時まで／ナイトスポット ……………89 |
| 生演奏／バー・パブ……………………168 | 何時まで／店探し（ショッピング）…105 |
| 生魚を食べる／日本について語る……203 | 何世紀／美術館・博物館 ………………78 |
| 生野菜／レストラン（注文）…………153 | 何ですか／現地発着ツアー ……………93 |
| 並ぶ／搭乗手続き ………………………36 | 何という／美術館・博物館 ……………78 |
| 並ぶ／観光施設 …………………………76 | 何という通り／観光10フレーズ………72 |
| なるほど／相づち………………………206 | 何という通り／道を尋ねる ……………74 |
| 何個入り／食料品を買う ………………109 | 何という料理／レストラン(トラブル)…159 |
| | 何日／交流10フレーズ…………………194 |
| | 何日かかる／支払い（ショッピング）…112 |

凡例 50音キーワード／使う場面 …ページ数　　と・に

| 何日かかる／送る（ショッピング）…115
| 何日間／鉄道・バス・船 … 57
| 何日目／相手に尋ねる（交流）………200
| 何人ですか／ユースホステル ………137
| 何年に／美術館・博物館 … 78
| 何番ゲート／国内線乗り換え ………… 47
| 何番線／鉄道・バス・船 … 58
| 何番のバス／市内バス・トラム ……… 63
| 何ブロック先／徒歩（移動） … 54
| 何分間隔／リムジンの予約 …………136
| 何分ですか／ホテル予約 ……………124
| 何分ですか／ホテル内 ………………131
| 何曜日／店探し（ショッピング）……105

## に

| 似合わない／品物探し（ショッピング）…108
| 苦手／レストラン（注文） ……………152
| にぎやかな／レストラン探し ………146
| 肉／レストラン（注文） ………………152
| 〜日目／自己紹介 ………………………198
| 2等／鉄道・バス・船 ………………… 57
| 日本円／支払い（ショッピング）………113
| 日本円で／税関申告 …………………… 45
| 日本から／自己紹介 ……………………198
| 日本語／品物探し（ショッピング）……106
| 日本語／ルームサービス ………………129
| 日本語／電話での会話 ………………177
| 日本語／国際電話 ………………………179
| 日本語／ピンチ（病気・ケガ）………214
| 日本語／ピンチ（災害・事故）…………219
| 日本語がわかる／インターネットカフェ…182
| 日本語対応／インターネットカフェ …182
| 日本語入力／インターネットカフェ …182
| 日本語スタッフ／レストラン探し ……148
| 開場時間／観光施設 …………………… 77
| 日本酒／日本について語る ……………203
| 日本大使館／ピンチ（紛失・盗難）……212
| 日本に来る／相手に尋ねる（交流）……200
| 2枚／スポーツ観戦 …………………… 94
| 荷物／入出国10フレーズ ……………… 35
| 荷物／搭乗手続き ……………………… 36
| 荷物／搭乗手続き ……………………… 37
| 荷物／タクシー ………………………… 47
| 荷物／搭乗手続き ……………………… 49
| 荷物／搭乗手続き ……………………… 67

| 荷物／チェックアウト …………………134
| 荷物／チェックアウト …………………135
| 荷物／レストラン（要望）……………158
| 荷物／ピンチ（空港で）………………224
| 荷物が入らない／機内 ………………… 38
| 荷物が見つからない／荷物受け取り(空港)… 44
| 荷物の受け取り／荷物受け取り(空港)… 44
| 荷物の集荷／送る（ショッピング）…115
| 荷物の超過料金／搭乗手続き ………… 36
| 荷物紛失／荷物受け取り（空港）……… 44
| 荷物を上げる／鉄道・バス・船 ……… 58
| 荷物を預かって／宿泊10フレーズ …123
| 荷物を預かって／チェックアウト ……134
| 荷物を預かって／チェックアウト ……135
| 荷物を預かっていない／ピンチ（空港で）…224
| 荷物を預けたい／観光施設 …………… 77
| 荷物を入れる／長距離バス …………… 59
| 荷物を入れる／タクシー ……………… 64
| 荷物を置く／機内 ……………………… 38
| 荷物を置く／市内バス・トラム ……… 63
| 荷物を返す／美術館・博物館 ………… 79
| 荷物を出す／鉄道・バス・船 ………… 59
| 荷物を詰める／搭乗手続き …………… 49
| 荷物を運ぶ／チェックイン（ホテル）…128
| 荷物を運ぶ／タクシーの予約　 　　136
| 入院する／ピンチ（病院に行く）……216
| 入国カード／機内 ……………………… 40
| 入場料／観光施設 ……………………… 76
| 入場料／ナイトスポット ……………… 89
| 入力する／インターネットカフェ ……182
| 〜人家族／自己紹介 ……………………199
| 人気／日本について語る ………………202
| 人気がある芝居／エンターテインメント… 84
| 人気が高いツアー／現地発着ツアー … 92
| 人気のある仕事／文化を尋ねる(交流)……204
| 人気のあるビール／文化を尋ねる(交流)…204
| 人気の映画／エンターテインメント … 84
| 人気のみやげ／記念品やみやげを買う… 82
| 人気のみやげ／店探し（ショッピング）…104
| 人気メニュー／屋台 ……………………166
| 忍者／日本について語る ………………203
| 妊娠／ピンチ（病気・ケガ）…………215
| 〜人です／レストランの予約 …………148
| 〜人で食べる／レストラン（注文）……153
| ニンニク／屋台 …………………………166

# 50音順キーワード検索

## ぬ

盗まれる／チェックアウト …………135
盗まれる／ピンチ10フレーズ ………210
盗まれる／ピンチ（紛失・盗難）……212
布製／荷物受け取り（空港）………… 44
濡れぎぬ／ピンチ（空港で）…………224

## ね

ネイルケア／エステ・マッサージ …… 90
ネームタグ／搭乗手続き ……………… 37
ネクタイ／レストラン探し …………147
値段／支払い（ショッピング）………113
熱／ピンチ（病気・ケガ）……………215
ネット接続／インターネットカフェ …182
眠れない／ピンチ（病気・ケガ）……215
捻挫／ピンチ（病院に行く）…………216
年齢制限／カジノ ……………………… 89

## の

残りを日本円で／支払い(ショッピング)…113
登る／美術館・博物館 ………………… 79
飲み物／機内 …………………………… 39
飲み物／ナイトスポット ……………… 89
飲み物／レストラン（食事中）………155
飲み物／ファストフード ……………161
飲み物代／ナイトスポット …………… 89
飲む／チェックアウト ………………135
飲めません／レストラン（食事中）…154
海苔／税関申告 ………………………… 45
乗り遅れ／鉄道・バス・船 …………… 57
乗り遅れる／ピンチ（移動）…………221
乗り換え／鉄道・バス・船 …………… 57
乗り換え／鉄道・バス・船 …………… 58
乗り換え／地下鉄 ……………………… 62
乗り越し／ピンチ（移動）……………221
乗り越す／鉄道・バス・船 …………… 58
乗り捨て／レンタカー ………………… 60
乗り捨ての料金／レンタカー ………… 61
乗り継ぎ／トランジット ……………… 41
乗り継ぎカウンター／トランジット … 41
乗り継ぎ便／機内 ……………………… 40
乗り継ぎ便／トランジット …………… 41
乗り場／鉄道・バス・船 ……………… 56
ノンアルコール／バー・パブ ………168

## は

バー／レストラン探し ………………147
バーゲン／店探し（ショッピング）…105
バーゲン品／品物探し（ショッピング）…107
灰皿／レストラン（食事中）…………155
配達代／オーダーメイド ……………110
入って／ホテル内 ……………………129
入っている／レストラン（トラブル）…159
売店／劇場・映画館 …………………… 88
俳優／相手に尋ねる（交流）…………201
入らない／機内 ………………………… 38
入る／美術館・博物館 ………………… 79
入る／映画館 …………………………… 87
入る／劇場・映画館 …………………… 88
入る／レストラン（店に入る）………150
パイント／バー・パブ ………………169
ハウスワイン／レストラン（注文）…151
バウチャー／チェックアウト ………134
蠅／レストラン（トラブル）…………159
ハガキ／ハガキ・手紙・小包 ………184
秤／食料品を買う ……………………109
量り売り／食料品を買う ……………109
測る／品物探し（ショッピング）……107
バカンス／日本について語る ………202
吐き気／ピンチ（病気・ケガ）………215
吐く／ピンチ（病気・ケガ）…………215
〜泊します／ホテル予約 ……………124
はぐれる／ピンチ（町・買い物）……225
運ぶ／チェックイン（ホテル）………128
端の席／劇場 …………………………… 86
始まる／ナイトスポット ……………… 89
始まる／スポーツ観戦 ………………… 94
初めて／ダイビング …………………… 96
初めて／自己紹介 ……………………198
初めて／相手に尋ねる（交流）………200
はじめまして／自己紹介 ……………198
場所／ホテル予約（空港）…………… 48
場所／エンターテインメント ………… 84
場所が違う／タクシー ………………… 65
場所を教えて／店探し（ショッピング）…105
走る／市内バス・トラム ……………… 63
走る／友達になる ……………………197
箸を使う／日本について語る ………203
バス／空港バス・鉄道 ………………… 46

凡例 50音キーワード／使う場面 …ページ数

ぬねのはひ

| | |
|---|---|
| バス／市内バス・トラム | 63 |
| 端数をまけて／支払い（ショッピング） | 113 |
| バスターミナル／鉄道・バス・船 | 56 |
| バスターミナル／リムジンの予約 | 136 |
| バス停／移動10フレーズ | 52 |
| バス・トイレ共同／ホテル予約 | 124 |
| バス・トイレ付き／宿泊10フレーズ | 122 |
| バス乗り場／入出国10フレーズ | 35 |
| バス乗り場／トランジット | 41 |
| バス乗り場／市内バス・トラム | 63 |
| パスポート／免税手続き | 115 |
| パスポート／ホテル予約（直接） | 127 |
| パスポート／ピンチ10フレーズ | 210 |
| パスポート／ピンチ（紛失・盗難） | 212 |
| バス酔い／長距離バス | 59 |
| バスルーム／ホテル予約（直接） | 126 |
| パソコン／ホテル内 | 131 |
| パソコン／インターネット | 182 |
| 働く／自己紹介 | 198 |
| 〜発〜行き／搭乗手続き | 67 |
| 罰金／ピンチ（移動） | 221 |
| バッグ／荷物受け取り（空港） | 44 |
| バッグ／ピンチ（紛失・盗難） | 212 |
| バッグ／ピンチ（紛失・盗難） | 213 |
| バックスタンド／スポーツ観戦 | 94 |
| バックステージ・ツアー／エンターテインメント | 85 |
| バックする／ピンチ（災害・事故） | 219 |
| 発車する／鉄道・バス・船 | 58 |
| パトロール／スキー | 96 |
| 話しかけないで／ピンチ（困った） | 227 |
| 話にならない／支払い（ショッピング） | 113 |
| 話を聞く／ピンチ（人間関係） | 226 |
| 話をする／交流10フレーズ | 194 |
| 幅広の靴／品物探し（ショッピング） | 108 |
| パブ／レストラン探し | 147 |
| 早い便／飛行機 | 66 |
| 早い列車／鉄道・バス・船 | 56 |
| 早く／タクシー | 64 |
| 早く／ルームサービス | 130 |
| 早く／ホテル内 | 131 |
| 早く／チェックアウト | 134 |
| 早くできる／レストラン（注文） | 152 |
| 払い戻し／鉄道・バス・船 | 57 |
| 払い戻し／スポーツ観戦 | 95 |
| 払い戻し／ピンチ（移動） | 222 |

| | |
|---|---|
| 払う／タクシー | 65 |
| 払う／レストラン（支払う） | 156 |
| 払う／バー・パブ | 169 |
| 払う／ピンチ（現地ツアー） | 224 |
| ばら売り／食料品を買う | 109 |
| 春／日本について語る | 202 |
| バルコニー席／劇場 | 86 |
| 晴れる／友達になる | 196 |
| パン／レストラン（食事中） | 155 |
| 半額で／支払い（ショッピング） | 113 |
| パンク／ドライブ | 61 |
| 番号／レンタル携帯電話 | 180 |
| 半日ツアー／観光案内所 | 75 |
| 半日のツアー／現地発着ツアー | 92 |
| 犯人／ピンチ（紛失・盗難） | 213 |
| パンフレット／観光案内所 | 74 |
| パンフレット／観光施設 | 76 |
| パンフレット／現地発着ツアー | 92 |
| パンフレット／レストラン探し | 147 |

## ひ

| | |
|---|---|
| ヒール／品物探し（ショッピング） | 108 |
| ビール／機内 | 39 |
| ビール／自己紹介 | 199 |
| ＢＹＯ／バー・パブ | 169 |
| 日帰り／観光案内所 | 75 |
| 日帰りのツアー／現地発着ツアー | 92 |
| 皮革用／ピンチ（壊れた） | 220 |
| 火が通っていない／レストラン（要望） | 158 |
| 引換券／タックスリファンド | 49 |
| 低い／品物探し（ショッピング） | 108 |
| ピクルス／ファストフード | 160 |
| ピザ／ファストフード | 160 |
| ビジネスセンター／インターネット | 181 |
| 美術館／徒歩（移動） | 54 |
| 非常口／ホテル内 | 129 |
| 非常口／ピンチ（災害・事故） | 218 |
| 非常ベル／ピンチ（災害・事故） | 218 |
| 左／徒歩（移動） | 54 |
| 日付／鉄道バス | 57 |
| ひったくられる／ピンチ（紛失・盗難） | 213 |
| ぴったり／品物探し（ショッピング） | 108 |
| 必要／エステ・マッサージ | 90 |
| ビデオカメラ／店探し（ショッピング） | 104 |
| ビデオ撮影／写真やビデオ撮影 | 80 |

# 50音順キーワード検索

ビデオシステム／機内 …………… 39
ひとり／ピンチ（移動）…………222
ひとりあたり／レストラン探し …146
ひとりあたり／ピンチ（移動）…223
ひとりで／レストラン探し ………147
ひとりで／友達になる ……………196
ひとり部屋／船 …………………… 68
ひとり部屋／ユースホステル ……137
ひび／クレーム（ショッピング）…116
日持ち／食料品を買う ……………109
ビュッフェ／ホテルの食事 ………164
病院／ピンチ（病気・ケガ）……214
病気／ピンチ（病院に行く）……216
評判／レストラン探し ……………148
拾う／タクシー …………………… 64
広さ／美術館・博物館 …………… 78
火を貸して／友達になる …………197
便名／国内線乗り換え …………… 47

## ふ

ファクス／ホテル内 ………………131
ファクス／ファクス ………………178
ファクス番号／ホテル予約（電話）……125
ファスナー／クレーム（ショッピング）…116
ファン／スポーツ観戦 …………… 95
ＶＡＴフォーム／免税手続き ……115
フィルム／写真やビデオ撮影 …… 81
ブー／スポーツ観戦 ……………… 95
封書／ハガキ・手紙・小包………184
フェイシャルエステ／エステ・マッサージ… 90
フェリー／船 ……………………… 68
増える／レストラン（店に入る）…151
フォーク／レストラン（食事中）…154
フォーク／カフェ …………………162
服／店探し（ショッピング）……104
拭く／レストラン（要望）………158
服装／観光10フレーズ…………… 73
服装／エンターテインメント …… 85
含む／現地発着ツアー …………… 92
含む／インターネットカフェ……182
袋／支払い（ショッピング）……114
無事／ピンチ（災害・事故）……218
双子／自己紹介 ……………………199
二股ソケット／インターネット…183
ふたり以上／カフェ ………………163

ふたり組み／ピンチ（紛失・盗難）…213
ふたりです／ホテル予約（電話）……125
ふたり分／屋台 ……………………166
ふたり部屋／ユースホステル ……137
ふたり部屋／船 …………………… 68
普段から／文化を尋ねる（交流）…204
負担する／トラブル（宿泊）……132
仏教／日本について語る …………203
船乗り場／鉄道・バス・船 ……… 56
船乗り場／船 ……………………… 68
船便／ハガキ・手紙・小包 ………185
船に酔う／船 ……………………… 68
冬／日本について語る ……………202
冬は寒い／文化を尋ねる（交流）…204
フライドポテト／ファストフード …160
ブラインド／機内 ………………… 40
プラチナ／品物探し（ショッピング）…107
フラッシュ／写真やビデオ撮影 … 80
フリーズ／インターネットカフェ …182
振替輸送／ピンチ（移動）………222
プリペイドカード／レンタル携帯電話…180
不良品／クレーム（ショッピング）…116
プリントアウト／インターネットカフェ　182
古い／レストラン探し ……………147
プレゼント用／支払い（ショッピング）…114
プログラマー／入国審査 ………… 42
プログラム／劇場・映画館 ……… 88
〜分後／タクシー ………………… 64
紛失証明書／荷物受け取り（空港）… 44
紛失証明書／ピンチ10フレーズ……211
紛失証明書／ピンチ（紛失・盗難）…212

## へ

閉館／観光10フレーズ…………… 73
閉館／観光案内所 ………………… 75
閉店／バー・パブ ………………168
へえ、そう／相づち ………………206
ベジタリアン／搭乗手続き ……… 67
ベストシーズン／文化を尋ねる（交流）…204
ベストスコア／ゴルフ …………… 97
ペット連れ／レストランの予約………149
ベッドメイク／ルームサービス …130
別の物／レストラン（注文）……154
別々に／レストラン（支払う）…156
別々に包んで／支払い（ショッピング）…114

| キーワード／使う場面 | ページ |
|---|---|
| 別料金／観光施設 | 76 |
| 別料金／ホテルの食事 | 164 |
| 別料金／バー・パブ | 169 |
| 部屋／ホテル予約（直接） | 127 |
| 部屋の掃除／ルームサービス | 130 |
| 部屋番号／ホテルの食事 | 164 |
| 部屋番号／電話での会話 | 178 |
| 部屋を使う／チェックアウト | 134 |
| 減る／レストラン（店に入る） | 151 |
| 変圧器／インターネット | 183 |
| 変換アダプタ／インターネット | 181 |
| 返却する／レンタル携帯電話 | 180 |
| 変更する／鉄道・バス・船 | 57 |
| 変更する／飛行機 | 66 |
| 変更する／レストラン（注文） | 154 |
| 弁償する／荷物受け取り（空港） | 44 |
| ペンチ／ピンチ（壊れた） | 220 |
| 便秘／ピンチ（病気・ケガ） | 214 |
| 返品／ショッピング10フレーズ | 103 |
| 返品／クレーム（ショッピング） | 116 |

### ほ

| キーワード／使う場面 | ページ |
|---|---|
| 方向が違う／ピンチ（移動） | 223 |
| ポーチ／ピンチ（紛失・盗難） | 212 |
| ボール／テニス | 97 |
| ほかの／劇場 | 86 |
| ほかも見る／品物探し（ショッピング） | 108 |
| ほかをあたって／物乞い・物売り | 83 |
| ほかを探す／ホテル予約（直接） | 127 |
| 保険に入る／レンタカー | 60 |
| 保険をかける／送る（ショッピング） | 115 |
| 保険をかける／国際宅配便 | 186 |
| ほしくない／ピンチ（困った） | 227 |
| 補償する／荷物受け取り（空港） | 44 |
| ポスト／ハガキ・手紙・小包 | 184 |
| ボストンバッグ／荷物受け取り（空港） | 44 |
| 保存する／インターネットカフェ | 182 |
| 没収する／税関申告 | 45 |
| ボッタクリ／ピンチ（移動） | 223 |
| ほっといて／ピンチ（困った） | 227 |
| ホットスポット／インターネット | 181 |
| ほつれている／支払い（ショッピング） | 112 |
| ホテル／ホテル予約（空港） | 48 |
| 〜ホテルです／飛行機 | 67 |
| ホテル予約／入出国10フレーズ | 35 |
| ホテル予約／トランジット | 41 |
| ホテル予約／ホテル予約（空港） | 48 |
| ホテル予約／ホテル予約 | 124 |
| ホテルリスト／ホテル予約 | 124 |
| ボトル／バー・パブ | 168 |
| 骨が折れる／ピンチ（災害・事故） | 219 |
| ボリューム／レストラン（注文） | 153 |
| ボリューム／屋台 | 166 |
| 本格的な／エンターテインメント | 85 |
| ボンド／ピンチ（壊れた） | 220 |
| 本物／支払い（ショッピング） | 114 |

### ま

| キーワード／使う場面 | ページ |
|---|---|
| マーケット／店探し（ショッピング） | 105 |
| 毎日／エンターテインメント | 85 |
| マイレージ／搭乗手続き | 49 |
| 前金／ホテル予約（直接） | 127 |
| 前の席／劇場 | 86 |
| 前払い／現地発着ツアー | 93 |
| 前を見る／ピンチ（災害・事故） | 219 |
| 曲がる／タクシー | 65 |
| 枕／機内 | 38 |
| まけて／ショッピング10フレーズ | 103 |
| まける／ホテル予約（直接） | 126 |
| マジックペン／ハガキ・手紙・小包 | 185 |
| マスタード／ファストフード | 160 |
| また会う／交流10フレーズ | 195 |
| また会う／再会を約束する | 205 |
| また来る／屋台 | 167 |
| まだ来ない／レストラン（トラブル） | 159 |
| 間違う／レストラン（支払う） | 156 |
| 間違う／電話での会話 | 177 |
| 間違える／機内 | 38 |
| 間違える／スキー | 96 |
| 間違ったバス／ピンチ（移動） | 221 |
| 間違っている／チェックアウト | 135 |
| 待ち時間／入出国10フレーズ | 34 |
| 待ちます／クレーム（ショッピング） | 117 |
| 待ちます／レストラン（店に入る） | 150 |
| 待つ／空港バス・鉄道 | 46 |
| Mac／インターネットカフェ | 182 |
| マッサージ／エステ・マッサージ | 90 |
| マッサージの予約／ホテル内 | 131 |
| 真っすぐ／徒歩（移動） | 54 |
| 待って／機内 | 38 |

# 50音順キーワード検索

待って／ホテル内 ……………………129
待って／レストラン（注文）…………152
〜までいくら／タクシー ……………  47
〜までお願いします／搭乗手続き …  36
〜までお願いします／タクシー ……  47
〜までお願いします／タクシー ……  64
待てません／クレーム（ショッピング）…117
窓／船 ……………………………………  68
窓側／搭乗手続き ………………………  36
窓側／搭乗手続き ………………………  67
窓際の席／レストランの予約 ………149
窓際の席／レストラン（店に入る）……150
窓口／荷物受け取り（空港）…………  44
窓口／鉄道・バス・船 …………………  56
窓を開ける／鉄道・バス・船 …………  58
まとめて払う／レストラン（支払う）……156
間に合う／機内 …………………………  40
間に合わない／トランジット …………  41
マニュアル車／レンタカー ……………  60
マフィン／カフェ ………………………163
回る／現地発着ツアー …………………  92
真ん前／レストラン探し ……………148

## み

右／徒歩（移動）………………………  54
短く／オーダーメイド ………………110
短すぎ／品物探し（ショッピング）……108
水／レストラン（注文）………………151
水／カフェ ……………………………162
水洗い／品物探し（ショッピング）…196
水濡れ厳禁／国際宅配便 ……………186
見せて／ショッピング10フレーズ …102
見せて／品物探し（ショッピング）…106
見せて／宿泊10フレーズ ……………122
見せて／ホテル予約（直接）…………126
見せて／ユースホステル ……………137
道に迷う／徒歩（移動）………………  55
道を教えて／徒歩（移動）……………  55
3日間／入国審査 ………………………  42
見ているだけ／ショッピング10フレーズ…102
見ているだけ／品物探し（ショッピング）…106
見どころ／観光案内所 …………………  74
見どころ／美術館・博物館 ……………  78
身の回り品／税関申告 …………………  45
見本／オーダーメイド ………………110

みやげ／税関申告 ………………………  45
みやげ／記念品やみやげを買う ……  82
みやげを探す／店探し（ショッピング）…104
観やすい／劇場 …………………………  86
ミュージアムショップ／美術館・博物館…  79
ミュージカル／エンターテインメント …  85
見る／レンタカー ………………………  60
観る／劇場 ………………………………  86
見る／相手に尋ねる（交流）…………200
ミルク／レストラン（食事中）………155

## む

向かう／ピンチ（移動）………………223
迎え／ピンチ（現地ツアー）…………224
迎えに来て／レストラン探し ………148
虫／レストラン（トラブル）…………159
蒸し暑い／日本について語る ………202
無実／ピンチ（空港で）………………224
無線LAN／インターネット …………181
無料／レストラン（要望）……………158
無料の市街図／観光10フレーズ ……  72
無料の市街図／観光案内所 ……………  74
無料の情報誌／エンターテインメント…  84
無料のパンフレット／観光施設 ………  76

## め

明細書／レンタル携帯電話 …………180
名産品／記念品やみやげを買う ……  82
名物料理／レストラン（注文）………152
メインスタンド／スポーツ観戦 ………  94
メイン料理／レストラン（注文）……153
メーター／タクシー ……………………  47
メーター／タクシー ……………………  64
メーター／ピンチ（移動）……………223
メール／インターネット ……………181
メールアドレス／写真やビデオ撮影 …  81
メールアドレス／ホテル予約（電話）…125
メールアドレス／交流10フレーズ ……195
メールアドレス／再会を約束する ……205
メールする／再会を約束する …………205
メールで予約／チェックイン（ホテル）…128
目印／徒歩（移動）……………………  54
珍しい／相づち ………………………206
珍しい料理／屋台 ……………………166
目玉焼き／ホテルの食事 ……………164

## ま み む め も や ゆ

| 見出し | 場面 | ページ |
|---|---|---|
| メッセージ | ホテル内 | 131 |
| メニュー | 飲食10フレーズ | 144 |
| メニュー | レストラン（注文） | 151 |
| メニュー | レストラン（注文） | 152 |
| メニュー | レストラン（食事中） | 155 |
| メニュー | カフェ | 162 |
| メニュー | カフェ | 163 |
| めまい | ピンチ（病気・ケガ） | 215 |
| 免税 | 免税手続き | 115 |
| 免税の手続き | ショッピング10フレーズ | 103 |
| 免税の手続き | 免税手続き | 115 |
| 免税品 | 機内 | 40 |
| 免税品店 | トランジット | 41 |
| 麺類 | 日本について語る | 203 |

### も

| 見出し | 場面 | ページ |
|---|---|---|
| もう一度 | 支払い（ショッピング） | 114 |
| もう一度 | ホテル予約（電話） | 125 |
| もう一度 | 電話での会話 | 177 |
| もう一度 | 国際電話 | 179 |
| もう一度言う | 見学の予約 | 75 |
| もう1枚 | 写真やビデオ撮影 | 80 |
| もう1回見せて | 品物探し（ショッピング） | 107 |
| もう1杯 | バー・パブ | 168 |
| 申し込み | 現地発着ツアー | 92 |
| 申し込み | 現地発着ツアー | 93 |
| 申します | 電話での会話 | 177 |
| もう少し | レストラン（食事中） | 155 |
| もうひとつ | 屋台 | 167 |
| 毛布 | 機内 | 38 |
| 毛布 | トラブル（宿泊） | 133 |
| 毛布を貸して | 入出国10フレーズ | 34 |
| モーニングコール | ルームサービス | 129 |
| 文字 | インターネットカフェ | 182 |
| もしもし | 国内電話 | 176 |
| もしもし | 電話での会話 | 177 |
| もしもし | 国際電話 | 179 |
| モジュラープラグ | インターネット | 181 |
| 持ち帰り | レストラン（要望） | 158 |
| 持ち帰る | 記念品やみやげを買う | 82 |
| 持ち帰る | ファストフード | 161 |
| 持ち帰る | 屋台 | 167 |
| 持ち込み可能 | バー・パブ | 169 |
| 持ち込む | 搭乗手続き | 37 |
| 持ち込む | 搭乗手続き | 67 |
| もちろん | 相づち | 206 |
| 持っています | 物乞い・物売り | 83 |
| 持っている | 観光施設 | 76 |
| 持っている | ゴルフ | 97 |
| 持ってくる | レストラン（要望） | 159 |
| 戻る | タクシー | 65 |
| 戻る | 現地発着ツアー | 93 |
| 戻る | チェックアウト | 135 |
| 戻る | 電話での会話 | 177 |
| 戻る | ピンチ（移動） | 221 |
| 催し物 | エンターテイメント | 84 |
| 最寄り駅 | 地下鉄 | 62 |
| 最寄りの地下鉄駅 | 地下鉄 | 62 |
| 最寄りの地下鉄駅 | 道を尋ねる | 74 |
| 門限 | ユースホステル | 137 |

### や

| 見出し | 場面 | ページ |
|---|---|---|
| 野外コンサート | エンターテイメント | 84 |
| 焼き方 | レストラン（注文） | 153 |
| 焼き増し | 写真やビデオ撮影 | 81 |
| 野球 | スポーツ観戦 | 94 |
| 焼く | レストラン（要望） | 158 |
| 安い席 | 劇場 | 86 |
| 安いツアー | 現地発着ツアー | 93 |
| 安い部屋 | ホテル予約（直接） | 126 |
| 安いホテル | ホテル予約（空港） | 48 |
| 安いホテル | ホテル予約 | 124 |
| 安く行く | 鉄道・バス・船 | 56 |
| 安くして | 支払い（ショッピング） | 112 |
| 安くして | 支払い（ショッピング） | 113 |
| 安くておいしい店 | 交流10フレーズ | 195 |
| 薬局 | ピンチ（病気・ケガ） | 214 |
| やっぱり | 品物探し（ショッピング） | 108 |
| 破れている | クレーム（ショッピング） | 116 |
| 山側の部屋 | ホテル予約（直接） | 126 |
| やめて | 物乞い・物売り | 83 |
| やめて | ピンチ（紛失・盗難） | 213 |
| やめて | ピンチ（困った） | 227 |
| やめる | ピンチ（困った） | 227 |
| やり方 | カジノ | 89 |
| やり直す | ルームサービス | 130 |

### ゆ

| 見出し | 場面 | ページ |
|---|---|---|
| 有効 | 鉄道・バス・船 | 57 |
| 有効期限 | ホテル予約（電話） | 125 |

# 50音順キーワード検索

| 見出し | ページ |
|---|---|
| 夕食／交流10フレーズ | 195 |
| 夕食付き／現地発着ツアー | 92 |
| 友人宅／入国審査 | 42 |
| ユースホステル／ホテル予約 | 124 |
| 郵送料／ハガキ・手紙・小包 | 184 |
| 夕日／ピンチ（人間関係） | 226 |
| 郵便局／道を尋ねる | 74 |
| 郵便局／ハガキ・手紙・小包 | 184 |
| 遊覧船の乗り場／観光案内所 | 75 |
| 有料ですか／観光施設 | 76 |
| 雪／友達になる | 196 |
| 雪が降る／日本について語る | 202 |
| ゆっくり／タクシー | 65 |
| ゆっくり／通信10フレーズ | 174 |
| ゆっくり／電話での会話 | 177 |
| ゆっくり話して／ルームサービス | 129 |
| 指輪／トラブル（宿泊） | 133 |
| 緩い／オーダーメイド | 110 |

## よ

| 見出し | ページ |
|---|---|
| よい1日を／再会を約束する | 205 |
| 酔い止め薬／機内 | 40 |
| よい旅行を／再会を約束する | 205 |
| 酔う／船 | 68 |
| 用件／ホテル内 | 129 |
| 様式／美術館・博物館 | 78 |
| よかった場所／交流10フレーズ | 194 |
| よくない／ピンチ（病院に行く） | 216 |
| よくなる／ピンチ（病院に行く） | 216 |
| 汚れ／クレーム（ショッピング） | 116 |
| 予算／ホテル予約（空港） | 48 |
| 予算／店探し（ショッピング） | 104 |
| 予算／ホテル予約 | 124 |
| 予算／レストラン探し | 146 |
| 予算／レストラン（注文） | 151 |
| よそでは／支払い（ショッピング） | 112 |
| 予定がある／ピンチ（困った） | 227 |
| 呼ぶ／スキー | 96 |
| 呼ぶ／タクシーの予約 | 136 |
| 呼ぶ／自己紹介 | 198 |
| 呼ぶ／ピンチ10フレーズ | 211 |
| 予約／鉄道・バス・船 | 56 |
| 予約／劇場 | 86 |
| 予約／エステ・マッサージ | 90 |
| 予約／ゴルフ | 97 |
| 予約／ホテル予約 | 124 |
| 予約／ホテル予約（電話） | 125 |
| 予約／トラブル（宿泊） | 132 |
| 予約／リムジンの予約 | 136 |
| 予約／飲食10フレーズ | 144 |
| 予約／レストラン探し | 147 |
| 予約／レストラン（店に入る） | 150 |
| 予約が可能／レストランの予約 | 49 |
| 予約確認書／ホテル予約（電話） | 125 |
| 予約確認書／チェックイン（ホテル） | 128 |
| 予約した〜です／エステ・マッサージ | 91 |
| 予約した〜です／チェックイン（ホテル） | 128 |
| 予約してある／レンタカー | 60 |
| 予約し直す／ピンチ（移動） | 221 |
| 予約する／レストランの予約 | 148 |
| 予約の再確認／飛行機 | 67 |
| 予約の変更／鉄道・バス・船 | 57 |
| 予約番号／鉄道・バス・船 | 56 |
| 予約番号／見学の予約 | 75 |
| 予約番号／ホテル予約（電話） | 125 |
| 予約番号／チェックイン（ホテル） | 128 |
| 予約番号／トラブル（宿泊） | 132 |
| 予約を入れなおす／搭乗手続き | 67 |
| 予約を変更する／飛行機 | 66 |
| 夜遅く／レストラン探し | 146 |
| 夜遅くまで／店探し（ショッピング） | 105 |
| よろしく／クレーム（ショッピング） | 117 |
| 弱く／エステ・マッサージ | 91 |
| 弱める／長距離バス | 59 |

## ら

| 見出し | ページ |
|---|---|
| ラーメン／日本について語る | 203 |
| ライブ／エンターテインメント | 85 |
| ラケット／テニス | 97 |
| ラストオーダー／レストラン(店に入る) | 150 |
| LANカード／インターネット | 183 |

## り

| 見出し | ページ |
|---|---|
| リーグ／スポーツ観戦 | 95 |
| リコンファーム／飛行機 | 67 |
| リフト／スキー | 96 |
| リフト券／スキー | 96 |
| 留学／入国審査 | 42 |
| 流行する／品物探し（ショッピング） | 107 |
| 両替／両替 | 42 |

凡例 50音キーワード／使う場面 …ページ数

## ゆよらりるれろわ

| | |
|---|---|
| 両替／ホテル内 …130 | レプリカ／記念品やみやげを買う …82 |
| 両替する／入出国10フレーズ …35 | レンタル期間／レンタル携帯電話 …180 |
| 両替する／ピンチ（町・買い物）…225 | レンタル料／レンタル携帯電話 …180 |
| 料金／チェックアウト …134 | 連絡／クレーム（ショッピング）…117 |
| 料金／レストラン（支払う） …156 | 連絡する／荷物受け取り（空港） …44 |
| 料金／カフェ …163 | 連絡する／再会を約束する …205 |
| 料金／国際電話 …179 | 連絡する／ピンチ（紛失・盗難）…212 |
| 料金／ピンチ（現地ツアー） …224 | 連絡する／ピンチ（災害・事故）…218 |

### ろ

| | |
|---|---|
| 料金が違う／タクシー …65 | 路線図／地下鉄 …62 |
| 料金先払い／国際電話 …179 | 路線図／市内バス・トラム …63 |
| 料金表／レンタカー …60 | 路線図／観光案内所 …74 |
| 料金表／ホテル予約 …124 | ロッカー／エステ・マッサージ …91 |
| 領収書／支払い（ショッピング）…114 | ロッカールーム／ユースホステル …137 |

### わ

| | |
|---|---|
| 領収書／宿泊10フレーズ …123 | ワイルドターキー／バー・パブ …168 |
| 領収書／ホテル予約（直接） …127 | ワイン／レストラン（注文） …151 |
| 領収書／チェックアウト …134 | ワイン／自己紹介 …199 |
| 領収書／レストラン（支払う） …157 | わかったよ／相づち …206 |
| 領収書／ピンチ（病院に行く） …216 | わからない／相づち …206 |
| 利用コード／インターネットカフェ …182 | わかりました／支払い（ショッピング）…112 |
| 料理／飲食10フレーズ …145 | わかりません／物乞い・物売り …83 |
| 利用料金／インターネットカフェ …182 | ワゴンタクシー／タクシーの予約 …136 |
| 利用履歴／インターネットカフェ …182 | 和食／レストラン探し …146 |
| 旅行する／友達になる …196 | 和食／相手に尋ねる（交流） …201 |
| 旅行する／自己紹介 …198 | 忘れ物／鉄道・バス・船 …59 |
| 旅行する／相手に尋ねる（交流）…200 | 忘れ物／チェックアウト …135 |
| 旅行の予定／交流10フレーズ …194 | 忘れる／チェックイン（ホテル）…128 |
| | 忘れる／ピンチ（紛失・盗難） …212 |

### る

| | |
|---|---|
| | 私の物／税関申告 …45 |
| ルームサービス／宿泊10フレーズ …123 | 私は～です／通信10フレーズ …174 |
| ルームサービス／ルームサービス …129 | 渡しました／支払い（ショッピング）…114 |
| ルーレット／カジノ …89 | 私もそう／相づち …206 |
| | 渡す／ピンチ（移動） …223 |

### れ

| | |
|---|---|
| | 笑って／写真やビデオ撮影 …80 |
| 冷房／長距離バス …59 | 割引／飛行機 …66 |
| レギュラー満タン／ガソリンスタンド …61 | 割引／ホテル予約（電話） …125 |
| レシート／両替 …42 | 割引切符／鉄道・バス・船 …56 |
| レシート／クレーム（ショッピング）…116 | 割引クーポン／支払い（ショッピング）…114 |
| レストラン／レストラン探し …146 | 割引クーポン／レストラン（店に入る）…150 |
| レストラン／レストラン探し …148 | 悪かった／ピンチ（人間関係） …226 |
| レストラン予約／レストランの予約 …148 | 割れ物／ハガキ・手紙・小包 …185 |
| 列車の予約／鉄道・バス・船 …56 | ワンデイチケット／地下鉄 …62 |
| 列に並ぶ／搭乗手続き …36 | |
| 列に並ぶ／観光施設 …76 | |
| 列の最後／搭乗手続き …36 | |
| 列の最後／観光施設 …76 | |

# 飛行機チケット購入メモ

---

☐ Ticket request（チケット購入）

出発日（月／日／年）　　Month（月）　　　Date（日）　　　Year（年）
Departure date： 　　　　　　／　　　　　　／

出発空港　　　　　　　　　　　　　　　　到着空港
Departure airport：　　　　　　　　　　Arrival airport：

チケットの種類　　　　　　　　　　利用クラス
Type of ticket：☐ One way（片道）　Class：☐ Economy
　　　　　　　　☐ Return（往復）　　　 ☐ Business　　☐ First

チケット枚数　　　　大人　　　　　　　子供
Number of tickets：Adult　　　　　　　Child

その他要望
Other requests：

---

☐ Ticket request（チケット購入）

出発日（月／日／年）　　Month（月）　　　Date（日）　　　Year（年）
Departure date： 　　　　　　／　　　　　　／

出発空港　　　　　　　　　　　　　　　　到着空港
Departure airport：　　　　　　　　　　Arrival airport：

チケットの種類　　　　　　　　　　利用クラス
Type of ticket：☐ One way（片道）　Class：☐ Economy
　　　　　　　　☐ Return（往復）　　　 ☐ Business　　☐ First

チケット枚数　　　　大人　　　　　　　子供
Number of tickets：Adult　　　　　　　Child

その他要望
Other requests：

---

☐ Ticket request（チケット購入）

出発日（月／日／年）　　Month（月）　　　Date（日）　　　Year（年）
Departure date： 　　　　　　／　　　　　　／

出発空港　　　　　　　　　　　　　　　　到着空港
Departure airport：　　　　　　　　　　Arrival airport：

チケットの種類　　　　　　　　　　利用クラス
Type of ticket：☐ One way（片道）　Class：☐ Economy
　　　　　　　　☐ Return（往復）　　　 ☐ Business　　☐ First

チケット枚数　　　　大人　　　　　　　子供
Number of tickets：Adult　　　　　　　Child

その他要望
Other requests：

---

※このページを点線に沿って切り離し、使用してください。
　イギリス式の日付の書き方は「日／月／年」の順になる。月を数字ではなく、August(8月)などと単語で書けば間違いがない。月 ▶ P.237

# 列車チケット購入メモ

## ☐ Ticket request（チケット購入）

出発日（月／日／年）　　Month（月）　　Date（日）　　Year（年）
Departure date :　　　　　　　／　　　　　／

乗車駅　　　　　　　　　　　　降車駅
From :　　　　　　　　　　　　To :

チケットの種類　　　　　　　　利用クラス
Type of ticket : ☐ One way（片道）　　Class : ☐ First class　　（1等車）
　　　　　　　　 ☐ Return（往復）　　　　　　　 ☐ Second class（2等車）

チケット枚数　　　大人　　　　　　　　子供
Number of tickets : Adult　　　　　　 Child

その他要望
Other requests :

---

## ☐ Ticket request（チケット購入）

出発日（月／日／年）　　Month（月）　　Date（日）　　Year（年）
Departure date :　　　　　　　／　　　　　／

乗車駅　　　　　　　　　　　　降車駅
From :　　　　　　　　　　　　To :

チケットの種類　　　　　　　　利用クラス
Type of ticket : ☐ One way（片道）　　Class : ☐ First class　　（1等車）
　　　　　　　　 ☐ Return（往復）　　　　　　　 ☐ Second class（2等車）

チケット枚数　　　大人　　　　　　　　子供
Number of tickets : Adult　　　　　　 Child

その他要望
Other requests :

---

## ☐ Ticket request（チケット購入）

出発日（月／日／年）　　Month（月）　　Date（日）　　Year（年）
Departure date :　　　　　　　／　　　　　／

乗車駅　　　　　　　　　　　　降車駅
From :　　　　　　　　　　　　To :

チケットの種類　　　　　　　　利用クラス
Type of ticket : ☐ One way（片道）　　Class : ☐ First class　　（1等車）
　　　　　　　　 ☐ Return（往復）　　　　　　　 ☐ Second class（2等車）

チケット枚数　　　大人　　　　　　　　子供
Number of tickets : Adult　　　　　　 Child

その他要望
Other requests :

---

※このページを点線に沿って切り離し、使用してください。座席の予約をしたい場合は、列車番号Train number か発車時刻 Departure time を「その他要望」欄に書いて「座席予約をお願いします I'd like to reserve a seat, please.」とひと言。

## バスチケット購入メモ

---

☐ Ticket request（チケット購入)

出発日（月／日／年)　　　Month（月）　　　Date（日）　　　　Year（年）
**Departure date :**　　　　　　　　／　　　　　　／

～から　　　　　　　　　　　　　～まで
**From :**　　　　　　　　　　　　**To :**

チケットの種類
**Type of ticket :** ☐ One way（片道）
　　　　　　　　☐ Return（往復）

チケット枚数　　　　大人　　　　　　　　　子供
**Number of tickets : Adult**　　　　　　**Child**

その他要望
**Other requests :**

---

☐ Ticket request（チケット購入)

出発日（月／日／年)　　　Month（月）　　　Date（日）　　　　Year（年）
**Departure date :**　　　　　　　　／　　　　　　／

～から　　　　　　　　　　　　　～まで
**From :**　　　　　　　　　　　　**To :**

チケットの種類
**Type of ticket :** ☐ One way（片道）
　　　　　　　　☐ Return（往復）

チケット枚数　　　　大人　　　　　　　　　子供
**Number of tickets : Adult**　　　　　　**Child**

その他要望
**Other requests :**

---

☐ Ticket request（チケット購入)

出発日（月／日／年)　　　Month（月）　　　Date（日）　　　　Year（年）
**Departure date :**　　　　　　　　／　　　　　　／

～から　　　　　　　　　　　　　～まで
**From :**　　　　　　　　　　　　**To :**

チケットの種類
**Type of ticket :** ☐ One way（片道）
　　　　　　　　☐ Return（往復）

チケット枚数　　　　大人　　　　　　　　　子供
**Number of tickets : Adult**　　　　　　**Child**

その他要望
**Other requests :**

---

※このページを点線に沿って切り離し、使用してください。
イギリス式の日付の書き方は「日／月／年」の順になる。月を数字ではなく、August(8月)などと単語で書け ば間違いがない。月 ▶ P.237

## パーソナルメモ

名前　　　　　　　　　　　　　国籍
Name　　　　　　　　　　　　　Nationality

住所
Address

電話番号　　　　　　　　　　　生年月日
Phone　　　　　　　　　　　　Date of birth

年齢　　　　　　　　　　　　　血液型
Age　　　　　　　　　　　　　Blood type

緊急連絡先
Emergency contact number

滞在中の連絡先
Local contact number

ホテル名
Hotel　　　　　　　　　　　　　　　　　　　TEL

パスポート番号

クレジットカード番号

トラベラーズチェック番号

海外旅行傷害保険番号

重要連絡先

・クレジットカード会社

・保険会社

・トラベラーズチェック発行会社

※知られてはいけないところはあえて英語を入れていません。

able# 地球の歩き方 シリーズ年度一覧

2004年7月現在

地球の歩き方は1年〜1年半で改訂されます。改訂時には価格が変わることがあります。表示価格は定価(税5%)です。
●最新情報は、ホームページでもご覧いただけます。URL book.diamond.co.jp/arukikata/
地球の歩き方 トラベルライター(旅の文章)通信講座 開講中!詳しくはホームページで
URL arukikata.co.jp/kouza/tabibun/

## 地球の歩き方 ●数字がふたつあるものは改訂版発行時に順次右側の新番号になります

### A ヨーロッパ

|  |  |  |  |
|---|---|---|---|
| A01 | ヨーロッパ | 2004〜2005 | ¥1827 |
| A02 | イギリス | 2004〜2005 | ¥1764 |
| A03 | ロンドン | 2004〜2005 | ¥1659 |
| A04 | スコットランド | 2003〜2004 | ¥1722 |
| A05 | アイルランド | 2004〜2005 | ¥1722 |
| A06 | フランス | 2004〜2005 | ¥1764 |
| A07 | パリ近郊の町 | 2004〜2005 | ¥1722 |
| A08 | 南仏プロヴァンスとコート・ダジュール&モナコ | 2004〜2005 | ¥1659 |
| A09 | イタリア | 2004〜2005 | ¥1764 |
| A10 | ローマ | 2004〜2005 | ¥1659 |
| A11 | ミラノ、ヴェネツィアと湖水地方 | 2004〜2005 | ¥1659 |
| A12 | フィレンツェとトスカーナ | 2004〜2005 | ¥1617 |
| A13 | 南イタリアとマルタ | 2003〜2004 | ¥1764 |
| A14 | ドイツ | 2004〜2005 | ¥1764 |
| A15 | ロマンティック街道とミュンヘン | 2004〜2005 | ¥1659 |
| A17 | ウィーンとオーストリア | 2004〜2005 | ¥1722 |
| A18 | スイス | 2004〜2005 | ¥1659 |
| A19 | オランダ/ベルギー/ルクセンブルク | 2004〜2005 | ¥1659 |
| A20 | スペイン | 2004〜2005 | ¥1764 |
| A21 | マドリッド トレドとスペイン中部 | 2002〜2003 | ¥1617 |
| A22 | バルセロナ マヨルカ島とスペイン東部 | 2002〜2003 | ¥1617 |
| A23 | ポルトガル | 2004〜2005 | ¥1659 |
| A24 | ギリシアとエーゲ海の島々&キプロス | 2004〜2005 | ¥1722 |
| A25 | 中欧 | 2003〜2004 | ¥1827 |
| A26 | チェコ/ポーランド/スロヴァキア | 2004〜2005 | ¥1764 |
| A27 | ブダペストとハンガリー | 2003〜2004 | ¥1617 |
| A28 | ブルガリア/ルーマニア | 2003〜2004 | ¥1722 |
| A29 | 北欧 | 2004〜2005 | ¥1764 |
| A30 | バルトの国々 | 2003〜2004 | ¥1722 |
| A31 | ロシア | 2004〜2005 | ¥1974 |
| 71 A32 | シベリア&シベリア鉄道とサハリン | 2002〜2003 | ¥1827 |
| 10 A33 | ヨーロッパのいなか | 1999〜2000 | ¥1722 |

### B 南北アメリカ

|  |  |  |  |
|---|---|---|---|
| B01 | アメリカ | 2004〜2005 | ¥1869 |
| B02 | アメリカ西海岸 | 2004〜2005 | ¥1722 |
| B03 | ロスアンゼルス | 2004〜2005 | ¥1722 |
| B04 | サンフランシスコとシリコンバレー | 2004〜2005 | ¥1764 |
| B05 | シアトル&ポートランド | 2004〜2005 | ¥1722 |
| B06 | ニューヨーク | 2004〜2005 | ¥1764 |
| B07 | ボストン&ニューイングランド | 2004〜2005 | ¥1827 |
| B08 | ワシントンD.C. | 2004〜2005 | ¥1722 |
| B09 | アメリカ東部とフロリダ | 2003〜2004 | ¥1722 |
| B11 | シカゴ | 2004〜2005 | ¥1764 |
| B12 | アメリカ南部 アトランタ他 | 2004〜2005 | ¥1764 |
| B13 | アメリカの国立公園 | 2003〜2004 | ¥1827 |
| B14 | テーマで旅するアメリカの魅力的な町 | 2004〜2005 | ¥1764 |
| B15 | アラスカ | | ¥1722 |
| B16 | カナダ | | ¥1764 |
| B17 | カナダ西部 カナディアン・ロッキーとバンクーバー | 2003〜2004 | ¥1617 |
| B18 | カナダ東部 ナイアガラと赤毛のアンの島 | 2003〜2004 | ¥1659 |
| B19 | メキシコ | 2004〜2005 | ¥1869 |
| B20 | 中米 グアテマラ他 | 2003〜2004 | ¥1827 |
| B21 | ブラジル | | ¥2079 |
| B22 | アルゼンチン/チリ | 2004〜2005 | ¥2079 |
| B23 | ペルー | | ¥2079 |
| B24 | カリブ海の島々(バハマ、キューバ他) | 2004〜2005 | ¥1827 |
| | (75 カリブ海Ⅰ、76 カリブ海Ⅱを合本) | | |

### C 太平洋&インド洋の島々&オセアニア

|  |  |  |  |
|---|---|---|---|
| C01 | ハワイⅠ オアフ島&ネイバーアイランド | 2004〜2005 | ¥1764 |
| C02 | ハワイⅡ マウイ島、ハワイ島、カウアイ島、モロカイ島、ラナイ島&ホノルル | 2004〜2005 | ¥1659 |
| C03 | サイパン | 2004〜2005 | ¥1449 |
| C04 | グアム | 2004〜2005 | ¥1449 |
| C05 | タヒチ/イースター島/クック諸島 | 2003〜2004 | ¥1764 |
| C06 | フィジー/サモア/トンガ | 2004〜2005 | ¥1764 |
| C07 | ニューカレドニア/バヌアツ | 2003〜2004 | ¥1512 |
| C08 | モルディブ | 2004〜2005 | ¥1764 |
| 114 C09 | マダガスカル/モーリシャス/セイシェル | 2002〜2003 | ¥1932 |
| C10 | ニュージーランド | 2004〜2005 | ¥1764 |
| C11 | オーストラリア | 2004〜2005 | ¥1869 |
| C12 | オーストラリア東海岸 | 2004〜2005 | ¥1764 |
| C13 | シドニー | 2004〜2005 | ¥1512 |

### D アジア

|  |  |  |  |
|---|---|---|---|
| D01 | 中国 | 2004〜2005 | ¥1869 |
| D02 | 上海/蘇州/杭州 | 2004〜2005 | ¥1617 |
| D03 | 北京 | 2004〜2005 | ¥1659 |
| D04 | 大連と中国東北地方 | 2003〜2004 | ¥1722 |
| D05 | 広州・桂林と華南 | 2004〜2005 | ¥1764 |
| D06 | 雲南・四川・貴州と少数民族 | 2004〜2005 | ¥1827 |
| D07 | 西安とシルクロード | 2003〜2004 | ¥1722 |
| D08 | チベット | 2004〜2005 | ¥1764 |
| D09 | 香港 | 2004〜2005 | ¥1659 |
| D10 | 台湾 | 2004〜2005 | ¥1722 |
| D11 | 台北 | 2003〜2004 | ¥1554 |
| D12 | 韓国 | 2004〜2005 | ¥1764 |
| D13 | ソウル | 2004〜2005 | ¥1449 |
| D14 | モンゴル | 2004〜2005 | ¥1722 |
| 109 D15 | シルクロードと中央アジアの国々 | 2001〜2002 | ¥1932 |
| D16 | 東南アジア | 2002〜2003 | ¥1722 |
| D17 | タイ | 2004〜2005 | ¥1764 |
| D18 | バンコク | 2004〜2005 | ¥1554 |
| D19 | マレーシア/ブルネイ | 2004〜2005 | ¥1764 |
| D20 | シンガポール | 2004〜2005 | ¥1554 |
| D21 | ベトナム | 2004〜2005 | ¥1764 |
| D22 | アンコールワットとカンボジア | 2004〜2005 | ¥1764 |
| D23 | ラオス | 2003〜2004 | ¥1722 |
| D24 | ミャンマー | 2003〜2004 | ¥1764 |
| D25 | インドネシア | 2004〜2005 | ¥1617 |
| D26 | バリ島 | 2004〜2005 | ¥1764 |
| D27 | フィリピン | 2004〜2005 | ¥1764 |
| D28 | インド | 2004〜2005 | ¥1869 |
| D29 | ネパール | 2003〜2004 | ¥1764 |
| D30 | スリランカ | 2003〜2004 | ¥1722 |
| D31 | ブータン | 2003〜2004 | ¥1722 |
| 48 D32 | パキスタン | 2001〜2002 | ¥1722 |

### E 中近東&アフリカ

|  |  |  |  |
|---|---|---|---|
| E01 | ドバイとアラビア半島の国々 | 2004〜2005 | ¥1827 |
| E02 | エジプト | 2004〜2005 | ¥1764 |
| E03 | イスタンブールとトルコの大地 | 2004〜2005 | ¥1827 |
| E04 | ヨルダン/シリア/レバノン | 2004〜2005 | ¥1890 |
| 83 E05 | イスラエル | 2002〜2003 | ¥1827 |
| E06 | イラン | 2004〜2005 | ¥1827 |
| E07 | モロッコ | 2004〜2005 | ¥1827 |
| E08 | チュニジア | 2004〜2005 | ¥1827 |
| E09 | 東アフリカ エチオピア/ケニア/タンザニア/ウガンダ | 2004〜2005 | ¥1932 |
| E10 | 南アフリカ | 2004〜2005 | ¥1932 |

## 地球の歩き方　リゾート

| | | |
|---|---|---|
| 301 | マウイ島 | ¥1722 |
| 302 | カウアイ島 | ¥1722 |
| 303 | ハワイ島 | ¥1722 |
| 304 | フロリダ | ¥1827 |
| 305 | ケアンズとグレートバリアリーフ | ¥1722 |
| 306 | モーリシャス | ¥1722 |
| 307 | ハワイ・ドライブ・マップ | ¥1838 |
| 308 | プーケット／サムイ島／ピピ島／クラビ | ¥1722 |
| 309 | オアフ島 | ¥1722 |
| 310 | ペナン／ランカウイ | ¥1722 |
| 311 | ラスベガス | ¥1722 |
| 312 | ジャマイカ | ¥1722 |
| 313 | カンクン&ロス・カボス | ¥1722 |
| 314 | バリ島 | ¥1722 |
| 315 | ロスアンゼルス | ¥1722 |
| 316 | セブ／ボラカイ | ¥1722 |
| 317 | ダイビング旅行完全ガイド | ¥1995 |
| 318 | グアム | ¥1512 |
| 319 | パラオ | ¥1617 |
| 320 | 子供と行くハワイ | ¥1554 |

## 地球の歩き方　旅マニュアル

| | | |
|---|---|---|
| 251 | 成功するヨーロッパ旅行計画 | ¥1617 |
| 252 | 成功するアメリカ旅行計画 | ¥1617 |
| 253 | オーストラリア㊙フリープラン | ¥1617 |
| 259 | アメリカ鉄道とバスの旅 | ¥1722 |
| 263 | 旅のドクター | ¥1932 |
| 264 | エコツアー完全ガイド | ¥1932 |
| 265 | 香港個人旅行マニュアル | ¥1512 |
| 266 | 成功する中国旅行計画 | ¥1617 |
| 267 | 東南アジア個人旅行マニュアル | ¥1722 |
| 268 | 南米個人旅行マニュアル | ¥1722 |
| 270 | タイ楽々旅行術 | ¥1617 |
| 271 | ベトナム個人旅行マニュアル | ¥1617 |
| 273 | イタリア個人旅行マニュアル | ¥1617 |
| 275 | ハワイゆったり滞在計画 | ¥1512 |
| 276 | ロンドンこだわり滞在計画 | ¥1617 |

## 地球の歩き方　プラス・ワン

| | | |
|---|---|---|
| 401 | ヨーロッパ・ドライブ旅行 | ¥1722 |
| 402 | アメリカ・ドライブ旅行 | ¥1617 |
| 403 | ニューヨーク暮らすような旅 | ¥1617 |
| 404 | 大リーグ観戦ガイド | ¥1785 |
| 405 | 欧州サッカー観戦ガイド | ¥2100 |
| 406 | ハワイ　バスの旅 | ¥998 |
| 407 | 見て読んで旅するインド | ¥1722 |

## 地球の暮らし方　海外生活マニュアル

| | | | |
|---|---|---|---|
| 1 | イギリス | 2004〜2005 | ¥2310 |
| 2 | フランス | 2004〜2005 | ¥2310 |
| 3 | ニューヨーク | 2004〜2005 | ¥2310 |
| 4 | カリフォルニア | 2004〜2005 | ¥2310 |
| 5 | オーストラリア | 2003〜2004 | ¥2310 |
| 6 | 中国 | 2003〜2004 | ¥2310 |
| 7 | カナダ | 2004〜2005 | ¥2310 |
| 8 | ニュージーランド | 2003〜2004 | ¥2310 |
| 9 | 香港 | 2002〜2003 | ¥2310 |
| 10 | ハワイ | 2004〜2005 | ¥2310 |
| 11 | ロングステイ | | ¥2310 |

## 地球の歩き方　成功する留学

| | | | |
|---|---|---|---|
| A | アメリカ語学留学 | 2004〜2005 | ¥1995 |
| B | イギリス・アイルランド留学 | 2004〜2005 | ¥1995 |
| C | アメリカ大学留学 | 2002〜2003 | ¥2625 |
| D | カナダ留学 | 2004〜2005 | ¥1995 |
| E | スペイン留学 | 2003〜2004 | ¥2520 |
| F | フランス留学 | 2004〜2005 | ¥2310 |
| G | ドイツ・オーストリア・スイス留学 | 2001〜2002 | ¥2520 |
| H | ワーキングホリデー完ペキガイド | 2004〜2005 | ¥1575 |
| I | イタリア留学 | 2004〜2005 | ¥2520 |
| J | オーストラリア・ニュージーランド留学 | 2004〜2005 | ¥1995 |
| K | 小・中・高校生の留学 | 2001〜2002 | ¥1575 |
| L | 中国・韓国・アジア留学 | 2002〜2003 | ¥2625 |
| M | 海外専門学校留学 | 2003〜2004 | ¥2520 |
| N | 海外ボランティアガイド | 2000〜2001 | ¥1575 |
| O | 国際派就職・転職ガイド | 2001〜2002 | ¥2520 |
| P | イギリス大学留学 | 2000〜2001 | ¥2520 |

## 地球の歩き方　旅の会話集

| | | |
|---|---|---|
| 1 | ヨーロッパ6か国語 | ¥1305 |
| 7 | ロシア語／英語 | ¥1509 |
| 8 | ヒンディー語・ネパール語／英語 | ¥1512 |
| 9 | 留学&ホームステイ | ¥999 |
| 10 | アラビア語／英語 | ¥1509 |
| 11 | インドネシア語／英語 | ¥1203 |
| 12 | 中国語／英語 | ¥1509 |
| 13 | タイ語／英語 | ¥1509 |
| 14 | 韓国語／英語 | ¥1203 |
| 15 | ハンガリー・チェコ・ポーランド語／英語 | ¥1509 |
| 16 | ビジネス出張英会話 | ¥1203 |

## 地球の歩き方　旅する会話術

| | | |
|---|---|---|
| 1 | アメリカ | ¥998 |
| 2 | ロンドン&イギリス | ¥998 |
| 3 | パリ&フランス | ¥1260 |

## 地球の歩き方　トラベル会話

| | | |
|---|---|---|
| 1 | 米語／英語 | ¥1000 |
| 2 | フランス語／英語 | ¥1200 |
| 3 | ドイツ語／英語 | ¥1200 |
| 4 | イタリア語／英語 | ¥1200 |
| 5 | スペイン語／英語 | ¥1200 |

## 英語でしゃべらナイト海外旅行編

| | |
|---|---|
| 旅の現場の英会話 | ¥1000 |

## 地球の歩き方　アイ・マップ・ガイド

| | | |
|---|---|---|
| 1 | ニューヨーク | ¥1344 |
| 2 | ロンドン | ¥1344 |
| 3 | パリ | ¥1344 |

## 地球の歩き方　ポケット

| | | | |
|---|---|---|---|
| 1 | ハワイ | 2004〜2005 | ¥900 |
| 2 | グアム | 2004〜2005 | ¥900 |
| 3 | ケアンズ&シドニー | 2003〜2004 | ¥900 |
| 4 | バリ島 | 2003〜2004 | ¥900 |
| 5 | 香港 | 2004〜2005 | ¥900 |
| 6 | 北京&上海 | 2004〜2005 | ¥900 |
| 7 | 台北 | 2004〜2005 | ¥900 |
| 8 | ホーチミン | 2004〜2005 | ¥900 |
| 9 | バンコク | 2004〜2005 | ¥900 |
| 10 | ソウル | 2004〜2005 | ¥900 |
| 11 | 釜山 | 2003〜2004 | ¥900 |
| 12 | シンガポール | 2004〜2005 | ¥900 |
| 13 | ロンドン | 2004〜2005 | ¥900 |
| 14 | パリ | 2004〜2005 | ¥900 |
| 15 | イタリア | 2004〜2005 | ¥900 |
| 16 | マドリッド&バルセロナ　アンダルシア | 2004〜2005 | ¥900 |
| 17 | ロンドン／パリ／ローマ | 2004〜2005 | ¥900 |
| 18 | ウィーン／プラハ／ブダペスト／ベルリン | 2004〜2005 | ¥900 |
| 19 | ニューヨーク | 2004〜2005 | ¥900 |
| 20 | ロスアンゼルス&ラスベガス | 2004〜2005 | ¥900 |

## 新登場　地球の歩き方　BY TRAIN

| | | |
|---|---|---|
| 1 | ヨーロッパ鉄道の旅 | ¥1764 |
| 2 | スイス鉄道の旅 | ¥1890 |
| 3 | ドイツ&オーストリア鉄道の旅 | ¥1890 |
| 4 | フランス鉄道の旅 | ¥1890 |
| 5 | イギリス鉄道の旅 | ¥1890 |
| 6 | イタリア鉄道の旅 | ¥1890 |
| 7 | スペイン&ポルトガル鉄道の旅 | ¥1890 |
| | ヨーロッパ鉄道ハンドブック | ¥1260 |

## トーマスクック・ヨーロッパ鉄道時刻表・日本語解説版

| | |
|---|---|
| 年4回　3、6、10、12月　各月の中旬発行 | ¥2100 |

## 地球の歩き方ムック

| | | |
|---|---|---|
| ホノルル | ワイキキ&オアフ島（6月発行） | ¥1100 |
| ハワイ | オアフ&マウイ・ハワイ（11月発行） | ¥1100 |
| グアム | 極上楽園バイブル | ¥1000 |
| ソウル | よくばり完全ガイド | ¥1150 |
| 香港 | 美食と買物悦楽ガイド | ¥1260 |
| 台湾 | とっておき最新ガイド | ¥1100 |
| タイ | 安らぎと刺激の国 | ¥1100 |
| イタリア | 憧憬の4都市を歩く | ¥1100 |
| 見て　読んで　旅する　世界遺産 II | | ¥1470 |
| ヨーロッパ　列車の旅 VOL.3 | | ¥1260 |
| ヨーロッパ　花の旅 | | ¥1470 |
| 魅惑のベスト・リゾート　そろそろバリューのある旅へ | | ¥1260 |

## STAFF

| | | |
|---|---|---|
| 制作 Producer | 鈴木達也 Tatsuya Suzuki | |
| 編集 Editor | オフィス・ギア(坂井彰代、山田理恵) Office GUIA Inc. (Akiyo Sakai, Rie Yamada) | |
| 執筆 Writer | 杉原まゆみ、らきカンパニー(鈴木さちこ、服部淳) Mayumi Sugihara, Raki Company (Sachiko Suzuki, Jun Hattori) | |
| 翻訳(日本語→英語) Translator(J to E) | 黄木美保 Miho Ohgi | |
| 英語監修 English Superviser | ドナルド・クレイトン・バートレイ Donald Clayton Bartley | |
| 写真 Photographer | 地球堂、どんぐり・はうす、伊藤伸平、グルーポ・ピコ、らきカンパニー Chikyu-do Inc., Donguri House, Shimpei Ito, Grupo PICO, Raki Company 英国政府観光庁 British Tourist Authority | |
| 表紙デザイン Cover Designer | 佐藤勝志 Katsushi Sato | |
| デザイン Designer | 坂部陽子(リューム) Yoko Sakabe (Ryumu Inc.) | |
| イラスト Illustrations | オダギリミホ、いわのふ Miho Odagiri, Iwanofu | |
| 4コマまんが Four-Panel Cartoon | オダギリミホ Miho Odagiri | |
| 校正 Proofreading | エッグ舎 Egg-Sha | |
| 編集協力 Special Thanks to | 飯田みどり、和丹部眞弓(アトリエ・ディーバ) Midori Iida, Mayumi Watanbe (Atelier DIVA) | |

読者投稿・受付デスク
〒103-0007　東京都中央区日本橋浜町2-61-11　飯森ビル5F
地球の歩き方サービスデスク
「トラベル会話　米語＋英語編」投稿係
FAX. (03) 5643-8556
http://www.arukikata.co.jp/guidebook/toukou.html
地球の歩き方ホームページ（海外旅行の総合情報）
http://www.arukikata.co.jp/
ガイドブック『地球の歩き方』（本の検索＆購入、更新情報、オンライン投稿）
http://www.arukikata.co.jp/guidebook/

---

地球の歩き方 トラベル会話 (1)
# 米語＋英語

2004年7月30日　初版発行
2009年10月7日　初版第4刷発行

Published by Diamond-Big Co.,Ltd.
3-5-2 Akasaka, Minato-ku, Tokyo, 107-0052 Japan
TEL. (81-3) 3560-2117 (Editorial Section)
TEL. (81-3) 3560-2113    FAX. (81-3) 3584-1221 (Advertising Section)

著作編集　地球の歩き方編集室
発行所　　株式会社ダイヤモンド・ビッグ社
　　　　　〒107-0052　東京都港区赤坂3-5-2　サンヨー赤坂ビル
　　　　　編集部　TEL. (03) 3560-2117
　　　　　広告部　TEL. (03) 3560-2113　FAX. (03) 3584-1221
発売元　　株式会社ダイヤモンド社
　　　　　〒150-8409　東京都渋谷区神宮前6-12-17
　　　　　販売　TEL. (03) 5778-7240

### ご注意下さい
本書の内容（写真・図版を含む）の一部または全部を、事前に許可なく無断で複写・複製し、または著作権法に基づかない方法により引用し、印刷物や電子メディアに転載・転用することは、著作者および出版社の権利の侵害となります。

All rights reserved. No part of this publication may be reproduced or used in any form or by any means, graphic, electronic or mechanical, including photocopying, without written permission of the publisher.

印刷製本　株式会社ダイヤモンド・グラフィック社　Printed in Japan
禁無断転載 ⓒ株式会社ダイヤモンド・ビッグ社
ISBN4-478-03173-8